厚德博學
經濟匡時

中国金融市场学

新金融投资理论与实践

朱小能　陕晨煜　徐浩宇　编著

上海财经大学出版社
上海学术·经济学出版中心

图书在版编目(CIP)数据

中国金融市场学：新金融投资理论与实践／朱小能，陕晨煜，徐浩宇编著. -- 上海：上海财经大学出版社，2025.2. -- (匡时). -- ISBN 978-7-5642-4513-9

Ⅰ.F832.5

中国国家版本馆 CIP 数据核字第 202479HA96 号

责任编辑：温　涌
封面设计：张克瑶

中国金融市场学：新金融投资理论与实践

著　作　者：朱小能　陕晨煜　徐浩宇　编著
出版发行：上海财经大学出版社有限公司
地　　址：上海市中山北一路 369 号(邮编 200083)
网　　址：http://www.sufep.com
经　　销：全国新华书店
印刷装订：上海叶大印务发展有限公司
开　　本：787mm×1092mm　1/16
印　　张：22.75(插页:2)
字　　数：444 千字
版　　次：2025 年 2 月第 1 版
印　　次：2025 年 2 月第 1 次印刷
印　　数：0 001—3 000
定　　价：68.00 元

引 言

中国金融市场从诞生之日起,就肩负着为实体经济发展保驾护航的重任。中国金融市场自起点开始,就与国际上其他金融市场有所差别。事实上,因为基本制度、经济结构、法律体系、功能定位、发展历史和社会文化的差异,中国金融市场在学习国际相关成功经验的同时,也有许多特色要坚持和发展,要有自己的理论体系。我们团队在相当长的时间里从不同的角度思考这些问题,并做了一些调查和研究。本书就是在总结学界与业界大量优秀研究成果的基础上,介绍中国金融市场的发展、特色、内涵与理论基础,让同学们更好地认识与理解中国金融市场。

中国金融市场在过去的三十多年里筚路蓝缕、从无到有,快速跃升为全球第二大市场和最大的新兴市场,创造了"中国奇迹"。我国金融市场建设在规模上取得巨大成就的同时,金融新业态也不断涌现。总结过去并展望未来,这些金融新业态在更好地服务实体经济方面发挥着重要作用,这既是我国发展新质生产力、构建新发展格局和推动高质量发展的必然要求,也是我国多层次资本市场建设的内在要求。发展新质生产力是当前我国经济发展的重要目标。新质生产力与创新密切相连,包括人工智能、大数据、云计算、区块链等新兴技术的应用,这些技术的发展又催生了新的商业模式和经济增长点,是推动金融强国建设和开拓中国特色金融发展之路的重要动力。新质生产力与新金融发展之间存在共生关系,呈现出相互助推的发展路径,蕴含着金融强国的建设之路。金融强国的建设需要重视新质生产力的培育和发展,同时要加强金融体系的稳健发展和创新能力。这种相互助推的发展路径是推动经济持续增长和全面发展的重要途径之一。

《投资学原理与中国金融市场》第一版和第二版着重介绍中国股票市场、债券市场、衍生品市场、房地产市场和外汇市场。在此基础上,本书加入了大量新金融的内容,是之前版本的全新升级,因此书名改为《中国金融市场学:新金融投资理论与实践》。新金融是指金融要素市场化、金融主体多元化、金融产品的快速迭代过程正在发生。在互联网和信息技术革命推动下，金融业架构中的"底层物质"正在发生深刻变化。移动化、云计算、大数据等大趋势引发金融业"基因突变"。中央金融工作会议提出，要做好科技金融、绿色金融、普惠金融、养老金融、数字金融"五篇大文章"。金融自身的"五篇大文章"做好了，就能有效推动金融服务实体经济的质效进一步提升。新金融是当下沿着中国特色金融发展之路而奔向金融强国目标的关键路径。在之前版本基础上，围绕中央提出的"五篇大文章"，本版的新内容涵盖科创金融、绿色金融、普惠金融、财富管理、数字金融、科技金融、离岸金融等方面。

科技金融作为推动科技创新和产业升级的重要力量，正在发挥着越来越重要的作用。银行业金融机构和资本市场不断加大对科技创新的支持力度，科技保险为科技企业的风险管理提供有效保障。同时，政策探索与改革试点也在不断深入，为科技金融的健康发展提供有力支撑。在新形势下，发展科技金融需要我们增强经济增长的内生动力，服务于构建可持续的市场化创新体系，重视数字化背景下的新型科技金融创新探索，完善科技金融生态，夯实创新基础。

绿色金融作为实现可持续发展的重要途径，其发展前景广阔。中国已经成为全球绿色金融的重要倡导者和建设者。绿色金融的发展不仅推动了绿色产业的壮大，也为全球产业结构变革提供了动力。通过健全绿色金融国际合作标准、完善监管机制、丰富产品创新机制以及加强能力建设，绿色金融正在成为现代可持续金融体系发展的显著标志。

普惠金融的发展，对于推动高质量发展、促进共同富裕具有重要意义。普惠金融的长尾效应覆盖了广泛的金融消费者群体，其制度的完善和科技水平的提升为国民经济的长远发展提供了持久的推动力。普惠金融的健康发展有助于扩大就业，为居民收入增长提供保障，对扩大内需、拉动消费具有重要作用。

数字金融，尤其是数字人民币的发展，正在改变金融业态。数字金融在扩大消费、优化投资结构、提高服务效能等方面发挥着积极作用。数字人民币的研发和推广将推进人民币国际化进程，成为我国经济高质量发展和金融高水平开放的重要保障。面对未来国际法定数字货币的竞争，我国需要建立有效的风险应对策略，以确保数字金融的健康发展。

新金融发展的同时，新金融与监管在不断融合。新金融监管是以促进新金融产品的发展、健全产品审批和监督机制、维护金融市场秩序和稳定性为目标的管理模式，包括新金融产品审批和管理机制、新金融服务管理措施以及新金融交易风险处置机制。本书也介绍了新金融监管的相关内容。

除了新金融的相关知识,本书还涵盖了一些重要金融市场的相关知识。在本书中,各位同学将系统地学习关于股票市场、债券市场、衍生证券市场、房地产市场、汇率市场等方面的内容。在股票市场这一部分,本书将首先给同学们介绍股票市场的起源,以及中国股市在过去三十多年中设立、发展、壮大的成长历程,希望同学们可以借此了解中国股票市场在过去三十多年间是如何从一个小小的市场改革试验田,发展壮大为总市值超过50万亿元人民币、位居全球第二、具有全球重要影响力的资本市场的。本书还将从"让市场在资源配置中起决定性作用"这一角度出发,向同学们介绍最新的股市注册制改革的意义是什么,并讨论中国股市的定价理论。其次,同学们将学习关于债券市场的相关知识,比如债券市场的运行规律、定价机制与定价理论、债券的期限结构模型等。我们还会进一步讨论中国债券市场的运行和投资者在日常生活中经常接触的各类理财产品的关系。在关于衍生证券市场的内容中,同学们将了解什么是期货合约、什么是期权合约,以及期货合约和期权合约是如何在金融市场上进行合理定价的。在房地产市场这一块,本书将从居民家庭、企业、国家财富三个层次阐述一个稳定的房地产市场对国家经济发展的重要性。同学们还将学习我国历史上住房制度以及相应的政策变迁、世界各主要经济体的房地产周期对比、我国房地产企业融资的形式和房地产投资信托基金的发展等方面的内容。在关于汇率市场的内容中,同学们将学习汇率的决定理论,包括购买力平价理论、利率平价理论、最优货币区理论。本书还将探讨人民币国际化的进展,以及我国汇率制度选择的科学性和合理性。在智慧金融这一部分,我们从市场规模、监管政策和核心技术三个方面介绍中国智慧金融产业发展现状,从技术属性和行业主题角度选取多个案例,分析不同的前沿技术在银行、基金、保险和科技公司等金融科技主题中的应用。同学们将从多个角度了解科技与金融业务的深度融合以及在智慧金融产业中的优秀实践。

我们希望,同学们在学习完本书之后,能够对中国金融市场,特别是新金融市场的运行原理和定价机制有较为全面的了解。希望本书能够对同学们扩展自己的知识边界、助力以后工作和事业的顺利发展起到相应的作用。

衷心感谢上海财经大学出版社黄磊社长、江玉老师在出版过程中提供的大量帮助。感谢康文津老师和周小夏老师所付出的努力。在这里,我们也想感谢上海财经大学金融学院的章康、李雄一、陈宓舟、应诚炜、许帆、李彦哲、唐楠、曹昱璇这几位博士生在本书写作过程中提供的宝贵帮助。感谢我的家人在我写书过程中给予的理解和宽容，在此期间，我较少能顾及家庭。由于编写时间仓促，更由于我们水平有限，本书写作可能存在疏漏，甚至有谬误之处，敬请读者批评指正。

朱小能

2024 年 10 月

扫码或输入网址 https://qr.readoor.cn/hjdn0f，进入上海财经大学出版社数字教材服务平台"上财云津"本书专区。

本书数字资源专区

教师用微信扫码（请标注姓名、院校、教材名称及版本），验证教师身份后，入群获取教学课件等丰富的教学资料。

教学资料获取通道

目 录

第一章 科创金融 / 1
第一节 科创金融概述 / 1
第二节 科创金融理论 / 4
第三节 科创企业融资模式及现状 / 10
第四节 科创金融发展的国际经验 / 20
第五节 我国科创金融面临的问题及完善建议 / 24
重要概念 / 28
思考题 / 28

第二章 数字金融 / 29
第一节 数字金融的内涵和外延 / 29
第二节 数字金融的产生和发展因素 / 31
第三节 数字金融的经济影响 / 34
第四节 数字金融的发展趋势 / 36
第五节 中国数字金融发展情况 / 39
第六节 数字金融业态 / 42
第七节 数字金融风险与监管 / 51
第八节 数字金融与中央银行货币体系 / 56
第九节 中央银行数字货币的挑战与机遇 / 67
重要概念 / 70
思考题 / 70

第三章 财富管理 / 71
第一节 财富管理 / 71
第二节 财富管理的主要内容 / 73
第三节 资产配置模型 / 81

第四节　现金和负债管理　/ 83
第五节　普通家庭的财富管理　/ 87
第六节　高净值家庭的财富管理　/ 91
重要概念　/ 95
思考题　/ 95

第四章　普惠金融　/ 96
第一节　普惠金融　/ 96
第二节　普惠金融的核心要素　/ 98
第三节　普惠金融的基本理论　/ 101
第四节　普惠金融的指标体系　/ 104
第五节　农村普惠金融　/ 110
第六节　数字普惠金融　/ 113
第七节　激励与监管政策　/ 117
重要概念　/ 119
思考题　/ 119

第五章　绿色金融　/ 120
第一节　绿色金融的定义与背景　/ 121
第二节　绿色金融发展理论基础　/ 133
第三节　绿色金融的实践与挑战　/ 141
重要概念　/ 153
思考题　/ 153

第六章　离岸金融　/ 154
第一节　离岸金融及离岸金融市场　/ 154
第二节　中国离岸金融业务的发展　/ 160
第三节　外资银行与国际离岸银行业务　/ 166
第四节　中国离岸金融业务的风险管理　/ 168
第五节　离岸金融的监管与法律框架　/ 172
第六节　离岸金融对中国经济和金融的影响　/ 176
重要概念　/ 178
思考题　/ 178

第七章　中国股票市场的发展与现状　/ 180

第一节　股票市场的起源　/ 180
第二节　中国股票市场的发展　/ 183
第三节　中国股票市场有投资价值吗？——从定投的角度思考　/ 191
第四节　为什么A股市场上的中小投资者经常不快乐？　/ 194
重要概念　/ 196
思考题　/ 196

第八章　现代因子定价模型及其在中国市场上的应用　/ 197

第一节　资本资产定价模型理论　/ 197
第二节　多因子定价模型　/ 200
第三节　多因子定价模型在中国股票市场的实践应用　/ 205
重要概念　/ 210
思考题　/ 210

第九章　中国债券市场简介　/ 211

第一节　货币市场工具　/ 212
第二节　中长期债券市场　/ 217
第三节　面向我国个人投资者的新型债券市场投资工具　/ 220
第四节　利率与利率市场化改革　/ 223
重要概念　/ 226
思考题　/ 226

第十章　债券定价与债券投资组合管理　/ 227

第一节　债券价格和收益　/ 228
第二节　利率期限结构　/ 232
第三节　债券资产组合管理　/ 237
重要概念　/ 248
思考题　/ 248

第十一章　衍生品市场及其定价机制　/ 249

第一节　期权和期货的产生与发展　/ 250

第二节　期货市场原理和对冲策略　/ 253
第三节　期货与远期合约定价　/ 262
第四节　互换合约简介　/ 268
第五节　期权市场原理　/ 271
第六节　期权定价　/ 276
第七节　衍生品与 2008 年金融危机分析　/ 281
第八节　中国衍生品市场发展现状　/ 284
重要概念　/ 285
思考题　/ 286

第十二章　中国房地产市场概述　/ 287

第一节　房地产市场对于中国投资者的重要性　/ 287
第二节　房地产市场的特征　/ 291
第三节　影响房地产价格的因素——四象限模型及其应用　/ 293
第四节　房地产价值评估　/ 301
第五节　为什么要坚持房住不炒的政策　/ 307
重要概念　/ 308
思考题　/ 308

第十三章　汇率、外汇市场和人民币国际化进程　/ 309

第一节　汇率的基本知识和决定因素　/ 310
第二节　外汇市场及其交易机制　/ 316
第三节　外汇衍生品市场交易　/ 321
第四节　购买力平价论　/ 327
第五节　利率平价论　/ 331
第六节　汇率制度　/ 334
第七节　货币区和人民币国际化进程　/ 340
重要概念　/ 344
思考题　/ 344

参考文献　/ 345

第一章　科创金融

📅 学习目标

1. 了解科创金融的基本概念及其发展过程。
2. 掌握科创企业的全生命周期理论及融资机理。
3. 熟悉我国科创企业的主要几种融资模式及现状。
4. 学习国际上发展科创金融的先进经验。
5. 了解目前我国科创金融所面临的问题,并进一步思考如何更好地为科创企业提供金融服务。

视频1-1

📅 本章导读

本章围绕"科创金融"这一主题,深入解析其概念、发展历程与理论基础。作为专门支持科创企业的金融服务体系,科创金融通过整合信贷、创投、保险和债券等多种金融资源,助力科创企业在各个阶段实现高质量发展。本章首先回顾了我国科创金融的发展历程,从萌芽期到多层次资本市场的逐步完善,展现了科创金融在政策引导和市场实践中的持续成熟。随后,剖析了科创金融的理论基础,提出了科创金融在支持科创企业时应遵循的指导原则。此外,还详细介绍了多种科创企业的融资模式,如政府引导基金、知识产权质押贷款、科创债等,为科创金融的实际操作提供了丰富的参考与借鉴。整体而言,本章不仅为读者提供了对科创金融的全面认知,也为未来推动其发展奠定了坚实的理论与实践基础。

第一节　科创金融概述

一、概念及起源

科创金融是一种以有效支持科技创新创业企业(以下简称"科创企业")为目标的金融服务,强调金融对科技创新和实体经济发展的支撑作用,包含科技金融和金融科技两个层面。它通过整合信贷、创投、保险、债券等各类金融资源，为科创企业提供与其生命周期阶段特征相符的金融支持。"科创金融"一词派生于我国科技金融的发展过程。科技金融起源于改革开放后政府在经济、科技等领域的改革过程中探索财政、金融支持科技和经济发展的实践活动，是一种为科技创新及其成果转化提供完整金融服务的新业态，其核心功能是推动技术创新与金融资源的优化配置，在满足科技企业融资需求的同时，加速金融创新与金融行业发展。它是在我国经济体制改革框架内，随着科技体制改革与金融体制改革进程的不断深化，金融围绕服务科技创新不断进行体制机制的优化与创新所自然形成的一种体系。"科技金融"一词在我国最早出现在1993年，即在《中华人民共和国科学技术进步法》通过后成立了中国科技金融促进会。但事实上，真正对此概念的使用是在1994年的中国科技金融促进会首届理事会上。

科创金融的内涵早在2006年国务院印发实施的《中长期科学和技术发展规划纲要(2006—2020)》(以下简称《规划纲要》)中已有所显现。《规划纲要》提出，要实施促进创新创业的金融政策，"鼓励金融机构改善和加强对高新技术企业，特别是对科技型中小企业的金融服务"。自此，科技金融体系建设开始快速发展。2016年，中国银监会与科技部、中国人民银行联合印发《关于支持银行业金融机构加大创新力度 开展科创企业投贷联动试点的指导意见》，鼓励和指导银行业金融机构开展投贷联动业务试点，为种子期、初创期、成长期的科创企业提供资金支持。此后，"科创金融"一词开始频繁出现，我国的科创金融制度和体系也在不断地发展和完善。

二、科创金融发展

(一)我国科创金融发展历程回顾

我国科创金融发展历程主要概括为以下五个时期：

1. 萌芽期(1978—1985年)

1978年，党的十一届三中全会确立了以经济建设为核心的新时期基本方针。1984年，国家科委中国科技促进发展研究中心组织"新的技术革命与我国的对策"研究，提出了建立创业投资机制促进高新技术发展的建议。

2. 起步期(1986—1993年)

1985年9月，国务院正式批准成立了中国境内第一家创业投资公司——中国新技术创业投资公司。1993年，深圳科技局第一次把"科技与金融"缩写为"科技金融"。

3. 探索期(1994—1999年)

1994年，中国科技金融促进会首届理事会上正式采纳"科技金融"一词。在此之后，国家出台了一系列政策引导风险投资行业发展与科技成果转换。例如，中关村科技园区建立，推进科教兴国战略，增强国家的科技实力及向现实生产力转化的能力。

4. 推进期（2000—2005 年）

实施打包贷款、规范外商创业投资企业管理、推出中小企业板、以科技企业孵化器为重点加强对科技成果产业化支持等一系列措施。

5. 发展期（2006 年至今）

2006 年是我国《规划纲要》实施元年，也可以看作科技金融从配角到主角角色转换的初始年。2013 年，新三板扩容，尤其为创新型和成长型中小企业提供便利；2019 年，科创板设立，进一步为科技创新领域的企业提供金融支持。同时，为促进科创金融发展，国家还颁布了一系列科创金融政策，如《加大力度支持科技型企业融资行动方案》《关于银行业保险业做好金融"五篇大文章"的指导意见》等。目前，各类科创金融政策不断深化，多层次资本市场建设逐渐完善。

（二）我国科创金融发展情况

近年来，我国金融行业支持科创强度与水平持续提升，已初步建成包括银行信贷、创业投资、债券市场等在内的综合性科创金融服务体系。科创金融市场呈现如下特点：第一，科技贷款支持力度不断加大，我国投融资有较高活跃度，截至 2023 年第三季度末，科技型中小企业获得贷款的达到 21.28 万家，获贷率为 47%，比 2022 年末高出 2.7%。2023 年前三季度，中国金融科技投融资总额达到 1 181.26 亿元，融资事件总数达到 907 笔。第二，创业投资市场发展迅速，2023 年前三季度，中国 VC/PE 市场共发生投资案例 6 510 起，披露投资金额 5 070.94 亿元。第三，多层次资本市场逐步完善，依托主板、创业板、科创板等在内的多层次服务体系，我国资本市场对科技创新的支持力度不断加大。根据工业和信息化部发布的数据，截至 2023 年 7 月 27 日，累计已有 1 600 多家"专精特新"中小企业在 A 股上市，占 A 股全部上市企业数量的超 30%；2023 年新上市企业中，60% 是"专精特新"中小企业。截至 2024 年 6 月底，中国科创板上市企业的总数为 369 家，总市值达到 5.9 万亿元人民币。第四，科技保险不断发展壮大，目前我国已推出覆盖科技企业产品研发的多种风险的科技保险品种 20 多个。

为更好地了解我国各地区科创金融的发展情况，我们采用 2023 年济南科创金融论坛上发布的中国城市科创金融指数（CCSTFI）作为辅助依据。CCSTFI 对于城市的科创金融发展情况主要从四个评价维度出发，将 28 项主观与客观指标相结合进行综合评估。四大评价维度包括融资景气度、绩效景气度、政策景气度、投资景气度。融资景气度可以反映一段时期内地方科创型企业融资需求状况和金融机构面向科创型企业融资服务需求的支持水平。绩效景气度是对本地科创事业发展成效和成果产出的评估，可以反映一段时期内地方科创金融在支持科创型企业培育、原始创新和技术创新活动方面的有效性。政策景气度是对地方政府部门构建科创金融政策体系及政策环境的整体评估，可以反映一段时间内地方政府出台各类科创金融政策的力度大小、覆盖范围和可获得性，以及政策性金融供给的效率和创新创业环境营造等情况。投资景气度通过评估科创型企业、金融机构、政府等科创金融活动相关各方在一定时期内的投资强度和投资意愿，综合反映企业、政府和金融等社会各方支持科创事业扩大发展的意愿和实际力度。细分指标包括但不限于上市科创企业总市值与 GDP 之比、普惠小微企业贷款余额占全行业之比、全社会研发投入强度等。主观指标均采用各地统计部门与相关主管部门公开数据，客观指标来源于 4 452 份调查问卷。

在融资景气度方面，得益于科创金融服务供给优势，京沪地区表现优异，苏州、杭州、深圳、无锡、北京排名前 5，当地科创金融关联主体参与融资活动的积极性和活跃度较高。但值得注意的是，在参与指数城市中，近 80% 的城市呈现科创企业直接融资明显不足的态势。在绩效景气度方面，排名前五的是北京、深圳、上海、杭州、西安，这表明我国科创事业成果产出较好的地区主要集中于北上广深等经济发达城市以及在硬科技方面具有传统优势的城市。在政策景气度方面，国内大多数城市表现良好，地方政府部门出台了许多特色化政策体系以适应不同地区的情况。例如，北京以建设中关村科创金融改革试验区为契机，开展科技信贷产品创新试点，推出高承贷比的"并购贷款"、股债联动的"认股权贷款"；深圳设立高科技园区与孵化器，为科创企业提供包括初始资金等一系列全方位支持。2024 年，江苏落地混合型科创票据等创新产品。安徽探索推出金融支持科创企业"共同成长计划"，新增设立 2 亿元安徽省科技企业贷款风险补偿资金池，完善科创金融风险保障体系。在投资景气度方面，深圳、北京、杭州、苏州、上海排名前五，科创氛围良好，科技企业投资与研发意愿较强，政府财政支出中科技占比较高，指标大幅领先全国平均水平和其他城市，且呈现持续向好的趋势。

综上所述，我国科创金融虽然发展情况整体向好，但是仍呈现发展不均衡的现象，北上广地区从整体上看，科创金融各方面发展较好，中西部地区相对发展较弱。各地区总体对于科创金融发展认识到位，但在科创金融落地实施方面仍需进一步深入。

第二节　科创金融理论

科创企业是中国实体经济的重要组成部分，也是科创金融的重点服务对象。为推动科创企业高质量发展而提供高质量的金融服务，亟须加强科创金融理论建设。本节以企业生命周期修正模型为基础，对科创企业在各个阶段的融资需求进行阐述，进一步介绍科创金融支持科创企业的基础理论，最终提出科创金融支持科创企业的指导原则，丰富和完善了科创金融理论体系。

一、科创企业全生命周期

(一)企业生命周期理论

欲探析科创企业全生命周期的融资机理,需要对企业生命周期以及企业生命周期中的关键阶段具备深刻的认识,形成科创金融为科创企业融资的逻辑。

企业生命周期是指企业随着时间推移添加新的要素、更新和淘汰旧的要素,实现要素改进和要素组合优化的动态迭代过程。国内外关于企业生命周期阶段的划分主要有三种典型方式。第一种划分方式是伊查克·爱迪思在 1997 年提出的企业生命周期理论模型。他将企业生命周期划分为成长阶段和老化阶段两个大阶段,再进一步划分为孕育期、婴儿期、学步期、青春期、盛年期、稳定期、贵族期、官僚化早期、官僚期和死亡期 10 个小阶段(见图 1—1)。这一模型虽然能形象描述随着时间推移企业发展的特征,但是其阶段划分不具备统一标准。第二种划分方式由陈佳贵等人在 1998 年提出。他们使用企业规模作为划分依据,将企业生命周期划分为孕育期、求生存期、高速发展期、成熟期、衰退期和蜕变期(见图 1—2)。第三种划分方式则是李业于 2000

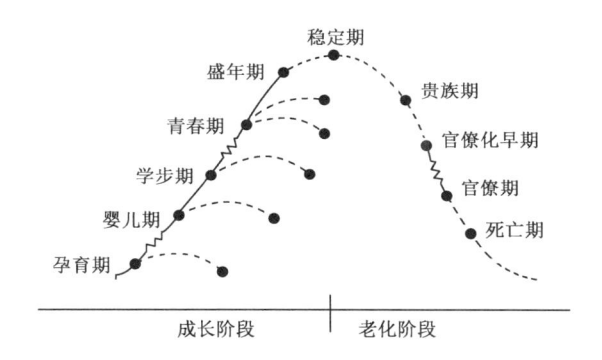

图 1—1 伊查克·爱迪思(1997)的企业生命周期模型

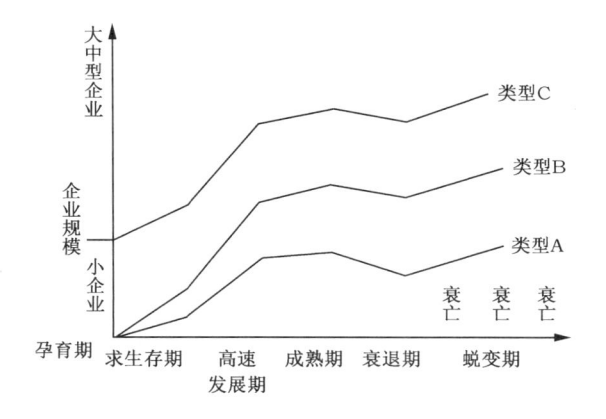

图 1—2 陈佳贵等(1998)的企业生命周期模型

年提出的企业生命周期修正模型。他认为,企业蜕变贯穿企业全生命周期,因此将销售额作为企业生命周期中阶段划分的参考依据,将企业划分为种子期、初创期、成长期、成熟期和衰退期五个阶段(见图1—3)。修正模型自提出后得到广泛应用,因此本节以修正模型为基础,从企业生命周期的视角来阐释科创企业的全生命周期融资机理。

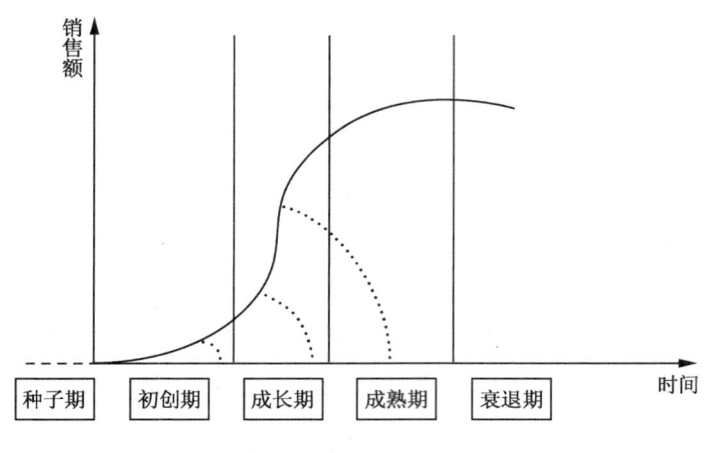

图1—3 李业(2000)的企业生命周期模型

(二)科创企业阶段特征

下面将以企业生命周期的修正模型为基础,总结科创企业生命周期的阶段特征,进一步阐述各个阶段科创企业的融资需求。

1. 种子期

种子期是科创企业的第一阶段。这个阶段的企业创始人通常已经掌握了科技成果的雏形,形成了初步的科技或创业蓝图。然而,种子期的科创企业缺乏将这些蓝图付诸实践所需的资本和可以执行的创新策略。

2. 初创期

科创企业获得创立资本并正式注册成立,标志着企业进入初创期。初创期的科创企业有两个典型特征:一是成本高企,创新突破对人力和物质资本的庞大需求以及生产、销售和管理环节初始要素配置的不断试错共同导致初创期的企业成本高企;二是创收不足,当企业没有实现创新突破、欠缺核心创收能力时,无法依靠自身进行再生产和扩大再生产,从而导致创收不足。有鉴于此,初创期的科创企业亟须资本补给,尤其需要支持科技创新的长期资本,而非用于生产、销售和管理环节的短期资本补给。

3. 成长期

科创企业处于成长期的标志是其已部分或完全克服初创期的创新难题,初步具备核心创收能力。在成长期,科创企业通过创新应用初步具备核心创收能力,但是因为生产规模和销售管理业务的迅速扩张以及在这方面的管理经验不足,导致科创企业面临沉重的成本压力。与此同时,为进一步攫取市场份额并提升市场竞争力,科创企业依旧需要大量资本促进科技成果转化。因此,成长期的科创企业需要支持创新创业的长期资本,也需要满足流动性条件的短期周转资本。

4. 成熟期

当科创企业的创收经过快速增长稳定在较高的水平,说明科创企业到达成熟期。成熟期的科创企业的生产能力、销售能力和管理效率显著提升,单位创收的成本支出大幅减少,盈余资本持续增加。同时,科创企业稳定的创收能力和风险承担能力将促使企业的决策人员调整经营策略,通过扩大经营规模而非持续创新进一步提升收益。因此,成熟期的科创企业会进一步增加对短期或中期周转资本的需求,维持或减少对用于创新创业的长期资本的需求。

5. 衰退期

当科创企业丧失创新动力,便会步入衰退期。衰退期的特征是,在企业规模扩大的过程中,生产、销售和管理的内部成本持续增加,而边际扩张的收益却不断减少。随着时间的推移,企业内部问题会导致单位产品的生产成本进一步增加。当单位产品的生产成本小于单位产品的收益时,科创企业的规模开始萎缩。处于衰退期的科创企业在面临经营困境或难以为继时,就会对资本产生迫切的需求。此时,科创企业不仅需要通过债务融资缓解流动性问题,更需要通过股权融资进行企业重组,重新焕发生机。

企业的种子期、初创期、成长期、成熟期和衰退期构成了企业生命周期的基本阶段。企业在生命周期的各个阶段表现出不同的特征。识别科创企业在生命周期中所处的阶段,并根据各个阶段科创企业的融资需求,提供多层次的融资服务,帮助科创企业实现跨越式成长和重新焕发生机是科创金融的重要任务。

二、科创企业融资机理

科技创新具有投资周期长、不确定性高等特征,这导致科创企业在进行外部融资时容易面临融资困难、融资成本高等问题。科创企业的融资需求催生资本供给,而不同阶段科创企业融资需求的异质性决定了资本供给的多样性。市场失灵则凸显政府进行适当干预的必要性,只有市场和政府共同发挥作用,才能实现资本供求在总量和结构上的均衡。因此,科创企业全生命周期的融资机理是指围绕科创企业的各个阶段,依托多层次的资本市场,充分发挥政府的补充作用,为科创企业提供全方位融资服务的逻辑。根据科创企业的阶段特征,本节进一步提出科创金融支持科创企业的理论基础和指导原则。

(一)科创金融支持科创企业的理论基础

为满足科创企业的融资需求,需要充分发挥科创金融的作用。以下是科创金融支持科创企业的理论依据。

1. 熊彼特创新理论

熊彼特使用创新理论解释经济周期与经济发展,认为创新是内生于经济发展的颠覆性变革,是推翻旧的秩序创造新的价值的迭代方式。他提出,创新是经济增长的根本动力,而企业家则是创新的主体。企业家创新的特征反映出科创企业的资本需求偏好。

2. 价格理论

典型的价格理论是马歇尔的均衡价格理论。以完全竞争市场为例,均衡价格理论认为,短期商品价格由供求双方决定,长期商品价格由厂商生产的长期平均成本决定。价格信号的传递可以调节供求双方的行为、优化资源的配置。资本价格的自由调整可以促使资本需求和资本供给趋于均衡。

3. 资本结构理论

莫迪利亚尼和米勒基于假设提出,资本结构与企业价值无关;考虑税赋的修正MM理论则认为,提高企业价值的最佳资本结构是完全负债。随着资本结构研究中市场均衡理论的应用以及对股权资本和债务资本成本因素的考虑,研究指出,资本结构与企业价值相关,股权资本和债务资本的最佳组合利于企业价值最大化。

4. 政府和市场的关系理论

20世纪30年代的资本主义经济危机使市场自我调节的经济思想遭遇重大挑战,20世纪70年代美国的"滞胀"局面则使经济学家思考政府过度干预市场的弊端。明确市场和政府在科创金融体系中的作用可以避免资源配置扭曲,提高资源配置效率。

5. 金融约束理论

当金融市场不完善,金融机构无法充分获取交易者的基本信息时,政府适当的干预行为可以帮助削弱信息不对称。金融约束理论指出政府干预的必要性,认为政府作为非市场要素,可以矫正市场失灵,提高金融资源配置效率。

6. 强位弱势群体理论

强位弱势是指主体在经济社会发展中占有重要位置,但是经济社会效益尚未显现,进而无法获取所需资源支持的状态。强位弱势群体既可以是同一时间不同主体中的某一主体,也可以是同一主体不同时间中的某一时期。例如,种子期和创立期的科创企业就是强位弱势群体,虽然其具备巨大的潜力,但是经济社会效益还未显现,从而难以获取资本支持。该理论为科创金融指明了重点服务对象。

(二)科创金融支持科创企业的指导原则

通过对科创企业全生命周期的解构和科创金融理论基础的分析,研究认为,科创金融支持科创企业应遵循以下四项原则:一是坚持供需总量均衡;二是坚持供需结构合理;三是坚持市场在资源配置中的决定性作用,同时更好地发挥政府的作用;四是坚持制定合理的资本结构。

1. 坚持供需总量均衡

科创企业的资本需求和资本供给在总量上的匹配是实现科创金融市场均衡的关键。一方面,在经济过度繁荣时,科创金融市场的资本供给往往超过科创企业的实际需求,导致多余的资本从实体部门流向虚拟部门,形成经济泡沫,并可能引发经济危机;另一方面,在经济走向衰退时,科创金融市场的资本供给通常小于科创企业的资本需求,科创企业将面临融资困境,导致实体部门规模缩小和创新停滞。因此,为支持科创企业的发展,亟须构建供需总量匹配的科创金融体系,以充分满足其融资需求。

2. 坚持供需结构合理

科创企业对资本的异质性需求与异质性资本供给的匹配,是实现科创金融市场均衡的重要基础。创新的高风险、高投入和长周期特性,决定了科创金融市场的资本具备高风险容忍度、高投资回报率和长期投资倾向特征。而科创企业在生命周期不同阶段的特征差异,则决定其资本需求在风险、回报以及期限结构方面的多样性。通常情况下,企业早期的资本投资风险最大,投资回报率也最高;随着企业的发展,资本投资的风险逐渐降低,投资回报率也相应下降。因此,为保证科创金融市场的资本供求结构合理,需要构建一个能够为科创企业全生命周期提供异质性资本支持的科创金融体系。

3. 坚持市场在资源配置中的决定性作用,同时更好地发挥政府的作用

市场通过价格机制实现资源的均衡配置,但在这一过程中,市场失灵现象可能导致个体效益最大化偏离社会效益最大化的目标。具体来说,科创金融市场的资本供需总量和结构,往往难以通过市场调节达到均衡,部分中小型科创企业可能始终无法获得所需的资本支持。因此,在依托市场配置资源的基础上,需要政府进行适当干预,引导社会资本支持处于强位弱势状态的科创企业,从而实现社会效益的最大化。

4. 坚持制定合理的资本结构

资本结构理论指导企业寻求最佳资本结构,即在现实中找到最优的股权资本和债务资本配比。这意味着,股权资本和债务资本共同构成了支持科创企业发展的"双翼"。其中,股权资本相比债务资本具有更高的风险容忍度和更高的投资回报率要求,因此更适合为种子期和初创期的科创企业提供融资支持。有鉴于此,对于种子期和初创期的科创企业,宜构建股权资本支持为主、债务资本为辅的科创金融体系;而对于其

他阶段的科创企业，须根据其发展目标，形成股权资本和债务资本组合的科创金融支持体系。

第三节 科创企业融资模式及现状

不同的科创企业，以及同一科创企业在其生命周期中的不同阶段，其融资需求各有差异。融资需求的异质性决定了科创企业融资模式的多样性。根据投资者和融资者之间的关系，可以分为股权融资和债权融资；根据资本供给方的属性，可以分为市场主导型融资和政府主导型融资（如图1-4所示）。目前，科创企业融资模式随着多层次资本市场的建设逐渐多元化，各类融资方式的融资额也持续增加。本节重点介绍政府引导基金、知识产权质押贷款、双创债、科创债、科创票据、天使投资、风险投资、私募股权投资、科创板上市等融资模式。

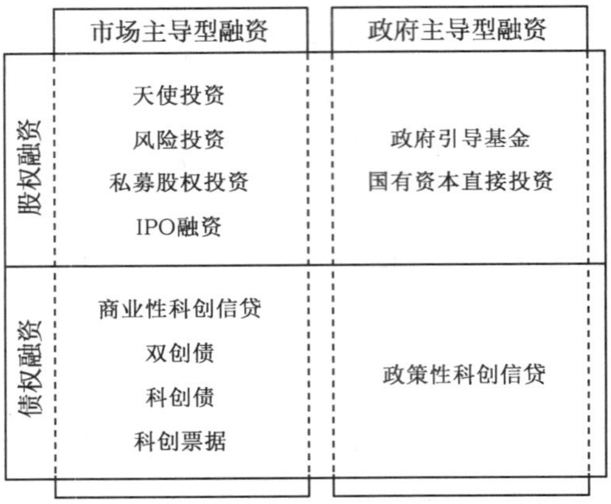

	市场主导型融资	政府主导型融资
股权融资	天使投资 风险投资 私募股权投资 IPO融资	政府引导基金 国有资本直接投资
债权融资	商业性科创信贷 双创债 科创债 科创票据	政策性科创信贷

图1-4 科创企业融资模式

一、政府引导基金

政府引导基金是由政府出资设立并引导社会资本参与的投资工具，旨在进一步实现中国的产业政策目标。政府引导基金可以直接投资企业，也可以通过投资其他投资基金的方式间接投资企业。

（一）政府引导基金的特征

首先，政府引导基金是由政府出资设立并由政府主导的投资工具。这决定政府引导基金是服务国家发展战略的具备政策导向的投资工具。以支持科创企业为例，政府引导基金对"卡脖子"的关键核心技术领域有更强的投资偏好,并且政府引导基金具备提高中国企业在关键核心技术领域创新绩效的比较优势。

其次,政府引导基金旨在市场化运作。政府引导基金以前,政府多以国有资本直接投资的方式开展投资。然而,国有资本直接投资难以回避投资亏损的问题,因此政府设立引导基金并进行市场化运作,在坚持政策导向的同时,守住商业可持续的底线。

另外,政府引导基金可以通过"示范效应"撬动资本杠杆,并与社会资本共同承担投资风险。根据上述特征,政府引导基金适合作为战略性新兴产业和关键核心技术领域的科创企业的融资工具,同时适合作为种子期、初创期以及成长期科创企业的融资工具。这既符合"投早、投小、投长期、投硬科技"的政策导向,又可以解决科创企业的融资难题,从而实现金融资源配置的社会合理性。

(二)政府引导基金的发展阶段

1. 起步阶段(2010—2014年)

中国政府设立初始基金,并配套建立了相关的法律框架。

2. 发展阶段(2015—2017年)

2015年,时任国务院总理李克强召开国务院常务会议,决定设立国家新兴产业创业投资引导基金。鉴于政府政策支持和监管宽松等因素,地方政府纷纷设立政府引导基金。

3. 调整阶段(2018—2021年)

由于宏观经济环境变化以及政府引导基金监管趋紧,政府引导基金融资节奏放缓。

4. 再发展阶段(2022年至今)

《关于规范金融机构资产管理业务的指导意见》(以下简称《资管新规》)正式生效对政府引导基金发展影响深远,同时地方政府对政府引导基金融资模式展开创新式探索。投中研究院数据显示,截至2022年12月31日,全国各级政府累计设立1 503只政府引导基金。其中,90%以上的政府引导基金处于运营状态,但有35.03%的政府引导基金实际未完成实缴或实缴后没有对外投资。根据《政府引导基金发展报告(2023—2024)》统计,截至2022年12月31日,政府引导基金认缴资本规模累计达6.32万亿元,单只基金规模由1亿元以下到100亿元以上不等。其中,规模在100亿元以上的政府引导基金共有156只,基金规模占比60%以上。第一只规模在100亿元以上的政府引导基金就是在2010年设立的,自2015年开始,规模在100亿元以上的政府引导基金设立数量激增,2018年以后新增数量有所回落(见图1—5)。

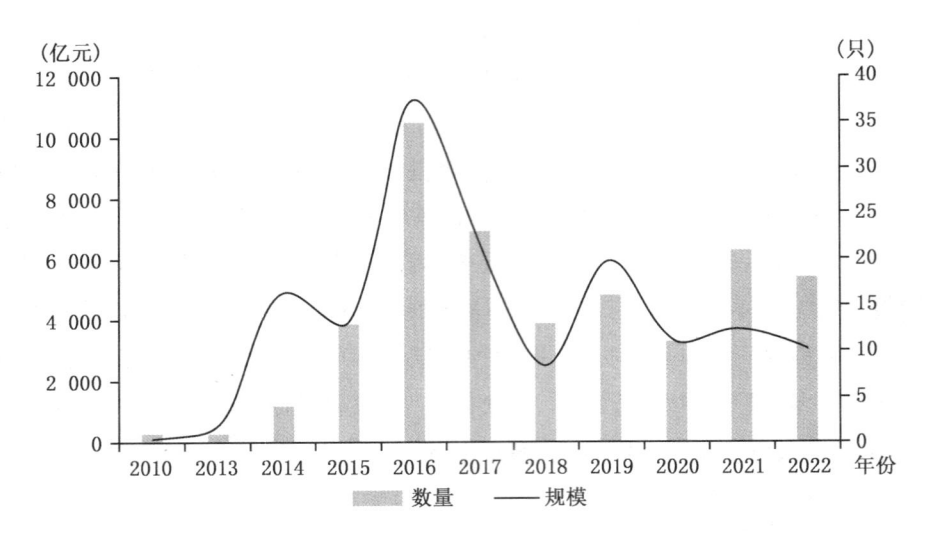

资料来源:王力等.基金蓝皮书:政府引导基金发展报告(2023—2024)[M].北京:社会科学文献出版社,2024.

图1-5 百亿元基金的数量及规模

二、知识产权质押贷款

知识产权质押贷款是企业以其合法拥有的知识产权(如专利权、商标权、著作权等)作为质押物,经评估后从银行获得的贷款。此类贷款能够帮助企业盘活知识产权资产,进一步推动科技创新,助力科技成果产业化。图1-6展示了2016—2022年我国知识产权质押融资的整体表现。

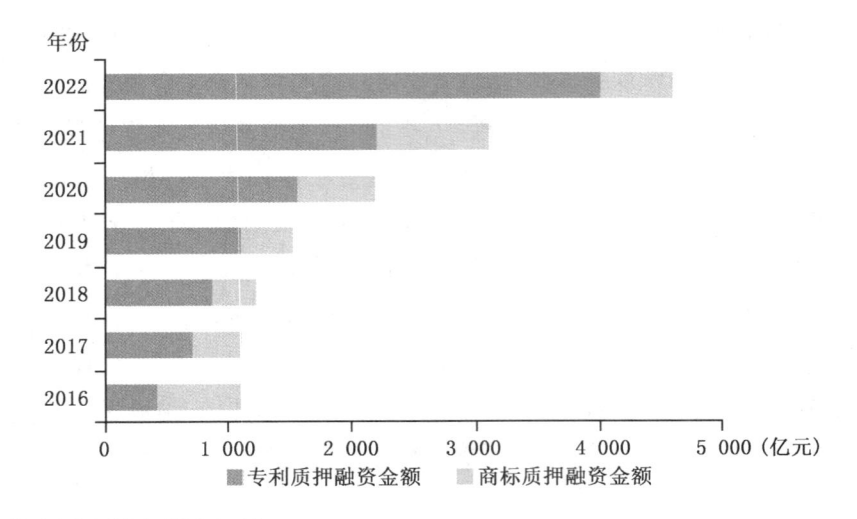

资料来源:国家知识产权局。

图1-6 2016—2022年我国知识产权质押融资情况

由于知识产权密集,科创企业适合通过申请知识产权质押贷款进行融资。根据政府参与程度的不同,知识产权质押贷款可分为"市场主导""政府参与"和"政府主导"三种类型。其中,"市场主导"的知识产权质押贷款是以知识产权为质押物的商业信用贷款。虽然商业信贷可以作为科创企业的融资工具,但它并非科创企业,尤其是种子期和初创期企业的理想选择。首先,商业信贷对风险和回报的要求与科创企业的内生风险和回报不匹配。商业性银行提供的贷款利率通常远低于科创企业可能实现的利润,而为这些企业融资所承担的风险却远超出银行愿意承担的范围。其次,商业性银行无法参与科创企业的内部治理,因而面临较高的道德风险。最后,科创企业往往需要大量的长期信贷支持,而为其提供大量长期商业信贷可能导致银行资产负债两端的期限错配问题进一步加剧。

为加强对科创企业的融资支持,知识产权质押贷款还包括"政府参与"和"政府主导"两种类型。其中,"政府主导"的知识产权质押贷款属于通过商业性银行发行的政策性信用贷款。政策信贷具备政策导向性,遵循金融资源配置的社会合理性,主要为种子期和初创期的科创企业提供优惠支持。虽然政策信贷有国家信用支持,但是难以满足商业可持续条件,不具备支持科创企业的普适性。"政府参与"的知识产权质押贷款介于"市场主导"和"政府主导"之间,强调政府承担部分风险而非全部风险,从而提高商业性银行为科创企业提供商业信贷的意愿。整体而言,商业性银行对科创企业的融资意愿偏向保守,尤其是对种子期和初创期的科创企业偏好较低,倾向于为成长期和成熟期的科创企业提供融资。然而,作为金融创新工具,知识产权质押贷款也为科创企业拓宽了融资渠道。

三、双创债、科创债与科创票据

双创债、科创债与科创票据均是科创企业的债务融资工具,通过募集资金直接用于科创项目或者通过债权投资、股权投资以及债投联动的方式间接支持科创领域。以下是对三种工具发展脉络的梳理,表1—1进一步对科创债和科创票据的特征进行比较。

双创债即创新创业企业债券。为加大"大众创业、万众创新"的支持力度,2015年,国家发展改革委印发《双创孵化专项债券发行指引》;2016年,证监会成立"双创"债券专项小组,统筹推动"双创"债券试点发展;2017年5月,银行间市场发行首单"双创"专项债务融资工具;2017年7月,证监会发布《中国证监会关于开展创新创业公司债券试点的指导意见》,将双创债纳入地方政府金融支持体系,迈入常态化发行阶段。

表 1—1　　　　　　　　　　　科创债和科创票据的区别

特征	科创债	科创票据
审核机构	证监会	银行间市场交易商协会
历史缘起	双创债	科创类融资产品工具箱
发行期限	长期(≥3年)	中短期(<3年)
资金用途	多用于科创项目	多用于债务偿还和资金补充
债券种类	公司债	中期票据、短融、资产支持票据
发行主体	科创类:符合《指引》(2023年修订)对研发、研发营收以及专利著作权的规定。 非科创类:要求募集资金投向科技创新领域的比例不得低于70%,其中用于产业园区或孵化基础设施相关用途的比例不得超过30%。	科创类:必须至少具备一项经有关部门认定的科技创新称号。 非科创类:要求募集资金中应有不低于50%的部分用于支持科技创新领域,投向应符合"十四五"规划以及《国家创新驱动发展战略纲要》等相关文件要求。

科创债即科技创新企业债券。2021年3月,沪深交易所启动科创债的试点工作,基于双创债框架引导优质企业发行具备科创用途的企业债券。2022年5月,《上海证券交易所公司债券发行上市审核规则适用指引第4号——科技创新公司债券》和《深圳证券交易所公司债券创新品种业务指引第6号——科技创新公司债券》(统称《指引》)的发布对科创债工作提出具体要求。2023年4月,证监会制定印发《推动科技创新公司债券高质量发展工作方案》,进一步完善债券市场支持科技创新的机制。

科创票据是科技创新企业发行或募集资金用于科技创新领域的债务融资工具,包括主体类科创票据和用途类科创票据。其中,主体类科创票据要求发行主体需要具备至少一项科技创新称号,用途类科创票据则对募集资金用途有严格要求。2022年5月,中国银行间市场交易商协会(以下简称"协会")发布了《关于升级推出科创票据相关事宜的通知》,将科创类融资产品工具箱升级为科创票据,鼓励科技创新企业新增注册各类债务融资工具,完善发行人科创票据新增注册及既有额度管理,并开辟对应的注册评议"绿色通道"。2023年7月,协会进一步推出混合型科创票据并发布《关于明确混合型科创票据相关机制的通知》。

据中债资信统计,2022年和2023年,科创债券(含科创票据和科创债)的发行额分别为2 605亿元和7 700亿元,在信用债市场的占比从2.2%提升至6.1%。而2024年1—4月的发行额已经达到3 689亿元,在信用债市场的占比为7.4%。另外,科创债券的净融资额从2022年的1 916亿元跨越式增长至2023年的5 482亿元,并且2024年1—4月的科创债净融资额已超2023年全年的一半。

专栏1-1
其他类型的债权融资模式

四、天使投资人、风险投资基金和私募投资基金

最初,富甲一方的商贾以"无偿"的方式配置其富余资金,比如慈善、赈灾等;到现代,随着市场经济的发展,部分偏好高投资风险的高管、企业家和富绅望族为实现自身的志趣,将富余资金投向一些具备潜力但融资困难的种子期企业。这类群体便称为天使投资人。天使投资人是指向企业尤其是缺乏投资人的种子期企业提供资金、换取可转换债务或所有权股权的个人。谢尔曼·费柴尔德就是典型的案例。作为科技爱好者,谢尔曼·费柴尔德的仙童摄影器材公司通过资助仙童半导体,不仅助力科技实现变革,还从中获得了超过初始投资50倍的回报。此外,部分天使投资者人还会组成天使团体,分享投资资本或投资经验。比如美国圣弗朗西斯科的投资人午餐俱乐部,该俱乐部也是未来的西部风险投资人协会(Western Association of Venture Capitalists)。近年来,科创界出现"创始天使"的新潮流,即创始人同时是拥有大量富余资金的资助人,作为投资者在企业创立之前就参与其中,并在企业创立之后长期为企业提供资本支持。观察国内的天使投资事件发现,2012—2015年,国内天使投资事件与投资金额激增,2016年以后逐渐回落,但天使投资总金额自2019年开始有所回升(见图1-7)。

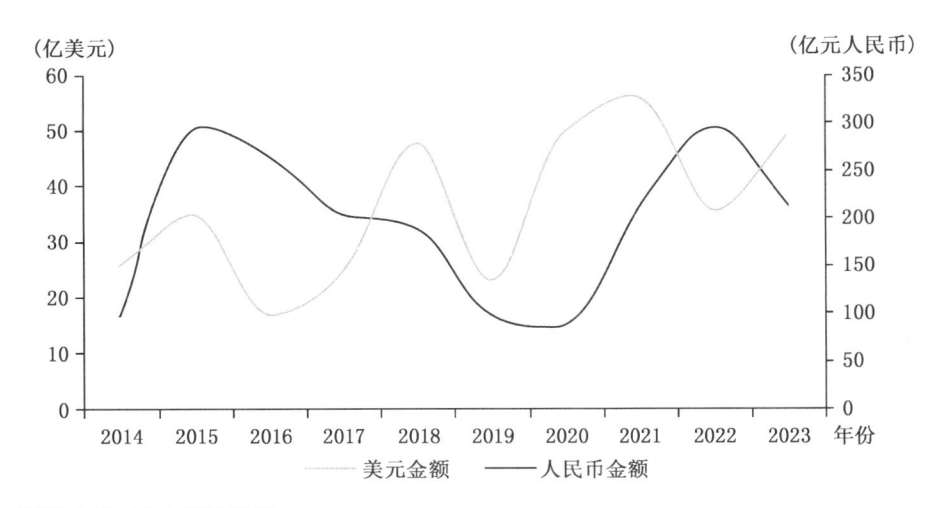

资料来源:IT桔子数据库。

图1-7 中国天使投资美元和人民币交易金额

根据清科数据库提供的数据，可以整理出中国 2010—2022 年风险投资数据（包含风险投资和狭义私募股权投资），绘制得到图 1-8，以展示 2010—2022 年我国风险投资行业发展情况。风险投资其实是基于天使投资人的实践而形成的投资模式。因为风险投资以获取高额回报为目标，投资人普遍被称作风险资本家。为提高投资的竞争力，个体投资逐渐演绎为机构投资，而风险投资机构或风险投资基金的风险投资行为具有更强的逐利性。风险投资机构投资融资困难的早期企业，以期获取指数型增长的回报。不同的是，虽然风险投资机构具有较高的风险容忍度，但是风险投资机构会在投资前评估预投资对象的技术风险，只有认为企业已经克服技术的白热化风险，风险投资机构才会愿意投资。对风险的控制意味着风险投资机构更重视投资可以带来的利润，同时意味着风险投资机构投资的企业一般处于度过种子期的创立期或成长期。此外，广泛投资的风险投资机构会形成独特的投资网络，结合投资网络，风险投资机构还可以为企业提供决策建议并提升企业内部治理的能力。

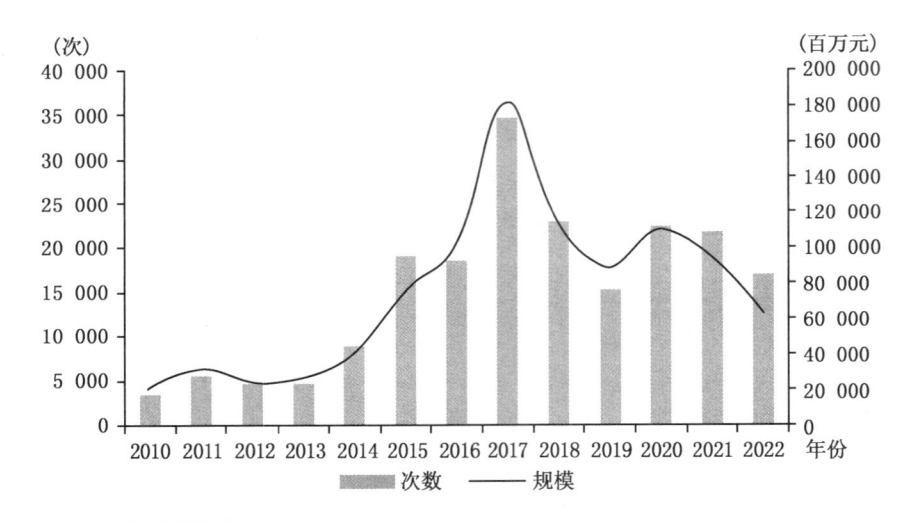

资料来源：清科数据库。

图 1-8　中国风险投资次数与规模

广义的私募股权投资涵盖企业 IPO 前的各个阶段，而狭义的私募股权投资则主要指针对成熟期企业的投资行为。中国的私募股权投资一般指向后者，其为企业融资最常见的策略是杠杆收购和夹层投资。其中，杠杆收购是指通过收购目标企业，对目标企业进行重组，再出售目标企业的投资行为。杠杆收购倾向于已经形成规模和稳定现金流的企业，比如成长期、成熟期和衰退期的企业，其投资行为不仅可以为企业融资，还可以提升企业的内部治理能力，维持企业的健康发展。夹层投资具体表现为附有股权认购权的无担保债权投资，投资人可以根据投资协议，认购企业的股权或将债权转为股权。实践表明,夹层投资的风险和回报介于传统的股权投资和传统的债权投资之间,其主要为寻求上市的成长期或成熟期企业提供资本支持,当企业成功上市后就会退出。

天使投资、风险投资和私募股权投资的特征比较如表1—2所示。

表1—2　　　　　　天使投资、风险投资和私募股权投资的特征比较

特征	投资阶段	投资金额	投资风险	投资回报率	投资周期
天使投资	种子期	＋	＋＋＋	＋＋＋	＋＋＋
风险投资	种子期、创立期、发展期	＋＋	＋＋	＋＋	＋＋
私募股权投资	发展期、成熟期、衰退期	＋＋＋	＋	＋	＋

专栏1-2
供应链战略投资

五、上市融资:以科创板为例

设立科创板有助于推进金融供给侧结构性改革,完善多层次资本市场,推动"科技—产业—金融"的良性循环。科创板设立的目的是,帮助符合国家发展战略的前沿领域、战略新兴领域和关键核心技术领域的科创企业上市融资。截至2023年,中国科创板累计上市企业566家,数量稳中有升(见图1—9)。另外,科创板在发行承销、信息披露、市场化交易、并购重组和退市方面进行制度创新,深化资本市场制度改革。

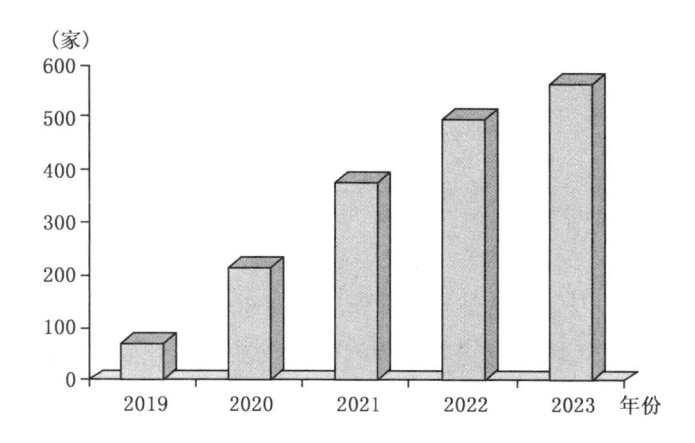

资料来源:上海证券交易所。

图1—9　中国科创板上市企业数量

进行注册制试点的科创板的开通对科创企业具备以下好处：首先，科创板的开通拓宽科创企业的融资渠道。部分科创企业在原有的资本市场无法主板上市或海外上市，也难以通过信贷或风险投资获取充足的融资，此时科创板上市就成为其关键的融资方式。其次，科创板的开通降低科创企业的融资成本。科创板上市发行从政府审批核准制转变为市场监管和企业自我约束为主的会员注册制，通过降低上市门槛和缩短上市周期来减少企业上市融资的成本。再次，科创板的开通提高科创企业的融资能力。科创板采取市场化的询价定价机制，实现科创企业的合理估值，进而引导社会资本流向科创领域，提高科创企业的融资"造血"能力。

科创企业通过科创板上市，可以进一步产生附加效应。一是可以提高知名度，使企业更容易获得投资者的关注和信任。这不仅有助于企业在资本市场上获得更多融资机会，还能提高企业的市场竞争力。二是可以优化企业资本结构，降低财务风险。股权融资可以减少企业的债务负担，改善财务状况，使企业能够更稳健地发展。三是上市需要满足严格的信息披露和公司治理要求，这倒逼企业改善内部治理结构，提升管理水平和运营效率，从而帮助实现长期健康发展。四是科创板吸引了大量的长期投资者，企业在科创板上市可以获得更多长期资金支持，优化企业融资的期限结构。

最后，要明确科创板的服务对象。第一，《关于在上海证券交易所设立科创板并试点注册制的实施意见》强调，科创板设立主要服务于符合国家战略、突破关键核心技术、市场认可度高的科技创新企业；第二，科创板主要服务于已经度过起步阶段（种子期或初创期）、克服科技创新的白热化风险、积累形成一定的科创能力，从而需要大量的融资支持的处于企业生命周期的初创期、成长期或成熟期的科创企业。

专栏1-3
股权再融资

六、投贷联动

2016年，中国银监会、科技部、中国人民银行联合发布《关于支持银行业金融机构加大创新力度 开展科创企业投贷联动试点的指导意见》（以下简称《指导意见》），明确首批5个试点地区和10家试点银行开展投贷联动业务，旨在进一步完善科技金融服务模式，加大针对科创企业的支持力度。

投贷联动的特点是用投资收益补偿信贷风险，实现科创信贷风险和收益的结构匹配。根据《指导意见》，投贷联动是指银行业金融机构采取"信贷投放"与本集团设立的具有投资功能的子公司"股权投资"相结合的方式，即通常所说的狭义投贷联动模式。

因监管批文的缺失，投资功能子公司的获批难度较大。因此除了国家开发银行，《指导意见》中提及的其他9家试点银行均未在成立具有投资功能的子公司的投贷联动模式上取得实质性进展。在近几年的实践中，银行更多尝试的是广义上的投贷联动模式，主要包括以下几种模式：

其一，"银行＋境外子公司"模式。银行机构可以通过境外子公司设立境内股权投资管理公司。试点范围外的大型商业银行机构，如中国工商银行、中国农业银行和中国建设银行等均可以通过这种方式开展投贷联动业务。银行机构向股权投资管理公司推荐靶向客户，根据其发展的阶段特征提供投贷联动的融资服务。

其二，"银行＋VC/PE"模式。VC/PE机构在投资科创企业方面拥有丰富的经验，银行机构则具有更多关于科创企业的信息，两者可以通过优势互补，更好地服务科创企业发展。例如，银行机构可以为VC/PE机构提供具有针对性的信息，并在VC/PE机构进行股权投资时投放贷款。同时，银行机构可以通过签订优先认股权协议获取投资收益，从而确保其投资回报与承担的风险相匹配。

其三，"银行＋其他机构"。银行机构与资产管理公司等机构共同发起设立有限合伙企业（LP）/股权投资基金/资产管理计划，再通过这些平台进行股权投资，实现投贷联动。其中，银行机构以信贷资金或理财资金持有优先份额，其他机构作为管理人，持有次优份额。

近几年在科创金融的风口下，许多银行也在不断积极探索各种投贷联动模式，以为科创企业提供更好的金融服务。

中国建设银行深圳分行根据其比较优势，开展"创业者港湾"投贷联动业务，同时引进增信机构与政府风险补偿机制稀释风险。截至2020年7月，"创业者港湾"已与141个平台机构建立合作；累计信贷余额101.52亿元，已签署认股权协议企业近400家。

中国农业发展银行长沙县支行开创"基金＋贷款"的投贷联动新模式。2016年，该行以股权投资的方式，为长沙湘丰智能装备股份有限公司"互联网＋"智能茶叶装备及产业服务基地建设项目投资4 070万元。2020年，该行又投放1 000万元农业小企业贷款，助力该企业扩大生产经营及原材料采购。2023年9月，该行支持的"互联网＋"智能茶叶装备及产业服务基地建设项目入选中国人民银行2023年度《中国普惠金融典型案例》。

苏州农商银行与吴江东方国资达成"投贷联动"业务合作，并与其下属担保公司联合创设"创融贷"产品，探索形成"投贷担联动"的业务模式。2023年，该行运用"创融贷"产品为客户提供500万元授信，联合担保公司共同与该客户签署优先认股权协议，完成首单"投贷担＋认股权"业务的落地。截至2013年12月，该行科创企业贷款有效户达1 105户，科创贷款余额145.44亿元。

然而，由于风险控制难度大、信息不对称、合作机制不完善、政策支持不充分以及市场不成熟等问题，投贷联动业务在支持科创企业的实践中依旧任重而道远。

专栏1-4
发挥"商行+投行"优势，探索"全链式"服务模式

第四节　科创金融发展的国际经验

经过多年的实践，发达国家成功实现了科技与金融的深度融合。在这一过程中，这些国家建立了完善的科创金融体系。中国若要实现"科技—产业—金融"的良性循环，有必要借鉴发达国家科创金融方面的成功经验，通过发挥科创金融的关键作用，疏通科技创新和成果转化的堵点。本节将通过分析总结美国、日本和新加坡等国家在科创金融发展中的成功经验，为中国的科创金融发展提供有益的借鉴。

一、美国科创金融发展经验

(一)政府的配套政策

20世纪50年代，美国通过《国家科学基金法》成立了美国国家科学基金会(NSF)，该基金会通过资助基础科学研究项目，改进科学教育、发展科学信息，并加强国际科学合作，从而推动美国科学的全面发展。同时，美国还设立了国家航空航天局(NASA)、国家卫生研究院(NIH)和能源部国家实验室等一批公共研发机构，旨在促进技术进步、技术合作、技术转移及技术成果的转化。

此外，美国还制定了多种财税政策来支持科创企业。例如，美国对企业投资者实施创业投资减税政策，规定投资者若持有合格的小型企业股票(QSBS)超过五年，可享受资本利得税的减免或豁免。小企业投资公司(SBIC)通过联邦政府为风险投资和私募股权基金提供担保，支持早期和小型企业的投资。与此同时，小企业管理局(SBA)贷款计划、小企业创新研究(SBIR)计划以及小企业技术转移(STTR)计划等多种支持政策也为科创企业的发展提供了重要保障。现在，美国已经形成从基础研究、应用研究再到科技成果转化的全链条政策支持体系。

(二)科创金融的主导模式

美国采取以直接融资为主、间接融资为辅的科创金融模式。其中，风险资本市场对科创企业的支持发挥了关键作用。风险资本市场的投资主体包括天使投资人、风险

投资机构、大型企业投资者等，他们专注于投资种子期和初创期的科创企业。与此同时，一般资本市场则包括普遍意义上的投资者和投资对象，对投资者或投资对象没有设定明显的界定标准。

美国风险资本市场通过风险股权资本和风险债务资本为科创企业提供支持，其中风险股权资本占据主导地位，风险债务资本则起到辅助作用。经过数十年的发展，美国风险资本市场逐渐完善，其对科创企业的支持有三方面值得借鉴的经验：

1. 多轮次融资机制

美国风险资本市场形成了多轮次融资机制。根据融资次序，科创企业的融资经历天使轮、A轮、B轮等多个阶段。风险资本市场针对不同轮次有相应的融资工具，可以满足科创企业不同阶段的资金需求。对科创企业全生命周期的融资服务，可以极大提升科创企业实现科技创新和科技成果转化的效率。

2. 金融创新服务

针对科创企业的金融创新服务层出不穷。科创企业往往因为轻资产导致融资困难，而金融机构根据科创企业知识产权资产丰富的特征，推出知识产权质押融资服务，充分发挥科创企业知识产权的价值，并帮助科创企业拓宽融资渠道、提高融资能力并降低融资成本。

3. 强大的退出机制

美国风险资本市场具有强大的退出机制，这主要得益于美国一般资本市场的活跃。科创企业通过在纳斯达克或纽约证券交易所上市进一步融资，风险资本则借机退出，获取丰厚的投资回报，形成资金闭环，并继续布局风险资本市场。

一般资本市场是进行股权融资和债务融资的基础市场，其不仅为有较大资金需求的政府和企业等提供长期资金，还承接了风险资本市场的优质企业，并促进风险资本市场进一步繁荣。Facebook和Google是典型的例子，它们在风险资本市场经历了多轮融资后成功上市并在一般资本市场进一步扩张，成为科技巨头。

二、日本科创金融发展经验

（一）政府的配套政策

1995年，日本颁布了《科学技术基本法》，旨在加强人才培养和推动科技进步。依据这部法律，日本每五年发布一次《科学技术基本计划》，通过规定重点研究领域和科技创新方向，提升科技进步对经济增长的贡献率。此外，日本政府支持设立了日本科学技术振兴机构（JST）和新兴技术研发机构（NEDO）等公共研发机构，为科创企业提供技术支持。

基于支持科技创新的法律条款，日本通过制定不同类型的财税政策为科创企业减轻负担。例如,投资加速折旧政策允许企业对与创新相关的设备和技术资产进行加速折旧,从而降低企业的税负,鼓励新技术和设备的投资;风险投资税收减免政策规定对投资早期科创企业的风险资本提供税收优惠,以促进风险资本的投资;开放式创新促进税收减免政策规定对与外部研发机构、大学或其他企业合作研发的企业提供税收减免,鼓励开放式创新和协同研发。日本政府根据科创企业的类型、发展阶段以及创新模式,均制定了相应的支持政策。

(二)科创金融的主导模式

日本采取以间接融资为主、直接融资为辅的科创金融模式。日本的信用担保体系与商业银行和政策性银行构成的银行体系协同合作,为科创企业提供融资服务,而直接融资市场则作为辅助渠道,为科创企业补充资金支持。

日本信用担保体系由日本中小企业信用保证协会(CGC)、日本信用保障协会联合会(JFC)以及中小企业信用保险公库等机构共同组成。该体系特别针对科创企业提供专门的担保服务和灵活的担保产品,帮助这些企业从银行获得初期发展所需的资金。健全的信用担保体系促进了银行对科创企业的融资支持。在日本商业银行体系中,大型银行如城市银行,以及地方银行、信托银行等中小型银行都为科创企业提供融资服务。部分商业银行还设有专门面向科创企业的金融部门和专项贷款计划。例如,三井住友银行设有"创新金融部",提供"知识产权质押贷款"产品,允许科创企业利用专利、商标等知识产权作为抵押物申请贷款。日本新生银行则推出"初创企业支持贷款计划"等专项融资计划,主要为具备成长潜质的种子期和初创期科创企业提供优惠贷款和咨询服务。瑞穗银行则与风险投资基金合作,为获得风险投资的早期科创企业提供"股权融资+贷款"组合的金融服务。

另外,日本的政策性银行在日本政府的支持与鼓励下,以国家信用为基础,贯彻国家经济与科技政策,以种子期和初创期的科创企业为主要服务对象,遵循金融资源配置的社会合理性,严格依照限定的业务范围,通过优惠性信贷业务支持科创企业发展。例如,日本政策投资银行(DBJ)专门为新能源、环保和医疗等领域的科创企业提供融资服务,并根据科创企业的发展阶段量身定制金融方案。日本中小企业金融公库(JASME)针对以科技创新为核心业务的种子或初创期的科创企业提供优惠贷款,并对贷款的还款条件进行灵活安排,减轻企业的财务压力。日本政策金融公库(JFC)则通过"创业贷款计划"和"新兴企业发展计划"支持科创企业。

同时,日本在通过资本市场直接融资支持科创企业方面也积累了宝贵的经验。一是日本推动政府与机构合作,设立专项基金用于投资科创企业,专项基金借助政府的信用以及投资的"示范效应"虹吸更多社会资本参与;二是日本实现风险资本市场与一般资本市场无缝衔接,为风险资本提供退出渠道,并对科创企业全生命周期的融资服务进行完善；三是日本东京证券交易所添设"Mothers"和"JASDAQ"两大创业板市场。通过构建多层次的资本市场，进一步减少了科创企业融资成本。除此之外，日本开放的资本市场还鼓励国际投资者投资日本科创企业，并鼓励日本科创企业通过国际化战略寻求海外资本的投资。

三、新加坡科创金融发展经验

（一）政府的配套政策

自1991年开始，新加坡每五年推出一次国家科技发展五年规划。2016年，其国家科技发展五年计划更名为"研究、创新与企业计划"（RIE），RIE（2025）的重点领域包括制造、贸易和连接性、人类健康与潜能、城市解决方案与可持续发展、"智慧国家"和数字经济等。此外，新加坡设立了科技研究局、环境与水资源研究院和生物医药研究理事会等公共科研机构，助力技术创新与技术成果转化。

在纲领性文件的引导下，政府进一步出台与科创金融配套的财税政策，鼓励投资者和帮助科创企业。例如，天使投资税务减免计划规定投资者在符合条件的情况下，可以获得投资金额50%的税务扣减；Startup SG计划，旨在为种子期和初创期的科创企业提供资金支持，推动企业创新产品研发并实现商业化。新加坡政府还为科创企业出台研发税收减免和企业税收减免等优惠性财税政策。

（二）科创金融的主导模式

经过长期的实践，新加坡形成"政府主导，市场参与"的科创金融模式，政府在这一模式中发挥至关重要的作用。政府通过分担投资风险、参与风险投资和开放金融市场，促使科创企业获得质优量足的金融服务。

首先，健全的政府风险分担机制帮助科创企业获得更多资金支持。其主要包括政府担保贷款计划以及合作投资计划。政府担保贷款计划是指政府与银行等金融机构合作，为这些机构对科创企业提供的贷款进行担保，如果科创企业发生违约，政府将承担部分损失。例如，新加坡企业发展局推出的风险投资债务计划，为符合条件的科创企业提供部分贷款担保，从而帮助它们更容易获得融资。合作投资计划则是政府与私人投资者共同出资，投资于科创企业。政府通常承担较高的风险，以吸引更多的私人资本参与。Startup SG Equity便是政府与第三方投资者共同投资科创企业的计划项目。

其次，政府积极参与风险资本市场对科创企业的投资。新加坡的风险资本市场十分繁荣，聚集了大量的天使投资人、风险投资机构和大型企业投资者。政府通过"政府领投、社会资本跟投"的模式，带动社会资本投资符合国家发展战略的关键核心领域的科创企业；同时，"政府参与"和"社会资本领投、政府跟投"的模式帮助社会资本分担风险,扩大了风险投资的规模,满足更多科创企业的融资需求。例如,新加坡政府投资公司(GIC)和淡马锡控股与社会资本共同投资,帮助科创企业迅速成长。新加坡国家研究基金会通过种子基金与风险投资机构合作,共同投资于种子期和初创期的科创企业,弥补这些企业的资金短缺问题。

最后,政府构建开放的金融市场拓展科创企业发展空间。一方面,开放的金融市场可以促进科创资本"走进来"。新加坡政府通过自由贸易协定(FTA)和双边投资协定(BIT)等政策,降低了国外投资者的门槛,并为其提供法律保护,吸引了大量的国际投资者投资本土的科创企业。另一方面,开放的金融市场可以促进科创企业"走出去"。新加坡政府为在本土取得成功的科创企业提供国际化的平台,帮助它们拓展海外业务,获取新的增长机会。例如,通过"Go Global"计划和区域经济合作项目,新加坡政府帮助本土企业走向东南亚、中国、印度等新兴市场。

第五节　我国科创金融面临的问题及完善建议

一、科创金融面临的问题

中国科创金融经历从无到有,在支持科创企业尤其是早期科创企业方面取得了显著的成就。根据中国人民银行统计,截至2023年6月末,科技型中小企业贷款余额达2.36万亿元,同比增长25.1%;高技术制造业的中长期贷款余额达2.5万亿元,同比增长41.5%。清科研究中心的数据显示,2023年我国股权投资市场募资规模超1.8万亿元,其中金融机构和险资LP合计披露出资超1600亿元人民币。虽然科创金融建设初显成效,但是依旧存在有效供给不足、融资结构失衡、债券发行困难以及市场作用有限等问题。

(一)有效供给不足

首先,针对科创企业的资本供给远小于科创企业的资本需求。其根本原因是,科创企业投资风险高,而资本市场中具备相应风险容忍度的资本规模小,无法满足科创企业的融资需求。符合条件的资本规模有限进一步归结于以下两个方面:第一,风险容忍度高的资本多活跃于直接融资市场,其在间接融资市场占据的比重较低。而中国融资结构是直接融资占比低、间接融资占比高,间接融资依旧是包括科创企业在内的实体部门的主要融资方式。这决定了风险容忍度高的资本的规模上限。第二,资本的风险容忍度可以通过后天培育提升。以日本为例,日本科创金融模式的典型特征就是以间接融资为主、直接融资为辅。这种模式成功的关键在于其完善的信用担保体系与金融监管体系。两者相互合作提高了商业银行等金融机构为科创企业提供融资服务的意愿,使风险资本的规模得到扩张。在中国,尚未形成如此完善的信用担保体系,也缺乏维持该体系高效运转的金融监管机制,从而无法实现风险资本规模的有效扩张。

其次,资本供给的结构性错配使有效供给不足的问题进一步加剧。科创企业在各个阶段对资本的需求存在差异。早期科创企业由于尚未形成核心创收能力,需要大量可以用于创新并且具备高风险容忍度的长期资本。形成核心创收能力的科创企业则更多地需要用于经营的中短期资本。基于企业阶段特征的视角,一方面,因为科创企业是高增长企业,一旦其克服创新风险,就会使商业银行、私募基金等投资者趋之若鹜,从而导致资本供给过剩的问题;另一方面,因为风险资本市场规模有限,许多早期科创企业无人问津,所以面临资本供给不足的问题。本土的国外风险资本规模萎缩加剧了这种不平衡。2022年投资中国的风险资本比2021年减少50%。2023年上半年,外币基金募资规模同比降幅35.4%。2024年第一季度,中国的整体风险投资押注下降到118亿美元,同比急跌四成。

(二)融资结构失衡

早期科创企业面临较为严重的融资结构失衡问题。按照投资性质,企业的融资结构包括股权融资和债务融资。科创企业中债务融资比例过高,是造成融资结构失衡的一个重要原因。根据权衡理论,当债务增加引发的财务困境成本现值与节税收益现值相等时,融资结构便达到均衡。通常,早期科创企业面临较高的财务困境成本,因此早期科创企业应该保持较低的债务融资比例。比例畸高的债务融资则会导致融资结构失衡,并进一步削弱企业的股权融资能力。按照投资期限,企业的融资结构可分为长期导向融资和短期导向融资。科创企业中短期导向融资占比过高,是融资结构失衡的另一方面。由于早期科创企业需要大量资本来支持创新活动,合理的融资结构应该包括更多的长期"耐心资本"。然而,由于创新具有高风险,愿意提供长期导向资本的投资者相对较少,导致科创企业融资结构中短期导向资本比例过高。短期导向资本往往会在创新过程中退出,这将加重科创企业创新的成本负担。

(三)债券发行困难

中国科创企业在债券融资方面依旧面临诸多挑战。导致科创企业债券发行量不足的核心问题之一是,科创企业的信用评级普遍被低估。这是因为,传统的信用评级体系更加依赖企业的财务数据,如营收、利润、资产负债率等指标,忽视了科创企业的发展特征。

首先,传统的信用评级体系对科创企业发展潜力的评价不足。尤其是针对早期成本高企并且尚未形成核心创收能力的科创企业,侧重企业财务数据的信用评级体系会给出较低的评价。那些具备发展潜力的科创企业由于无法展现出强劲的财务指标而被评级机构低估,导致其债券发行的成本畸高,最终使科创企业的债权发行量较少。

其次，传统的信用评级体系对科创企业创新能力的评价不足。科创企业的核心创收能力源于其技术创新，而这些无形资产在传统的信用评级体系中往往得不到充分体现。信用评级机构在评估企业信用时，更加关注企业的有形资产，而可以在未来产生丰富现金流的无形资产则被忽视。这进一步低估了科创企业的内在价值，限制了科创企业通过发行债券筹集资金的渠道。

此外，中国债券市场整体的风险容忍度较低，对高风险债券的需求较少。相比发达国家的债券市场，中国债券市场的投资者更偏好稳健的投资工具。即便提前知道科创企业具有良好的成长性和创新性，鉴于其评级劣势，仍难以吸引足够的投资者进行投资。

（四）市场作用有限

目前，中国科创金融体系中政府依旧占据主导地位，市场的作用有限。以信贷市场为例，许多商业银行同时经营商业科创信贷和政策性科创信贷业务，并且对两者业务存在混淆。虽然商业科创信贷和政策性科创信贷的服务对象有所差异，但是实际操作中因为政策性科创信贷业务有国家信用支持，并且与职位晋升直接挂钩，所以商业银行尤其是大型国有商业银行会更倾向于发放政策性科创信贷。这种行为可能产生对商业科创信贷甚至市场型股权融资业务的挤出效应，进一步削弱市场的作用。

以风险资本市场为例，中国风险投资市场中政府引导基金、国企投资基金等政府主导的投资机构占多数，而本土民营的风险投资机构和国外的风险投资机构占少数。有的研究批评政府主导的投资机构风险容忍度低，有的研究则提出政府主导的投资机构风险容忍度高。归根结底是因为，政府主导的投资机构具备较强的政策导向性，对偏好的投资领域愿意承担高于回报的风险，而在其他领域则表现得更加谨慎。这种投资模式没有充分发挥市场的调节作用，风险和回报的错位无法扭转，经济则导向"一元化"的发展渠道。此外，政府为建设科创金融体系，配套出台了许多支持政策，此时风险资本市场若都是政府主导的投资机构，政府就有"既当裁判员，又当运动员"的嫌疑，政策的实施效果也将大打折扣。

二、科创金融完善建议

（一）加强风险资本市场建设

天使投资、风险投资、私募股权投资和大型企业投资都是科创企业的融资渠道，风险资本市场在支持科创企业方面发挥举足轻重的作用。风险资本市场规模小，资本供给总量不足和结构性错配极大制约了中国科创企业的发展。为加强风险资本市场建设，其一，可以借鉴美国模式，加强风险资本市场多轮次的融资机制建设，确保科创企业全生命周期融资畅通；其二，发展金融科技、进行金融创新，从缓解信息不对称和丰富融资工具两个方面着力建设更大规模的风险资本市场;其三,通过完善法律法规、增强政策扶持和推动场外市场交易来拓宽风险投资退出渠道,提高风险投资的能动性;其四,可以放宽保险金、企业年金和养老金等资金的准入限制,为风险资本市场注入更多投资期限长、风险容忍度高的"耐心资本",扩大风险资本市场规模,优化风险资本市场结构;其五,可以借鉴日本科创金融的建设经验,在全国范围内建立起高效运转的信用担保体系与金融监管体系,提升银行债务资本的风险容忍度,培育更多风险债务资本。

(二)搭建"全生命周期"融资服务平台

早期科创企业内生的风险和回报与商业银行贷款对风险和回报的要求不匹配,其对融资期限的偏好还会加剧商业银行资产负债表的期限错配。因此,商业银行不适合也不愿意为早期科创企业提供融资服务。风险投资则拥有与早期科创企业契合的"风险—回报"偏好,可以较好地满足早期科创企业的融资需求。鉴于此,针对早期科创企业,宜建立风险投资为主、政策性科创贷款为辅的融资模式。当科创企业进入成长期或成熟期时,其内生的风险和回报发生改变,符合商业银行的贷款条件,就可以从商业银行获得更多的债务融资。若科创企业想要进一步扩大生产规模,还可以通过发行债券、获取私募股权投资、IPO和股权再融资等方式获取融资支持。另外,可以借助私募股权基金并购重组的投资行为帮助衰退期的科创企业或各个阶段由于各种原因提前衰退的科创企业重新焕发生机。虽然已经阐明科创企业不同阶段的融资逻辑和融资工具,但是为了更好地为科创企业提供全生命周期的融资服务,提高资本与科创企业间的匹配效率,应当进一步搭建科创企业"全生命周期"融资服务平台,加强投贷联动,实现科创企业不同阶段融资的无缝衔接。

(三)明确政府在科创金融体系中的作用

处理好政府和市场的关系是经济体制改革的核心问题。党的二十大报告再次强调"充分发挥市场在资源配置中的决定性作用,更好发挥政府作用"。首先,明确区分服务科创企业的商业科创信贷和政策性科创信贷业务。商业科创信贷是以营利为目的,为克服技术风险的科创企业提供支持的融资工具;政策性科创信贷则是不以营利为目的,根据国家政策导向投资特定领域科创企业的融资工具。为符合国家重点领域的早期科创企业融资,可以提供政策性科创信贷支持;为一般领域的早期科创企业融资,可以在完善信用担保体系的条件下出台配套政策,鼓励商业银行提供商业科创信贷支持。如果政府在不具备条件时盲目鼓励商业银行按照政策性科创信贷的模式发放商业科创信贷,最终可能导致政府财政受损。其次,明确政府引导基金在风险资本市场中的业务范围。政府引导基金可以领投国家关键领域的科创企业,也可以跟投社会资本关切领域的科创企业,但是政府引导基金不能在投资过程中鸠占鹊巢、挤压其他风险资本的生存空间。归根结底,活跃的风险资本市场才是科创企业融资的关键,政府也只有在活跃的风险资本市场中,才能更好地发挥引导作用。

专栏1-5
巧用多类融资方式,助力企业核心优势

重要概念

科创金融　企业全生命周期　熊彼特创新理论　价格理论　资本结构理论　金融约束理论　强位弱势群体理论　政府引导基金　知识产权质押贷款　双创债　投贷联动

思考题

1. 什么是科创金融?为什么要发展科创金融?
2. 科创企业的全生命周期分为几个阶段?分别有什么特征?
3. 科创金融体系的建立应遵循哪些原则?
4. 科创企业主要有哪几种融资方式?请至少列出 5 种,并说出该融资方式适合处于哪个生命周期阶段的科创企业。
5. 结合国外科创金融经验以及我国目前科创金融所存在的问题,请你谈谈如何更好地为科创企业提供金融服务。

第二章　数字金融

学习目标

1. 深入理解数字金融的基本概念、内涵与外延,明确其定义范畴。
2. 分析数字金融的产生原因及背景,洞悉其驱动因素。
3. 评估数字金融对经济的多维度影响,理解其在现代经济体系中的作用。

视频2-1

本章导读

随着数字技术的飞速发展,数字金融正以前所未有的方式重塑金融业态、生产方式及社会治理模式。当前,数字金融已逐步上升为国家战略,成为金融"五篇大文章"之一,数字金融的高质量发展已提上日程。通过本章的学习,可以明确数字金融的基本特征,掌握数字金融的概念,了解数字金融的产生原因和经济影响,构建一个关于数字金融的清晰认知框架。

第一节　数字金融的内涵和外延

一、数字金融的内涵

数字金融作为金融与数字技术深度融合的产物,其本质在于利用数字技术(包括但不限于大数据、云计算、人工智能、区块链等)推动金融业务的创新与升级。

当前,数字金融领域尚未形成统一的权威性定义。在学术探讨中,有专业研究者给出的定义是:数字金融泛指传统金融机构与互联网公司利用数字技术实现融资、支付、投资和其他新型金融业务模式。[1] 进一步地,《数字金融蓝皮书:中国数字金融创新发展报告(2021)》提出:数字金融特指持牌金融机构运用前沿数字技术,通过数据的

---

[1] 黄益平,黄卓. 中国的数字金融发展:现在与未来[J]. 经济学(季刊),2018,17(4):1489—1502.

深度协作与融合,构建智慧化金融生态系统,从而为用户提供个性化、定制化及智能化的金融服务体验。① 此外,世界银行于2023年发布的《数字金融服务报告》对数字金融的定义则是:传统金融部门和金融科技企业利用数字技术进行金融服务的金融模式,是数字技术与传统金融的相互融合及相互渗透,是在传统金融的基础上表现出来的新形势、新技术、新模式。②

尽管上述定义在表述上各有侧重,但核心内涵高度一致。数字金融的本质内核依然是金融,而数字技术则是推动其创新与发展的核心驱动力,其目标在于通过技术赋能,实现金融业务模式的根本性创新与升级。结合数字金融的前沿发展,综合金融理论界的各类提法,数字金融的概念可以简要表述为:数字技术在金融领域的全面渗透和应用。其含义包括如下三个方面:

第一,数字金融的基础是数字技术。这里的数字技术,也称数字科技,是指将各种传统信息资源转换为计算机能够识别的数字形式的技术。或者说,数字技术是用于生成、存储或处理数据的电子工具、系统、设备和资源。数字技术的前沿发展包括但不限于大数据、云计算、人工智能、区块链等,以及已经进入前期应用的5G技术。与技术进步一样,数字技术本身也是一个不断变化的过程,人类的技术进步永不停息,数字技术也会永不停息。

第二,数字技术在金融领域的应用是全局性而非局部性的,而数字化则是其前提。数字经济时代,所有的生产要素和生活要素都将数字化。就金融行业而言,一方面,一系列新的数字化工具正在深刻地重塑金融业务的各个方面,推动着金融范式的变革,其覆盖范围不仅包括以数字科技公司为先导的创新金融业态,也包括传统金融业的数字化改造;另一方面,数字技术对金融的渗透和重塑,不仅取决于技术的先进性与可行性,更取决于行业对数字技术的需求和对先进数字技术的成本消化与吸收能力。因此,金融领域的数字化变革不是一蹴而就的,而是一个不断渗透的持续变革过程。

第三,数字金融是金融与科技融合的高级发展阶段,是金融创新和金融科技的发展方向。《数字金融蓝皮书:中国数字金融创新发展报告(2021)》认为,数字金融在金融数据和数字技术的双轮驱动下,金融业要素资源实现网络化共享、集约化整合、精准化匹配。进入金融与经济协同发展阶段,实现金融高质量发展,推动数字经济和实体经济融合。③

---

① 中国互联网经济研究院. 数字金融蓝皮书:中国数字金融创新发展报告(2021)[R]. 2021.
② 世界银行. 数字金融服务报告[R]. 2023.
③ 管同伟. 数字金融概述[M]. 北京:中国金融出版社,2023.

二、数字金融的外延

与数字金融的内涵相匹配,数字金融的外延也有广义与狭义之分。狭义的数字金融在外延上,指的是数字技术与金融业务应用相结合所形成的各类金融业态。广义的数字金融在外延上则对应金融业的数字化变革所形成的金融新范式,它不仅包含数字金融的主要业态,还包含金融业的数字化转型与重塑,中央银行的数字货币发行、流通机制与相关政策调控,数字金融风险控制与监管以及数字金融宏观调控与政策协调。

在中国,数字金融主要有两种表现形态:一种形态强调数字金融的科技属性,与金融科技的概念比较接近,是指利用移动互联网、大数据分析、人工智能、云计算等最新的数字技术来帮助金融机构解决传统金融业务模式中的痛点。另一种形态强调其金融属性,与互联网金融的概念更为接近,即互联网科技公司利用数字技术提供以移动互联为主要特征的替代性金融服务,弥补传统金融服务的短板。[①]

由上可见,不同含义的数字金融,分别对应着不同的研究对象。鉴于此,我们对数字金融的讨论采用广义概念,将包括以下几方面内容:

(1)数字金融的底层技术,包括数字与数字信号处理技术、数据存储技术、数字通信技术、数字传输与计算技术,以及大数据、人工智能等新型信息技术;

(2)数字金融的行为主体,包括从事数字技术和金融创新活动的科技公司与金融机构,以及数字金融的监管与调控机构;

(3)金融业的数字化转型与重塑;

(4)数字金融的主要业态,包含金融模式、金融产品与金融服务;

(5)基于不同数字金融主体功能的风险监管;

(6)数字金融条件下的金融宏观调控与政策协调。

第二节 数字金融的产生和发展因素

推动数字金融产生和发展的主要因素有三个:供给因素、需求因素、金融体系与监管政策环境因素。

一、供给因素:技术进步

技术进步是金融创新的基础。互联网、通信和计算机等领域的技术革新与发展普

[①] 黄卓. 数字金融的力量:为实体经济赋能[M]. 北京:中国人民大学出版社,2018.

及是数字金融发展的重要前提和基石。2001年数字泡沫破灭后,人们对于"数字狂热"的理性思考加上以 AJAX 技术为代表的新型网络编程技术的诞生,促使数字世界逐步走向以交互性强、用户主动、重视内容与生产信息、大数据聚合以及平台开放性为主要特征的 Web2.0 时代。网络数字百科全书、视频电视、社交网络、博客以及微博等新兴平台的出现,极大地改变了信息的获取和传播方式。高效、扁平的信息网络使得基于数字网络的金融服务产品和营销活动变得切实可行且高效。同样地,移动(无线)网络的广泛应用拓展了数字科技的边界并提升了互联网的可用度和效用,进而使得碎片化金融服务成为可能;云计算和大数据技术的成熟发展,改进了信用风险的评估建模方法,从而为基于海量数据的小额信贷和企业金融服务打下了发展基础。数字科技企业在与传统金融体系交互的过程中,业务模式从跨界渗透向纯数字服务提供商转变,从场景、用户、产品和运营四个维度服务金融。[①]

二、需求因素

促进数字金融的需求因素主要包括互联网、移动通信的普及,以及电子商务与普惠金融的发展。

(一)互联网、移动通信的普及

《中国互联网络发展状况统计报告》统计显示,截至 2023 年 12 月,我国网民规模达 10.92 亿人,较 2022 年 12 月新增网民 2 480 万人,互联网普及率达 77.5%,形成了世界上最为庞大、生机勃勃的数字社会。

互联网、智能手机的普及拉近了金融服务提供商与用户之间的关系,并带来广泛的信息分享,使用户群特别是年轻群体的金融消费心理发生变化,更偏好于提供更多便利、更多选择、随时随地接入的数字金融产品与服务。移动互联用户对交易的需求和对金融服务的需求变得更加个性化,体验要求也变得更高了。这创造出了对新金融产品和服务的需求,推动了移动支付、网上银行等产品相继问世。

(二)电子商务的发展

统计显示,2023 年我国电子商务交易额为 468 273 亿元,比上年增长 9.4%;网上零售额为 154 264 亿元,比上年增长 11.0%;网络购物用户规模达 9.15 亿人,占网民整体的 83.8%。

电子商务的蓬勃兴起,伴随着对高效、即时支付结算体系的迫切需求,直接推动了网上支付体系的诞生与繁荣。网络用户基数的持续增长、电商平台层出不穷的促销激励措施,以及网络购物所展现的便捷性与广泛性,共同构成了网上支付快速发展的强

[①] 张小勇. 数字金融概论[M]. 北京:中国社会科学出版社,2023.

大驱动力。这一系列因素不仅加速了从传统支付方式向数字化支付模式的转变,还深刻影响了金融服务的形态与边界,催生了对数字金融服务的空前需求。这一需求不仅局限于商品交易的快速结算,更延伸至为企业提供定制化融资解决方案、助力企业资金运作与现金流管理的精细化服务,乃至支持企业转型升级过程中所需的全方位、智能化的金融服务体系。这一过程彰显了电子商务与数字金融之间的深度融合与相互促进,共同塑造了现代经济体系中不可或缺的金融服务新生态。

(三)普惠金融的发展

普惠金融是指立足机会平等要求和商业可持续原则,以可负担的成本为有金融服务需求的社会各阶层和群体提供适当、有效的金融服务。[①]

借助数字技术发展普惠金融,对发展中国家及新兴市场具有特别重要的意义。对于新兴市场,如我国而言,由于金融发展与改革滞后,金融服务覆盖率比较低。普惠金融在探索和实践过程中,会面临传统金融机构网点覆盖率低、专业人手不足、作业成本高、信用信息采集难等问题。这些问题的存在直接导致小微企业和无信用记录或信用记录不足的个人难以从银行等传统金融机构获得相应的金融服务。互联网及移动支付使偏远地区和贫困人群这些过去被"忽视"的群体成为金融业务的真实用户,从而保证了充足的用户数量,为数字普惠金融发展留出了巨大的业务拓展空间。

三、金融体系与监管政策环境因素

除上述供求驱动的因素外,金融体系与监管政策环境也是数字金融发展的重要推动因素。新冠疫情的暴发更使数字经济的重要性空前凸显,成为数字金融的助推器。

2008年国际金融危机之后,全球金融格局发生了相当大的变化。银行风险偏好大幅降低,减少了放贷活动,社会上大量的金融服务需求无法得到满足,这为数字金融创新产品提供了市场进入机会。举例来说,网络借贷的拓展就是因为它可以为那些得不到银行贷款的小企业或高风险消费者提供资金。

宏观经济条件与监管合规提升了成本压力。2008年国际金融危机后,全球长期的低利率环境给金融机构利润带来了下行压力;全球金融合规程度的要求普遍提高,也导致金融业监管合规成本大幅上升。运营与合规成本的上升加大了金融机构削减成本的积极性。数字科技通过提供廉价的支付清算解决方案、采用新技术,可以帮助金融机构有效降低成本。

此外,政策支持与相对包容的监管政策环境也是促进数字金融发展的重要条件。

---

① 中国人民银行迪庆州中心支行课题组,朱燕,闵瑶. 推进少数民族贫困地区普惠金融效用分析——以迪庆为例[J]. 时代金融,2019(28):75-79.

为促进数字金融的发展,各国在政策上提供了更多的鼓励和支持。例如,英国、新加坡、澳大利亚等国家近年来相继推出创新中心、创新加速器,鼓励在本国发展数字金融。在监管上,监管当局同样对数字金融采取监管创新,以包容支持其发展。此外,监管当局对数字金融初创企业的监管也不像对传统金融机构那么严格,给暂时未被纳入监管框架的数字科技以及一些创新的业务模式提供了极为有利的发展机遇。

新冠疫情的暴发使全球人流、物流、资金流受到严重冲击,但疫情防控期间信息流却出现爆发性增长,数字经济的重要性空前凸显。面向未来,面对人类社会生活的种种不确定性,数字经济与实体经济、虚拟空间与现实空间的高度融合将是人类社会的必然选择。发展数字金融对于人类经济社会应对未来不可预测的风险将发挥重要作用。

总之,在技术进步外部驱动和转型发展内生需求的共同作用下,大数据、人工智能、区块链等技术与金融的结合,催生并加快了数字金融的产生和发展。

第三节　数字金融的经济影响

数字金融将对金融服务的提供方式产生重大影响,颠覆金融行业的发展格局,创造出高效率、社会覆盖面更广的全新金融模式,实现更高效的金融服务。数字金融的快速发展为经济发展带来新的机遇,但也存在潜在风险和监管挑战。

一、数字金融对经济的有利影响

(一)促进实体经济发展

数字金融提高实体部门的融资可得性与缓解流动性约束,进而促进实体经济发展。在数字技术的帮助下,数字金融特别是移动支付和在线借贷,克服了地理障碍与传统风险评估的盲点,引导资金从过度繁荣的金融业和房地产业流向实体经济,促进实体经济快速发展。

(二)引导资金流向,降低信息不对称程度

数字金融的分布式去中心化平台、大数据、云计算等新型数字技术将显著影响金融行为人的信息不对称行为,赋能传统金融行业,为产品本身注入区别于传统金融产品的能力,以科技带动金融业务的革新,提升金融体系透明度,降低信息不对称。

(三)降低金融服务成本,提高金融服务效率

数字金融摆脱了对金融实体网点的依赖。数字技术的进步使物理基础设施(如建筑物、分支机构和自动柜员机)不再是提供金融服务的先决条件。从技术层面上看,完

全可以建立不具备有形基础设施的"虚拟银行",通过互联网、智能手机、云计算、人工智能和分布式账本技术来提供金融服务,进行投资决策和管理风险。数字金融使金融服务虚拟化,这将极大地降低金融服务提供的成本。数字金融还可以使金融服务与电子商务、共享经济和大数据分析相结合,从而实现规模经济,创造出新的附加值。

(四)促进普惠金融和经济增长

在传统模式下,普惠金融之所以进展缓慢,主要是因为银行服务成本高。得益于数字技术的创新应用,从业机构通过移动通信、无线网络等数字技术,让金融服务遍及乡村、少数民族偏远地区,为占大多数的中小微企业和低收入人群提供服务,显著提升金融服务的可获得性,有效扩大金融服务的覆盖面,例如,我国的支付宝和微信支付现在都拥有近10亿用户,同时利用大数据征信替代抵押资产进行风险评估,从而解决了从前很难解决的获客难问题,较好地控制了信用风险,极大地推进了普惠金融的发展,促进经济增长。

二、数字金融面临的挑战

数字金融通过多元化的有效竞争,可以减少信息不对称,提高金融服务效率,但也带来了隐私保护与信息安全以及支付、结算和金融稳定等方面的诸多挑战。

(一)关于消费者隐私保护与信息安全

大数据是数字金融的核心要素,对其运作至关重要,而如何收集、处理和使用消费者的个人数据不仅是一个富有争议性的话题,也是监管部门最关心的问题。对于数字金融应用而言,用户信息很可能在使用数字金融应用程序的过程中丢失或被盗,移动设备的安全性也可能通过支付程序受到损害。此外,由于信任在采用新技术方面发挥着重要作用,如何进行安全和隐私保护也是一个难题。尽管许多国家对个人信息的保护有严格规定,但由于在线信息的流动性,对信息的获取、处理和使用的监管难以实施。网络犯罪活动日益猖獗,并逐步演化成目前全球性的挑战,如何加强对数据本身的保护已经成为网络安全的首要问题。

(二)关于金融体系稳定性

数字科技公司可能部分或全部取代传统金融机构的中介职能。例如,以前客户需要到银行才能办理存贷等业务,现在只要通过数字金融平台或者第三方支付渠道就可以办理了。这种影响将威胁关键金融服务的提供,而一旦相关金融服务中断或提供这些服务的被监管机构遭遇脱媒,将会对实体经济产生严重的负面影响。

当代金融体系均是以中心化模式为基础的,货币发行、支付结算、信贷提供都是中心化的,全部由中央银行统一管理、统一规范、统一调控。同样,与传统金融模式相对应的监管形式也是中心化的监管框架。而数字金融的基础架构是去中心化网络。当前分布式、去中心化和针对平台的数字金融创新,对之前集中的、中心化的和针对单一机构的监管框架形成极大的挑战。例如,传统上,监管当局的监管信息主要来自被监管机构的资产负债表,并据此设立资本充足率、杠杆率和流动性标准等监管指标对金融机构资产负债活动加以约束,以实现并维护金融稳定。但对于网络借贷公司这类机构,监管部门很难从中获得关于此类金融中介的充足信息,也无法有效地约束其资产负债活动。

在货币政策工具方面,第三方支付、网络借贷、互联网基金销售等数字金融业务降低了各类金融资产之间的转换成本和时间成本,使金融市场对利率变得更敏感,有助于提高价格型货币政策工具的有效性。但同时,部分数字金融业务具有一定的货币创造功能,使传统货币层次边界变得模糊,盯住广义货币供应量的货币政策效果会降低。在货币政策传导机制方面,数字金融增加了金融市场流动性需求的不确定性,可能导致市场波动性加剧,增加中央银行公开市场操作的难度和成本。在货币政策的中介目标方面,伴随着互联网支付等电子化货币规模的快速扩张,流通中的现金数量将会减少,使货币乘数、流通速度以及需求函数的估算面临更多不确定性,从而降低货币政策中介目标的有效性。

总之,数字金融通过多元化的有效竞争,可以减少信息不对称,提高金融服务效率,但与此同时,也给支付、结算和金融体系的稳定性带来新的挑战。数字金融的发展需要政策当局权衡创新、发展、金融稳定和消费者保护多方利益,出台监管与金融稳定政策。

第四节 数字金融的发展趋势

一、第一阶段:早期数字化探索(1970—2010 年)

在数字金融发展初期,对新技术的探索和创新是数字金融关键的推动力,这个阶段的特点是以基础设施为核心,尤其是在互联网银行和移动支付的初步应用方面。

(一)SWIFT 系统

SWIFT(Society for Worldwide Interbank Financial Telecommunication)系统成立于 1973 年,是全球金融通信网络的重要组成部分,这一系统允许银行和金融机构之间进行快速、可靠的交易确认和资金转移,成为全球金融基础设施的重要支柱。

(二)米特兰银行创办的 First Direct

1989 年,米特兰银行创办世界上第一家直销银行(First Direct),通过电话银行服务,提供 24 小时的银行业务支持,彻底改变了传统的银行服务模式,这在当时是一个革命性的变化,通过这种模式,银行能够显著降低运营成本,同时提高客户便利性。这个模式的成功为后来许多在线银行和金融科技公司的发展提供了宝贵的经验和启示。

(三)肯尼亚的 M-Pesa

2007 年 3 月,肯尼亚电信公司 Safaricom 推出了 M-Pesa,这一移动支付系统在全球范围内引起了轰动。M-Pesa 允许用户通过手机进行存款、取款、转账和支付账单等金融交易,极大地方便了传统金融服务无法触及的肯尼亚贫困人群。随着系统的升级发展,用户可以利用 M-Pesa 享受贷款、理财等金融服务,如今,M-Pesa 也是全球移动支付的典范之一。

资料来源:新华社。

图 2—1　M-Pesa 的应用

在这一阶段,数字金融的创新主要聚焦于移动技术和互联网银行业务的初期尝试,这在一定程度上扩展了金融服务的基础模式。然而,由于技术的限制,数字金融的应用范围仍然相对有限。随着金融科技时代的来临,数字金融的发展将进入一个快速增长的爆发期,展现出更加广阔的应用前景和潜力。

二、第二阶段:金融科技的崛起(2010—2020 年)

2010—2020 年,全球数字金融经历了显著的发展。金融科技的快速发展,特别是区块链、人工智能、大数据等前沿技术的应用,极大地拓宽了数字金融的业务范围。在这一时期,数字金融不再局限于移动支付等基础服务,而是向更深层次和更广泛的金融服务领域扩展。

(一)区块链技术的应用

区块链技术以其代表性应用比特币(Bitcoin)和以太坊(Ethereum),引领了一场金融创新的革命。比特币由中本聪（Satoshi Nakamoto）于 2009 年创造，标志着区块链技术的首次应用，它实现了去中心化和安全的点对点交易，不依赖于任何中央机构，极大地简化了跨境支付和交易流程，降低了相关成本。随后，以太坊在 2015 年由 Vitalik Buterin 等人开发，是区块链技术的另一个重要应用，它引入了智能合约，扩展了区块链技术的应用范围，减少了中介的参与和潜在的欺诈风险，广泛应用于金融、法律和房地产等领域。

然而，虚拟货币的兴起也引发了一系列社会问题。比特币等数字货币可能成为融资诈骗的工具，扰乱正常的金融秩序，甚至被用于洗钱等非法活动，给正规金融机构带来潜在的系统性风险。此外，虚拟货币的开采过程消耗大量能源，对环境造成负面影响。鉴于这些风险，我国采取严格的监管措施，全面禁止与虚拟货币结算相关的服务，并严禁提供交易者信息，以确保金融市场的稳定和安全。

（二）智能顾问的兴起

Betterment 和 Wealthfront 是全球智能顾问的代表公司，他们在 2010 年初期迅速崛起，凭借其创新的技术和商业模式，改变了传统的投资管理方式。传统的投资顾问服务价格高昂，普通投资者较难承担，Betterment 和 Wealthfront 通过智能算法为用户提供自动化和个性化的投资建议及资产管理服务，系统会根据用户的风险偏好和投资目标，自动进行多元化的资产配置，并定期检查和调整投资组合，以确保资产配置符合预定策略。通过智能顾问的服务，让更多的个人投资者能够以低成本、高效率的方式进行投资管理，享受到专业的投资规划服务，从而提高了整体金融市场的参与度和普惠性。

在这一阶段，金融科技的迅猛发展带动了数据科学、区块链技术以及智能顾问等创新技术在金融服务领域的广泛应用。这些技术不仅打破了传统互联网银行和移动支付的界限，更显著拓宽了金融服务的触及面。然而，技术进步在提高金融效率的同时，也带来了新的风险挑战。技术的滥用可能加剧金融风险，甚至为一些违法犯罪活动提供便利。因此，面对金融市场快速变化的风险格局，监管机构必须采取有效的监管措施，以确保金融市场的稳定和安全。

三、第三阶段：数字金融的加速与强监管（2020 年至今）

从 2020 年至今，全球数字金融进入数字化加速创新与强监管并重的新阶段。新冠疫情和技术进步进一步推动了数字金融服务的迅速扩展，与此同时，各国监管机构对这一新兴领域的监管力度也在不断加大，以确保金融市场的健康和稳定发展。

新冠疫情引发的全球性封锁和社交隔离措施显著提升了线上金融服务的需求量。在这一背景下，消费者和企业纷纷转向数字支付、在线银行服务和电子商务平台，进一步加速了数字金融服务的普及进程。世界银行集团报道指出,在全球正规金融服务扩张的趋势下,疫情催生了数字支付的大幅增长,特别是在除中国以外的低收入和中等收入经济体,近40%的成年人是在疫情防控期间首次使用银行卡、电话或互联网支付方式。在印度,疫情之后,更有超过8 000万成年人首次采用数字支付手段进行交易,这一变化凸显了数字金融服务在全球范围内的迅速扩张和深远影响。

第五节 中国数字金融发展情况

尽管中国数字金融起步较晚,但其发展势头迅猛,已迅速影响并重塑整个金融行业,在世界范围内也赢得了显著的话语权。这主要得益于以下几个有利条件:首先,我国传统金融服务供给不足,为数字金融的发展提供了广阔的市场空间;其次,我国具有相对宽松的监管环境,为金融创新提供了肥沃的土壤;最后,我国数字技术的快速发展,为数字金融提供了良好的技术支持。[1] 正是这些有利因素的共同作用,使得数字金融在中国这片沃土上迅速生根发芽,展现出蓬勃的生命力。

在对中国数字金融发展的梳理中,我们可以将其大致分为三个阶段:数字金融萌芽阶段、互联网与金融科技兴起阶段、数字金融全面发展与监管科技阶段。这三个阶段反映了中国数字金融的发展历程,预示着中国数字金融的广阔前景。

一、第一阶段:数字金融萌芽(2000—2012年)

尽管现有的说法认为,2012年之后的互联网金融的兴起标志着中国数字金融的开端,但若我们进一步回溯历史,可以发现在互联网金融浪潮兴起之前,中国金融业已展现出一系列关键信号,预示着数字化转型的趋势。

在20世纪80年代,金融机构开始发起并主导了金融化电子化和信息化时代[2],1987年,中国内地首次引入自动取款机(ATM),其便捷性和高效率的特点迅速获得用户喜爱。2002年,中国人民银行批准成立了中国银行卡联合组织——银联,银联的成立不仅标志着银行卡跨行交易清算的便利化,也极大地提高了银行服务的便捷性,促进了金融服务的互联互通。到了2004年,支付宝的账户体系正式上线,这标志着数字金融在中国初步扎根。然而在这一阶段,传统的线下金融服务仍占据主导地位,数字金融的全面兴起尚待时日。

---

[1] 黄益平,陶坤玉. 中国的数字金融革命:发展、影响与监管启示[J]. 国际经济评论,2019(6):24—35+5.
[2] 黄浩. 数字金融生态系统的形成与挑战——来自中国的经验[J]. 经济学家,2018(4):80—85.

二、第二阶段:互联网与金融科技兴起(2012—2020年)

2012年,阿里巴巴、腾讯等互联网巨头进军金融领域,支付宝、微信等第三方支付平台的发展壮大标志着中国互联网金融的兴起,业界将2013年余额宝的开张视作中国数字金融发展的元年。[①] 这些平台通过提供便捷的线上支付解决方案,极大地推动了电子商务的发展,并逐步改变了人们的支付习惯。此后,中国数字金融用户基础迅速扩大,金融服务开始向移动端迅速转移。

2016年3月,全球金融稳定理事会(FSB)发布《金融科技的描述与分析框架报告》,首次定义了金融科技的概念。此后,大数据、人工智能、云计算等新兴技术崭露头角,逐步取代了互联网金融的主导地位。从基础的支付结算、在线融资,到复杂的风险评估、财富管理等业务,数字金融已经渗透到金融服务的方方面面,甚至影响了货币政策传导机制(战明华等,2018)。[②] 科技的发展逐渐突破了传统金融业务的壁垒,与实体产业发展相融合,诞生了如数字供应链金融、数字普惠金融等产品,这些发展不仅推动了金融服务的创新,也大幅提升了服务效率,为金融行业带来了深远的变革。

数字金融的迅猛发展虽然为行业带来了前所未有的机遇,但随之而来的挑战和风险同样不容忽视,在2012—2016年短短几年间,中国网络贷款的成交量从212亿元人民币激增至2.06万亿元人民币,到2017年底,累计成交量更是达到了惊人的6万亿元人民币,远超美国和英国[③]。

以P2P网络借贷为例,由于其缺乏对借款人信用的严格评估,导致相对较高的违约率。加之监管措施的不足,这些平台容易成为非法集资和诈骗活动的滋生地,给投资者带来了非常严重的风险。为了应对这些问题,2016年,中国政府加强了对P2P网络贷款平台的规范和整顿。随着P2P行业的整顿和清退,这不仅标志着中国数字金融监管迈入了一个新的阶段,而且体现了监管机构在风险控制和行业规范方面的坚定决心。这一转变促进了数字金融稳健发展,确保金融市场的长期稳定与繁荣。

三、第三阶段:数字金融全面发展与监管科技(2020年至今)

自2013年以来,中国数字金融在短短十几年间取得了令人瞩目的成就,中国的数字经济规模在2022年达到7.5万亿美元,位居世界第二,仅次于美国。[④] 而在电子支付领域,中国已经走在世界前列。2024年中国的电子支付普及率继续领跑全球,支付宝和微信支付两

[①] 黄益平,黄卓. 中国的数字金融发展:现在与未来[J]. 经济学(季刊),2018,17(4):1489−1502.
[②] 战明华,张成瑞,沈娟. 互联网金融发展与货币政策的银行信贷渠道传导[J]. 经济研究,2018,53(4):63−76.
[③] 北京大学数字金融研究中心课题组. 网络借贷风险缓释机制研究[J]. 新金融评论,2018(4):90−120.
[④] 中国信息通信研究院. 全球数字经济发展白皮书(2023年)[R]. 2023.

大平台共同占据了全球数字钱包市场超过 90% 的份额[①]，业务规模在国际上遥遥领先。

然而，数字金融兴起的同时，也给金融行业带来了风险和挑战，在我国，防范化解系统性风险一直是三大攻坚战之首。但数字技术对金融行业的快速渗透，削弱了银行"金融中介"的职能[②]，收窄了银行的存贷利差[③]，侵害了银行的"特许权价值"[④]，这将会促进银行之间系统性风险的传播。此外，利用金融科技进行网络贷款的资金融通方式虽然可以在一定程度上促进资金融通，但同时也使资金流入了信用不佳的个人，从而使金融科技贷款具有极高的违约可能性。[⑤] 在我国，P2P 不仅给投资者带来了巨大的经济损失，也催生了数字金融监管时代的到来。2022 年，中国人民银行印发《金融科技发展规划（2022—2025 年）》，体现了监管层对于金融科技治理的重视，并着重强调了金融科技伦理规范体系的构建以及安全高效金融科技创新体系的建立。同时，为了应对金融科技带来的风险，监管科技（RegTech）的广泛应用与发展显得尤为重要。监管科技的建立，旨在运用先进的技术手段，不仅提升监管的精准性和响应速度，同时也显著降低监管成本，促进金融创新的健康成长。

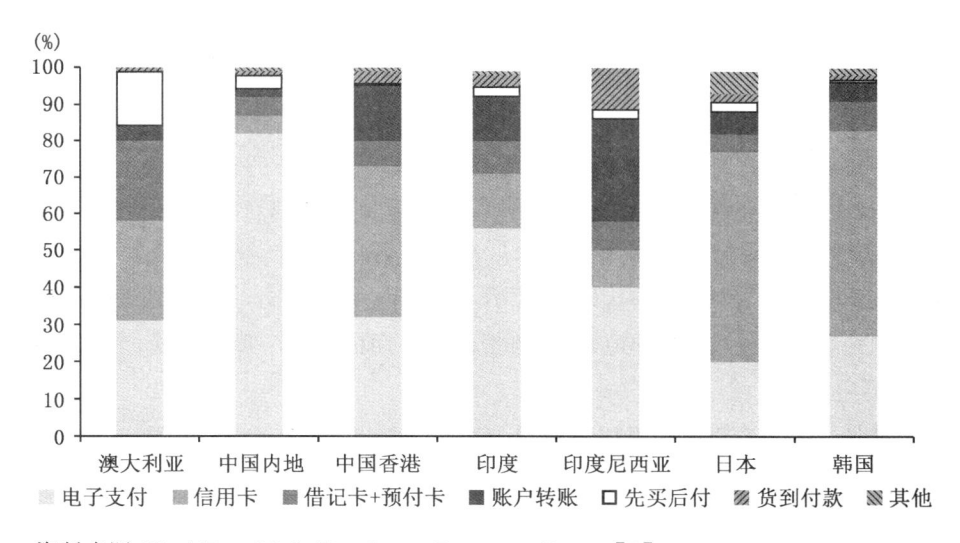

资料来源：WorldPay, LLC. *The Global Payments Report* [R]. 2024.

图 2—2　亚洲部分地区付款方式

[①]　WorldPay, LLC. *The Global Payments Report* [R]. 2024.
[②]　顾海峰，卞雨晨. 数字金融会影响银行系统性风险吗？——基于中国上市银行的证据[J]. 中国软科学，2022(2)：32—43.
[③]　顾海峰，杨立翔. 互联网金融与银行风险承担：基于中国银行业的证据[J]. 世界经济，2018, 41(10)：75—100.
[④]　Jia, X. FinTech Penetration, Charter Value, and Bank Risk-taking[J]. *Journal of Banking & Finance*，2024, 161.
[⑤]　Di Maggio M., Yao V. Fintech Borrowers: Lax Screening or Cream-skimming? [J]. *The Review of Financial Studies*，2021, 34(10)：4565—4618.

总的来说，中国的数字金融监管时代将通过一系列政策和规划，促进金融科技的规范化发展，同时也为数字金融的未来创新奠定坚实的基础。

第六节　数字金融业态

数字金融业态是指数字金融相关业务的具体表现形式，可进一步从业务的供给方和监管方两个维度将其分为数字支付、数字信贷、数字征信和数字金融监管。其中，数字支付和数字信贷为供给方的业态形式，数字征信和数字金融监管为市场监管和政府监管的形式。

一、数字支付

(一)数字支付的含义及其供给

数字支付，也称作电子支付(digital payment)，是一种通过数字支付工具实现资金或数字货币从一个账户转移到另一个账户的现代支付方式。与传统的现金交易相比，数字支付具有无形性，它不需要使用实体货币、信用卡、借记卡或支票。相反，数字支付通过电子通信设备上的处理系统来完成，无论是移动设备还是非移动设备。用户可以利用手机或电脑等终端设备，向商家、个人或机构进行转账汇款、在线支付账单，或者使用手机钱包进行购物支付。在更广泛的定义中，数字支付涵盖了银行转账、移动货币和各种支付卡(包括信用卡、借记卡和预付卡)的使用。而在更狭窄的定义中，数字支付主要是指通过数字钱包、移动货币进行的消费支付、转账汇款、个人支付及其他交易。

数字支付服务主要由两类机构提供：移动网络运营商(MNO)和数字支付服务提供商(DPSP)。移动网络运营商是提供无线通信服务的公司，它们通过移动通信网络为小微企业和个人用户提供数字钱包、支付网关、客户身份验证、业务了解等服务。数字支付服务提供商则是提供数字支付解决方案的非银行数字科技公司，多为早期互联网电子商务巨头，如美国的亚马逊、中国的支付宝等。这些服务提供商不仅包括专门的数字支付平台，也包括提供小额转账和在线支付服务的互联网公司，如谷歌、腾讯等。

(二)数字支付的主要类型

数字钱包、移动货币和移动支付是数字支付的三种主要类型。

1. 数字钱包

数字钱包(digital wallet)，也称作电子钱包，是一种允许个人或企业通过软件、电子设备或在线服务以电子形式进行交易的工具。这一概念广义上包括移动钱包,即专为移动设备如智能手机和智能手表设计的数字钱包类型。数字钱包可以安装在多种设备上,包括移动设备、笔记本电脑和台式电脑。全球知名的数字钱包包括支付宝、微信支付、PayPal、Apple Pay、Google Pay、Samsung Pay 等。数字钱包不仅能够存储用户的支付信息,还能管理银行卡、优惠券、会员资格、驾照、身份证等多种凭证。手机应用因其便携性和易用性而成为最广泛使用的形式。

数字钱包因其便利性和安全性而日益受到消费者的青睐。它们是传统钱包的数字升级版,能够安全地存储所有的支付信息,用户只需下载银行或可信第三方提供的应用程序,输入支付信息,并通过各种个人识别方式(如二维码、指纹或生物特征识别)来安全存储数据。

数字钱包的普及还得益于其减少欺诈风险的能力,越来越多的消费者开始选择这种支付方式。2023 年,全球以数字钱包作为主要支付方式的消费总额达 14 万亿美元,预计到 2027 年,数字钱包可以实现 15% 的复合年增长率。[①] 新冠疫情进一步加速了数字钱包的增长,特别是在年轻消费者中。随着无现金社会的推进,越来越多的年轻人开始接受这种新的支付方式,数字钱包成为他们手机中不可或缺的一部分。数字钱包还支持跨境资金转移,使用户能够轻松地向世界不同地区的亲友汇款。此外,数字钱包降低了开设和维护传统银行账户的门槛,为那些没有银行账户的个人和小微企业提供金融服务,成为推动数字普惠金融发展的关键工具,特别是在发展中国家。

2. 移动货币

移动货币(mobile money)描述了使用移动电话进行的金融交易,其中价值以虚拟方式(电子货币)存储在与 SIM 卡关联的账户中。此类交易基于移动通信网络,不需要支付平台接入。凭借发达的移动通信网络,移动货币可以将金融服务的范围扩大到传统银行业无法服务的人群。移动货币赖以实现的基本手段是移动电话。移动电话是最普及的通信工具,2021 年,全球移动电话普及率达到 102.9%。2012 年,全球即已拥有超过 32 亿个人用户,2022 年达 35 亿人,发展中国家和地区因其人口与后发优势在全球手机用户中占比远超北美和欧洲。移动电话开启了接触传统银行和支付机制限制人群的机会。通过创新的编程,移动货币可以在金融基础设施落后的发展中经济体社会经济的许多方面提高金融交易触达性、透明度、效率和安全性。移动货币不同于移动银行(mobile banking)。移动货币的服务对象为无银行服务者,而移动银行的服务对象为银行服务拥有者;移动货币只允许个人对个人(P2P)支付,而移动银行支持各种交易。金融包容性、新方法的发展使社会金字塔底部的个人正式成为金融体

---

① WorldPay, LLC. *The Global Payments Report* [R]. 2024.

系的一部分,移动货币从而被认为是帮助这些人口摆脱贫困和推动经济增长的先决条件,这也为发展中国家和地区实现包容性增长提供了抓手和工具。

3. 移动支付

移动支付(mobile payment,MP)是一种利用移动终端等便携式电子设备,通过接入通信网络或运用近场通信技术来实现信息交换的支付方式。这种支付行为便捷地实现了资金从支付方到接收方的流转。

移动数字支付应用程序极大地丰富了用户的转账选项,允许他们直接通过移动设备向个人或企业进行资金转移。相较于第三方支付平台,移动支付更侧重于通过移动设备执行刷卡或发送支付指令等操作,以满足用户对支付便捷性的需求,实现资金的即时转移。第三方支付则更多地描述了资金在买方、支付平台和卖方之间的流转过程及秩序。

随着移动技术和运营技术的不断进步,移动支付已经逐渐成为第三方支付体系中的重要组成部分。

移动支付主要分为两大类:近场支付和远程支付。近场支付通常是指通过手机扫描二维码等方式迅速完成支付,而远程支付则涵盖了通过互联网发送支付或转账指令的支付方式。用户可以利用移动设备、近场传感技术或互联网向支付机构提交支付指令,支付机构在接到指令后随即处理货币支付和资金转移,完成移动支付的整个流程。

(三)数字支付的特点

1. 数据驱动

与传统的支付方式相比,数字支付展现出明显的技术驱动特性。这种支付方式不仅依赖于实体的数字支付设备,也依赖于各种无形的数字技术,以实现货币债权的转移。在传统支付中,硬件设施的要求相对简单,如现金交易只涉及货币的直接交换,无须依赖特定的技术设施。然而,数字支付则需要智能识别设备、智能销售点终端(POS机)、无人售货机、智能结账台和电子标签等硬件设备作为物理基础。

在技术层面,传统跨境支付通常依赖银行电汇和其他代理方式,不仅交易成本较高,而且过程复杂。相对而言,在数字支付环境中,利用区块链技术的跨境支付系统,可以在区块链网络上直接完成不同货币之间的转换,并通过共识算法来验证交易的有效性。此外,数字技术的不断进步也在持续推动数字支付模式的创新和变革。

2. 方式多样

数字支付平台提供了丰富的支付手段,用户可以通过网络、电话、电视甚至手机短信等多种渠道轻松完成支付,展现了数字支付在支付方式上的多样性。这些平台通过向金融支付机构提供多样化的接口程序,实现了各类银行卡和多种支付方式的整合,统一在一个平台上进行交易结算,有效解决了跨银行转账可能遇到的问题。用户在使用数字支付平台时,无须深入了解背后的技术操作,平台提供的用户界面直观友好,通过同时提供多种应用接口,将不同的银行卡支付方式集中管理,简化了用户在交易结算中的操作流程,无论是与银行还是与商家对接,都能在一个界面上轻松完成,极大地提升了支付效率。

3. 安全性强

数字支付大多依附于大门户网站,且多以与其合作的银行的信用为依托。因此,数字支付平台能够更好地解决网上交易中的信用问题。买家在网上购物时,钱不是直接打到卖家的账户,而是先打到数字支付银行账户,在买家确认收货并且无异议和问题的情况下,通知数字支付平台把钱打入卖家的账户。数字支付交易方式让商家看不到客户的付款源信息,也避免了付款账号在网络中多次输入导致的信息泄露现象。此外,值得一提的是,数字支付方具有监督作用。数字支付的监督作用在于其不仅确保了资金转移的安全性,还为交易双方提供了一定的约束和监督机制。数字支付平台具备在交易完成后将资金从买家账户转移到卖家账户的功能。此外,在交易过程中如果遇到纠纷,数字支付平台能有效保证交易流程顺畅和保护双方权益。

二、数字信贷

(一)数字信贷的定义

数字信贷涵盖了利用各种数字技术手段提供的信用贷款服务,代表了一种更为广泛的金融业态。相比之下,互联网信贷通常是指传统金融机构与互联网企业结合互联网技术和通信技术所提供的信用贷款服务。数字信贷中,大科技信贷尤为关键,它强调了大型科技生态系统和大数据风险控制的重要性。随着数据价值的日益显现,预计数字信贷将以其高频率和高效率的特性,成为贷款领域的主要发展趋势。

在传统的信贷模式中,商业银行扮演着核心角色,其风险管理依赖于分层次的授权体系和前后分离的管理职责。这种模式涵盖了从客户筛选、评估、审批、合同签订、抵押登记到放款和贷后管理等多个环节,过程漫长、成本高昂、效率较低。因此,传统信贷主要服务于信用记录完善的大型客户,而中小企业和缺乏信用记录的小微企业则面临较大的融资难题,特别是在信贷服务方面存在明显缺口。解决小微企业信贷的"不可能三角"问题,已成为全球学者研究的重点和政府关注的焦点。数字信贷通过数字平台实现全流程线上操作和自动化,利用大数据征信和风险控制技术,打破了时间和空间的限制。依托大数据、人工智能等先进技术,对所有潜在客户的数据信息进行全面评估,极大地扩展了信贷服务的覆盖范围,为小微企业信贷的发展提供了创新的思路和方法。

(二)数字信贷的特点

数字信贷作为金融科技领域的一项重要创新,正逐渐改变着传统信贷的运作方式,为个人和企业提供了更加便捷、高效的金融服务。具体而言,数字信贷具有以下特点:

1. 技术驱动下的高效率业务流程

在业务流程优化方面,数字信贷的核心是技术创新,它利用大数据、人工智能、云计算、区块链等前沿技术,实现信贷服务的自动化和智能化。这些技术的应用不仅优化了信贷流程,还提高了风险评估的准确性和信贷产品的创新性。此外,数字信贷平台能够处理和分析海量数据,快速捕捉和评估借款人的信用状况。通过算法模型,数字信贷可以在短时间内完成对借款人信用历史的分析,从而实现快速审批和放款,其申请、审批、放款等流程大多实现了自动化,减少了人工干预,提高了操作效率和处理速度。全自动化的流程不仅降低了运营成本,也减少了人为错误的可能性。在业务响应和用户体验方面,与传统信贷相比,数字信贷的审批和放款速度通常更快。用户可以在提交申请后很短时间内得到反馈,这种快速响应满足了用户对资金周转速度的需求。此外,数字信贷通过网络平台或移动应用程序提供服务,用户可以随时随地申请信贷,不受时间和地点的限制。数字信贷打破了地理界限,通过互联网技术覆盖更广泛的客户群体,特别是那些传统金融服务难以触及的地区和人群。这不仅提高了金融服务的普及率,也促进了金融包容性的发展。

2. 数据驱动下的业务管理和监管强协同

数字信贷减少了对实体网点和人工操作的依赖,从而降低了运营成本。这些成本优势有时可以转化为用户的利率优惠,使得数字信贷在价格上更具竞争力。在业务风险管理上,数字信贷利用先进的算法和模型对借款人进行信用评分和风险评估,这种方法可以更全面地识别借款人的信用风险,同时也为信贷机构提供了更多的风险管理工具。此外,在数据安全上,随着技术的发展,数字信贷平台越来越重视用户数据的安全性和隐私保护。通过加密技术、身份验证和访问控制等手段,数字信贷确保用户信息的安全,增强用户对平台的信任。再次,在监管合规上,为了应对金融监管的要求,数字信贷平台越来越多地采用监管科技,以确保合规并降低监管风险。监管科技的应用提高了数字信贷平台的透明度和合规性,也为监管机构提供了更有效的监管手段。

(三)数字信贷的业务类型

数字信贷利用先进的数字技术,改变了传统信贷的服务模式,提供了更加便捷、高效的金融服务体验。基于数字信贷供给方,将数字信贷业务按照传统金融机构和新兴金融机构两个维度进行进一步划分。

1. 传统金融机构的数字信贷业务

随着互联网技术的发展,传统银行开始提供在线贷款服务,包括个人消费贷款、房屋贷款、汽车贷款等。这些服务通常基于银行现有的信贷体系,通过数字化平台进行申请和审批,提高了服务效率。通过互联网和移动设备等数字技术提供各种银行服务和产品。

传统金融机构,如商业银行,利用数字化手段对服务和产品全面升级,陆续推出互联网金融、智能投资、智能财富管理等新兴服务和产品。这些产品不仅为金融产品提供了更多的选择,也提供了更加个性化和智能化的服务。具体而言,传统金融机构的数字信贷业务由以下两个维度进行支撑:一是创新能力;二是生态系统的建设。从创新能力上看,传统金融机构需要通过推出新的产品和服务,如数字货币和区块链应用程序,使其能够快速响应市场变化和客户需求。从生态系统建设上看,数字银行不再是孤立的金融服务提供商,它们通过与各种合作伙伴(如电子商务平台和科技公司)合作来构建生态系统,实现资源共享,增强竞争力。

花旗银行作为美国乃至全球银行巨头之一,其数字化转型同样取得了显著成就。花旗银行的数字化战略着重于提升客户体验和创新金融服务。通过提供包括手机银行、网上银行、语音识别在内的多种数字化服务,花旗银行致力于提供更便捷、高效的服务体验。此外,花旗银行在数字货币和区块链技术的研究与应用上积极投资,展现了其对金融服务创新的不懈追求。在美国,数字银行的发展得到了广泛认可,被视为金融业的新趋势。花旗银行的数字化转型不仅提升了效率和客户体验,更为整个行业树立了积极的榜样,引领金融服务的新方向。

中国工商银行的数字化转型之旅始于2015年,标志着其作为全球最大商业银行之一的前瞻性步伐。工行的数字化战略专注于运用前沿技术来优化业务流程,提升服务质量,进而增强客户体验。中国工商银行提供的数字化服务种类繁多,包括手机银行、网上银行、电话银行、微信银行等,这些渠道极大地提升了服务效率,同时增强了客户的满意度和忠诚度。中国政府对数字银行的重视程度可见一斑,其政策支持反映出将数字化转型视为金融业发展的"新常态"。中国工商银行的转型不仅是技术应用的革新,更是对传统金融业务模式的颠覆性创新,展现了其对金融行业未来趋势的深刻洞察。

N26银行是一家总部位于德国的全数字化银行,以其便捷、安全、高效的服务而著称。N26银行的数字化战略以创新金融服务和扩大生态合作为核心。该行提供全面的数字银行服务,包括手机银行、网上银行、支付服务、资金转账等,满足客户在不同场景下的金融需求。N26银行还积极寻求并建立合作关系,例如,与在线旅游公司合作提供旅游保险和支付服务,以扩大其业务范围和服务能力。在欧洲,数字银行被视为金融行业的新机遇,N26银行的成功实践展示了数字银行如何通过创新服务和生态合作,实现金融服务的全面数字化,提升客户体验,为金融行业开辟新的发展前景。

从战略目标、实施措施、政策环境、市场形势等多角度看，可以得出以下结论：中国工商银行、花旗银行和N26银行在数字化转型中，均根据自身的环境和市场需求制定战略目标，旨在提升客户满意度并保持竞争优势。在实施措施上，三家银行均采用多种数字化服务渠道和创新技术，以满足客户需求。政策环境和市场形势的差异也对三家银行的数字化转型产生了影响，中国工商银行得到了中国政府的大力支持，而花旗银行和N26银行则更多地受到市场和投资者的关注。这些案例表明，商业银行在数字化转型中需要综合考虑政治、经济、文化等多方面因素，制定并执行符合自身特点的数字化转型战略，以实现最优的转型效果。

2. 新兴金融机构的数字信贷业务

新兴金融机构的数字信贷业务涵盖多个领域，包括但不限于以下几种形式：

(1) 数字消费信贷。金融科技公司利用大数据技术对用户进行画像，提供个性化的金融服务，使得违约概率估计更加准确，同时降低交易时间和成本，提高支付效率。

(2) 小额经营性贷款。数字金融通过创新金融机构的经营管理模式、流程和产品，为小微企业提供更加便捷的贷款服务，有效提升信贷市场的竞争强度和产品质量。

(3) 移动支付和互联网支付。数字金融的发展推动了移动支付的普及，使得金融服务更加便捷、覆盖范围更广。

(4) 数字助贷模式。一些金融科技公司采用数字助贷模式，通过输出金融科技能力，如金融云、数据库、借贷管理系统等，为中小金融机构提供服务，构建起数字金融生态。

(5) 普惠金融。数字金融有助于提升金融服务的普惠性，使得农村居民以及小微企业能够享受到便捷的金融服务，特别是在经济欠发达地区。

(6) 产业链金融。数字信贷通过建立数据连接，将信贷服务与产业发展紧密结合，化解信息不对称的矛盾，降低信贷风险管理成本。

综合来看，新兴金融机构的数字信贷业务能够更多地弥补传统金融机构数字信贷业务的不足，对其服务主要落脚于信贷服务客户群体的特点进行补充，在应用场景和营销上具有更好的表现。

马上消费金融作为行业的领跑者，致力于提供多元化的消费信贷服务。其"商品分期"与"循环额度"服务已成功渗透至200余个消费场景，携手超过100万家合作商户，构建起强大的消费金融网络。在合作伙伴中，不乏美团、京东等知名消费平台，以及百度、阿里巴巴、腾讯等顶级流量巨擘，共同推动消费生态的繁荣发展。马上消费金融旗下的安逸花、马上金融、马上分期、马上贷等产品凭借丰富的消费场景，为数字信贷的创新与普及注入了强劲动力。

公司提出"金融大脑"概念，依托先进的金融科技实力，迅速崛起为持牌消费金融公司中的佼佼者。在全球范围内，马上消费金融精挑细选金融、大数据、人工智能等领域的顶尖人才，组建了超过1 000人的技术团队和300余人的大数据风控团队。公司内部科研平台，如人工智能研究院、博士后科研工作站、智慧金融与大数据分析重点实验室等，为金融创新提供了坚实的技术支持。

马上消费金融以客户需求为导向，提供定制化的信贷解决方案，满足不同消费者的个性化需求。2022年第一季度，消费金融市场迎来"新市民"政策带来的新机遇，马上消费金融迅速响应，为新市民群体量身定制了装修、家电等信贷产品，市场反响热烈。其安逸花App在同期活跃用户数高达1 797万，位居行业之首，彰显了公司在数字信贷领域的领先地位和卓越成就。

三、数字征信

数字征信作为构建信用社会、信用国家宏伟蓝图的关键一环，正引领我们迈向一个崭新的诚信时代。这一概念的核心在于，将前沿的大数据技术融入征信实践，通过全面搜集和深入分析海量多维数据，运用机器学习等先进模型和算法，精准描绘出个人、团体、企业的信用画像。这一过程不仅为各类应用场景提供了定制化的征信产品和服务，更标志着征信行业的一次革命性升级。狭义上，数字征信是指搜集和处理企业及个人的网络行为数据，通过互联网技术进行信用评估。而从广义角度审视，数字征信的范畴更为广泛，它不仅涵盖线上的金融信贷信息，也包括线下的公共信用数据，为信用评价提供更为全面的数据支撑。[①] 数字征信活动与传统征信的最大区别在于，它更加突出大数据技术的应用，强调数据的海量性、多维度和信用状况的动态交互。这些特点使得大数据征信成为传统征信体系的重要补充。

（一）数字征信与传统征信的比较

1. 数字征信的优势

与传统征信相比，数字征信具有以下优势特点：

（1）监测覆盖维度更广。数字征信利用大数据技术，拓宽了信用记录的覆盖范围。它不仅包含传统金融机构中的信用记录，还通过网络行为等信息，如互联网行为轨迹、社交互动和客户评价等数据，为P2P借贷、第三方支付、互联网保险等新兴金融业态提供全面的信用评估，满足了身份识别、反欺诈和信用评估等多方面需求。

（2）技术应用深度更强。数字征信的评估模型综合考虑信用主体的历史数据，深度挖掘历史信息，结合实时、动态的交互信息，具有更为精准的预测能力。此外，数字

---

① Berg T., Burg V., Gombovie A., et al. On the Rise of FinTechs: Credit Scoring Using Digital Footprints [J]. *The Review of Financial Studies*, 2020, 33(7): 2845—2897.

征信采用机器学习等先进技术,从多个维度全面评价信用状况。

(3)应用场景丰富多元。大数据征信的应用场景不仅限于金融经济活动,还扩展到日常生活的各个方面,如租房、租车、酒店预订、签证申请、婚恋交友、求职就业、保险服务等,它在市场营销、反欺诈、风险监测和账款催收等领域展现出广泛的应用潜力。

2. 数字征信的局限

数字征信也并非全能,在将技术和征信刻画目标深度融合的同时,数字征信也存在以下问题:

(1)数据来源可验证性不强。数字征信的数据来源广泛,多为生活行为,与金融属性的关联度和权威性相对较弱,其在信用评估中的效用性仍需市场验证。此外,数字征信可能突破了传统征信的"独立第三方"原则,数据的采集和使用多与征信机构自身的业务相关,这可能影响征信报告的客观性和公信力。

(2)用户数据可能出现泄露。随着数据采集范围的扩大,如何保护个人隐私、防止数据滥用,是数字征信必须解决的问题之一。数字征信机构若不能独立客观地评估和运用客户数据,则可能扭曲信息提供者和信息使用者的行为,造成市场混乱。

(二)数字征信的实践应用

1. 反欺诈

目前,数字征信在反欺诈中的应用可进一步分为应对个人和团伙欺诈行为,涵盖身份欺诈和主观还款意愿欺诈两种主要情形。

身份欺诈方面,通过将申请人的人脸图像与公安部权威图像库进行细致比对,有力预防身份盗用事件的发生;团伙欺诈方面,通过实施有效的筛查措施,分析申请人使用的设备和IP地址是否被重复使用、客户端操作是否存在异常模式,以及是否与高危群体或非法中介有所联系。

此外,面对信用记录欠佳、有故意违约倾向的个案,采取审慎的策略,深入调查申请人是否被列入黑名单,以及是否存在多处申请贷款或背负多重债务的情况。

2. 信用评估

通过综合运用数据分析和机器学习技术,可以为不同的信用产品定制专门的信用评分模型,以提高模型的精准度和适用性。以下是构建信用评分模型的基本步骤[①]:

(1)特征工程。对数据进行预处理,包括字符型数据转换、异常值处理、缺失值填补,以及变量的衍生、分箱和筛选。

(2)模型训练。根据数据特征,选择适宜的机器学习算法,并对模型参数进行调整,以达到最佳性能。

---

① 王锦慧,魏婷,方英等. 数字金融[M]. 北京:清华大学出版社,2024.

(3)模型评估。采用 KS(Kolmogorov-Smirnov)值评估模型的区分能力。KS 值衡量好客户与坏客户累计占比之差的最大值,其值越大,模型的区分效果越好。一般认为,KS 值大于 0.2 时,模型具备有效区分能力。

此外,信用评估的应用还包括:

授信策略与风险定价:结合个人基本信息、负债、历史还款表现和资产收入等数据,评估并确定授信额度、适用利率和期限。同时,考虑客户提供的增信信息,如房产等,以调整授信额度。

贷后管理:征信机构持续追踪并更新客户的信用风险信息,为信息使用者提供最新数据,帮助预测客户的还款趋势,并对潜在逾期客户进行预警,以减少潜在损失。同时,利用征信数据建立催收模型,配合不同催收策略,提升催收效率。

这一流程确保了信用评分的准确性和信贷管理的有效性,能为金融机构提供强有力的风险控制和决策支持。

ZestFinance,一家在金融科技领域独树一帜的企业,致力于利用大数据技术精进信贷评分系统。公司坚信,每一份可触及的数据都与信用紧密相连,致力于充分发掘数据中的信用潜力。作为 ZestFinance 的核心使命,个人消费信贷审批服务专注于满足次级贷市场的需求,面向那些常被传统金融机构忽视的消费者。在与银行及其他信贷机构的激烈竞争中,ZestFinance 以其卓越的数据挖掘技术和模型创新能力,确立了自己的竞争优势。公司将大数据和机器学习领域的前沿技术巧妙地融入信贷风险管理,推动行业的创新与发展。

ZestFinance 的信贷评分模型构建是一个由三个环节构成的严谨流程:一是大数据采集,广泛搜集各类数据,为分析打下坚实基础;二是大数据分析,运用尖端技术深入分析,揭示数据背后的信用价值;三是信用风险评估框架,将分析成果转化为实用的信用评分体系,为互联网金融机构提供强有力的决策支持。ZestFinance 的创新方法和专业服务,不仅为客户提供了精准的信贷评分,也为整个金融行业的风险管理带来了新的视角和解决方案。

第七节 数字金融风险与监管

数字金融在中国的发展已经走在全球前列,从移动支付到数字货币,从互联网金融到区块链应用,中国的数字金融生态逐步完善。然而,随着数字金融的快速发展,各类风险也日益凸显,亟须通过有效的监管措施来保障金融系统的安全稳定。本章将深入分析数字金融风险的特征及主要类型,系统梳理中国在数字金融监管方面的政策演变,并深入探讨未来的监管路径和挑战,旨在为构建安全稳健的数字金融体系提供理论支持和实践指导。

一、数字金融风险的特征

(一)不确定性

与传统金融相比,数字金融依赖于复杂的技术架构和算法,这些技术本身具有不可预测性和动态变化的特点,如区块链、人工智能和大数据分析等新技术的漏洞可能在被发现或被修复之前就被利用,导致不可预见的风险。

同时,数字金融的发展速度超过了全球各国监管机构的反应速度,可能导致监管政策在不同地区和时间点上存在显著的不确定性。这种不确定性使得企业和投资者难以预见未来的合规要求,增加了数字金融的风险暴露。

(二)隐蔽性

数字金融系统通常由复杂的技术架构和算法组成,其中的潜在风险往往难以察觉。这些系统中的风险因素,如系统漏洞或算法偏差,常常隐藏在复杂的技术堆栈中,只有在问题暴露后才会被发现。此外,数字金融中信息不对称现象普遍存在,特别是对于普通投资者和小型企业而言,他们难以全面理解所使用的金融产品或服务中的潜在风险。许多数字金融技术,尤其是人工智能和机器学习,具有"黑箱"性质,其决策过程不透明,这进一步增加了风险的隐蔽性,使得风险因素更加难以识别和预防。

(三)传染性

数字金融风险具有极高的传染性,这意味着风险可以迅速跨越市场、机构甚至国界,造成广泛的系统性影响。由于数字金融市场的全球化和高度互联性,一场风险事件可能通过金融网络迅速扩散。例如,一家主要加密货币交易所发生的安全事件,可能引发全球市场的恐慌性抛售。此外,在数字金融领域,高频交易和算法交易的普及也加剧了风险的传染性。当算法同步操作或具有相似性时,大量的交易可能在短时间内集中发生,导致市场剧烈波动,并加速风险扩散。

(四)负外部性

数字金融风险的负外部性体现在,一方面,风险事件的负面影响往往超越了直接参与者,波及无辜的第三方甚至整个社会。一个典型的例子是数据泄露风险,数字金融系统中存储的大量个人数据一旦泄露,不仅会对数据所有者造成直接损害,还可能引发身份盗窃和欺诈等社会问题。此外,重大风险事件,如大规模的金融欺诈或平台倒闭,往往会破坏社会对数字金融体系的信任,进而影响整个金融系统的稳定性。另一方面,数字金融活动的负外部性还可能表现在环境层面,比如加密货币挖矿所导致的高能耗和碳排放,虽然这些活动推动了金融创新,但其对环境的负面影响也不容忽视。

二、数字金融风险的类型

随着数字金融的快速发展,风险类型也随之多样化,传统的风险范畴被进一步扩展和细化。

(一)操作风险

数字金融高度依赖信息技术,这使得操作风险显著增加。操作风险主要表现为系统故障、网络攻击和数据泄露等。数字金融系统的复杂性意味着操作失误或技术故障可能迅速扩散,进一步放大风险的影响。由于信息技术的广泛应用,任何技术上的脆弱性都可能引发一系列连锁反应,影响金融机构和用户的利益。

(二)信用风险

数字金融的发展推动了新型借贷模式的兴起,如P2P网络借贷、小微贷款等。这些模式在风控手段上与传统银行借贷存在显著差异,往往缺乏完善的风险控制机制。许多数字金融平台由于风控能力不足,无法有效评估借款人的信用风险,导致坏账率上升,信用风险不断加剧。这种信用风险不仅威胁到借贷平台的生存,还可能对整个金融体系的稳定性产生不利影响。

此外,由于数字金融具有普惠性,这也就意味着更多的不为传统金融所服务的金融需求者被纳入金融行业的服务对象范畴,即所谓金融"二八定理"中的"八"。而这一部分用户之所以不能被传统金融所覆盖,主要在于其信用资质较弱,数字金融对这一部分用户的覆盖也在一定程度上增加了信用风险。

(三)市场风险

数字资产市场的高波动性极大地增加了市场风险。以加密货币为例,这些资产的价格波动频繁且剧烈,投资者面临的市场风险显著提升。市场风险的加剧源于数字资产市场的不成熟、市场操纵和投机行为的普遍存在。这种高波动性使得投资者在追求高收益的同时,也面临巨大的潜在损失风险,增加了市场的不确定性。

(四)流动性风险

数字金融产品的流动性通常较差,尤其在极端市场环境下,流动性风险更为突出。例如,加密货币市场在高波动时期常常出现流动性枯竭的现象,投资者难以迅速平仓或变现,导致持仓风险增大。此外,某些数字金融产品由于交易市场的深度不足或交易机制不完善,在突发事件下可能难以找到对手方,这进一步加剧了流动性风险。

(五)系统性风险

数字金融的跨界、跨行业特性使其系统性风险更为复杂。当金融科技公司与传统金融机构深度融合时,系统性风险的传染效应可能被放大。例如,支付巨头与银行、保险等机构的广泛合作,虽然提高了服务效率,但也可能在系统性危机中加剧风险的传染。在极端情况下,这种深度融合可能导致单一机构或市场的风险向整个金融体系扩散,从而造成系统性金融危机。

三、中国数字金融监管实践

强大的金融监管是金融强国建设的六大关键核心要素之一。党的十八大以来,我国金融监管体制机制改革持续推进,中央银行、金融监管部门、地方金融管理机构分工协作架构逐步形成,与数字金融创新发展相适应的监管法律法规制度不断健全,数字金融监管能力和水平持续提升。

(一)监管规则方面:监管顶层设计逐步完善,监管水平与时俱进

《金融标准化"十四五"发展规划》《金融科技发展规划(2022—2025年)》和《数字中国建设整体布局规划》等政策针对金融科技监管提出:要与时俱进地完善法律法规、技术标准等体系,不断适应数字化发展需要;加强数字化监管能力建设,利用大数据、机器学习、模式识别等技术,监测数字金融运行状况,深化数字技术全场景应用体系的合规监测,构建金融与科技风险之间的防火墙,提升金融监管效能;加强金融科技创新监管,加快金融科技创新监管工具应用,坚持将所有金融活动依法依规纳入监管,厘清金融科技创新边界等重点任务,从顶层设计上指明我国数字金融发展的整体纲要、基本原则和发展目标,有助于从源头防范金融与科技融合所带来的潜在风险。

(二)监管工具方面:积极探索金融科技创新监管试点,推动金融创新与监管良性互动

2019年12月,中国人民银行提出"金融科技创新监管工具",正式启动中国版"监管沙盒",在有效控制业务与技术风险、降低监管不确定性、保证消费者权益的前提下支持金融创新。截至2022年2月,共有42个机构参与金融科技创新项目,已入盒的金融服务项目有31个、科技产品项目有13个。

表 2-1　　　　　　　　　　数字金融相关政策梳理

发文机构	年份	政策名称
国务院	2015	《国务院关于促进云计算创新发展培育信息产业新业态的意见》
国务院	2015	《促进大数据发展行动纲要》
中共中央、国务院	2016	《国家创新驱动发展战略纲要》
国务院	2017	《新一代人工智能发展规划》
中国人民银行等五部门	2019	《关于金融服务乡村振兴的指导意见》
市场监管总局、中国人民银行	2019	《金融科技产品认证目录(第一批)》《金融科技产品认证规则》

续表

发文机构	年份	政策名称
市场监管总局、中国人民银行	2019	《金融消费者权益保护实施办法》
中国人民银行	2019	《金融科技发展规划(2019—2021年)》
中国人民银行	2019	《关于发布金融行业标准加强移动金融客户端应用软件安全管理的通知》
中国人民银行	2020	《关于开展金融科技应用风险专项摸排工作的通知》
中国人民银行	2020	《关于发布金融行业标准 做好个人金融信息保护技术管理工作的通知》
中国人民银行	2020	《关于发布金融行业标准 加强商业银行应用程序接口安全管理的通知》
中国人民银行	2020	《网上银行系统信息安全通用规范》
国务院	2021	《"十四五"数字经济发展规划》
中国人民银行	2022	《金融科技发展规划(2022—2025年)》
中共中央、国务院	2023	《数字中国建设整体布局规划》
财政部	2023	《关于印发〈关于加强数据资产管理的指导意见〉的通知》
国务院	2023	《关于推进普惠金融高质量发展的实施意见》

四、数字金融监管面临的挑战

随着数字金融的迅速发展，新型金融产品和服务的出现使得监管机构面临的挑战日益复杂化和多样化。数字金融的特点使其在传统金融监管框架内存在一定的难度和不适应性，尤其是在技术驱动的环境中，监管机构需要面对一系列的新兴问题：

（一）监管与创新的平衡

数字金融的发展依赖于持续的创新，而过于严苛的监管可能抑制这种创新。然而，缺乏监管的创新又可能导致系统性风险的积累。如何在鼓励创新与确保市场稳定之间找到适当的平衡，是监管机构面临的首要挑战。尤其是在快速发展的金融科技领域，新产品和新模式层出不穷，传统的监管方法可能已经无法有效应对。

（二）技术复杂性与信息不对称

数字金融依赖复杂的技术体系，这些技术对监管者来说具有较高的门槛。随着大数据、人工智能、区块链等新技术的应用，信息不对称问题日益加剧，监管者难以全面掌握金融机构的风险状况和业务细节。此外，技术本身的迅速演变也使得监管手段和工具可能落后于实际需求，导致监管的有效性受到挑战。

(三)跨界风险与监管协调

数字金融往往涉及多行业、多领域的交叉应用,这种跨界特性导致风险的传播路径更为复杂。各监管机构之间的协调难度增加,可能出现监管重叠或监管真空的问题。跨行业和跨区域的监管协调不足,容易造成监管盲区,进而引发系统性风险。此外,全球化背景下,跨境数字金融活动的增加也对监管的国际协调提出了更高的要求。

(四)数据安全与隐私保护

数字金融的核心资产是数据,随着数据的海量积累与流动,数据安全与隐私保护面临极大挑战。尤其是在网络攻击频发的情况下,如何确保金融数据的安全,成为监管者必须解决的问题。此外,在数字金融业务中,如何在保护个人隐私的同时实现数据共享和应用,也是当前面临的难题之一。

(五)非传统金融主体的崛起

在数字金融领域,传统的金融机构不再是唯一的主导者,互联网巨头和技术公司逐渐成为重要的金融服务提供者。这些非传统金融主体在技术创新和市场渗透方面具有优势,但其金融行为往往难以被传统的监管框架覆盖。这种主体的多元化加大了监管的复杂性,也带来了新的监管盲区。

第八节 数字金融与中央银行货币体系

一、中央银行数字货币概述

中央银行数字货币(central bank digital currency,CBDC)是由中央银行发行和管理的一种数字货币。与传统现金不同,它不依赖中介机构进行交易,而是基于使用区块链技术的分布式账本。它具有革命性影响的潜力,可以作为传统货币和数字货币之间的桥梁。

(一)数字货币

Auer 等(2020)较为系统地研究了数字货币的主要功能。首先,中央银行数字货币的出现可能促进金融去中心化。传统金融体系存在集中化问题,导致金融机构权力过大,可能引发经济不稳定和金融危机。中央银行数字货币的去中心化设计有望降低金融机构的权力,使货币发行更加公平透明。其次,广泛采用中央银行数字货币可以加强国际金融合作和监管。在全球化和跨境交易日益加剧的背景下,中央银行数字货币为国际金融合作和监管提供了新的工具和机制。数字交易和跨境支付的便利性可以提高国际金融合作和监管的效率和安全性。再次,中央银行数字货币的发展将带动金融创新和发展。中央银行数字货币的引入将激发金融创新,推动金融科技的发展。

通过结合智能合约和区块链技术，中央银行数字货币有望提高金融服务的效率和质量，进一步促进经济增长和发展。最后，中央银行数字货币的广泛采用将为贫困和低收入群体提供更广泛、更便捷的金融服务。许多贫困和低收入的个人往往无法获得传统的金融服务，但中央银行数字货币的出现可以降低金融壁垒服务，为他们提供更便捷的金融服务，促进社会公平与发展。值得一提的是，中央银行数字货币的发展可以提高货币政策的灵活性和效率。中央银行数字货币为中央银行提供了更加精准的货币政策工具，可以更好地监测和调控货币流通，从而增强货币政策的灵活性和有效性。

1. 数字货币的使用场景

中央银行数字货币可分为基于账户的中央银行数字货币和基于代币的中央银行数字货币。每种方式各有优缺点，具有不同的特点和适用场景。

基于账户的中央银行数字货币是指中央银行直接向公众提供数字货币，用户可以通过在中央银行开立账户进行交易。这种方式确保交易的安全性和可靠性，因为交易记录和资金都由中央银行管理和监控。此外，基于账户的中央银行数字货币可以实现更精确的货币政策调控，中央银行可以直接控制货币供应量和利率，以稳定经济和金融体系。然而，基于账户的中央银行数字货币可能需要建立复杂的技术基础设施和监管机制，涉及用户隐私和数据安全等问题。

基于代币的中央银行数字货币涉及以物理实体（代币）的形式交易数字货币。这种方法类似于传统纸币和硬币的使用，用户可以直接持有和交换代币而无须依赖银行账户。基于代币的中央银行数字货币具有方便和快速的特点，特别是在个人缺乏银行账户或稳定互联网连接的情况下。然而，基于代币的中央银行数字货币可能面临与代币流通监管和防伪措施相关的挑战，以确保代币的安全性和真实性。

需要注意的是，中央银行在实际发行中央银行数字货币时，可以选择基于账户和基于代币的方法相结合，以平衡安全性和便利性。例如，基于账户的中央银行数字货币可用于提供安全的储蓄和支付功能，而基于代币的中央银行数字货币可用于日常小额交易。

2. 数字货币的应用

中央银行数字货币服务于多种功能，包括支付、价值储存和结算。首先，中央银行数字货币提供了一种更快、更方便的支付方式。用户可以使用中央银行数字货币进行即时电子支付，而无须依赖银行转账或信用卡支付等传统支付渠道。使用中央银行数字货币的交易可以在几秒钟内完成，提供更高效、更即时的支付体验。其次，中央银行数字货币可以作为稳定的价值储存手段。由于中央银行数字货币是由中央银行发行和背书的，其价值稳定性相对较高。用户可以将资金转换为中央银行数字货币进行存储和资产保值，从而降低通胀等风险。此外，中央银行数字货币在结算中发挥着至关重要的作用。特别是在跨境支付方面，中央银行数字货币可以提供更快、更透明、更具成本效益的结算服务，降低交易成本和汇率风险。它拥有改善现有跨境支付系统、加速资金流动和贸易结算的潜力。

3. 数字货币的影响

中央银行数字货币的发展将对货币政策、金融稳定和支付市场产生重大影响，包括以下几个方面：

第一，中央银行数字货币将影响货币政策的执行。中央银行可以通过中央银行数字货币直接向公众提供流动性，使货币政策的传导机制更加直接和高效。通过中央银行数字货币，中央银行可以更好地控制货币供应量、调节利率，并实施其他货币政策工具，以实现经济稳定和通胀目标。中央银行数字货币的引入可能改变传统的货币政策执行方式，需要制定相应的监管政策和操作框架。第二，中央银行数字货币对金融稳定至关重要。中央银行数字货币可以提高金融体系的效率和安全性。通过区块链等分布式账本技术记录交易，中央银行数字货币可以提高交易透明度和可追溯性，减少欺诈风险和金融犯罪。第三，引入中央银行数字货币可以减少对现金的依赖，降低系统性风险，为金融稳定提供更好的保障。第四，中央银行数字货币的发展可能对支付市场产生重大影响。中央银行数字货币提供了一种新的支付工具，可能改变传统支付机构的角色和功能。中央银行数字货币的便利性和即时性可以促进电子支付的普及和发展，潜在地给传统支付方式和中介机构带来压力。这可能导致传统支付机构调整其商业模式和服务策略，以适应数字支付的新格局。

然而，中央银行数字货币也面临着各种挑战。首先，它的引入可能会对传统银行业务产生影响，因为公众可以直接与中央银行进行交易，从而导致传统银行的角色和盈利模式发生变化。其次，中央银行数字货币的发展可能涉及隐私问题，因为中央银行可以跟踪和记录中央银行数字货币交易的细节，从而引发对个人隐私和数据安全的担忧。最后，中央银行数字货币的技术和监管挑战需要解决，包括安全性、可扩展性和合规性等方面。

因此，在推进中央银行数字货币发展的过程中，权衡利弊至关重要，相关机构应重点解决技术和监管方面的问题，确保安全和隐私保护。同时，需要积极探索与传统金融机构的协同合作，平衡中央银行数字货币与传统金融体系的关系，减轻中央银行数字货币对银行业务的影响。

近年来，全球越来越多的国家和地区开始探索和试点中央银行数字货币，包括美国、加拿大、欧洲、日本、新加坡等 36 个国家和地区。

接下来，我们就几个中央银行数字货币的典型案例和实践进行分享：

瑞典 E-krona。瑞典是最早探索中央银行数字货币的国家之一，并于 2020 年启动了数字货币 E-krona 的试点项目。E-krona 是由瑞典中央银行发行和管理的数字货币。与现有的支付方式相比,它提供更快的交易和更低的成本,有助于提高支付效率和安全性。

巴哈马沙币。巴哈马成为世界上第一个在 2020 年正式推出中央银行数字货币的国家,被称为沙币。它是一种基于区块链的数字货币,旨在为没有银行账户的人群提供便捷的支付选择,促进金融普惠和普惠金融。

中国数字元。中国是最早探索中央银行数字货币的国家之一,并于 2020 年开始试点数字货币电子支付(DCEP)。数字人民币由中国人民银行(PBOC)发行和管理,旨在提高支付效率和安全性,减少现金使用,打击非法活动。

欧元数字项目。欧洲中央银行(ECB)于 2020 年启动了欧元数字项目,以探索欧元数字化的可能性。虽然该项目涉及与中央银行数字货币相关的技术和架构,但 ECB 强调,它不是中央银行数字货币试点,而是欧元数字化的预备研究。

美国数字美元。美联储正在对中央银行数字货币进行研究,但尚未公开宣布发行数字美元。然而,美国国会的一份报告建议,探索发行数字美元,以提高支付系统的效率和安全性,并减少现金的使用;该报告还强调了对隐私保护、反洗钱措施以及与现有支付系统兼容等方面的考虑。

新加坡数字新加坡元。新加坡金融管理局多年来一直在进行中央银行数字货币研究和试验,其数字货币被称为 Ubin 项目。数字新加坡元旨在提高支付效率和安全性,促进金融普惠和普惠金融,同时保持新加坡作为国际金融中心的竞争力。

(二)中央银行数字货币的产生

中央银行数字货币的设计选择对其实际应用和影响具有重要意义。接下来,我们将探讨中央银行数字货币设计选择的各个方面,并提供几种不同的中央银行数字货币模型,以帮助决策者选择最合适的模型。

1. 发行模式

中央银行数字货币设计的一个重要因素是发行模式。选择合适的发行模式需要考虑一个国家和地区的具体情况、监管和金融体系的成熟度,以及对金融稳定、支付系统效率、用户隐私和数据安全等因素的影响。目前主要有三种发行模式:直接发行模式、间接发行模式和混合发行模式。

(1)直接发行模式。中央银行直接向公众或企业发行中央银行数字货币,类似于发行现金。这种模式可以提供高可用性和安全性,因为中央银行直接管理中央银行数字货币的发行和交易。用户可以直接持有和使用中央银行数字货币,而无须依赖第三方金融机构。这种模式可能更适合强调中央银行控制和监管的国家。

(2)间接发行模式。中央银行通过商业银行或其他金融机构发行中央银行数字货币,类似于货币市场基金的发行。在这种模式下,中央银行委托商业银行或其他金融机构发行和管理中央银行数字货币。用户可以通过在这些金融机构建立的账户持有和使用中央银行数字货币。这种模式可以减轻中央银行的压力,并且由于利用了现有的金融机构网络和系统,因此更容易实施。然而,它可能在监管和风险管理方面带来挑战。

(3)混合发行模式。中央银行发行中央银行数字货币,采用直接发行和间接发行两种方式。这种模式可以平衡两种模式的优缺点。例如,中央银行可以直接向公众发行零售中央银行数字货币,同时与商业银行合作,向大型企业发行批发中央银行数字货币。这种模式提供了广泛的用例和更大的选择灵活性。

2. 实现模式

中央银行数字货币设计的另一个重要因素是实现模式,它决定了中央银行数字货币的存储和传输方式。目前主要有四种实现模式:账户模式、代币模式、混合模式、分层模式。

(1)账户模式。中央银行数字货币存储在中央银行账户中,类似于现金存储在银行账户中。用户可以通过与中央银行建立的账户进行交易和转账。这种模式提供了最高级别的安全性和可追溯性,因为中央银行对账户具有强大的管理和监管能力。但是,账户模式需要更多的监管和管理措施,包括用户认证、反洗钱措施、资金流动监控等。

(2)代币模式。中央银行数字货币以数字代币的形式发行,类似于加密货币。用户可以持有和转移这些数字代币,类似于使用现金或加密货币进行交易。代币模式可以提供更高的隐私性和去中心化,因为交易记录不需要集中存储在中央银行或其他机构中。然而,代币模式可能引发与监管和监督相关的问题,比如反洗钱和恐怖主义融资问题。

(3)混合模式。中央银行数字货币采用账户模式和代币模式的结合,允许用户在基于账户的交易和基于代币的交易之间进行选择。这种模式结合了账户模式和代币模式的优点,提供了更大的灵活性和选择。但混合模式需要更复杂的技术架构和监管框架来支持账户与代币之间的转换和管理。

(4)分层模式。分层模式将中央银行数字货币分为两层管理:一层直接与中央银行互动,负责中央银行数字货币的发行和管理;另一层由商业银行或其他金融机构管理,负责与用户互动,提供服务。分层模式可以在利用商业银行分布式网络和客户关系的同时,分别管理两层的风险和安全问题。但是,分层模式需要更复杂的技术架构和管理框架,才能实现各层之间的协调和互操作性。

3. 实施方式

选择合适的实施方式,需要综合考虑安全性、隐私性、可扩展性、监管框架等因素。

(1)安全性。在安全性方面,中央银行数字货币系统需要采用稳健的加密技术和严格的网络安全措施,保护用户的资金和交易信息不受黑客攻击和欺诈活动的侵害。安全性还包括系统的可靠性和弹性,确保中央银行数字货币系统在面对各种潜在风险和威胁时能够保持稳定运行。

(2)隐私性。隐私是另一个需要考虑的重要因素。中央银行数字货币系统应确保用户交易和个人信息的隐私,坚持适当的隐私保护和数据处理原则。可以采用匿名交易机制或去识别技术来平衡用户的隐私和监管需求。

(3)可扩展性。可扩展性对于确保中央银行数字货币系统能够处理越来越多的用户和交易量至关重要。中央银行数字货币系统需要具有高度的可扩展性和灵活性,以处理大规模交易并适应未来的需求增长。同时,系统稳定性和性能是保证中央银行数字货币系统在高负载、高并发情况下保持优异运行的关键。

(4)监管框架。监管框架是中央银行数字货币(中央银行数字货币)成功实施和运行的基础。中央银行需要建立适当的监管机制和体制框架,以确保中央银行数字货币系统的合规性、透明度和稳定性。监管框架应明确中央银行数字货币的法律地位、发行流通规则、市场准入和参与要求,以确保中央银行数字货币系统的顺利运行,保护用户权益和金融稳定。

(三)中央银行数字货币模型

下面提供几种不同的中央银行数字货币模型,以帮助政策制定者选择最合适的模型。

1. 中央银行账户模式

这种模式类似于现金,用户将中央银行数字货币存储在中央银行账户中,可以直接从中央银行转账和支付。这种模式可以提供最高级别的安全性和可追溯性,但需要更多的监管和管理措施。

2. 商业银行账户模式

该模式类似于传统的商业银行账户,用户将中央银行数字货币存储在商业银行账户中,可以通过商业银行进行转账和支付。这种模式可以减轻中央银行的压力,也更容易实施,但可能带来监管和风险管理问题。

3. 数字代币模式

在该模型中,中央银行数字货币作为类似于加密货币的数字代币发行。用户可以通过数字钱包进行转账和支付,提供更高的隐私性和去中心化。然而,这可能引发与监管和监督相关的担忧。

4. 混合模式

这种模式结合了基于账户和基于代币的两种模式的优点,允许用户选择自己喜欢的存储和支付方式。但是，它需要更复杂的技术架构和监管框架。

（四）中央银行数字货币与加密货币

中央银行数字货币与加密货币市场之间的竞争以及中央银行数字货币发行对加密货币市场的潜在影响值得注意。理解这个问题对于避免将中央银行数字货币的价值与常规加密货币混淆至关重要。

具体而言，中央银行数字货币与加密货币市场之间的竞争体现在以下几个方面：

（1）交易速度。中央银行数字货币是由中央银行发行和管理的"集中式"数字货币。相比之下，加密货币基于去中心化的区块链技术，可能导致交易速度相对较慢。如果中央银行数字货币在交易速度上有优势，它们可能在支付市场上与加密货币竞争。

（2）安全性。由于中央银行数字货币由中央银行发行和管理，因此在安全性方面可能更加可靠。同时，加密货币容易受到黑客攻击等风险的影响，引发某些安全问题。如果中央银行数字货币在安全性方面具有优势，它们可能在数字资产市场上与加密货币竞争。

（3）法律地位。中央银行数字货币将成为中央银行发行和管理的法定货币形式，具有法律地位。大多数国家尚未完全认可加密货币。如果中央银行数字货币获得广泛的法律认可，它们可能在货币市场上与加密货币竞争。

（4）价格波动。加密货币以其高价格波动而闻名，这可能使投资者面临更大的风险。相比之下，中央银行数字货币的价格稳定，不会经历显著的价格波动。如果中央银行数字货币能够提供更稳定的投资选择，它们可能在数字资产市场上与加密货币产生竞争。

加密货币市场相对较新，随着比特币等加密货币的兴起，市场逐渐扩大。由于加密货币市场具有分散性、竞争激烈、创新迅速、易于发行新的加密货币，因而不同加密货币之间的交换也很容易。

中央银行数字货币与加密货币市场之间是相互影响的。一方面，中央银行数字货币的发展可能对加密货币市场产生影响。中央银行数字货币有中央银行的信誉、稳定的价值和可靠的支付机制支持，这可能对加密货币市场施加更大的竞争压力。中央银行数字货币的发行也可能限制加密货币市场的创新和竞争，因为中央银行的官方数字货币可能影响其他数字货币的流通和发行。另一方面，加密货币市场的技术和市场模式的创新也可能影响中央银行数字货币的技术和实现方法，从而影响其发展。

二、数字金融对货币政策和金融稳定的影响

随着数字经济的快速发展，中央银行数字货币（Central Bank Digital Currency）已

成为世界各国中央银行研究的热点。中央银行数字货币作为一种新型的数字货币,具有各种特性和功能,将对传统银行体系产生深远的影响,对货币政策和监管体系产生重大影响,从而影响金融体系的稳定。接下来,我们将重点探讨数字货币对货币政策和金融稳定的影响。

(1)中央银行数字货币发行可能对存款业务和货币政策产生影响。如果中央银行数字货币与现金和银行存款共存,可能削弱银行的存款业务,使货币供应更加不稳定。此外,中央银行数字货币的发行可能影响中央银行货币政策的实施,因为中央银行数字货币可以由中央银行直接发行,并用于与其他货币和资产的交换。如果中央银行数字货币的使用量很大,中央银行可能需要调整其货币政策框架,以便更好地控制货币供应和利率。

(2)中央银行数字货币发行可能影响支付系统和金融监管。如果中央银行数字货币被广泛使用,它可能提高支付系统的效率和可靠性,促进跨境支付和普惠金融。然而,中央银行数字货币的发行也可能引发安全和隐私问题,使监管更具挑战性。因此,监管机构需要制定适当的政策,以确保中央银行数字货币的安全性、可靠性和透明度。

(3)中央银行数字货币发行可能影响银行生态系统和金融风险。如果中央银行数字货币被广泛使用,可能影响银行的存贷款业务,并可能导致银行业结构和风险转移的调整。此外,如果中央银行数字货币的使用量很大,可能增加银行的运营成本,并改变它们对高风险借款人的风险偏好。

现实中,中央银行数字货币的未来发展趋势将受到多种因素的影响。特别是随着区块链技术的不断创新和成熟,技术进步将推动中央银行数字货币的效率和安全性。政府和监管机构的法律和政策支持将有助于促进中央银行数字货币的合规发行和稳定运行。此外,市场需求和用户接受度将在决定中央银行数字货币的市场前景和采用水平方面发挥关键作用。

总之,作为一种新兴的货币形式,中央银行数字货币具有发挥革命性影响的潜力。中央银行数字货币的发展需要认真考虑发行方式、功能、效果、利弊和未来发展趋势。这需要中央银行、政府、监管机构、技术提供商和市场参与者的共同努力。

(一)中央银行数字货币对银行体系的影响

1. 存贷款

中央银行数字货币的推出可能影响银行的存贷款业务。一方面,如果中央银行数字货币得到广泛使用,一些个人可能会将其资产转移到中央银行数字货币账户,从而减少银行存款规模;另一方面,如果中央银行数字货币可以直接作为贷款提供给公众,可能影响银行的贷款业务。

2. 利率与货币政策

中央银行数字货币的引入可能影响利率和货币政策的执行。一方面，如果中央银行数字货币可以直接作为流动性提供给公众，中央银行可能会发现更容易控制货币供应量和利率水平；另一方面，如果中央银行数字货币可以与传统货币共存，中央银行可能需要制定新的货币政策框架来管理不同货币的流通。

3. 支付和结算

中央银行数字货币可用于支付和结算，潜在地影响传统的支付和结算机构。如果中央银行数字货币能够实现更快、更方便的交易，传统的支付结算机构则可能失去市场份额。

4. 银行业务模式

中央银行数字货币的引入可能影响银行的业务模式。银行可能需要适应中央银行数字货币的存在，调整其业务模式，以更好地适应新的金融环境。此外，银行可能面临更激烈的竞争，因为中央银行数字货币可能吸引更多的用户和资金。

针对以上影响，银行可以采取相应的应对模式：一是与中央银行合作。与中央银行建立合作伙伴关系，探索中央银行数字货币应用和技术支持，提高支付结算效率，保持市场竞争力。二是提升客户关系和服务质量。加强客户关系管理，提供优质金融服务，吸引更多用户，提升客户满意度。量身定制个性化服务和定制化产品，满足客户多样化需求。三是投资新技术、新平台。积极投资和采用新技术、新数字平台，支持数字经济发展和转型。利用先进技术提高金融体系的效率和安全性，包括人工智能、区块链、大数据分析等。四是探索新的商业模式。积极寻求创新，探索新的商业模式和收入来源。考虑提供增值服务，与金融科技公司合作，从事数字资产管理，以适应市场变化，满足客户需求。五是建立战略合作伙伴关系。与其他金融机构、科技公司、支付服务提供商建立合作伙伴关系，扩大服务范围和业务能力，共同应对中央银行数字货币带来的挑战和机遇。

(二)中央银行数字货币对货币政策的影响

1. 货币政策的传导机制

中央银行数字货币的引入可能改变中央银行货币政策的传导机制。目前，货币政策主要依靠中央银行通过市场购买政府债券和证券向经济中注入资金，从而影响银行间市场利率。然而，直接发行中央银行数字货币使中央银行能够对经济内部的货币供应量和利率水平产生更直接的影响，从而可能改变货币政策的传导机制。

2. 资产配置和货币需求

中央银行数字货币的引入可能导致资产配置和货币需求的变化，从而影响整个货币市场的稳定。在传统的货币市场上，个人主要依靠现金和存款进行资产配置。随着中央银行数字货币的引入，个人可以直接持有中央银行数字货币进行资产配置，会减少对传统货币的需求，从而影响货币市场的供需关系和稳定。

3. 货币政策的透明度

中央银行数字货币的引入可以提高货币政策的透明度，因为中央银行可以更直接地跟踪货币流通和交易，从而更好地监控经济形势。中央银行数字货币的数字性质也使中央银行更容易向公众提供有关货币政策和经济数据的信息。

4. 利率政策

中央银行数字货币发行可能对中央银行利率政策产生影响。中央银行数字货币的存在可能导致市场利率下降，从而限制中央银行利率政策的操作空间。此外，中央银行引入中央银行数字货币也可能导致流动性陷阱，即中央银行无法通过降低利率来刺激经济增长。

(三) 中央银行数字货币对金融稳定的影响

在了解了中央银行数字货币对货币政策的影响之后，还需要更深入地研究它对金融稳定的影响，特别是它对金融中介和货币监管政策的影响。

中央银行数字货币具有可追溯性、安全性和实时性等特点，有望提高金融体系的稳定性。一方面，中央银行数字货币的可追溯性可以帮助中央银行更好地监控货币供应和流通，促进更有效地实施货币政策；另一方面，中央银行数字货币的安全性可以增强支付系统的安全性，减少金融犯罪的发生。此外，中央银行数字货币的实时性可以提高支付效率，降低结算和清算风险，从而支持金融稳定。

中央银行数字货币的发行也可能带来一些挑战和风险。一方面，中央银行需要建立相应的技术和安全体系，确保中央银行数字货币的安全运行；另一方面，中央银行需要在中央银行数字货币与现有金融体系的协调互动之间取得平衡，以确保与其他金融机构的合作和协调。此外，中央银行需要加强监管，防范数字货币市场的风险和不当行为，维护金融体系的稳定和安全。

1. 中央银行数字货币对金融中介的影响

就整个金融中介行业而言，中央银行数字货币的引入将加剧竞争，并与传统银行直接竞争，可能影响其业务，特别是在存款和支付领域。在存款领域，中央银行数字货币可以作为一种替代储蓄方式，直接与储蓄账户、债券和股票等现有储蓄工具竞争。在支付和结算领域，中央银行数字货币可以作为一种替代支付方式，与现金、信用卡和数字支付工具等现有支付工具直接竞争；可以促进更快、更安全、更便宜的结算方式，挑战现有的结算和清算机构。

与此同时，中央银行数字货币可能影响支付网络和系统。例如，如果中央银行数字货币可以在不同的支付网络和系统之间无缝转移，它就会促进更多的跨境支付，强化国际支付竞争。然而,如果中央银行数字货币只能在特定的支付网络或系统中使用,则它可能限制竞争并导致垄断。

2. 中央银行数字货币对金融监管的影响

例如,中央银行数字货币可以使监管机构更容易跟踪货币流通和交易,从而使金融犯罪更难进行。然而,中央银行数字货币也可能引起隐私问题,因为它可以记录交易细节,会影响用户的隐私。

(四)基于一个动态均衡模型的分析

综上所述,中央银行数字货币的发行将提高中央银行货币政策和金融稳定监管的效率。中央银行数字货币使中央银行能够更好地监控货币供应和支付系统的运行,并根据需要进行更快的调整。此外,中央银行数字货币可以增加货币政策的透明度和可预测性,使公众更清楚地了解中央银行货币政策的方向和目标,从而增强对货币政策的信任。

然而,中央银行数字货币的发行也可能对金融稳定构成风险。它可能导致公众更容易放弃商业银行存款,增加银行体系的脆弱性。此外,中央银行数字货币的发行可能导致资本流动不稳定,从而影响汇率和资本市场的稳定。

在这里,我们提供了一个动态均衡模型来分析中央银行数字货币对银行体系、货币政策和金融稳定的影响。该模型主要包括三个变量:家庭、企业和政府。住户代表消费者和劳动力,企业是指生产部门和银行,政府包括中央银行和财政部门。

在考虑中央银行数字货币对银行体系的影响时,动态一般均衡模型可以模拟中央银行数字货币替代存款的比例,并考虑中央银行数字货币的实时结算特性是否会改变银行业务的结构和效率。此外,该模型可以评估中央银行数字货币对银行体系稳定性和监管框架的影响,以及资本流动和竞争的可能性。

在考虑中央银行数字货币对货币政策的影响时,动态一般均衡模型可以模拟中央银行数字货币的供给和需求,并考虑其货币传导机制。该模型还可以检验中央银行数字货币与其他货币工具之间的替代关系,以及中央银行数字货币的引入是否会改变货币市场的结构和运行。通过这些模拟,可以评估中央银行数字货币推广对货币政策目标(如通货膨胀率和经济增长率)的潜在影响。

在考虑中央银行数字货币对金融稳定的影响时,动态一般均衡模型可以考察中央银行数字货币与现有支付工具之间的替代关系以及中央银行数字货币的隐私保护和安全问题。此外,该模型可以评估中央银行数字货币的推广是否会改变金融市场的结构和稳定性,包括支付市场竞争、促进金融创新和风险分配。

第九节　中央银行数字货币的挑战与机遇

中央银行数字货币(中央银行数字货币)是一种新兴的数字支付方式,旨在为公众提供更安全、更高效、更便捷的支付体验。发行中央银行数字货币可以使中央银行更好地监管金融市场,提高货币政策的灵活性和效率,也有助于打击非法活动和非法贸易。此外,发行中央银行数字货币可以减少银行对中央银行的依赖,降低金融体系风险,增强金融稳定。

一、中央银行数字货币可能面临的挑战和机遇

首先,中央银行数字货币的发行可能导致资金从存款账户和其他金融资产流向中央银行数字货币,影响传统货币的供需。其次,中央银行数字货币的广泛使用可能严重影响银行的商业模式,导致银行收入减少,并可能导致银行重组和合并。此外,使用中央银行数字货币可能增加与网络和信息安全相关的风险,比如欺诈、洗钱和网络攻击。

中央银行数字货币面临的挑战包括技术、安全、隐私和监管等各个方面。

(一)技术挑战

技术挑战集中在安全性、可靠性、可扩展性、隐私保护和跨境交易方面。

1. 安全性

中央银行数字货币必须确保数字交易网络的安全,包括保护货币完整性、用户隐私和防止欺诈。采用先进的加密技术、身份认证和数字签名可以有效提高中央银行数字货币的安全性。

2. 可靠性

中央银行数字货币需要建立稳定的交易系统,以确保高可靠性和可用性,防范可能导致交易系统崩溃的技术故障。创建稳定的交易系统数字基础设施,包括网络、数据中心、数据存储和备份系统,可以提高中央银行数字货币的可靠性。

3. 可扩展性

中央银行数字货币需要构建可扩展的技术架构和高效的交易处理系统,以适应不同的交易需求和未来的数字货币需求。可扩展性对于确保中央银行数字货币能够满足未来的数字货币需求至关重要。

4. 隐私保护

中央银行数字货币需要实施保护用户交易数据的措施,防止恶意攻击,通过匿名

交易、用户身份保护等技术保护用户隐私。

5. 跨境交易

中央银行数字货币在跨境交易中面临技术挑战，包括跨境支付系统的互操作性、法律框架的差异、监管要求的不一致。建立跨境支付网络和协作机制，将确保中央银行数字货币能够顺利促进全球数字货币交易。

（二）安全和隐私问题

中央银行数字货币的安全和隐私问题需要引起重视，其设计应在安全稳定性和用户隐私保护之间取得平衡，其目标应该是在防止非法活动的同时，保持用户个人信息的机密性。

保护用户隐私可以采取各种措施和方案，其中数据加密和安全存储至关重要。通过使用先进的加密技术，可以保护中央银行数字货币交易数据和用户个人信息在传输和存储过程中免受未经授权的访问。

实践中需要解决的一个重要问题是匿名性和反洗钱监管之间的平衡。一种可能的方法是采用匿名交易机制，允许用户在不提供身份信息的情况下进行交易。但是，为了满足反洗钱和反恐融资监管要求，中央银行需要确保监管机构能够追踪可疑交易，并采取适当的监管措施。数字身份认证技术是保护用户隐私的另一个必不可少的方面。中央银行可以采用数字身份认证技术来确保交易参与者的真实性。这包括使用数字签名、多因素认证等方法来增强交易的安全性和可信度。还应考虑用户的控制和同意。中央银行可以赋予用户更多的控制权和选择权，比如允许他们决定是否共享个人信息，以及他们的交易数据如何使用。保护用户同意和知情决策对于确保隐私安全而言至关重要。

（三）监管问题

中央银行数字货币的监管问题需要高度关注。由于中央银行数字货币交易是通过数字技术进行的，中央银行需要实施新的监管措施，防止中央银行数字货币被用于非法活动。此外，中央银行需要制定新的政策框架，以解决中央银行数字货币与传统金融机构之间的关系问题，以及中央银行数字货币对金融稳定和货币政策的潜在影响问题。

不同国家对中央银行数字货币的监管政策采取了不同的措施。例如，中国人民银行实施了严格的监管政策，如限制交易金额、防止洗钱和非法交易，以确保中央银行数字货币的安全性和稳定性。在瑞典，监管政策是在现有法规的基础上制定的，中央银行数字货币的发行和监管由中央银行和金融监管部门共同管理。美联储正在研究中央银行数字货币的监管框架，并与其他监管机构进行协调。此外，一些国家正在考虑与其他国家合作制定中央银行数字货币法规，旨在分享最佳实践和协调政策。

二、中央银行数字货币在跨境支付中的前景和影响

首先,中央银行数字货币具有可编程性和实时结算的特点,有望提高跨境支付的效率和安全性。例如,中央银行数字货币可以实现实时结算,避免与传统跨境支付相关的高成本、低效率和不确定性。中央银行数字货币还可以使用智能合约进行自动监管,提高反洗钱和反恐融资工作的有效性。

其次,中央银行数字货币的可追溯性和包容性可能对跨境支付产生深远影响。它可能改变现有的支付结构和市场动态,推动支付市场的竞争和创新,影响传统跨境支付服务提供商的生存和发展。此外,中央银行数字货币可以促进货币政策的跨境传导,增强金融稳定和经济一体化。

最后,在跨境支付中可以考虑中央银行数字货币与其他数字货币和支付工具的协同作用。中央银行数字货币可以与区块链技术相结合,增强跨境支付的可追溯性和安全性;也可以与支付宝、微信支付等移动支付工具集成,扩展支付场景,增加便利性。

无论如何,中央银行数字货币在跨境支付中的应用需要充分考虑不同国家和地区的差异和需求。不同国家和地区在监管框架、技术标准、支付市场、金融体系等方面存在较大差异,中央银行数字货币的应用需要因势而定,并与其他国家共同探讨合作。

三、各国中央银行数字货币的发展情况

以下我们将从全球金融资本主义的角度分析中央银行数字货币的发展。次贷危机之后,人们开始质疑现有的金融体系和货币体系是否适合现代经济。我们提供了一项初步的跨国分析,以探讨不同国家中央银行数字货币的技术特点、金融稳定影响、实施前景、国际合作和标准化。

首先,各国主要基于监管要求和技术能力对中央银行数字货币的技术特征进行了研究和实践。中国的数字元采用中心化设计,由银行作为发行和交易的中介机构。瑞典的 E-krona 采用去中心化设计,利用分布式账本技术进行发行和交易。此外,各国还关注中央银行数字货币在支付工具、安全机制和数据隐私保护方面的技术设计。

其次,各国也担心中央银行数字货币对金融稳定的影响。中央银行数字货币的可追溯性、包容性和灵活性等特征可能影响金融稳定。例如,中央银行数字货币可能导致银行存款流失,影响银行体系的稳定性。同时,中央银行数字货币可能促进支付市场的竞争,带动金融创新以及普惠金融。各国需要根据其金融体系和监管框架,仔细评估中央银行数字货币的潜在影响。

再次,各国讨论了中央银行数字货币实施的前景。尽管各国在中央银行数字货币方面取得了一些进展,但在实施过程中仍存在许多挑战。例如,如何确保中央银行数

字货币的安全性和隐私性？如何协调各种金融市场的利益？如何满足消费者的需求？因此，各国需要制定详细的实施方案，并通过试点项目等手段逐步推进。

最后，中央银行数字货币的国际合作和标准化也是值得关注的问题。随着中央银行数字货币研究和实践的深入，各国应加强合作与协调，避免不同中央银行数字货币之间的隔离和不兼容。此外，中央银行数字货币的国际标准化对于确保中央银行数字货币的互操作性和相互信任至关重要。国际标准化组织已经开始制定中央银行数字货币的国际标准，但由于不同国家中央银行数字货币的技术特点和实践不同，挑战仍然存在。

综上所述，随着全球金融市场的不断扩大和数字经济的快速发展，中央银行数字货币有可能成为一种新的金融体系形式，为全球金融资本主义的发展提供新的机遇。中央银行数字货币的发展有望促进跨境贸易和投资，并可能成为未来金融交易的主要方式。此外，中央银行数字货币的发展将推动数字经济的发展，加速数字经济与实体经济的融合。因此，中央银行数字货币的出现为金融资本主义提供了新的机遇，并有可能推动未来全球经济的发展。

重要概念

数字金融　数字金融监管　数字技术　电子商务　数字金融内涵　数字金融外延　数字货币　金融监管

思考题

1. 什么是数字金融？
2. 简述数字金融的基本内涵和外延。
3. 数字金融产生和发展的因素是什么？
4. 数字金融对我国经济的影响有哪些？
5. 为什么说数字金融的本质属性仍然是金融？
6. 什么是数字货币？其与传统货币与加密货币有何异同？
7. 简述数字货币对银行业的影响。
8. 简述数字货币给当前货币政策监管框架带来的冲击。
9. 请查找资料，以逻辑图的形式刻画数字货币给金融稳定带来的影响。
10. 结合国内外实践情况，简述我国数字货币的发展趋势和潜在风险，并提出相应的对策建议。
11. 查阅相关政策文件，概述数字货币监管框架构建的思路。

第三章　财富管理

📅 学习目标

1. 了解财富管理的定义与重要性。
2. 掌握家庭财务报表的编制和指标的计算，掌握家庭风险属性分析的方法。
3. 熟悉财富管理工具，掌握各类金融产品及其特性。
4. 了解家庭生命周期资产配置模型。
5. 熟练掌握家庭现金管理、负债管理的工具，学会区分等额本息、等额本金。
6. 熟练掌握家庭保险规划、退休与养老规划、财富保全与传承规划、税收筹划的工具以及策略。

视频3-1

📅 本章导读

如何科学、合理、有效地管理财富，实现财富的保值增值，是现代人追求美好生活的重要保障，也是家庭增加财产性收入的重要渠道。本章将系统介绍财富管理的相关理论与实务，通过深入分析各类财富管理工具与策略，帮助读者建立科学的财富管理理念，掌握实用的财富管理技能。

第一节　财富管理

一、财富管理的定义与重要性

(一)什么是财富管理

财富管理是指针对个人或家庭客户，基于其实际财务状况及所处生命周期具体阶段的差异化需求，综合运用现金与债务管理、投资规划、保险规划、退休与养老规划、财富保全与传承规划、税收筹划等策略，为不同收入群体的客户提供资产与负债的全面管理服务。

(二)为什么需要财富管理

随着中国经济飞速发展，家庭收入迅速增长，家庭财富也得到了快速积累。稳定增长的家庭财富是中国经济发展的动力源泉,家庭财富的保值增值也是抵御突发性风险的有力屏障。

从社会整体角度来看,稳定和增加居民财产性收入,是"十四五"时期促进居民收入增长的重要举措;党的十七大报告提出,要"创造条件让更多群众拥有财产性收入";党的十八大和十九大报告均强调要多渠道增加城乡居民财产性收入;党的二十届三中全会提出,多渠道增加城乡居民财产性收入,形成有效增加低收入群体收入、稳步扩大中等收入群体规模、合理调节过高收入的制度体系。而财富管理正是使得财产实现增值、增加财产性收入的重要渠道。

从高净值群体角度来看,2022年中国拥有可投资资产超过1 000万元人民币的高净值人群数量已达316万人,人均持有可投资资产约3 183万元人民币,总计持有可投资资产高达101万亿元人民币[①],高净值群体对于定制化、多元化的财富管理服务抱有高度期待。

根据中国家庭金融与调查研究中心发布的《2023年中国家庭财富变动趋势》报告,我国家庭总财富和总收入在2023年呈现恢复性增长态势,而且增速趋于稳定。按照年龄分类,30岁以下年轻家庭的消费负债仍然位于较高水平,中老年群体的消费负债增速整体回落,说明我国家庭需要现金和负债管理以满足流动性需求;按照金融资产分类,金融资产在100万元以上的高金融资产家庭对于股票类资产的配置意愿相对较高,但与其他家庭的差距在逐渐缩小,说明我国家庭需要投资规划以实现资产配置;按照收入群体分类,年收入在30万元以上的高收入家庭对于商业保险的配置仍然处于较高水平,其他家庭的配置也保持增加,说明我国家庭需要保险规划以进行风险管理;按照学历分类,本科及以上的家庭的投资理财收益率从2023年一季度的0.9%持续降至四季度的0.03%,其余各学历群体的投资理财收益率均为负,说明须鼓励我国家庭继续提高财富管理的认知和素养,积极寻找专业投资机构的咨询和帮助。由此可见,我国家庭对于财富管理的需求愈发迫切。

二、推动财富管理高质量发展的意义

(一)深化金融供给侧结构性改革

作为金融供给侧结构性改革中的新供给和新业态,财富管理担负着增加居民财产性收入、服务居民美好生活的重要使命。

习近平总书记指出,深化金融供给侧结构性改革必须贯彻落实新发展理念,强化金融服务功能,找准金融服务重点,以服务实体经济、服务人民生活为本。为了满足个性化、差异化和定制化的客户需求,推动财富管理高质量发展,需要构建多层次、广覆盖、有差异的机构体系,积极开发并提供多元性、创新性、灵活性的金融产品与金融服

---

① 出自招商银行和贝恩公司联合发布的《2023中国私人财富报告》。

务。这不仅推进了共同富裕,而且有利于提高直接融资比例,同时还促进了金融机构体系和金融产品体系的优化调整。因此,推动财富管理高质量发展是深化金融供给侧结构性改革的题中应有之义。

(二)提高金融服务实体经济的能力

解决金融体系的新问题,关键是提高效率、管住风险。推动财富管理高质量发展,有利于促进金融机构之间的竞争、提高金融产品与金融服务的风险管理能力、降低交易成本和信息不对称程度,从而降低实体经济的融资成本,提高金融服务实体经济的能力,提高金融市场的运行效率、信息效率与资源配置效率。

(三)提高金融服务人民生活的能力

坚持以人民为中心的价值取向,是财富管理高质量发展的必然要求。"新国九条"指出,必须始终践行金融为民的理念,突出以人民为中心的价值取向,更加有效地保护投资者特别是中小投资者合法权益,助力更好满足人民群众日益增长的财富管理需求。在推动财富管理高质量发展的过程中,必须坚定不移地贯彻金融为民、金融利民、金融惠民的原则,通过有效的财富管理策略,助力增加居民财产性收入,进而不断增强人民群众的获得感、幸福感、安全感。

(四)促进社会共同发展与共同富裕

财富管理是普通家庭和高净值家庭的共同金融需求,有助于促进社会的共同发展与共同富裕。共同富裕鼓励勤劳致富和创新致富,同时承认富裕程度的差别性,允许一部分人先富起来,先富带后富、帮后富。作为增加居民财产性收入的策略,财富管理是实现共同富裕"做大蛋糕"的重要环节,是初次分配中的重要路径;通过资源配置的动态优化实现供给与需求的匹配,财富管理也是实现共同富裕"分好蛋糕"的重要途径,是再次分配中的关键推动力量;通过激励实体企业履行社会责任,助力实现财富的公平分配,财富管理是三次分配中的重要带动力量。

推动财富管理高质量发展必须关注人民群众全生命周期的财富管理需求,全方位满足人民群众对于财富保值增值、财富风险规避以及财富保全传承的美好愿景,必须深刻把握共同富裕的基本精神和实践要求,践行共同富裕的初心和使命。

第二节 财富管理的主要内容

一、财务状况分析

(一)资产负债表

资产负债表(balance sheet)是反映某一时点家庭的资产和负债的财务报表。通过编制并分析资产负债表,我们可以迅速且有效地了解家庭的资产负债状况。同时,根据会计恒等式(总资产=总负债+净资产),我们得以通过净资产来知晓家庭的实际财富,为财富管理做足准备。

与公司资产负债表的标准化格式不同,由于每个家庭的情况不同,财富管理中的家庭资产负债表具有个性化的特点。因此,其格式和科目可以因家庭而异。公司的资产负债表是按照历史成本计价,而家庭的资产负债表是按照市场价格计价。虽然市场价格与历史成本相去甚远,但是按照市场价格计价的家庭资产负债表准确反映了某一时点家庭的实际财富。

根据中国家庭金融调查与研究中心的分类,家庭总资产包括金融资产和非金融资产。金融资产包括现金、存款、理财产品、股票、基金、债券、衍生品、非人民币资产、黄金、其他金融资产、借出款、社保账户余额;非金融资产包括农业资产、工商业资产、房屋资产、商铺资产、土地资产、车辆资产、车库资产和其他非金融资产。家庭总负债按照负债成因,主要分为农业负债、工商业负债、房屋负债、商铺负债、车辆负债、其他非金融资产负债、金融资产负债、教育负债、信用卡负债、医疗负债和其他负债。

一般而言,家庭总资产还可以分为自用资产(包括自用流动资产与自用非流动资产两大类)与投资资产(包括投资性金融资产与投资性商业资产两大类)。其中,投资性金融资产可以进一步细分为无风险(或者低风险)金融资产与风险金融资产两大类。家庭总负债可以分为消费性负债(包括信用卡负债、教育负债、汽车负债等)、投资性与经营性负债(包括房地产负债、经营性负债等)两大类。

对于自用资产,家庭的日常生活支出一般使用现金或者流动性强的自用流动性资产支付,为了应对不时之需,一般要求自用流动性资产足以负担至少3个月的支出。自用非流动资产还可以进一步细分为折旧性自用非流动资产(如汽车和耐用品等)与价格波动的自用非流动资产(如房地产和收藏品等)。家庭应该严格控制折旧性自用非流动资产的支出,因为其资产价值随着时间的推移而减少。在遭受流动性冲击时,家庭可以通过甩卖(fire sale)价格波动的自用非流动性资产来增加流动性。因为房地产和收藏品等的价格受市场供求影响波动剧烈,既存在由于稀缺性而升值的可能,也存在由于缺乏流动性而导致损失的风险。

对于投资资产,家庭承担了风险的同时,也获得了收益,具体的资产配置应因家庭风险属性而异。

对于负债,家庭应该关注其到期期限,以避免出现债务危机。长期负债(5年以上)、中期负债(1~5年)反映了家庭对于财富总值的需求;短期负债(1年以内)反映了家庭对于流动性的需求。

净资产=总资产−总负债。保证净资产为正是家庭财富管理的最低需求,但是净资产也不是越多越好,净资产过高,说明家庭并未有效利用相当一部分资产。如果净资产为负,说明在理论上存在债务危机,家庭需要开源节流;如果净资产不足家庭年收入的一半,则说明家庭需要更多地储蓄或投资;如果净资产处于年收入的一半到3倍之间,对于年轻家庭而言,其财务状况良好,但是对于接近退休的家庭而言,需要注意退休和养老规划;如果净资产大于年收入的3倍,则说明家庭财务状况良好。

(二)现金流量表

现金流量表(cash flow statement)是反映一定时期内家庭现金及现金等价物的资金流动状况的财务报表。净现金流量是现金流入与现金流出之差。按照口径不同,净现金流量可以分为:口径最大的是结余储蓄运用现金支出,口径居中的是(工资性现金收入+经营性现金收入+财产性现金收入+转移性现金收入+资产出售现金收入)-(消费性现金支出+经营性现金支出+财产性和负债偿还现金支出+转移性现金支出),口径最小的是(工资性现金收入+经营性现金收入+财产性现金收入+转移性现金收入)-(消费性现金支出+经营性现金支出+财产性和负债偿还现金支出+转移性现金支出)。保证最小口径净现金流量为正是财富管理的基本任务。

[例3-1]　　　　　　　　　家庭资产负债表和现金流量表的编制

王先生,40岁,财务总监和执行董事,每月的工资收入为8万元,持有公司1%的股票,股票市值为100万元,每年的分红收入为8万元;张女士,39岁,内控主管,每月的工资收入为2万元。王先生与张女士育有一子,已满10岁,每月的教育支出为8 000元。双方父母健在且均可领取社会养老保险金,夫妻俩每月分别向各自父母支付6 000元的生活费用。

夫妻俩拥有现金10万元、活期存款20万元、定期存款50万元、股票50万元、人身险与财产险保单现金价值100万元。本年底,王先生共获得存款利息1万元,共出售股票获得本金20万元,获利2万元。夫妻俩日常生活支出每月为2万元,保险支出每年为10万元,旅游支出每年为5万元。

早年,夫妻俩曾以800万元的价格购买了一套自用住房,目前市值为1 000万元;夫妻俩还拥有一套现值为700万元的出租住房,每月的租金收入为6 000元;每年偿还个人住房抵押贷款15万元,总共还剩200万元个人住房抵押贷款尚未偿还。夫妻俩曾以50万元的价格购买了一辆自用汽车,现值为30万元,还有收藏品市值为30万元。

表3-1　　　　　　　　　　　家庭资产负债表　　　　　　　　　　　单位:万元

资　　产	金　额	负债与资产净值	金　额
一、自用资产		一、消费性负债	
(一)自用流动资产		信用卡负债	0
现金与活期存款	30	教育负债	0
其他自用流动资产	0	汽车负债	0
自用流动资产合计	30	其他消费性负债	0
		消费性负债合计	0

续表

资　产	金　额	负债与资产净值	金　额
(二)自用非流动资产			
房地产	1 000		
汽车	30		
收藏品	30		
其他自用非流动资产	0		
自用非流动资产合计	1 060		
二、投资资产		二、投资性与经营性负债	
(一)投资性金融资产		房地产负债	200
定期存款	50	经营性负债	0
股票	50	其他投资性与经营性负债	0
公司持股市值	100	投资性与经营性负债合计	200
保单现金价值	100	负债合计	200
投资性金融资产合计	300		
(二)投资性商业资产			
投资性商业地产	700		
其他投资性商业资产	0		
投资性商业资产合计	700	资产净值合计	1 890
资产总计	2 090	负债与资产净值合计	2 090

表3—2　　　　　　　　　　　　　家庭现金流量表　　　　　　　　　　　单位:万元

现金收入项目	金　额	现金支出项目	金　额
一、工资性现金收入		一、消费性现金支出	
丈夫工资收入	96	日常生活支出	24
妻子工资收入	24	子女教育支出	9.6
		旅游支出	5
二、经营性现金收入		二、经营性现金支出	
三、财产性现金收入		三、财产性和负债偿还现金支出	
利息收入	1	偿还贷款支出	15
红利收入	8		
租金收入	7.2		

续表

现金收入项目	金额	现金支出项目	金额
出售其他资产净收入	0		
四、转移性现金收入		四、转移性现金支出	
养老金或离退休金	0	赡养父母支出	7.2
赡养与其他转移性收入	0	保险支出	10
五、资产出售现金收入			
出售住房等固定资产本金	0		
出售金融资产与收回投资本金	20		
六、借贷性现金收入			
现金收入（合计）	156.2	现金支出（合计）	70.8
结余	85.4		

(三) 家庭财务指标

家庭财务指标是衡量家庭财务健康状况的重要指标,在了解财务状况的基础上,有助于家庭有效管理财务状况,并且确保实现其财务目标。利用家庭资产负债表和现金流量表,可以计算得出以下家庭财务指标:

1. 资产负债率＝负债总额/资产总额

反映家庭的偿还债务能力,合理水平应该维持在50%左右。资产负债率过高,则说明家庭即将面临债务危机;过低,则说明家庭未充分运用财务杠杆。

2. 紧急预备金倍数＝流动资产/月均支出

反映家庭的应对风险能力,合理水平应该维持在3～6倍,即流动资产可以负担未来至少3个月的日常生活。对于工作与收入稳定的家庭而言,紧急预备金倍数可以适当降低,适当牺牲流动性以换取收益性。

3. 投资比率＝投资资产/净资产

反映家庭的投资参与能力,合理水平应该维持在50%以上,对于年轻家庭而言,投资比率维持在20%以上即可。投资比率过低则说明家庭未充分利用闲置资金投资,可能错过财富增值的机会。

4. 财务自由度＝财产性收入/消费性支出

反映家庭的财富自由程度,合理水平随年龄增长而提高:30岁以下的家庭应该维持在5%～15%;30～40岁的家庭应该维持在15%～30%;40～50岁的家庭应该维持在30%～50%;50～60岁的家庭应该维持在50%～100%。如果财富自由度≥

100%,则说明已经实现了财务自由。

5. 储蓄比率＝收支结余/税后收入

反映家庭的财富储蓄能力,年轻家庭与老年家庭的合理水平应该维持在10%以上,中年家庭的合理水平应该维持在30%以上。

二、风险属性分析

(一)风险承受能力

风险承受能力是客观上家庭在面对投资损失时的经济承受程度,一般采用调查问卷的方法来评估家庭的风险承受能力。风险承受能力测评问卷的要素,至少应该包括年龄、财务状况、投资经验、投资知识、投资目标、能够承受的最大损失等。

《关于规范金融机构资产管理业务的指导意见》明确规定,金融机构发行和销售资产管理产品,应当坚持"了解产品"和"了解客户"的经营理念,加强投资者适当性管理,向投资者销售与其风险识别能力和风险承担能力相适应的资产管理产品。禁止欺诈或者误导投资者购买与其风险承担能力不匹配的资产管理产品。金融机构不得通过拆分资产管理产品的方式,向风险识别能力和风险承担能力低于产品风险等级的投资者销售资产管理产品。因此,不同的风险承受能力必须与不同的金融产品和服务的风险等级相匹配。蚂蚁(杭州)基金销售有限公司将投资人的风险承受能力类型由低到高排序为:极度保守型、保守型、稳健型、平衡型、成长型、积极型。风险承受能力较强的家庭适合高风险投资,风险承受能力较弱的家庭适合低风险投资。

(二)风险承受态度

风险承受态度是主观上家庭在面对风险时的心理接受程度,一般分为风险厌恶(risk averse)、风险中性(risk neutral)和风险偏好(risk lover)。对于不同风险承受态度的家庭而言,不同收益与风险的金融产品可能会产生不同的效用,假设效用函数为:

$$U = E(r) - \frac{1}{2}A\sigma^2$$

其中,U是效用值,$E(r)$是金融产品的期望收益率,σ是金融产品的标准差,A是家庭的风险厌恶系数。效用随期望收益率的增加而增加、随风险的增加而降低。一般通过调查问卷的方法简单量化风险厌恶系数,家庭的风险厌恶系数越大,风险厌恶程度越高,对于风险要求的补偿越高。风险中性的家庭只根据金融产品的期望收益率来选择金融产品,对于风险要求的补偿为0,投资行为相对温和。相比之下,风险厌恶的家庭会更保守,风险偏好的家庭会更激进。

[例 3—2] 风险承受态度与效用

金融产品 1 的期望收益率为 5%,标准差为 5%;金融产品 2 的期望收益率为 6%,标准差为 10%;金融产品 3 的期望收益率为 10%,标准差为 20%。无风险收益率为 3%。

家庭 A、B、C 的风险厌恶系数分别为 2、3、5,则各个家庭对各种金融产品的效用如下:

1. 家庭 A

金融产品 1 的效用 $=0.05-\frac{1}{2}\times 2\times 0.05^2=0.0475$

金融产品 2 的效用 $=0.06-\frac{1}{2}\times 2\times 0.1^2=0.05$

金融产品 3 的效用 $=0.1-\frac{1}{2}\times 2\times 0.2^2=0.06$

因此,家庭 A 会选择金融产品 3。

2. 家庭 B

金融产品 1 的效用 $=0.05-\frac{1}{2}\times 3\times 0.05^2=0.04625$

金融产品 2 的效用 $=0.06-\frac{1}{2}\times 3\times 0.1^2=0.045$

金融产品 3 的效用 $=0.1-\frac{1}{2}\times 3\times 0.2^2=0.04$

因此,家庭 B 会选择金融产品 1。

3. 家庭 C

金融产品 1 的效用 $=0.05-\frac{1}{2}\times 5\times 0.05^2=0.04375$

金融产品 2 的效用 $=0.06-\frac{1}{2}\times 5\times 0.1^2=0.035$

金融产品 3 的效用 $=0.1-\frac{1}{2}\times 5\times 0.2^2=0$

因此,家庭 C 会选择金融产品 1。

三、财富管理的产品分类

金融资产通常可以分为固定收益型(fixed-income)、权益型(equity)和衍生品(derivative)三类。在财富管理中,金融产品的分类更注重金融资产的流动性、风险性与收益性。根据三大基本属性,财富管理的产品可以分为现金类、固收类、权益类、保险类、信托类、其他类。

(一) 现金类

现金类产品是货币资金和以现金形式存在的资产,具有高流动性、低风险性、低收益性的特征。现金类产品包括现金、活期存款、定期存款、通知存款、大额可转让定期存单、货币市场基金、短期理财基金、货币型信托、货币型资产管理计划等。伴随着货币市场基金规模扩张,货币市场基金成为现金类产品的中坚力量。

(二) 固收类

固收类产品是发行主体承诺未来还本付息的债务工具及其衍生品,是相对收益确定性更强、风险性更低的资产。固收类产品可以进一步细分为基础产品、衍生品和结构化产品三大类。基础产品包括国债、公司债和债券型基金。衍生品包括信用违约互换、信用利差期权等信用类衍生品,以及利率远期、利率互换、利率期货、利率期权等利率类衍生品。结构化产品包括资产支持证券(ABS)、债务抵押证券等资产证券化产品。

(三) 权益类

权益类是公开上市交易的、代表企业股权或者其他剩余收益权的权属证明的金融资产及其衍生品。权益类产品可以进一步细分为股票(包括普通股、优先股)、股票基金(包括股票型基金、股债混合型基金)、股票价格指数基金(包括复制性指数基金、增强型指数基金)、股票价格指数衍生品(包括股指期货、股指期权、基于指数 ETF 的期权、指数联结型结构化产品)。当下正处于资管大变局的新时代,权益类产品应成为财富管理的重要途径,以应对经济增长换挡和人口红利消失的挑战。

(四) 保险类

保险类是保险公司以保险合同的方式为家庭提供风险管理的产品。保险类产品可以进一步细分为人身保险(包括人寿保险、健康保险、年金保险、意外伤害保险等)和财产保险(包括责任保险、信用保险、财产损失保险等)两大类。《资管新规》要求"打破刚兑"以来,家庭对于增额终身寿险等具有"长期锁息"特性的保险需求进一步增加。随着个人养老金制度落地,家庭对于简明易懂、安全稳健、长期保值增值的个人养老金保险产品的需求也进一步增加。

(五) 信托类

信托类产品是信托公司为满足家庭财富的保值增值需求和项目方融资需求而设计的产品。信托类产品的组成部分包括信托主体(委托人、受托人、受益人)、信托客体(信托财产)和信托合同。按照信托功能分类,信托类产品可以进一步细分为财富管理类信托、事务管理类信托、公司或项目融资类信托、其他类信托。信托类产品不局限于家庭财富的保值增值,更重视家庭财富的综合管理和长期规划,以信托制度作为法律保障,通过信托合同条款制定和全口径资产配置,最终实现安全财富、和谐财富、增值财富和久远财富的多元化目标。

（六）其他类

其他类产品可以进一步细分为实物类产品(包括不动产、收藏品和大宗商品等)和金融类产品(包括非上市公司股权、对冲基金等)两大类。一般而言,家庭主要通过房地产投资和贵金属投资进行财富管理。在坚持"房住不炒"的总基调下,调控政策"托而不举",家庭购置房地产的主要目的为置业升级和财富保值而非财富增值,房地产投资不断降温。同时,受全球经济增长放缓、地缘政治跌宕起伏等多重不确定性因素的影响,家庭避险需求增加,黄金等避险类资产投资持续回暖。

第三节　资产配置模型

一、家庭生命周期资产配置模型

（一）家庭生命周期理论

家庭生命周期是一个家庭诞生、发展直至收缩的运动过程,反映了家庭从形成到解体呈循环运动的变化规律,从而成为研究家庭不同阶段行为特征和价值取向的重要工具。

家庭生命周期没有一个固定的划分标准,可以根据研究内容、研究目的和研究对象,加以细化、分割和调整。家庭生命周期理论初创时期,洛米斯在1936年将家庭生命周期划分为处于生育年龄的无子女夫妻家庭、有未成年子女夫妻家庭、有成年子女夫妻家庭和老年夫妻家庭四个阶段。家庭生命周期理论扩展时期,格利克在1947年提出的家庭生命周期模型包括初婚、第一个子女出生、最后一个子女出生、第一个子女结婚、最后一个子女结婚、丈夫或者妻子去世和家庭最后一个成员去世,这一清晰且完整的划分成为最基础和最普适的家庭生命周期模型。基于格利克的模型,经典家庭生命周期理论是将家庭生命周期按照核心家庭的历史,从结婚至配偶去世导致解体,划分为形成、扩展、扩展完成、收缩、收缩完成和解体六个阶段。

（二）马尔基尔生命周期投资

美国普林斯顿经济学教授马尔基尔提出了资产配置五原则:第一,历史证明,风险与收益总是相伴而生,风险越大,收益越高,危机中存在着希望;第二,投资股票和债券的风险取决于持有资产的期限长短;第三,定期定额投资可以降低投资风险;第四,调整资产类别权重可以降低风险,还可能提高投资收益;第五,注意区分对风险所持有的态度和实际承担风险的能力。除了资产配置五原则,马尔基尔还提出了三条一般原则:第一,特定需要必须安排专用资产提供资金支持;第二,认清自己的风险忍受度;第三,在固定账户中坚持不懈地储蓄,无论数目有多小,必有好结果。

基于上述原则,并且结合家庭生命周期的不同阶段,可以得出基本的生命周期资产配置。25岁左右的家庭,正处于形成期,风险承受能力相对较强,建议按照70%股票、15%债券、10%房地产投资信托、5%现金的比例配置资产;35～45岁的家庭,正处于扩展或扩展完成期,风险承受能力开始下降,建议按照65%股票、20%债券、10%房地产投资信托、5%现金的比例配置资产;55岁左右的家庭,正处于收缩期,需要开始退休规划,建议按照55%股票、27.5%债券、12.5%房地产投资信托、5%现金的比例配置资产;65岁左右的家庭,正处于收缩完成期,建议按照40%股票、35%债券、15%房地产投资信托、10%现金的比例配置资产。

二、家庭生命周期资产配置模型的应用

(一)基准模型

生命周期资产配置模型以最大化家庭整个生命周期的效用为目标来进行资产配置。作为现代投资组合理论的开端与基石的马科维茨均值—方差投资组合理论只考虑单期的静态问题,不适用于整个生命周期的资产配置。萨缪尔森与默顿在此基础上,分别从离散时间角度和连续时间角度推导出跨期最优投资组合理论的基本模型,家庭生命周期资产配置模型得以建立、发展并不断完善。

家庭生命周期资产配置基准模型,即在满足预算约束等条件的情况下,求解家庭最优的风险金融资产配置比例,以求最大化家庭整个生命周期的效用函数。基准模型包括四个重要假设:第一,假设效用函数是常相对风险规避(constant relative risk averse)的幂指函数,说明家庭的风险承受态度独立于家庭财富水平;第二,假设风险金融资产价格服从随机游走过程;第三,假设金融市场是完备的;第四,假设家庭财富仅由金融资产构成,不考虑人力财富。

最终,求解得到家庭最优风险金融资产配置比例为:

$$w^o(t) = \frac{\alpha - r}{\sigma^2 \gamma}$$

其中,α为风险金融资产的期望收益率,r为无风险金融资产收益率,两者相减即为预期的超额收益率;σ为风险金融资产的标准差;γ为相对风险规避系数。

(二)扩展分析

家庭生命周期资产配置基准模型的不足之处在于,未考虑人力财富对于资产配置的影响。人力资本是与金融资产等实物资产不同的、无形的、不可交易的资产,将会影响家庭长期动态资产配置。博迪、默顿和萨缪尔森通过在基准模型中考虑人力财富或

者劳动收入,扩展分析了劳动与闲暇的分配对于资产配置的影响。

当劳动收入完全确定时,人力财富是无风险的且等于劳动收入流的现值。此时家庭最优的风险金融资产配置比例 $w^h(t)$ 与基准模型的 $w^o(t)$ 之比,应该等于总资产(金融资产与人力财富之和,W_t+HW_t)与金融资产 W_t 的比例,即:

$$\frac{w^h(t)}{w^o(t)}=\frac{W_t+HW_t}{W_t}$$

求解得到,劳动收入完全确定时的家庭最优风险金融资产配置比例为:

$$w^h(t)=w^o(t)\left(1+\frac{HW_t}{W_t}\right)=\frac{\alpha-r}{\sigma^2\gamma}\left(1+\frac{HW_t}{W_t}\right)$$

因为金融资产与人力财富均为非负,所以 $w^h(t)\geqslant w^o(t)$,即引入无风险的人力财富时,家庭的最优风险金融资产比例将会更高。

由上式可知,金融财富增加时,风险金融资产的配置比例将会下降;学历等与人力财富正相关的变量增加时,人力财富将会上升,风险金融资产的配置比例将会增加。对于生命周期处于扩展期及其之前的家庭而言,人力财富相对较多,将会更多配置风险金融资产;对于生命周期处于收缩期及其之后的家庭而言,人力财富相对较少,将会减少风险金融资产的配置。

专栏3-1
其他资产配置策略

第四节 现金和负债管理

一、什么是现金和负债管理

现金管理是家庭对现金及现金等价物的流动进行控制和优化的过程,综合考虑现金的流入和流出,旨在实现资金的有效利用,并且满足风险最小化和短期流动性需求。负债管理是家庭规划和安排短期融资需求与中长期资金的跨期转移的过程,综合考虑负债来源、利率与期限等因素,以确保财务长期稳定。综合而言,有效的现金和负债管理是其他财富管理规划的前提,其目标是在保证流动性的基础上,追求收益的最大化。

狭义的现金是由各主权国家法律确定,在一定范围内可以立即投入流通的交换媒介,可以有效地立即用以购买商品、货物、劳务或偿还债务,具有普遍的可接受性,因此是流通性最强的资产。广义的现金是指现金(cash)与现金等价物(cash equivalents)。现金等价物是指在一定范围内可以与现金等值交换并且在到期时可以用于消费、支付负债的物品或资产,具有期限短、流动性强、易于转换为现金、价值变动风险相对较小的特点,可以作为支付手段或储备资产使用。

负债是家庭由于过去的交易或者事项,预期会导致经济利益流出的现时义务。负债按照偿还期限可以分为流动负债和长期负债,按照负债目的可以分为消费性负债与投资性负债。

二、现金管理工具

基于凯恩斯的流动性偏好理论,为了满足交易动机、预防动机和投机动机,现金管理规划需要运用狭义的现金、银行存款、货币市场基金和现金管理类理财产品等流动性高、收益率低的工具,以平衡持有现金及现金等价物的机会成本与收益。

银行存款是储存在银行的款项,作为最传统的资金存放方式,成为家庭财富管理的重要基础。银行存款主要包括活期存款、通知存款、定期存款、定活两便存款,家庭可以根据具体资金需求,灵活配置不同类型的银行存款。活期存款是不固定期限、无须任何事先通知、可随时存取和转让的存款。通知存款是指不固定期限,但必须预先通知银行方能提取的存款,按照通知期限可以分为一天通知存款和七天通知存款,同时兼有活期存款与定期存款的性质。定期存款是指在存款时事先约定期限、利率,到期后支取本息的存款,包括整存整取、零存整取、存本取息、整存零取等存款方式。定活两便存款是指不固定期限,可随时支取的存款,根据存款的实际存期,按规定计息的储蓄存款方式。随着余额宝等货币市场基金的发展,越来越多的家庭将更多存款转为货币市场基金形式持有。货币市场基金是投资于货币市场上短期有价证券的投资基金,主要投资于国库券、商业票据、银行定期存单、银行承兑汇票、政府短期债券、企业债券等。现金管理类产品是仅投资于货币市场工具,每个交易日可办理产品份额认购、赎回的金融产品,根据发行主体可以分为基金系、银行系、券商系、信托系与养老保障管理产品。

专栏3-2
"金管家"个人客户(家庭)现金管理服务

三、负债管理工具

(一)信用负债管理

信用负债主要包括由信用卡或民间金融借贷产生的负债。信用卡(credit card)是记录持卡人账户信息、具备银行授信额度和透支功能,并为持卡人提供需要支付利息的融资服务的各类介质。虽然信用卡可以应对短期资金需求,但是也容易导致过度举债。信用卡逾期会严重影响持卡人的征信记录,若涉及欺诈、恶意透支等违法行为,则可能面临刑事责任。民间金融借贷主要是消费金融公司贷款的形式。消费金融公司贷款包括个人耐用消费品贷款与一般用途个人消费贷款。为了防止过度消费,消费金融公司向个人发放消费贷款的余额不得超过借款人月收入水平的5倍。

(二)质押负债管理

质押是家庭将其动产或者权利移交债权人占有,将该动产或者权利作为债权担保的法律行为。最常见的质押是家庭与当铺进行的交易,即典当。典当是当户将其动产、财产权利作为当物质押或者将其房地产作为当物抵押给典当行,交付一定比例费用,取得当金,并在约定期限内支付当金利息、偿还当金、赎回当物的行为。除了当铺,提供质押服务的机构还可以是银行或保险公司,个人存单质押贷款的借款对象是银行,保单质押贷款的借款对象则是保险公司。个人存单质押贷款是家庭以未到期的个人本、外币定期存单质押给银行,获得人民币贷款并按期偿还贷款本息的行为。保单质押贷款是家庭把所持有的保单质押给保险公司,按照保单现金价值的一定比例获得资金的行为。

(三)抵押负债管理

抵押是抵押人和债权人以书面形式订立约定,不转移抵押财产的占有,将抵押财产作为清偿债务的保证。当家庭不履行债务时,债权人有权依法以抵押财产折价或者以拍卖、变卖抵押财产的价款优先受偿。抵押贷款按照贷款用途可以分为助学贷款、个人经营性贷款、个人汽车抵押贷款、个人住房抵押贷款。因为房地产资产同时兼具居住属性和投资属性,所以个人住房抵押贷款更是抵押负债管理的重中之重。

个人住房贷款是经中国人民银行批准设立的商业银行向家庭发放的用于购买自用普通住房的贷款。个人住房贷款按照贷款来源,可以分为个人住房商业性贷款、个人住房公积金贷款、个人住房组合贷款。个人住房商业性贷款是指家庭购买本市城镇自住住房时,以其所购产权住房作为抵押物,由银行信贷资金所发放的住房商业性自营贷款。个人住房公积金贷款是指家庭在本市城镇购买、建造、翻建、大修自住住房时,以其所拥有的产权住房为抵押物,由资金管理中心委托银行发放住房政策性委托贷款。个人住房组合贷款是指家庭在购买住房时,由于个人住房公积金贷款额度不足,同时也申请个人住房商业性贷款的以信贷资金和政策性资金为来源的贷款。个人住房抵押贷款的还款方式主要包括等额本息还款与等额本金还款。

等额本息还款是指家庭每月按照相等金额偿还个人住房抵押贷款本金和利息。等额本息还款的计算与年金相同:

$$每月还款金额 = \frac{贷款金额 \times 月利率 \times (1+月利率)^{贷款月数}}{(1+月利率)^{贷款月数} - 1}$$

随着还款月数增加,每月还款金额保持不变,但是每月还款金额中的本金逐月增加、利息逐月减少。等额本息还款适合生命周期处于早期的家庭,每月还款金额相同的特点便于家庭合理安排每月支出。

等额本金还款是家庭每月按照相等金额的偿还本金,再根据个人住房抵押贷款剩余金额偿还利息。等额本金还款的计算公式如下:

$$每月还款金额 = \frac{贷款金额}{贷款月数} + (贷款金额 - 已经偿还金额) \times 月利率$$

随着还款月数增加,每月还款金额逐月减少,但是每月还款金额中的本金保持不变、利息逐月减少。等额本金还款适合生命周期处于中晚期的家庭,其经济基础可以负担还贷初期的巨大压力。

两种还款方式的未来现金流对比如图3—1所示。

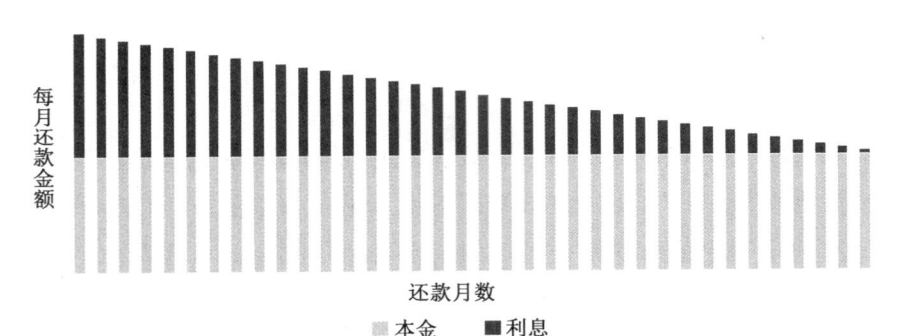

图3—1 个人住房贷款还款方式的特点

第五节 普通家庭的财富管理

一、保险规划

(一)风险与保险

风险是损失的不确定性。家庭通常会面临人身风险、财产风险等风险,需要通过风险管理以控制风险。而保险在财富管理过程中,恰好帮助家庭控制了风险损失,完成了风险管理。保险是指投保人根据合同约定,向保险人支付保险费,保险人对于合同约定的可能发生的事故因其发生所造成的财产损失承担赔偿保险金责任,或者被保险人去世、伤残、疾病或者达到合同约定的年龄、期限等条件时承担给付保险金责任的商业保险行为。保险在为人身健康和家庭财产提供风险保障和经济补偿的同时,还可以为家庭带来投资理财收益,既是风险管理的基本手段,也是家庭财富管理的重要内容。

保险按照保障性质,可以分为社会保险和商业保险;按照保障范围,可以分为人身保险、财产保险、责任保险和信用保证保险;按照风险转移方式,可以分为原保险、再保险和重复保险;按照保险人承保的风险,可以分为单一风险保险和综合风险保险。

(二)社会保险

社会保险是指国家通过立法强制建立社会保险基金,对参加劳动关系的劳动者在丧失劳动能力、暂时失去劳动岗位或因健康原因造成损失时提供收入或补偿、给予必要物质帮助的不以营利为目的的社会和经济制度。社会保险的主要项目包括基本养老保险、基本医疗保险、失业保险、工伤保险、生育保险。

基本养老保险是国家和社会依据相关法律和法规,为保障劳动者在达到国家规定的解除劳动义务的劳动年龄界限或因年老丧失劳动能力退出劳动岗位后的基本生活而建立的社会保险制度。基本医疗保险是为了补偿劳动者因疾病风险造成损失而建立的社会保险制度。失业保险是国家通过立法强制实行的,由用人单位、职工个人缴费及国家财政补贴等渠道筹集资金建立失业保险基金,对暂时失去劳动岗位的劳动者给予必要物质帮助,并通过专业训练、职业介绍等手段为其再就业创造条件的社会保险制度。工伤保险是通过社会统筹的办法,集中用人单位缴纳的工伤保险费建立工伤保险基金,对于在工作中或在规定的特殊情况下遭受意外伤害或患职业病导致暂时或永久丧失劳动能力以及去世的劳动者或其遗属给予必要物质帮助的社会保险制度。生育保险是国家通过立法规定,对于怀孕和分娩的妇女劳动者给予必要物质帮助的社会保险制度。

(三)商业保险

商业保险是投保人根据合同约定向保险公司支付保险费,保险公司根据合同约定的可能发生的事故,因其发生所造成的财产损失承担赔偿保险金责任,或者当被保险人去世、伤残、疾病或达到约定的年龄、期限时承担给付保险金责任的以营利为目的的保险形式。商业保险主要包括人身保险和财产保险,人身保险专注于人的寿命和身体健康,而财产保险则关注物质财产及其相关利益的安全。

人身保险是以人的寿命或身体为保险标的,当家庭遭受不幸事故或因疾病、年老以致丧失工作能力、伤残、去世或年老退休时,按照保险合同的规定,由保险人向被保险人或受益人给付保险金的保险形式。人身保险按照保障范围,可以分为人寿保险、健康保险、意外伤害保险。人寿保险是以被保险人的寿命为保险标的,且以被保险人的生存、伤残或去世为给付条件的人身保险,主要包括定期寿险、终身寿险、两全保险、分红保险、万能寿险、投资连结保险等。健康保险是以被保险人的身体为保险标的,且以被保险人因疾病不能从事正常工作,或因疾病造成残疾或去世为给付条件的人身保险。健康保险按照保险责任可以分为医疗保险、疾病保险、护理保险、失能收入损失保险等;按照给付方式,可分为给付型保险、报销型保险与津贴型保险。意外伤害保险是以被保险人的身体为保险标的,且以被保险人因遭受意外伤害造成去世、残废为给付条件的人身保险。意外伤害保险按照保险范围,可以分为个人意外伤害保险和团体意外伤害保险;按照投保动因,可以分为自愿性意外保险和强制性意外保险。

在人身保险中,保险公司承担的是给付责任,而在财产保险中,保险公司承担的是保险标的损失的赔偿责任。财产保险是投保人根据合同约定向保险人支付保险费,保险人根据保险合同约定对所承保的财产及其有关利益因自然灾害或意外事故造成的损失承担赔偿责任的保险。财产保险可以分为财产损失保险、责任保险、信用保险等。以物质形态的财产及其相关利益为保险标的的是财产损失保险;以非物质形态的财产及其相关利益为保险标的的是责任保险、信用保险等。

(四)保险规划

在了解家庭保险信息的基础上,保险规划的首要任务是分析家庭保险需求。家庭保险需求的估算可以通过收益倍数法或者生命价值法实现。收益倍数法中,适用于保障性保险的"双十定律"的核心原则是保险额度不应超过家庭年收入的10倍,家庭总保费支出应占家庭年收入的10%为宜,即用10%的家庭年收入换取10倍家庭年收入的保障,以实现合理的风险保障与财务平衡。而生命价值法适用于人寿保险,是从被保险人未来收入现金流中扣除税费等支出,再贴现计算现值,从而得出家庭如果失去该成员的收入贡献所导致的收入缺口,即被保险人的生命价值。

明确家庭保险需求之后,还须确定保险标的、选择保险产品、确定保险金额、明确保险期限并选择合适的保险公司,再进一步结合家庭生命周期阶段制定个性化的保险规划。处于家庭形成期时,家庭可以为夫妻购买保险金额为年收入 5～10 倍的定期寿险以及意外伤害险,还可以以子女为受益人购买保险金额为年收入 2～5 倍的定期寿险,以保障家庭经济稳定。处于家庭扩展期之后,家庭可以进一步完善健康保险与财产保险的配置;针对个人住房抵押贷款的风险管理,还可以购买个人住房抵押贷款综合保险;而且可以为子女准备教育储蓄类和投资类保险。处于家庭收缩期之后,家庭应更加注重医疗保障与养老缺口,可以购买补充医疗保险以及重大疾病保险以应对医疗费用,还可以购买年金保险以转移长寿风险。

二、退休与养老规划

(一)为什么需要退休与养老规划

随着人均寿命的提升,人口老龄化成为人类社会发展的客观趋势,国家考虑人口结构、就业情况而逐步提高退休年龄。按照联合国标准,65 岁及以上人口比例超过 7% 是老龄化社会,超过 14% 是老龄社会,超过 20% 是超老龄社会。根据国家统计局数据,2023 年年末我国总人口约为 14.1 亿人,65 岁及以上人口约为 2.17 亿人,老年人口规模大、老龄化速度快已经成为我国的人口结构特征。2022 年、2023 年人口自然增长率连续为负,人口负增长的背后是人口结构或将长期处于低生育率态势。进入老龄社会的快车道后,传统家庭养老功能弱化而更多依赖个人以及社会化的养老方式。为了实施积极应对人口老龄化国家战略,不断满足老年人日益增长的多层次、高品质健康养老需求,退休与养老规划的重要性和紧迫性日益凸显。

(二)退休与养老规划的时点

退休与养老规划需要将收入、储蓄和消费在工作期间和退休生活中进行跨时期规划,跨时期规划的重要时点包括开始退休与养老规划的时点、自愿弹性延迟退休的时点、结束退休与养老规划的时点。

开始退休与养老规划的时点因人而异,但是退休与养老规划尽早启动的理念早已被普遍认可。开始退休与养老规划首先需要了解家庭财务状况、了解退休养老需求,包括日常生活需求、老年住房需求、医疗保障需求、养老服务需求、其他支出需求等。

自愿弹性延迟退休的时点是计算养老供给与需求,得出养老金缺口的时点。《中共中央关于进一步全面深化改革 推进中国式现代化的决定》提出按照自愿、弹性原则,稳妥有序推进渐进式延迟法定退休年龄改革。退休时,养老供给与养老需求通常并不匹配,合理并准确测算养老金缺口,并且通过起点到退休时点的退休与养老规划弥补养老金缺口是退休与养老规划的重点。测算养老金缺口，首先需要测算退休后家庭支出，再测算既得养老金，最后两者相减测算在退休时点的养老金缺口，通过贴现至开始退休与养老规划的时点，获得当前养老金缺口的现值。

结束退休与养老规划的时点是预期家庭最大寿命的时点。家庭未来的实际寿命可能会高于现在的预期寿命，导致长寿风险，退休与养老规划必须根据家庭实际寿命的变化动态调整预期寿命，并且相应地动态测算养老金缺口。

(三)养老金三大支柱

中国养老金三大支柱体系包括第一支柱的社会基本养老保险制度、第二支柱的企业年金制度及职业年金制度、第三支柱的个人储蓄型养老金。

社会基本养老保险制度可以分为城镇职工基本养老保险制度与城乡居民基本养老保险制度。社会统筹与个人账户相结合的基本养老保险制度是在基本养老保险基金的筹集上采用传统型的基本养老保险费用的筹集模式，由国家、单位和个人共同负担；在基本养老金的计发上采用结构式的计发办法，强调个人账户养老金的激励因素和劳动贡献差别。

企业年金和职业年金都是在参加基本养老保险的基础上建立的补充养老保险制度。企业年金的缴费由企业缴费和职工个人缴费两部分组成。企业缴费每年不超过职工工资总额的8%；职工个人缴费相当灵活，与企业缴费合计不超过职工工资总额的12%即可。职业年金的缴费包括占单位工资总额8%的单位缴费，以及占本人缴费工资4%的工作人员个人缴费，其个人缴费部分相对固定。企业年金和职业年金基金都实行市场化投资运营，旨在实现资金的增值。

2022年11月25日正式实施的个人养老金制度，标志着中国养老金三大支柱体系的进一步完善。个人养老金制度是政府政策支持、个人自愿参加、市场化运营的补充养老保险制度。个人养老金实行个人账户制，截至2024年5月开立账户人数超过6 000万人，缴费完全由参加人个人承担，年缴费上限为12 000元。家庭自主选择购买符合规定的储蓄存款、理财产品、商业养老保险、公募基金等金融产品，实行完全积累并享受税收优惠。

(四)退休与养老规划

家庭扩张期之前的退休与养老规划目标应该是迅速积累家庭财富。由于距离退休时点较远，因此应该通过定期投资权益类资产，以其高回报率满足积累家庭财富的需求。

家庭收缩期之后，离退休时点越来越近，家庭已经积累了更多养老财富，退休与养老规划目标应该是实现养老财富保值，不受太大亏损。临近退休，风险承受能力降低，过高的投资风险可能会使养老财富面临过大的损失波动。家庭可以配置养老目标基金类产品。养老目标基金是指以追求养老财富的长期稳健增值为目的，鼓励家庭长期持有，采用成熟的资产配置策略，合理控制投资组合波动风险的创新型的公募基金。养老目标基金可以分为养老目标风险基金和养老目标日期基金。养老目标风险基金通过改变权益类和债权类资产在基金资产中的配置比例，将风险维持在某一恒定水平。养老目标日期基金以退休年龄为时间节点，随着退休年限而动态调整投资组合。

家庭收缩完成期之后的退休与养老规划目标应该是实现财富的均匀提取，可以购买期限匹配的养老保障管理产品。养老保障管理产品是指养老保险公司和养老金管理公司作为管理人，接受委托人的委托，为其提供养老保障以及养老保障相关的资金管理服务而发行的相关金融产品。养老保障管理产品按照销售对象，可以分为团体产品和个人产品；按照产品申购赎回模式，可以分为开放式产品和封闭式产品；按照产品投资方向，可以分为固定收益型产品、货币型产品、权益型产品、另类资产型产品和混合型产品；按照产品销售目的，可以分为养老金型产品、福利计划型产品、薪酬延付型产品、资产管理型产品、员工持股型产品等。

第六节　高净值家庭的财富管理

一、财富保全与传承规划

(一)财富保全与传承

家庭通过综合运用财富管理工具，合理分配家庭财富的所有权和受益权，从而实现财富保全与传承。根据《2023中国私人财富报告》，中国高净值人群在家庭需求方面非常重视财富保全与传承，73%高净值人群已开始或已着手准备财富保全与传承。

财富保全是财富传承的前提条件，财富传承是财富保全的后续目标。在财富保全过程中，家庭面临着公私不分导致的风险、家庭破裂导致的风险、资产代持导致的风险。公私不分是指不区分家庭资产与企业资产，当企业经营遭遇破产危机时，原本企业的有限责任可能发展成为家庭的无限责任。家庭破裂是指当夫妻离婚时造成家庭财富的分割。资产代持是指由于某种原因，将家庭资产登记或者存放在其他人名下，当代持人出现道德风险、婚姻状态变化、逾期债务未还、意外事故去世等情况时，资产可能面临被代持人侵占或者受到其他外部因素影响的风险，从而不再完全受原有家庭控制。在财富传承过程中，如果高净值家庭过早将财产控制权转移给后代子孙，可能因为子孙的不孝行为或者挥霍家产而导致家庭财富迅速减少，影响高净值家庭未来的养老生活质量。

（二）财富保全工具

财富保全工具主要包括夫妻财产公证、个人信托、人寿保险。

夫妻财产公证是指公证机构依法对夫妻双方（或未婚夫妻在婚前）实行何种财产制度及所得财产的分配方法、原则所达成的协议的真实性、合法性给予证明的活动。夫妻财产公证可以是未婚夫妻在婚前申办，也可以由夫妻双方在婚姻关系存续期间申办，这有利于防止和减少纠纷发生、节约司法资源并提高审判效率，在保障夫妻双方的合法权益的同时，也维系了夫妻双方的良好感情。

个人信托包括婚姻家庭信托、离婚赡养信托、子女教育信托、养老保障信托、不可撤销的人生保全信托等，也可以避免财产纷争、协调家庭关系。《中华人民共和国信托法》第十七条规定，对信托财产不得强制执行，这赋予了信托财产独立性，从而使得家族信托具备风险隔离的功能。家族信托独立于委托人，避免了公私不分导致的风险、资产代持导致的风险；同时也独立于受益人，避免了继承人挥霍财产的风险、财产控制权丧失的风险。

人寿保险也拥有债务隔离的特点。《中华人民共和国保险法》第二十三条规定，任何单位和个人不得非法干预保险人履行赔偿或者给付保险金的义务，也不得限制被保险人或者受益人取得保险金的权利。同时，人寿保险还可以区分婚前财产和婚后财产、锁定夫妻共同财产。

（三）财富传承工具

财富传承需要综合运用金融工具以及法律手段，以实现家族财富的风险隔离与代际继承。财富传承可以分为生前传承和身后传承两大类，生前传承工具主要包括赠与、家族信托、人寿保险；身后传承工具主要包括遗嘱继承、遗嘱赠与、保险金信托。

赠与是指赠与人将财产无偿给予受赠人，受赠人表示接受的主动管理、主动分配财富的行为，其实质是财产所有权转移，既不需要付息也不需要还本，是赠与标的的单方面转移。

遗嘱继承和遗嘱赠与的关键是遗嘱。遗嘱是人生前在法律允许的范围内，按照法律规定的方式对其遗产或其他事务所做的个人处理，并于创立遗嘱人去世时发生效力的行为。遗嘱主要包括公证遗嘱、口头遗嘱、自书遗嘱、代书遗嘱、打印遗嘱、录音录像遗嘱等。遗嘱继承和遗嘱赠与的区别在于主体与客体范围不同、接受与放弃的要求不同、取得遗产的方式不同。遗嘱继承的主体必须与遗嘱人具有血缘关系、婚姻关系或者抚养关系；遗嘱赠与的主体可以是任何人。遗嘱继承的客体是遗产，既包括主张遗产的相关权利，也包括承担遗产的相关债务；遗嘱赠与的客体仅包括遗产的相关权利。遗嘱继承过程中，没有明确表示放弃继承，则视为接受；遗嘱赠与过程中，没有明确表示接受遗赠，则视为放弃。遗嘱继承人可以直接参与遗产的分配；遗嘱赠与人通过遗嘱继承人或者执行人获得遗产,而不直接参与遗产分配。

二、税收筹划

(一)什么是税收筹划

税收筹划是指在税法规定范围内,在纳税行为发生之前,通过对纳税主体的经营活动、投资行为等涉税事项的事先筹划,以达到最大限度地减免或递延纳税目标的合法涉税管理活动。

合法性是税收筹划的本质特点,也是税收筹划与逃避纳税责任行为的根本区别。税收筹划与偷税、漏税、欠税、逃税、抗税等行为之间既有联系又有区别。联系主要表现在:主体相同,均以纳税义务人为主体;目的相同,均以减轻税收负担为目的;税收环境相同,均处于相同税收征管环境和税收立法环境。区别主要表现在:性质不同,税收筹划是合法行为,而其余行为是违法行为;时点不同,税收筹划是在纳税义务发生之前进行,具有事前性,而其余行为是在纳税义务发生之后进行;后果不同,税收政策符合国家政策导向,有利于国家采用税收杠杆以调节宏观经济的发展,而其余行为违背了税法的立法精神,会导致税收杠杆失灵,并造成社会经济不公。

税收筹划按照需求主体,可以分为法人税收筹划和自然人税收筹划;按照供给主体,可以分为委托税收筹划和自行税收筹划;按照税收筹划区域,可以分为国内税收筹划和国际税收筹划;按照降低税负方式,可以分为绝对税收筹划、相对税收筹划和涉税零风险税收筹划;按照对象不同,可以分为一般税收筹划和特别税收筹划;按照税种,可以分为所得税税收筹划、流转税税收筹划、财产税税收筹划、资源税税收筹划和行为税税收筹划等。

(二)个人所得税

在实现家庭财富的保值增值过程中,个人所得税是财富管理不可忽视的重要税种,其基本法律要素包括纳税主体、征税对象、计税依据、税率、减税免税等。

纳税主体可以分为居民和非居民。在中国境内有住所,或者无住所而一个纳税年度内在中国境内居住累计满 183 天的个人,为居民个人。在中国境内无住所又不居住,或者无住所而一个纳税年度内在中国境内居住累计不满 183 天的个人,为非居民个人。

征税对象因纳税主体不同而不同:对于居民而言,是从中国境内和境外取得的所得;对于非居民而言,是从中国境内取得的所得。

计税依据可以分为:工资、薪金所得;劳务报酬所得;稿酬所得;特许权使用费所得;经营所得;利息、股息、红利所得;财产租赁所得;财产转让所得;偶然所得。

税率因征税对象的不同而不同,综合所得适用 3%～45% 的超额累进税率;经营所得适用 5%～35% 的超额累进税率；利息、股息、红利所得，财产租赁所得，财产转让所得和偶然所得，适用比例税率，税率为 20%。

具体的免征个人所得税或者减征个人所得税由《中华人民共和国个人所得税法》规定，是税收筹划的重要依据。因此，深入理解和运用《中华人民共和国个人所得税法》中关于减税和免税的规定，对于家庭财富管理的税收筹划具有重要意义。

（三）税收筹划

税收筹划是通过合法、综合地运用税制要素筹划、差异运用筹划、税负转嫁筹划、组织形式筹划、临界处理筹划、转化技巧筹划等基本方法，以实现税后家庭收益最大化。税制要素筹划方法是针对具体税种的基本要素进行调整的策略，因其具有灵活性、普适性而成为财富管理中最主要的税收筹划基本方法。

因为居民具有无限纳税义务，应该就其从中国境内和境外取得的所得缴纳个人所得税；非居民只承担有限纳税义务，只需要就其从中国境内取得的所得缴纳个人所得税。纳税主体筹划方法是恰当变更住所或者安排临时离境，以非居民身份减轻个人所得税税收负担。

征税对象筹划方法是合法调整应税项目，以达到降税、递延纳税的目的。当职工个人月收入未超过上一年度职工月平均工资的 3 倍时，可以将工资、薪金所得转换为住房公积金，因为增加实际缴存的住房公积金可以在应纳税所得额中扣除；还可以将工资、薪金所得转换为职业年金，将纳税义务递延至领取年金的时点。

税基筹划方法的目标是实现税基的最小化，在税率一定的条件下，税基越小，应纳税额越少。税基作为课税基础的简称，也称为计税依据，是据以计算征税对象应纳税额的直接数量依据。税基按照计量单位性质可以分为价值形态（包括应纳税所得额、销售收入、营业收入等）和物理形态（包括面积、体积、容积、重量等）。以价值形态作为税基，称为从价计征，即按照货币价值计算；以物理形态作为税基，则称为从量计征，即按照自然单位计算。

对于除了工资、薪金所得以外的其他收入，可以通过分散收入的方式合理安排应税所得。当家庭为单位取得经营所得时，合理分配家庭成员参与经营所得，通过分散工资、薪金所得，或者通过劳务报酬以增加费用开支，减少个人经营综合所得应纳税额。对于劳务报酬、一次性奖金等，可以通过均衡发放收入、奖金，实现多期收入，减少税基。

税率筹划方法是促使应税所得从适用高边际税率转向适用低边际税率，也可以促使应税所得在适用超额累进税率与比例税率之间合理转换，在其他因素一定的条件下，税率的高低直接决定税收负担的轻重。税率筹划方法主要包括：累进税率筹划，在临界点附近避免税率攀升；比例税率筹划，在不同税率收入之间进行合理转换。因为股息、红利所得适用20%的比例税率，而工资、薪金所得适用超额累进税率，根据家庭具体的超额累进税率情况，选择将股息、红利所得转化为工资、薪金所得，抑或是将工资、薪金所得转化为股息、红利所得，合理降低应纳税额。

税收优惠筹划方法的关键是充分利用减税免税政策，因而也是最符合国家税法的立法意图的策略。《中华人民共和国个人所得税法》规定，个人将其所得对教育、扶贫、济困等公益慈善事业进行捐赠，捐赠额未超过纳税人申报的应纳税所得额30%的部分，可以从其应纳税所得额中扣除。家庭可以在满足税后家庭收益最大化的前提条件下，综合权衡公益性捐赠支出与原本应纳税额之间的大小，合理筹划最优的捐赠数额和合法的捐赠对象。

重要概念

财富管理　资产负债表　现金流量表　风险承受能力　风险承受态度　住房抵押贷款　保险　养老金　遗嘱　个人所得税

思考题

1. 为自己的家庭编制财务报表，并分析家庭风险属性。
2. 分析并比较不同类型的财富管理产品的风险与收益特征。
3. 家庭生命周期包括哪些阶段？每个阶段如何配置资产？
4. 分析等额本息法与等额本金法的区别。
5. 分析社会保险与商业保险之间的区别与联系。参加了社会保险还需要购买商业保险吗？
6. 养老金的三大支柱是什么？
7. 常见的财富保全、财富传承工具有哪些？
8. 分析税收筹划与偷税、漏税、欠税、逃税、抗税等行为之间的区别与联系。
9. 税收筹划的方法包括哪些？

第四章　普惠金融

📅 学习目标

1. 了解普惠金融的概念和核心要素。
2. 理解普惠金融的基本理论。
3. 掌握构建普惠金融指标体系的不同方法,评估普惠金融的发展状况。
4. 探讨农村普惠金融与数字普惠金融的发展。
5. 了解不同政策工具在普惠金融中的作用机制。

视频4-1

📅 本章导读

普惠金融发展的核心目标是为所有人提供平等的金融机会,缓解人民日益增长的金融服务需求和金融供给不平衡不充分之间的矛盾。习近平总书记强调,"要始终坚持以人民为中心的发展思想,推进普惠金融高质量发展,健全具有高度适应性、竞争力、普惠性的现代金融体系,更好满足人民群众和实体经济多样化的金融需求"。扎实推进共同富裕,实现全体人民共同富裕的现代化,必然要求大力发展高质量的普惠金融体系与之相匹配。通过学习本章内容,读者将能够全面了解普惠金融的内涵、现状、挑战与机遇,掌握构建普惠金融指标体系的方法,为参与和推动普惠金融实践提供理论基础与实践指导。

第一节　普惠金融

一、普惠金融的定义与重要性

(一)什么是普惠金融

普惠金融是指立足机会平等要求和商业可持续原则,多渠道、全方位地为社会所有阶层和群体,尤其是为贫困人口、低收入人口以及小微企业提供存款、贷款、支付、保险等价格合理、便捷安全的金融服务的金融体系。其主要特征包括受众的广泛性、发展的持续性、服务的公平性、业务的全面性、参与者的多样性。普惠金融的目标在于提高金融服务的覆盖率、可得性和满意度，增强所有市场主体和广大人民群众对于金融服务的获得感。

（二）为什么需要普惠金融

个人弱势群体与小微企业交易额较小、交易成本较高、信用风险较大，其金融需求不符合金融行业最大化商业价值的宗旨。为了缓解人民日益增长的金融服务需求与金融供给不平衡、不充分之间的矛盾，普惠金融应运而生。

党的十八大以来，党中央、国务院高度重视发展普惠金融。2013年，党的十八届三中全会正式提出"发展普惠金融"。2015年，国务院印发《推进普惠金融发展规划（2016—2020年）》。十多年来，普惠金融在助企纾困、乡村振兴和保障民生等方面发挥了重要作用。普惠金融促进基础金融服务更加普及、经营主体融资更加便利、金融支持乡村振兴更加有力、金融消费者教育和保护机制更加健全、金融风险防控更加有效。

普惠金融将金融服务扩展到个人弱势群体与小微企业，其深层次的意义不仅在于金融服务本身，更在于通过金融服务弥补城乡差异和贫富差异，促进共同富裕，从而解决社会问题。

二、普惠金融的发展

中国普惠金融的发展主要可以分为小额信贷、微型金融、普惠金融三个阶段。

20世纪90年代末，中国社会科学院农村发展研究所引入孟加拉乡村银行的小额信贷模式，在河北省易县成立了中国首个小额信贷机构——扶贫经济合作社。小额信贷是指为贫困、低收入群体或者小微企业提供的额度较小的持续性贷款，按照目标差异可以分为福利主义与制度主义。福利主义是以全社会的共同发展作为首要职责，而制度主义则是把金融机构的可持续性和目标管理作为首要任务。

随着绝对贫困的缓解，个人弱势群体与小微企业的贷款需求逐渐增加、金融需求日趋多元化，公益性的小额信贷开始逐步向发展性的微型金融过渡。微型金融是针对贫困、低收入群体或者小微企业建立的金融服务体系，涉及小额信贷、储蓄、汇款和小额保险等，甚至具备培训、教育等社会功能。不同于小额信贷，微型金融的受众更广泛，从来自贫困偏远地区的贫困居民扩展到了来自城市的较贫困群体；业务更全面，除了小额信贷，还包储蓄、保险等综合性金融服务；参与者更多样，农村信用社、城市商业银行等金融机构开始参与微型金融。

随着党和国家层面对于普惠金融的高度重视，微型金融被普惠金融所替代，建立了广覆盖、多层次、差异化、可持续的金融体系。普惠金融的发展体现出运营模式商业化、服务内容多样化、利率管制市场化、服务机构多元化的特点。伴随着数字金融的发展,普惠金融也逐渐趋于互联网化,第三方支付和移动支付在很大程度上替代了传统支付,互联网贷款、众筹融资等也促进了普惠金融的繁荣。

构建多层次供给格局、持续优化产品服务、丰富融资增信手段、完善政策制度等措施,推动普惠金融的发展取得了积极成效。金融服务覆盖面逐步扩大,基本实现乡乡有机构、村村有服务、家家有账户,全国乡镇基本实现保险服务全覆盖。金融服务可得性持续提升。小微企业、乡村振兴、巩固拓展脱贫攻坚成果等重点领域金融服务呈现"增量、扩面"的态势,为实体经济发展提供强有力保障,还推出了利率优惠、财政贴息的脱贫人口小额信贷(原扶贫小额信贷)。人民群众对金融服务满意度逐步提高。小微企业等经营主体获取金融服务的成本更低,人民群众存款、取款、支付更方便、更快捷。

第二节　普惠金融的核心要素

一、基本原则

《推进普惠金融发展规划(2016—2020年)》中明确提出"健全机制、持续发展;机会平等、惠及民生;市场主导、政府引导;防范风险、推进创新;统筹规划、因地制宜"5项基本原则。随着中国普惠金融的发展,普惠金融的基本原则也在不断更新,《关于推进普惠金融高质量发展的实施意见》中提出"坚持党的领导、坚持人民至上、坚持政策引领、坚持改革创新、坚持安全发展"5项基本原则。

坚持党的领导,是指坚持加强党的全面领导和党中央集中统一领导。充分发挥中国特色社会主义制度优势,进一步发挥各级党组织的作用,为普惠金融高质量发展提供坚强的政治保证和组织保障。

坚持人民至上,是指坚持以人民为中心,避免过度营销和过度放贷,让社会所有阶层和群体能够以合理价格享受金融服务。客户是普惠金融的需求侧,保护客户合法权益是坚持人民至上的基础。坚持人民至上,要求金融机构作为普惠金融的供给侧,评估金融服务的风险,完善偏好评估体系,实行分级动态管理,自觉担当惠民利民的责任和使命,切实增强人民群众金融服务获得感。

坚持政策引领,是指坚持依法行政,优化营商环境,维护市场秩序。监管机构应该依照法律督促金融机构审慎经营,而政府应该明确在统筹规划、政策扶持和促进市场竞争等方面的职责,通过适当的货币政策和财政政策来保持宏观经济环境的稳定,通过激励政策和监管政策来充分发挥市场主导作用。

坚持改革创新,是指利用数字技术推动普惠金融创新。金融机构在数字化转型的过程中需要协调线上与线下渠道,平衡普惠金融发展的创新与风险。

坚持安全发展,是指强化金融稳定保障体系,守住不发生系统性金融风险底线。保障普惠金融可持续发展的同时,还要倡导负责任的金融理念,切实保护金融消费者的合法权益。

二、服务对象

普惠金融的参与者主要可以分为供给侧、需求侧。供给侧包括大型商业银行、中小型商业银行、农村金融机构、金融科技公司等普惠金融服务供给者;需求侧包括无法通过正常途径获得合理金融资源分配的个人或者企业等普惠金融服务需求者。在普惠金融的参与过程中,政府致力于建设普惠金融基础设施和相关制度,通过金融市场将普惠金融的供给侧和需求侧连接起来,搭建普惠金融参与者的桥梁。普惠金融的参与者中最重要的当属需求侧,即普惠金融的服务对象。

服务对象按照贫困程度可以分为赤贫者、极贫者、贫困者、脆弱的非贫困者、一般收入者、富裕者。普惠金融的服务对象涉及所有社会阶层,但是重点关注难以获得金融服务的人群。

服务对象按照经济主体还可以分为农户、城市贫困群体、小微企业。农户是指从事农作物栽培、农牧生产事业,或兼有农业活动事业,且其耕地面积、饲养数量及全年出售或自用、自营农畜产品价值达到特定标准,户口在农村的常住户。农户按照经济收入,可以分为纯农户、农业兼业户、非农兼业户、非农业户;按照经营组织形式,可以分为承包型农户经营、个体型农户经营和合作型农户经营。普通农户的金融需求主要是日常生活支出、小规模的种植养殖贷款需求以及工商业贷款需求。贫困农户的金融需求以日常生活支出为主,还有小规模的种植养殖贷款需求。

城市群体可以分为:无生活来源、无劳动能力、无法定扶养人的三无人群;有一定劳动能力,但是收入不固定而且低于贫困标准的无业或者失业人群;城市低收入人群;城市创业人群。普惠金融不是免费金融,更不是慈善金融,金融服务也需要代价,因此三无人群并不属于普惠金融的服务对象。无业或者失业人群、城市低收入人群的金融需求主要是日常生活支出。城市创业人群在满足日常生活开支的基础上,还需要一定的创业资金贷款。

企业可以分为小微企业、一定规模的中型企业、扩张初期的大型企业。小微企业融资面临无报表、无信息、无抵押的三无窘境,存在高成本、高价格、高风险的三高特点。但是,小微企业关系经济社会发展和百姓民生,因此普惠金融的服务对象主要聚焦于小微企业，帮助其解决资金难题、增强韧性。小微企业数量多、寿命短、规模小、行业分散，需要期限短、金额小、频率高、时效性强的贷款，用以启动市场、扩大规模。

三、多维架构

（一）客户视角下的普惠金融

客户作为金融服务的需求者，是普惠金融多维架构的核心，既包括个人弱势群体客户，又包括小微企业客户。微观、中观、宏观视角下的普惠金融均以客户视角为基础，深入了解无法获得金融服务的客户的特征和需求。客户通常具有日常需求、应急需求、投资需求等金融需求，需要安全、低成本、金额多变、期限灵活的金融服务。

（二）微观客户视角下的普惠金融

金融机构作为普惠金融服务的供给者，是普惠金融多维架构的支柱。对于不同阶层客户的不同需求，需要不同的金融服务供给者来满足，包括银行类金融机构、非银行类金融机构（包括保险公司、证券公司、信托公司、租赁公司、抵押贷款公司等）、非政府组织（包括扶贫基金会、人口福利基金会、青少年发展基金会等）、合作性金融机构（包括合作社和资金互助组织等）。

商业银行通过提供多样化的金融产品和服务，成为普惠金融服务的主要供给者。商业银行提供普惠金融服务不仅符合政策和监管的刚性要求，而且顺应市场发展的必然趋势，促进实现减少贫困、维系平等的社会目标。随着数字金融的发展，金融科技类机构帮助传统普惠金融机构实现创新，推动普惠金融服务触达更深、触及更快。

（三）中观视角下的普惠金融

金融基础设施是支撑微观金融机构有效运作的保障，是降低交易成本、延伸服务范围、促进金融透明、保证体系完整的辅助服务。主要包括：允许资金自由流动、保证金融交易安全的支付和清算系统；降低机构潜在风险的信用管理服务；提高管理能力和交易效率的技术支持服务；保护客户权益不受侵害、提高客户金融能力的保护和教育服务；促使金融机构分摊服务成本的网络支持组织等。

（四）宏观视角下的普惠金融

中央银行、财政部门以及其他政府机构通过出台适当的货币政策和财政政策、颁布配套的法律法规以促进普惠金融的发展。在适当的政策框架和法律环境下，完善的金融基础设施辅助金融机构进行市场竞争，为客户提供高质量、低成本的金融服务。

四、主要问题

（一）信用风险问题

普惠金融中的信息不对称体现于个人弱势群体与小微企业的道德风险以及金融

机构的逆向选择。个人弱势群体与小微企业的贷款成本越高,违约成本越低,越容易出现违约。金融机构在交易过程中难以评估违约概率、信用水平,只能以平均贷款利率进行交易,导致高质量的金融产品价格过低、低质量的金融产品价格过高,最终出现"劣币驱逐良币"的现象。信息不对称加大交易成本,是导致金融机构开展普惠金融信用风险偏高的主要因素,也是影响金融机构积极性的主要原因。

(二)能力建设问题

普惠金融的健康发展需要能力建设的支撑,需求侧能力建设是普惠金融的基础,供给侧能力建设是普惠金融的助力,政府能力建设是普惠金融的保障。

需求侧能力建设既包括个人弱势群体的金融知识、素养的学习,也包括小微企业的管理能力、融资能力的提升。供给侧能力建设应该充分发挥数字金融的优势,专业评估需求侧特征。政府能力建设包括征信、信用评级、支付清算系统等金融基础设施的建设,以及适宜的政策框架和法律环境的构建。

(三)可持续发展问题

普惠金融不是金融需求的短期满足,而是金融公平的长期愿景,但是为了可持续发展,可能出现使命漂移问题。使命漂移是初衷从实现社会价值转变为追求经济利益最大化的现象。金融机构本应当坚守普惠金融初衷,但是伴随着金融机构更加强调可持续发展的重要性,金融机构可能逐渐倾向于相对富裕群体,忽视个人弱势群体与小微企业,从扶贫济困、合作互助导向转变为财务利润最大化偏好,与普惠金融方向渐行渐远。

第三节 普惠金融的基本理论

一、金融排斥

金融排斥(financial exclusion)是在金融体系中特定群体不能或难以获得金融服务和产品的社会现象,包括弱势群体缺少足够的途径或方法接近金融机构,以及获得金融产品或服务过程存在诸多困难和障碍。具体而言,金融排斥主要体现在排斥主体、排斥内容、排斥原因三个方面。排斥主体是特定的社会阶层,包括贫困人口、低收入人口和小微企业等;排斥内容是日常所需的金融产品或服务,包括存款、贷款、支付、保险等;排斥原因从最初的地理排斥,进一步发展到评估排斥、条件排斥、价格排斥、营销排斥和自我排斥。

地理排斥是指被排斥对象受到地理条件的限制无法接触金融机构,获得金融产品或者服务需要高额的交通成本。评估排斥是指被排斥对象收入不稳定,风险评估结果不符合金融机构的要求。条件排斥是指被排斥对象不满足金融机构在提供金融产品或金融服务时的附加条件。价格排斥是指被排斥对象无力或不愿意负担金融产品或服务的高昂价格。营销排斥是指被排斥对象被金融机构在确定营销目标或营销产品时针对性地排斥在外。自我排斥是指弱势群体因为之前与金融机构不愉快的接触而产生了自我否定,主动将自己排斥在金融体系之外。

金融排斥的直接后果是,剥夺了弱势群体享受金融服务的平等权利。更为严重的后果是,金融排斥可能导致马太效应:弱势群体因难以获得资金支持实现发展而更加贫穷,其发展权利长期处于劣势地位;富裕人口因受金融机构偏好而更加富裕。恶性循环造成经济发展的不平衡、社会财富的不公平。

二、信息不对称

信息不对称(information asymmetry)是指在信息不完全的经济活动中,交易一方比另一方掌握相对更多的信息,信息优势一方处于有利地位,不当利用私有信息,对于信息贫乏一方造成不利影响。普惠金融的信息不对称主要包括道德风险与逆向选择。

道德风险(moral hazard)也称道德危机,是指信息优势方为了最大化自身效用而牺牲信息贫乏方利益,同时信息贫乏方难以观察或者监督信息优势方的真实行为而遭受损失的风险。道德风险是贷款交易发生之后的信息不对称现象,可以按照项目完成前后,进一步分为事前道德风险和事后道德风险。事前道德风险是指贷款发放之后到项目完毕之前的期间内,借款人不可观察或者监督成本过高的行为直接关系项目的成功与否,借款人的主观懈怠行为可能导致金融机构损失。事后道德风险是指项目实施完毕之后,借款人还款意愿不足可能导致金融机构损失。造成事后道德风险的原因,一方面可能是金融机构不能完全监督借款人的项目成果,借款人可以谎称项目失败;另一方面可能是金融机构观察到借款人的项目成功,但是在惩罚机制失效或者司法效率低下的情况下,借款人有能力却不愿意还款。

逆向选择(adverse selection)是指当交易双方信息不对称时,价格扭曲而失去了平衡供需、促成交易的作用,导致交易效率降低、交易产品平均质量下降。逆向选择是指贷款交易发生之前的信息不对称现象,是事与愿违的现象,即事物发展选择了与常规相反的方向。当不存在信息不对称时,理论上,利率作为金融产品的价格,可以调节金融市场的供给与需求,均衡利率由市场出清条件确定。存在信息不对称时,金融机构无法根据借款人的信用风险水平而异质性地设定贷款利率,只能无差异地统一贷款利率。因为金融机构需要索要更高的贷款利率以补偿信用风险,所以统一的平均贷款利率通常会高于贷款的合理有效价格。价格扭曲导致安全借款人不再以略高的平均贷款利率申请贷款,风险借款人反而愿意以平均贷款利率进行借贷,最终导致风险借款人挤出安全借款人的"劣币驱逐良币"现象。

但是,当出现严重的信息不对称时,由于信贷配给的存在,因此风险借款人即便愿意支付高额利率也无法申请贷款。信贷配给(credit rationing)是指金融机构无法或者不愿提高利率、降低需求,选择非利率的措施限制贷款条件,以消除超额贷款需求而达到供需平衡。在金融机构无法区分借款人的前提下,金融机构设定统一的贷款利率,但是向信息透明度高的借款人发放足额贷款,对于信息透明度低的借款人,则不通过贷款申请或者发放部分贷款。在金融机构可以区分借款人的前提下,金融机构将以更低利率满足信息透明度更高的借款人的需求,而以更高利率满足少数信息透明度更低的借款人需求。金融机构通过借款人财务信息、特定借款要求以及非正式因素等附加条件划分贷款额度,管理信用风险。因此,贫困人口、低收入人口以及小微企业等在信贷配给过程中,通常会遭受贷款难、贷款贵的问题。

三、使命漂移

使命漂移(mission drift)是指在追求可持续发展的同时,为满足利润最大化的要求,金融服务的供给者放弃提供给个人弱势群体与小微企业的小额贷款,而偏好满足富裕客户的大额贷款的现象。判断是否出现使命漂移的关键在于评估金融机构的覆盖能力,包括覆盖深度、覆盖广度、覆盖质量与覆盖范围等评估指标。

覆盖深度的相关指标是为了衡量客户的贫困程度。平均贷款规模是指尚未清偿贷款总额与客户总数之比,平均贷款规模相对于以往或者行业标准而显著上升,则说明出现了使命漂移。赤贫客户占比是赤贫者数量与客户总数之比,赤贫者即在贫困线以下最贫困的10%,赤贫客户占比下降则说明金融机构越来越忽略极度贫困群体,客户群体逐渐趋向于相对富裕群体。

覆盖广度的相关指标是为了衡量客户的地理分布或者贷款的行业分布。农户占比是农户数量与客户总数之比,农业贷款占比是农业贷款与贷款总额之比,两者上升则说明金融机构的客户更多来自农村,贷款更多用于农业;反之,则说明金融机构转向了城市里的非农业贷款,出现了使命漂移。

覆盖质量的相关指标是为了衡量客户对于金融机构、金融产品和服务的满意程度,包括客户对于服务质量的评价、对于不同产品和服务的评价中满意的比率。

覆盖范围的相关指标是通过金融产品和服务的种类直接评估金融机构是否可以满足客户的不同需求。

使命漂移可能是金融机构为了可持续发展而追求利润最大化的结果。在激烈竞争的市场环境中,在市场价格的作用机制下,金融机构为了保持可持续发展、实现规模扩张,必须降低贷款风险、提高贷款利润,从而选择忽视赤贫者等贫困群体的贷款需求。虽然金融机构规模扩张理应提高覆盖能力,但令人遗憾的是,金融机构在规模扩张的过程中,通常会更倾向于为更富裕的群体提供更充足的大额贷款,并且对于贫困群体的贷款申请实行更严格的贷款审批程序,最终导致贫困群体被排斥在金融机构之外。

第四节　普惠金融的指标体系

一、为什么需要指标体系

全面的普惠金融指标体系,有助于加深对于普惠金融美好愿景的理解。建立健全与高质量发展相适应的普惠金融指标体系,是评估普惠金融高质量发展的前提条件,也是保证普惠金融可持续发展的重要因素,更是实现普惠金融宏伟蓝图的出发点。

普惠金融指标体系具有综合性和动态性,其全面、准确地衡量了普惠金融的发展阶段,而合理把握实际情况是普惠金融进一步发展的基础。多维度、多层次的指标体系具有客观、定量的特征,避免了因主观、定性的文字描述而对普惠金融理念和实践产生的错误研判。

普惠金融指标体系具有可靠性和可操作性。普惠金融的数据来源真实可靠、统计准确,指标体系定义清晰、口径明确。基于数据和指标设定发展目标,动态监测实际情况与发展目标之间的差距,为制定针对性政策提供了决策支持,为优化针对性服务提供了科学引导,有助于精准、有效地推动普惠金融的可持续发展。

普惠金融指标体系具有可比性和开放性,可以在不同对象和不同时期间进行比较。普惠金融指标体系跨越了不同国家语言的障碍,以此为通用标准可以比较不同国家之间的差距,促进不同国家之间的交流、合作与学习。

二、层次分析法

层次分析法(analytic hierarchy process)是指系统化、层次化地分解决策元素,进行定性和定量相结合的多目标决策分析,实用、有效地处理复杂决策问题的综合评价方法。层次分析法的基本思路是先分解再综合,具体可以分为建立层次结构模型、构造判断矩阵、确定权重、一致性检验、层次总排序等主要步骤。

建立层次结构模型是指把目标问题分解为不同元素,将决策的目标、准则与方案分为最高层、中间层和最低层。递阶层次结构模型中,层次的数量没有限制要求,但是为了方便分析,每一层的指标数量不宜过多。

通过每一层中不同元素的两相比较,按照重要程度评定相对标度,把难量化的定性判断转化为可操作的定量判断,构造判断矩阵,避免了同时分析所有元素的复杂性,提高了准确性。若存在 n 个元素,则构造判断矩阵:

$$A=(a_{ij})_{n\times n}=\begin{pmatrix} a_{11} & a_{12} & \cdots & a_{1n} \\ a_{21} & a_{22} & \cdots & a_{2n} \\ \vdots & \vdots & \ddots & \vdots \\ a_{n1} & a_{n2} & \cdots & a_{nn} \end{pmatrix}$$

其中,a_{ij} 是元素 i 与元素 j 的相对重要程度,满足 $a_{ij}=\dfrac{1}{a_{ji}}$,即判断矩阵是正互反矩阵。

通常根据萨蒂的九级标度法,构造判断矩阵。

表 4—1　　　　　　　　　　　　九级标度法

相对标度	定义
1	元素 j 与元素 i 同等重要
3	元素 j 比元素 i 略微重要
5	元素 j 比元素 i 明显重要
7	元素 j 比元素 i 强烈重要
9	元素 j 比元素 i 极端重要
2,4,6,8	两个相邻判断的中间值

计算权重主要涉及求解构造判断矩阵的最大特征值及其对应的特征向量:

$$Ax=\lambda_{\max} x$$

其中,$\lambda_{\max}$ 是判断矩阵 A 的最大特征值;x 是 $\lambda_{\max}$ 对应的特征向量,即权重向量。

由于客观事物的复杂性以及判断比较的模糊性,难以构造完全一致的判断矩阵,需要通过一致性检验判断矩阵各层元素对目标层的合成排序权重向量是否可以接受。首先计算一致性指标:

$$CI=\frac{\lambda_{\max}-n}{n-1}$$

再根据随机模拟得出平均随机一致性指标,或者直接查阅萨蒂模拟 1 000 次的结果。

表 4—2　　　　　　　萨蒂模拟 1 000 次的一致性指标

n	1	2	3	4	5	6	7	8	9
RI	0	0	0.58	0.90	1.12	1.24	1.36	1.41	1.45

最后计算一致性比例：

$$CR=\frac{CI}{RI}$$

若 $CR<0.1$，则在允许有一定不一致范围的情况下，认为判断矩阵的一致性可以接受；若 $CR\geqslant 0.1$，则未通过一致性检验，应进一步调整判断矩阵。一致性检验的必要性暗示了，层次分析法的主要缺陷在于，判断矩阵的构造过于依赖主观判断。

层次总排序是计算某一层次所有因素对于目标层相对重要性的权值，需要从最高层到最低层依次计算。

[例 4—1]　　　　　　　　　层次分析法

焦瑾璞等(2015)[①]将目标层建立为"普惠金融指标体系"。中间层由"可获得性""使用情况"和"服务质量"组成。其中，"可获得性"包括 7 个指标，"使用情况"包括 9 个指标，"服务质量"包括 3 个指标。方案层建立为"金融服务的可获得性""金融服务的使用情况"和"金融服务的服务质量"。以上层次结构模型涉及 4 个判断矩阵，分别是普惠金融指标体系判定矩阵、"可获得性"判断矩阵、"使用情况"判断矩阵和"服务质量"判断矩阵。以普惠金融指标体系判定矩阵为例，求解其最大特征值和对应权重向量，并进行一致性检验。

表 4—3　　　　　　　普惠金融指标体系判断矩阵及权重向量

	可获得性	使用情况	服务质量	权重向量
可获得性	1	1	2	0.443 4
使用情况	1	1	3	0.387 4
服务质量	1/2	1/3	1	0.169 2

其中，$a_{23}=3$ 说明服务质量比使用情况略微重要。

一致性检验：

$$CI=\frac{\lambda_{\max}-n}{n-1}=\frac{3.02-3}{3-2}=0.02$$

$$CR=\frac{CI}{RI}=\frac{0.02}{0.58}=0.03<0.1$$

通过了一致性检验，因此可获得性、使用情况、服务质量的权重分别为 0.443 4、0.387 4、0.169 2。

同理可得剩余三个判断矩阵及其权重向量，进一步计算各个维度中指标的权重，

---

① 焦瑾璞，黄亭亭，汪天都等.中国普惠金融发展进程及实证研究[J].上海金融，2015(4):12—22.

通过层次总排序,得到最终的普惠金融指标体系如表4-4所示。

表4-4　　　　　　　　　　　普惠金融指标体系

维 度	指 标	权 重
可获得性 (权重0.443 4)	银行网点乡镇覆盖率	0.143 3
	助农取款服务点覆盖率	0.091 8
	银行网点密度	0.052 8
	ATM密度	0.052 8
	POS密度	0.052 8
	银行卡联网通用率	0.030 4
	金融从业人员密度	0.019 5
使用情况 (权重0.387 4)	银行个人结算账户人均开户量	0.057 2
	银行卡人均持卡量	0.052 9
	银行卡渗透率	0.052 9
	农户贷款获得率	0.028 6
	小微企业贷款获得率	0.042 0
	农户贷款户均贷款额	0.031 9
	农业保险普及率	0.038 9
	商业保险普及率	0.037 7
服务质量 (权重0.169 2)	个人信用档案建档率	0.091 3
	企业信用档案建档率	0.050 3
	金融服务投诉率	0.027 6

三、变异系数法

变异系数法(coefficient of variation)是基于统计方法计算评价指标的权重,指标的数值差异越大,说明指标所蕴含的信息越多,对于评价对象的代表性越强,因此赋予指标的权重越大;反之亦然。变异系数法计算的权重不依赖于任何人的模糊判断,完全客观性意味着不能反映决策者的主观要求,也不能体现指标之间的独立性。变异系数法的主要思路为:首先计算指标的标准差,再计算其变异系数,最后得出权重。

指标的标准差体现了指标的绝对变异程度:

$$S_i = \sqrt{\frac{\sum_{j=1}^{n}(x_{ij}-\tilde{x}_i)^2}{n-1}}$$

其中，x_{ij} 是指标的取值样本，n 是指标的样本容量，$\tilde{x}_i$ 是指标的样本均值，S_i 是指标的标准差。

由于数据量纲不同，不能直接通过标准差比较指标之间的离散程度，必须通过计算变异系数体现指标的相对变异程度：

$$CV_i = \frac{S_i}{\tilde{x}_i}$$

其中，CV_i 是指标的变异系数。

最后根据指标数量进行归一化处理，确保得出权重之和为 1：

$$w_i = \frac{CV_i}{\sum_{i=1}^{k} CV_{i_i}}$$

李景睿、刘婧(2023)[①]结合国际货币基金组织的金融可获得性调查数据和世界银行的世界发展指数数据，构建了全世界 138 个国家及地区从 2004 年至 2019 年的覆盖广度、使用深度、服务质量三个维度的普惠金融指标体系。覆盖广度包括 ATM 机数量、商业银行分支机构、金融保险机构等 5 个相关指标；使用深度包括互联网用户数占人口的百分比、商业银行存款余额占 GDP 的百分比、商业银行未偿还贷款占 GDP 的百分比等 6 个指标；服务质量包括征信服务覆盖程度、公共信用登记覆盖率、法律权益保护指数、使用信息深度指数 4 个指标。

四、主成分分析法

主成分分析法(principal component analysis)是基于降维的思想浓缩信息，通过多个指标的线性变换提取出互不相关的几个主要成分，主要成分保留了原始指标的绝大部分信息，而且主要成分之间的信息互相独立。主成分分析法的主要思路包括标准化处理、计算相关系数矩阵、计算特征值和对应的单位特征向量、计算主成分、综合评价。

标准化处理的方法一般包括归一化和正态化，归一化的目标是保证指标在 0~1 之间，正态化的目标是保证指标的分布是均值为 0、标准差为 1 的标准正态分布。主成分分析一般首先进行正态化处理：

$$Z_{ij} = \frac{x_{ij} - \tilde{x}_i}{S_i}, i = 1, 2, \cdots, m; j = 1, 2, \cdots, n$$

其中，m 是指标的个数，x_{ij} 是指标 i 的第 j 个取值，n 是指标 i 的样本容量，$\tilde{x}_i$ 是指标

---

① 李景睿，刘婧. 数字普惠金融发展的跨经济体比较：指数编制与演变特征[J]. 金融理论探索，2023(2)：23-34.

i 的样本均值，S_i 是指标 i 的标准差，Z_{ij} 是指标 i 标准化后的第 j 个取值。

因为主成分分析是基于不同指标的相关系数矩阵，而不同数据的量纲不同，所以无法衡量不同指标的重要程度。标准化处理消除量纲之后，Z_{ij} 处于相同的量级，可以直接计算其相关系数矩阵 R：

$$\begin{pmatrix} Z_{11} & Z_{12} & \cdots & Z_{1m} \\ Z_{21} & Z_{22} & \cdots & Z_{2m} \\ \vdots & \vdots & \ddots & \vdots \\ Z_{n1} & Z_{n2} & \cdots & Z_{nm} \end{pmatrix} \Rightarrow R = \begin{pmatrix} \rho_{11} & \rho_{12} & \cdots & \rho_{1m} \\ \rho_{21} & \rho_{22} & \cdots & \rho_{2m} \\ \vdots & \vdots & \ddots & \vdots \\ \rho_{m1} & \rho_{m2} & \cdots & \rho_{mm} \end{pmatrix}$$

其中，ρ_{ij} 是指标 i 与指标 j 的相关系数。

根据相关系数矩阵计算特征值和对应的单位特征向量，可以先根据特征方程求出所有特征根：

$$|R - \lambda_i I| = 0, i = 1, 2, \cdots, m$$

其中，λ_i 是按照大小降序排序的特征根，I 是 m 阶单位矩阵。虽然存在 m 个特征值，但是其实只需要前 k 个相对大的特征值就足以解释所有指标的大部分信息。一般通过累计方差贡献率确定主成分的个数：

$$\frac{\sum_{i=1}^{k} \lambda_i}{\sum_{i=1}^{m} \lambda_i} \geqslant 85\%$$

说明 k 个特征值的信息利用率已经达到 85% 以上，累计方差贡献率已经足够。

由于相关系数矩阵是对称矩阵，因此不同特征值对应的特征向量正交，从根本上解决了信息重叠问题。进一步计算 k 个特征值对应的单位特征向量 v_i：

$$Rv_i = \lambda_i v_i \Rightarrow v_i = \begin{pmatrix} v_{1i} \\ v_{2i} \\ \vdots \\ v_{mi} \end{pmatrix}$$

基于单位特征向量可以计算主成分，即降维后的新指标 $Y_{n \times k}$：

$$\begin{pmatrix} Z_{11} & Z_{12} & \cdots & Z_{1m} \\ Z_{21} & Z_{22} & \cdots & Z_{2m} \\ \vdots & \vdots & \ddots & \vdots \\ Z_{n1} & Z_{n2} & \cdots & Z_{nm} \end{pmatrix}_{n \times m} \begin{pmatrix} v_{11} & v_{12} & \cdots & v_{1k} \\ v_{21} & v_{22} & \cdots & v_{2k} \\ \vdots & \vdots & \ddots & \vdots \\ v_{m1} & v_{m2} & \cdots & v_{mk} \end{pmatrix}_{m \times k} = \begin{pmatrix} Y_{11} & Y_{12} & \cdots & Y_{1k} \\ Y_{21} & Y_{22} & \cdots & Y_{2k} \\ \vdots & \vdots & \ddots & \vdots \\ Y_{n1} & Y_{n2} & \cdots & Y_{nk} \end{pmatrix}_{n \times k}$$

从 n 行 m 列的原指标到 n 行 k 列的新指标的降维，即某国家 n 年期间 m 个普惠金融指标被降维成了 n 年期间 k 个主要成分。最终以每个主成分的方差贡献率占累计方差贡献率的比例为权重，加权平均计算综合评价值：

$$W = \begin{pmatrix} \frac{\lambda_1}{\sum_{i=1}^{k}\lambda_i}Y_{11} + \frac{\lambda_2}{\sum_{i=1}^{k}\lambda_i}Y_{12} + \cdots + \frac{\lambda_k}{\sum_{i=1}^{k}\lambda_i}Y_{1k} \\ \frac{\lambda_1}{\sum_{i=1}^{k}\lambda_i}Y_{21} + \frac{\lambda_2}{\sum_{i=1}^{k}\lambda_i}Y_{22} + \cdots + \frac{\lambda_k}{\sum_{i=1}^{k}\lambda_i}Y_{2k} \\ \vdots \\ \frac{\lambda_1}{\sum_{i=1}^{k}\lambda_i}Y_{n1} + \frac{\lambda_2}{\sum_{i=1}^{k}\lambda_i}Y_{n2} + \cdots + \frac{\lambda_k}{\sum_{i=1}^{k}\lambda_i}Y_{nk} \end{pmatrix}$$

主成分分析虽然具有客观性和降维功能，但是线性假设过强，而且降维后的主成分变量的经济含义不明，空有信息量而无实际含义，经济解释不如原始指标直观。

综合来看，层次分析法属于主观赋权法，而变异系数法和主成分分析法属于客观赋权法，三种方法各有优劣。层次分析法构建的指标体系既包括专家经验的主观判断，又包括特征向量的客观推理。优势在于，将难以量化的定性判断转化为可操作的定量推理；劣势在于，判断矩阵由于专家观点的不同而具有差异性，需要通过一致性检验。变异系数法根据变异系数确定指标权重，简单便捷、客观直观，但是不能体现构建者的主观性理解和各指标的独立性差异，适用于指标独立性强的情况。主成分分析法基于标准化处理后的相关系数矩阵，通过相互正交的特征向量将复杂的指标线性变换为独立的主成分变量，实现了客观地降维，但是主成分变量难以寻求经济解释。

普惠金融指标体系构建中最常见的方法是层次分析法，机构和学者通常基于某些维度选取指标再建立层次结构模型。G20普惠金融指标体系衡量普惠金融的三个维度分别是金融服务的可得性、金融服务的使用情况、金融产品与服务的质量，结合供给侧和需求侧形成了全面的视角。由于其客观性，因此变异系数法和主成分分析法通常应用于学术研究。

第五节 农村普惠金融

一、为什么需要农村普惠金融

2014年，国务院办公厅在《关于金融服务"三农"发展的若干意见》中提出，要大力发展农村普惠金融。农村普惠金融不仅为农民和农村企业提供了丰富的金融产品和便捷的融资渠道，还为乡村振兴提供了坚实的资金支持和服务保障，对解决"三农"问题和促进乡村振兴起到了积极作用。

由于地理排斥等因素,居住在偏远农村的农民不得不付出昂贵的交通和时间成本,前往大中型商业银行县域网点办理基础金融服务。通过定时定点服务、自助服务终端,以及深化助农取款、汇款、转账服务和手机支付等服务形式,农村普惠金融信息化推动了农业大县、小微企业集中地区村镇银行的设立,优化了县域金融机构网点的布局,推动了农村基础金融服务覆盖,满足了农业、农村、农民的金融需求。

通过推出低利率贷款、小额农业信贷等金融产品,完善扶贫贴息贷款政策,农村普惠金融降低了农民的融资成本,提供了简便的融资渠道,加大了金融的扶贫力度。通过农村普惠金融获得的资金被农民用于农业生产、开办农村企业和开展其他农村经济活动,推进了乡村振兴。农村普惠金融的发展始终围绕乡村振兴这一核心目标,不仅激发了农村的发展活力、创造了农业的就业机会,还显著提升了农民的生活水平,有力推动了农村经济建设迈向新的发展阶段。

二、农村普惠金融特点

农村普惠金融的主要服务对象包括小农户、新型农业经营主体和农村微型企业。小农户是指以家庭经营单位为基础的小规模农户;新型农业经营主体是指以家庭联产承包责任制度为基础,有文化、懂技术、会经营的职业农民和专业化、集约化、社会化的农业经营组织,主要包括专业大户、家庭农场、农业龙头企业、农民专业合作社以及其他经营性农业社会化服务组织;农村微型企业是指以家庭为基本组织形式,以农村为办公经营场所,以农产品加工、传统手工艺制成品为主要经营对象,产权与经营权合一,以追求经济效益为目标的经济组织。农村普惠金融的特点围绕其主要服务对象而展开,包括:特殊性、规模性、产品需求低端化、产品风险难控制。

由于金融排斥,农民等弱势群体被排斥在金融体系之外,导致农村普惠金融的主要服务对象具有特殊性。农产品价格波动大、农业平均收入低,导致农村经济发展缓慢,农民难以避免地成为金融服务的弱势群体。

根据国家统计局的数据,2023年度我国城镇人口为9.33亿人,乡村人口为4.77亿人,乡村人口占全国人口的33.84%,农村普惠金融的主要服务对象规模巨大。农村普惠金融市场潜力巨大,满足大量农村群体需求的累计总收益可以超过主流产品的收益。

农村金融知识获取渠道少,农民金融教育普及程度低,农村普惠金融的主要服务对象金融产品需求低端化,只需要满足基本的存款、取款、支付等基本生活需求。

自然灾害风险会导致农民收入不稳定,最终进一步传染至农村普惠金融产品。自然灾害风险难预测,导致农村普惠金融产品风险难控制,而且农村弱势群体无合格抵押品的特点进一步加大了农村普惠金融产品的信用风险。

三、农村普惠金融现状

根据 2022 年度普惠金融指标体系数据[①]，我国农村普惠金融服务持续保持广泛覆盖，普惠金融领域融资规模较快增长。中国人民银行构建了包含使用情况、可得性和质量 3 个维度共 57 个指标的普惠金融指标体系，全面描绘了普惠金融的现状。

使用情况维度主要包括账户和银行卡、电子支付、个人信贷、农户生产经营贷款、保险等 13 个分类。账户和银行卡方面，金融机构针对农民群体推出专属银行卡服务，提升账户可得性和便捷性，实现优化服务和风险防控的有机统一。截至 2022 年末，农村累计开立个人银行结算账户 49.52 亿户，相比于 2021 年末的 48.7 亿户增长了 1.68%；开立银行卡 40.48 亿张，相比于 2021 年末的 39.2 亿张增长了 3.27%。

电子支付方面，农村普惠金融推动了移动支付在农村地区的延伸应用，促进了线上渠道支付成为广泛覆盖、广泛认可的支付方式，满足了农民多样化的支付需求。2022 年，银行业金融机构共处理农村手机银行业务 199.31 亿笔、网上银行业务 104.33 亿笔；非银行支付机构共处理农村地区网络支付业务 5 919.25 亿笔。

个人信贷方面，个人消费贷款小幅增长。截至 2022 年末，农户消费贷款余额 7.15 万亿元，同比增长 7.8%。

农户生产经营贷款方面，截至 2022 年末，农户生产经营贷款余额 7.38 万亿元，同比增长 14.5%，增速比 2021 年末高 0.5 个百分点。

保险方面，多措并举提升农业保险服务质效，推动农业保险深入发展，加强农业保险业务监管，规范农业保险承保理赔行为。农村受访者持有保险产品和服务的比例与上年基本持平，低于平均水平 10 个百分点以上。2022 年，农业保险保费收入 1 219.43 亿元，同比增长 24.94%；截至 2022 年末，农业保险参保 1.69 亿户次。

可得性维度主要包括银行业存款类金融机构网点、ATM 和联网机具、助农取款点 3 个分类。银行业存款类金融机构网点方面，农村普惠金融推动银行网点加强线下网点和线上服务的有机协同，满足农村日益增长的金融服务需要。银行业金融机构总体保持乡镇全覆盖，每万人拥有的银行业存款类金融机构网点数量保持稳定。截至 2022 年末，平均每万人拥有银行业存款类金融机构网点 1.59 个，相比于 2021 年末的 1.55 个增长了 2.58%。

ATM、联网机具方面，我国支付方式正向网络支付等线上支付方式转移，随着条码支付、近场支付等新兴支付方式的发展，现金支付、刷卡支付等线下支付方式需求下

---

① 数据来源于中国人民银行普惠金融工作小组发布的《中国普惠金融指标分析报告（2022 年）》。

降,对线下机具需求也随之降低。全国每万人拥有的 ATM 数和联网 POS 机具数基本稳定。截至 2022 年末,平均每万人拥有 ATM 机具 6.35 台,相比于 2021 年末的 6.71 台降低了 5.37%;平均每万人拥有联网 POS 机具 251.89 台,相比于 2021 年末的 275.63 台降低了 8.61%。

助农取款点方面,支付服务村级行政区覆盖率持续巩固。截至 2022 年末,全国有助农取款服务点 74.06 万个。以银行卡助农取款服务为主题的基础支付服务村级行政区覆盖率达 99.99%。2022 年,农村地区助农取款服务点共办理支付业务(包括取款、汇款、代理缴费等)合计 38 375.81 万笔,金额 3 369.62 亿元,业务运行平稳。

质量维度主要包括信用建设、信用贷款情况、政府性融资担保机构服务效能等 6 个分类。信用建设方面,农村普惠金融推进农村信用体系建设,促进农村信用信息共享,开展信用评定的农户和村镇数量持续增加。截至 2022 年末,各涉农信用信息系统累计为全国 1.61 亿农户开展信用评定,同比增长 3.2%。持续深入推进"信用户""信用村""信用乡(镇)"的评定和创建,不断优化农村信用环境。截至 2022 年末,评定信用户 1.16 亿个、信用村 29.24 万个、信用乡(镇)1.42 万个,相比于 2021 年末的 1.07 亿个、24.5 万个、1.29 万个,分别增加了 8.41%、19.35%、10.08%。

信用贷款情况方面,信用建设的深入推进、信用环境的不断改善有效促进了信用贷款投放增加,银行机构在风险可控的条件下扩大信用贷款投放,满足农民群体"短、小、频、急"的融资需求。截至 2022 年末,农户信用贷款比例为 24.4%,比 2021 年末高 3 个百分点。

政府性融资担保机构数量稳步增加,直保余额保持快速增长。截至 2022 年末,政府性融资担保机构直保余额中的农户和新型农业经营主体融资担保直保余额达 5 654 亿元,同比增长 27.1%。

第六节　数字普惠金融

一、为什么需要数字普惠金融

数字普惠金融是以互联网、大数据、区块链、人工智能等数字技术驱动的普惠金融实现形式。2023 年,国务院在《关于推进普惠金融高质量发展的实施意见》中提出了有序推进数字普惠金融发展。数字技术是发展新质生产力的核心要素,以数字技术助力金融服务提质增效,是推进普惠金融高质量发展的应有之义,也是助推新质生产力发展的有力举措。

基于数字技术的革命性突破,数字普惠金融打破了金融服务的时空限制,提升了金融服务的可获得性，满足了被排斥在传统金融体系之外的偏远农村农民群体的个性化金融需求。数字普惠金融重构了金融服务模式，无论是在农村还是在城市，无论是对于贫困群体还是对于富裕群体，全天候、全方位的金融服务变得触手可及。

以高效和公平为宗旨，数字普惠金融是优化金融资源配置的重要手段。数字普惠金融的效率按照经济活动主体，可以分为微观组织效率、中观行业效率、宏观经济效率。数字普惠金融缩短了业务流程，降低了交易成本，提高了金融机构的微观组织效率。数字普惠金融促进了信息共享，降低了信息不对称，提高了金融行业的中观行业效率。金融服务不再局限于传统的存款、贷款和支付等功能，而是有助于农业、制造业、教育和医疗等领域创新和升级，促进了经济结构的优化升级，提高了整个社会金融资源配置的宏观经济效率。

二、数字普惠金融产品

数字技术具有覆盖面广、透明度高、流动速度快、交易成本低、信息不对称低的特点，丰富了金融产品的种类，扩展了金融服务的渠道，降低了金融服务的风险，增加了金融机构的利润，既提高了普惠金融的可获得性，又促进了普惠金融发展的可持续性。数字技术与普惠金融的结合在支付与清算、借贷与融资、投资理财、风险管理等方面实现了金融产品的创新。

支付与清算方面，基于互联网技术的第三方支付成为中国支付市场中的重要力量。第三方支付打破了传统支付对于时间和空间的限制，消除了偏远农村农民群体的金融服务不可获得的障碍。中国人民银行发布的《非银行支付机构监督管理条例》中对于第三方支付机构的定义是：非银行支付机构是指在中华人民共和国境内依法设立，除银行业金融机构外，取得支付业务许可，从事根据收款人或者付款人（以下统称"用户"）提交的电子支付指令转移货币资金等支付业务的有限责任公司或者股份有限公司。第三方支付因其便利快捷的特点覆盖了日常生活的方方面面，根据中国人民银行数据，2023年非银行支付机构处理网络支付业务121.23万亿笔，金额340.25万亿元，按可比口径同比分别增长17.02%和11.46%。

借贷与融资方面，数字技术为普惠金融提供了P2P网络借贷、众筹等创新。P2P（peer to peer）网络借贷是指通过互联网实现个人对个人的民间小额借贷。P2P网络借贷按照展业渠道，可以分为纯线上模式和线上线下混合模式；按照利率设定方式，可以分为平台定价模式和自由竞标模式；按照平台是否承担风险，可以分为担保模式和纯中介模式。P2P网络借贷不只是个人借贷的互联网化，其本质是借助互联网的金融脱媒，脱离传统中介的支持，通过互联网中介平台直接连接借款人和贷款人，突破了传统借贷的地理限制、人脉限制、资金限制。众筹（crowdfunding）是指发起者为其医疗保障、创作创新和生产经营活动等，通过互联网等众筹平台向支持者发布众筹计划以筹集资金的融资活动。众筹按照回报形式，可以分为公益众筹、产品众筹、股权众筹和债权众筹，除了公益众筹之外，众筹项目发起成功后，出资者有权根据众筹计划获得相关产品或者公司股份作为回报。不同于传统股权融资、天使投资等复杂、高门槛的投资形式，众筹具有简单、门槛低、开放性、多样性等特点。

投资理财方面，一部分理财产品通过互联网渠道进行销售，一部分理财产品基于互联网场景应运而生。相比于传统理财产品，互联网理财产品的流动性更强、投资门槛更低、投资成本更低、投资方式更方便。根据中国证监会发布的《互联网保险业务》，互联网保险是指保险机构依托互联网订立保险合同、提供保险服务的保险经营活动。保险产品的传统销售方式主要是人员推销和经纪代理，随着数字技术的发展，依托互联网通道的线上营销日益成为保险产品销售的主流方式。从 2013 年到 2022 年，中国互联网保险的保费规模从 290 亿元增加到 4 782.5 亿元，占保险行业原保费收入的 10%，年均复合增长率 32.3%。蚂蚁金服等第三方互联网保险平台既提供了超大流量的销售渠道，又提供了丰富创新的保险产品，覆盖了各种各样的生活场景。

风险管理方面，大数据征信进一步降低了信息不对称，控制了信用风险。金融管理的核心是信用风险管理，信用风险管理的核心则是征信。根据国务院《征信业管理条例》，征信是指对企业、事业单位等组织的信用信息和个人的信用信息进行采集、整理、保存、加工，并向信息使用者提供的活动。征信还款意愿（谓之"信"）和还款能力（谓之"用"）两个维度评估了信用风险。传统征信依赖被征信人过去的诚信记录反映还款意愿，同时依赖其经营能力、经营状况、收入水平等经济活动信息反映还款能力。与传统征信相比，大数据征信包括广泛而多维的信息数据，使用数据清洗、处理和匹配等技术，通过动态建模计算信用评估结果。蚂蚁金服的芝麻信用涵盖信用卡还款、网购、转账、理财、水电煤缴费、租房信息、社交关系等数据，通过处理网络交易及行为数据，进行信用历史、行为偏好、履约能力、身份特质、人脉关系 5 个维度的信用评估。

三、数字普惠金融现状

数字普惠金融供给能力持续提升，服务愈发精准化、差异化、便捷化和生态化，数字支付覆盖范围继续扩大，小微企业互联网贷款保持增长，数字人民币运用场景更趋丰富。

根据中国人民银行普惠金融工作小组发布的《中国普惠金融指标分析报告（2022年）》，九成受访者使用通过手机银行、网上银行、云闪付、支付宝以及微信支付等数字渠道进行支付的数字支付，19～39 岁的受访者使用数字支付的比例相对较高，老年受访者使用比例低于平均水平 18 个百分点，其中 65 岁及以上受访者使用率比 60～64

岁受访者低近10个百分点;男性和女性受访者使用率差别不大;城镇和新市民受访者使用率差别不大,农村受访者低于平均水平7个百分点;月收入3 000元及以上受访者使用比例超过九成,月收入3 000元以下受访者使用比例低于平均水平12个百分点。

2022年,金融机构持续深化数字技术运用,深入推动普惠小微业务发展,有效提升对接和服务小微企业效率。截至2022年末,小微企业互联网流动资金贷款余额9 363亿元,同比增长34%,新增2 389亿元。

截至2022年末,数字人民币已经在17个省部分地区开展试点。多地电子政务服务平台开通数字人民币支付服务,支持线上线下渠道办理公共事业缴费,支持利用数字人民币发放退税资金、困难群众帮扶资金、"专精特精"企业扶持资金等财政奖补帮扶资金。数字人民币服务继续向试点地区县域乡村下沉,基于农产品销售、惠农补贴发放等特色场景拓展农村金融服务覆盖面,助力乡村振兴和数字乡村建设。

北京大学互联网金融研究中心和蚂蚁金服集团基于数字金融覆盖广度、数字金融使用深度和普惠金融数字化程度3个维度共33个指标,采用层次分析法构建了包含内地31个省、337个地级以上城市以及约2 800个县3个层级的国内首个数字普惠金融指标体系——北京大学数字普惠金融指数。

中国的数字普惠金融在2011—2020年间实现了跨越式发展。2011年各省数字普惠金融指数的中位值为33.6,2020年增长到334.8,10年间增长至大约原来的10倍。最近几年的数字普惠金融指数增速有所放缓,说明数字普惠金融的发展愈发成熟,由高速增长向常态增长过渡。

中国的数字普惠金融已经告别了粗放式的圈地时代,步入深度拓展的新阶段。2020年,数字金融使用深度指数同比增长7.3%,而数字金融覆盖广度指数和普惠金融数字化程度指数分别同比增长了7.2%和-0.1%,说明数字金融覆盖广度和普惠金融数字化程度进一步拓展的空间有限,未来数字普惠金融的发展将主要依赖于数字金融使用深度。

数字普惠金融的省份差异方面,上海市、北京市和浙江省的数字普惠金融指数明显处于第一梯队;西部地区或者东北地区省份的数字普惠金融发展水平明显相对更低。在2020年指数最高的省份与最低的省份之间,数字金融覆盖广度、数字金融使用深度和普惠金融数字化程度之比分别为1.36、1.89和1.24,说明数字普惠金融最发达省份的数字金融使用深度是最落后省份的1.89倍。虽然在数字金融使用深度方面,发达地区与落后地区之间仍然存在差距,但是与前几年相比,数字金融使用深度省份之间的差异已经大幅缩小。

第七节 激励与监管政策

一、激励政策

财政政策既促进了普惠金融的供给侧和需求侧的增长，又促进了区域平衡、城乡平衡。财政部门可以通过财政奖励、定向费用补贴、税收优惠以及减免、风险补偿共担机制等手段引导金融机构加大贷款投放力度，激励金融机构增加普惠金融的供给。财政部门还可以通过贷款贴息以及奖补、农业保险保费补贴等方法，降低贫困人口、低收入人口以及小微企业等接触金融产品和服务门槛，激发弱势群体提高普惠金融的需求。

我国普惠金融财政激励政策主要包括税收优惠和财政奖补两个方面。税收优惠是指国家运用税收政策在税收法律、行政法规中规定对某一部分特定企业和课税对象给予减轻或免除税收负担的措施。为了进一步增强对小微企业、个体工商户和农户的普惠金融服务支持，税务总局对金融机构实行税收优惠，将《财政部 税务总局关于延续支持农村金融发展有关税收政策的通知》(财税〔2017〕44号)、《财政部 税务总局关于小额贷款公司有关税收政策的通知》(财税〔2017〕48号)、《财政部 税务总局关于支持小微企业融资有关税收政策的通知》(财税〔2017〕77号)、《财政部 税务总局关于租入固定资产进项税额抵扣等增值税政策的通知》(财税〔2017〕90号)中的税收优惠政策实施期限延长至2023年12月31日，主要涉及所得税、增值税和印花税等税种。

财政奖补主要包括普惠金融发展专项资金、农业保险保费补贴和贷款贴息三种。普惠金融发展专项资金是中央财政安排支持普惠金融发展的专项转移支付资金，用于支持各省份开展创业担保贷款贴息、中央财政支持普惠金融发展示范区建设、农村金融机构定向费用补贴等工作。根据财政部调研小组发布的《2023年中国财政政策执行情况报告》，2023年全年拨付创业担保贷款贴息和奖补资金79.48亿元；修订出台《普惠金融发展专项资金管理办法》，将个人和小微企业创业担保贷款限额上限分别提高至30万元、400万元，加大了财政支持创业就业力度，规范了财政支持资金作用领域、运作模式，有利于提升政策效能和资金使用效益。

与财政政策不同，货币政策主要影响了普惠金融的供给侧，不仅可以通过定向降准、优惠存款准备金等手段降低金融机构成本，也可以通过支农支小再贷款再贴现政策等渠道扩大支持规模、降低资金成本，还可以通过调整宏观审慎评估体系政策参数给予倾斜支持，发挥激励约束。根据货币政策司发布的《结构性货币政策工具情况表》，截至2023年末，支农再贷款额度为8100亿元，余额为6562亿元；支小再贷款额度为 18 000 亿元,余额为 16 551 亿元;再贴现额度为 7 400 亿元,余额为 5 920 亿元。

二、监管政策

财政、货币和监管政策的有机结合形成了稳定的政策预期,为普惠金融发展营造了良性的经济环境。金融监管按照侧重点可以分为宏观审慎管理和微观审慎管理等。宏观审慎管理是从宏观、逆周期视角采取措施,防范由金融体系顺周期波动和跨部门传染导致的系统性风险,维护货币和金融体系稳定。微观审慎管理是从机构层面制定政策,监督和管理金融机构的防范和控制风险的能力和状况。

在微观审慎监管政策方面,鼓励开发性、政策性金融机构以批发资金转贷形式与其他金融机构合作,降低了小微企业贷款成本;支持大中型商业银行设立普惠金融事业部;推进农村信用社体制改革,逐步消除长期积累的历史包袱,明显改善资产质量和经营财务状况,显著增加资金规模和涉农信贷投放。

为了构建高水平普惠金融体系,推进普惠金融高质量发展,还需要完善差异化监管政策,促使金融机构公平竞争,进一步满足弱势群体的个性化需求。由于不仅存在着农村与城市的差异,农村内部也存在着差异,如果监管政策未充分考虑区域发展状况,将滞后于普惠金融的高速发展,无法保障普惠金融体系的稳健运行。

为了推动数字技术与普惠金融深度融合,还需要制定跨部门、全方位、协同化的数字监管政策,紧跟普惠金融数字化趋势。遵循"鼓励创新、防范风险、趋利避害、健康发展"的要求,秉承"依法监管、适度监管、分类监管、协同监管、创新监管"的原则,中国人民银行等十部门在 2015 年发布了《关于促进互联网金融健康发展的指导意见》,提出了鼓励互联网金融创新、支持互联网金融发展的政策措施,确立了互联网支付、网络借贷、股权众筹融资和互联网保险等互联网金融主要业态的监管职责分工,落实了监管责任,明确了业务边界。

对于互联网支付,中国人民银行在 2015 年发布《非银行支付机构网络支付业务管理办法》,规范网络支付业务,保护当事人合法权益,防范支付风险。

对于网络借贷,中国银监会、工业和信息化部、公安部、国家互联网信息办公室在 2016 年发布《网络借贷信息中介机构业务活动管理暂行办法》,强调网络借贷平台作为信息中介的定位,规定网络借贷业务规则和风险管理要求,加强网络借贷信息中介机构业务活动的监督管理,确定各个监管部门共同参与的监管协调机制。

对于股权众筹融资,中国证券业协会在 2014 年发布《私募股权众筹融资管理办法(试行)(征求意见稿)》,规范私募股权众筹融资业务,保护投资者合法权益。

对于互联网保险,中国保监会在 2015 年发布《互联网保险业务监管暂行办法》,规定互联网保险发展的经营主体、经营范围、准入门槛,规范互联网保险业务经营行为,促进互联网保险业务健康发展,确立互联网保险业务监管制度,保护保险消费者合法权益。

重要概念

金融排斥　信息不对称　道德风险　逆向选择　使命漂移　层次分析法　变异系数法　主成分分析法　数字技术　普惠金融发展专项资金

思考题

1. 请分析小额信贷、微型金融和普惠金融的区别与联系。
2. 普惠金融的核心要素包括哪些?
3. 发展普惠金融的过程中可能遇到哪些主要问题?
4. 金融排斥的主要表现形式有哪些?
5. 举例说明道德风险和逆向选择对于普惠金融的不利影响。金融机构应该如何采取措施来应对信息不对称?
6. 构建中国特色普惠金融指标体系需要增加哪些指标?
7. 农村普惠金融的特点是什么?发展农村普惠金融的意义是什么?
8. 举例说明数字技术在普惠金融中的具体应用。
9. 支持普惠金融的政策有哪些?

第五章　绿色金融

学习目标

1. 掌握绿色金融与相关领域的交叉与关联。
2. 理解绿色金融在世界和中国发展的阶段性特征与动因。
3. 理解绿色金融的发展特点和差异,认识到全球绿色金融发展的不平衡性。
4. 分析绿色金融的理论基础:深入了解环境经济学和相关金融理论如何支撑绿色金融的实践和政策制定。
5. 探索绿色金融工具和策略:熟悉绿色信贷、绿色债券、绿色基金等金融工具,评估这些工具在实际应用中的效果和挑战。
6. 评价绿色金融政策的影响:评估国内外绿色金融政策的效果,理解这些政策如何影响企业行为和宏观经济。
7. 掌握绿色金融的主要工具:学习绿色债券、绿色基金、绿色信贷等金融工具的特点和运作方式。
8. 分析绿色金融的实践案例:通过研究具体的案例,理解绿色金融在实际操作中的应用和效果。
9. 识别绿色金融面临的挑战:探讨在实施绿色金融过程中可能遇到的障碍,如市场风险、政策不确定性、技术挑战等。
10. 探索绿色金融的未来趋势:预测绿色金融的发展方向,以及如何适应和引领这些趋势。

视频5-1

本章导读

本章围绕"绿色金融"这一主题,深入解析其概念、发展历程与理论基础。作为推动全球经济向低碳、环保和可持续发展转型的重要金融手段,绿色金融通过整合绿色信贷、绿色债券、碳金融等多种金融工具,支持环境保护和应对气候变化的项目。本章首先回顾了绿色金融在全球和中国的发展历程,从概念初探到政策制度化,再到近年来的快速扩展,展现了绿色金融在政策推动与市场创新中的不断成熟。随后,剖析了绿色金融的理论基础,阐述了其在支持环保项目时应遵循的基本原则。此外,还详细介绍了绿色金融的多种实践模式,如绿色信贷、绿色债券、碳市场等,为绿色金融的实际操作提供了有益的参考。整体而言,本章不仅为读者提供了对绿色金融的全面理解,也为未来进一步推动其发展提供了坚实的理论与实践支持。

第一节　绿色金融的定义与背景

绿色金融是全球经济转型和可持续发展的关键推动力。由于各国绿色金融发展阶段不同,对绿色金融的概念界定、体系建设和功能机制等也存在差异。此外,绿色金融的"绿色"涉及环境、经济和社会多个方面,与气候金融、碳金融、可持续金融等存在一定的重叠与交叉。本节将对国内外绿色金融的概念界定、发展历程和发展现状进行梳理及对比分析,旨在为读者学习绿色金融搭建一个清晰的基础框架,为后续深入探讨绿色金融的理论模型、案例分析等提供必要的背景知识。

一、绿色金融的定义与内涵

(一)绿色金融的定义

关于绿色金融的定义,长期以来,国际上并没有一个被广泛采纳的绿色金融标准定义。绿色金融涉及环境保护、可再生能源、应对气候变化等多个方面,与气候金融、碳金融、可持续金融、ESG投资等概念存在交叉与重叠。从全球范围来看,广大发展中国家的绿色金融定义侧重于污染治理、环境保护等议题,而西方发达经济体已由污染治理阶段转向生物多样性保护、经济可持续发展等目标,其绿色金融定义已向可持续金融延伸。

2011年,国际发展俱乐部(IDFC)对绿色金融进行了广义阐释,即绿色金融包括支持可持续发展项目及环保产品等在内的金融投资,以及倡导经济金融可持续发展的金融政策。2016年,德国发展研究所(DIE)将绿色金融定义为包括所有考虑到环境影响和增强环境可持续性的投资或贷款,强调在金融决策中纳入对环境风险的评估。同年,G20小组在《G20绿色金融综合报告》中指出,绿色金融是指能产生环境效益以支持可持续发展的投融资活动。其环境效益包括减少空气、水和土壤污染,降低温室气体排放,提高资源使用效率,减缓和适应气候变化并体现其协同效应等。尽管国际上对绿色金融概念的界定存在差异,但其核心都是以金融部门为主体、绿色金融工具为主要手段,以促进环境保护、应对气候变化和实现可持续发展作为主要目标。一方面,金融机构要服务于实体经济绿色转型，为绿色项目提供资金支持；另一方面，金融业要主动引导资金流向能产生环境效益的领域，引导企业注重绿色环保，引导投资者提升绿色意识等。

在参考国际发展的基础上，中国对绿色金融以及绿色金融体系的概念做出了明确界定。2016年，中国人民银行、财政部、发展改革委、环境保护部、证监会等七部委联合发布《关于构建绿色金融体系的指导意见》，指出绿色金融是支持环境改善、应对气候变化和资源节约高效利用的经济活动，即对环保、节能、清洁能源、绿色交通、绿色建筑等领域的项目投融资、项目运营、风险管理等所提供的金融服务。同时，该文件将绿色金融体系定义为通过绿色信贷、绿色债券、绿色股票指数和相关产品、绿色发展基金、绿色保险、碳金融等金融工具和相关政策支持经济向绿色化转型的制度安排。由此，我国成为全球首个系统性建立绿色金融政策框架的国家。

（二）绿色金融及相关概念的比较

国际组织和国内外金融机构从不同角度出发，提出了绿色金融、气候金融、碳金融、转型金融、可持续金融、可持续投资（ESG投资）等一系列概念。为明确不同概念下侧重点和覆盖范围的不同，下面对绿色金融及相关概念进行比较。

1. 绿色金融

支持环境改善、应对气候变化和资源节约高效利用的经济活动，活动范围涉及环保、节能、清洁能源、绿色交通、绿色建筑等多个领域。

2. 气候金融

为应对和减缓气候变化的一切投融资活动。主要投向应对气候变化的活动，如防洪系统建设、农业实践改善以抵御干旱等；以及投向减缓气候变化的活动，如清洁能源、能效提升、森林保护等。气候金融是绿色金融的一个重要分支，专注于应对和减缓气候变化。

3. 碳金融

与控制和管理温室气体排放相关的金融活动，这些活动既可以是直接投融资，也可以是围绕碳排放权交易开展的衍生金融活动。具体来说，碳金融包括碳排放权及其衍生品的交易、温室气体减排项目的投融资以及其他相关金融服务活动。碳金融是气候金融的一个实施途径，是实现碳减排目标的金融工具。

4. 转型金融

支持高碳排放行业和企业向低碳、可持续发展的经济模式转型的金融活动。与绿色金融相对应，转型金融同样服务于低碳目标，但专门针对能源密集型行业或高环境影响的企业，通过提供资金帮助它们逐步降低碳排放，最终实现绿色发展目标。

5. 可持续金融

综合考虑环境、社会和治理(ESG)因素的金融活动,旨在促进经济、社会和环境的可持续发展。可持续金融涵盖绿色金融,覆盖范围最广,关注除环境问题以外的社会福利、公司治理的影响,以及经济、环境和社会的平衡发展。[①]

总体而言,绿色金融构成了一个广泛的框架,它不仅包含气候金融、碳金融和转型金融这些更为具体的领域,而且是可持续金融不可或缺的一部分。通过这些概念的相互补充和协同作用,金融行业能够更全面地应对全球面临的环境和社会挑战,为实现可持续发展目标提供坚实的支持。

二、国际绿色金融的发展历程

(一)政策背景与发展阶段

1. 第一阶段:概念发展阶段(20 世纪 70 年代至 21 世纪初)

国际上,绿色金融的发展历史可追溯到 20 世纪 70 年代,在这一时期,全球开始意识到环境问题和社会责任的重要性。1972 年,联合国在斯德哥摩尔召开了第一次人类环境会议,标志着全球环境保护意识的初步形成。1974 年,联邦德国成立全球第一家政策性环境银行(GLS Bank)[②],旨在通过选择性投资来支持符合环境保护和道德标准的项目,是国际上对绿色金融的早期探索。1992 年,联合国环境规划署在里约地球峰会上成立金融行动机构(UNEP-FI),并集中探讨了如何通过金融手段支持可持续发展,标志着绿色金融概念的进一步发展。1997 年《京都议定书》的签订标志着全球开始采取集体行动应对气候变化,绿色金融正式纳入发达国家重点关注的对象。

这一阶段,绿色金融的概念从模糊的道德投资逐步转向更加系统化的环境风险管理和绿色投资策略,为绿色金融在后续阶段制度化和快速发展奠定了基础。

2. 第二阶段:制度化阶段(21 世纪初至 2015 年)

2003 年,花旗银行、荷兰国际集团等十家国际银行联合发起"赤道原则",这是一套基于国际金融公司(IFC)绩效标准制定的自愿性环境和社会风险管理框架,标志着金融机构在项目融资中正式将环境和社会风险管理纳入考量,也意味着全球范围内绿色金融开始从概念走向实践。2006 年,联合国《负责任投资原则》(PRI)的推出为可持续基金将 ESG 因素纳入投资决策提供了框架和指导原则,促进了 ESG 投资标准的普及和制度化。欧洲是全球可持续基金份额最大的地区,美国紧随其后。亚洲市场在可持续基金领域正在快速追赶,展现出巨大的增长潜力和市场机会。2007 年 7 月,欧洲

---

① 鲁政委.可持续金融领域的相关概念辨析[DB/OL]. https://m.21jingji.com/article/20201228/herald/8f49f3b495f41ede5a0d301a35e2e818.html.

② 陈继明,王琰,王冲.绿色金融综述:发展历程、政策实践及未来方向[DB/OL]. https://www.arx.cfa/~/media/8B6EDC4BDBC347CBA87FB01D891250F0.ashx.

投资银行（European Investment Bank，EIB）通过卢森堡证券交易所发行了世界上第一只气候意识债券（Climate Awareness Bond，CAB），募集资金用于欧洲投资银行为可再生能源或能源效率类项目提供贷款。这一发行推动了绿色债券的国际化发展和市场规模扩张。2011年，气候债券倡议组织（CBI）和国际资本市场协会（ICMA）分别于2011年推出了《气候债券标准》（CBS），于2014年发布了《绿色债券原则》（GBP）。这两个绿色债券标准成为被国际市场广泛接受的统一标准。基于此标准，各个国家和地区的绿色债券市场获得了蓬勃发展，涌现出诸多创新。

这一阶段，国际碳交易市场经历了显著发展，成为全球应对气候变化的关键金融工具。作为全球第一个且最大的多国碳排放交易体系，欧盟碳排放交易体系（EU ETS）于2005年正式启动。EU ETS的成功运行推动了全球碳市场的扩展和多样化，其他国家和地区也开始探索建立自己的碳市场。比如2008年启动的新西兰排放交易体系、2013年正式实施的美国加利福尼亚州地区性碳排放交易体系等。

总体而言，这一阶段各国政府和国际组织开始制定绿色金融政策和标准，各国与国际组织之间的合作显著增加。绿色金融市场逐步成熟，绿色金融产品和服务逐步丰富。绿色金融的发展主体由商业银行进一步扩大到保险公司、基金公司等非银行机构。绿色债券市场，以及国际发达地区的碳金融市场基本形成。绿色金融在全球范围内得到了广泛应用和认可。

3. 第三阶段：深化发展阶段（2015年至今）

全球对气候变化和可持续发展的重视和共识推动了绿色金融的深化发展。2015年《巴黎协定》的签订为全球应对气候变化设定了明确的目标，促使各国政府、金融机构和企业大幅增加对绿色项目的投资，推动绿色金融市场的蓬勃发展。

绿色债券市场在此阶段实现了爆发式增长，在整个绿色金融中占主导地位。如图5-1所示，从发行规模看，根据气候债券倡议组织（CBI）统计，2014—2021年全球绿色债券的发行规模从410亿美元不断增加到5 080亿美元。尽管2022年全球绿色债券的发行总额略有下降（相比2021年同比下降16%），但也维持了较高的发行量，达到4 295亿美元。尽管因全球经济下滑、俄乌战争、后疫情时代等因素影响，2022年与2023年全球绿色债券发行规模相较上年同期有所下跌，但绿债市场发展潜力依旧。如图5-2所示，从发行主体看，2022年中国、美国、德国依旧是绿色债券发行量最大的三个国家；共计有来自51个国家和地区的741家机构参与发行（相比2021年同比下降24%）。从资金用途看，2022年全球通过绿色债券融通的资金，其中约37.3%投向能源行业、29.5%投向建筑行业、19.72%投向交通行业。事实上，根据国际能源署（IEA）披露的数据，目前能源、建筑、交通行业均位列全球碳排放量前五大行业。从货币构成看，2022年欧元占新发行绿色债券总额的42%，位列第一，这与2014年以来欧洲持续成为全球规模最大的绿色债券发行市场有关；美元位居第二，占比为29％；人民币位居第三，占比为10％。

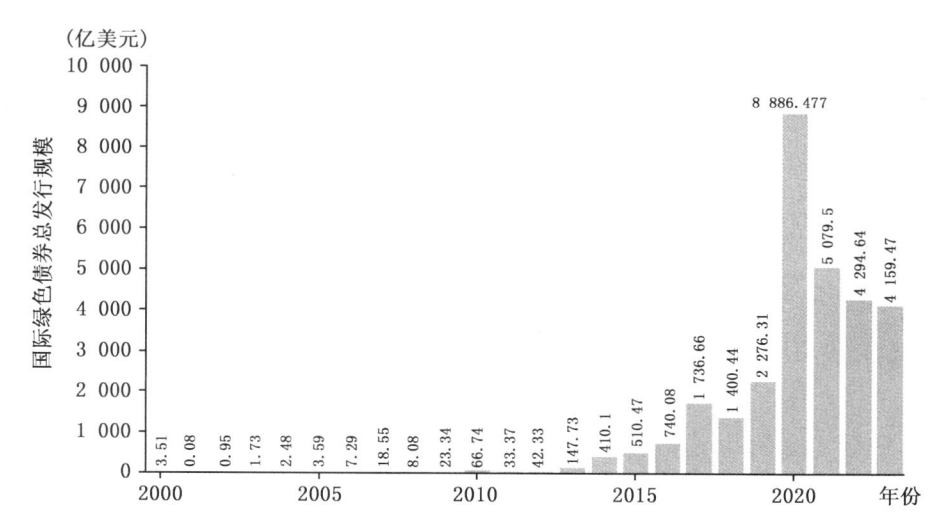

图 5—1 全球绿色债券的各年度发行规模

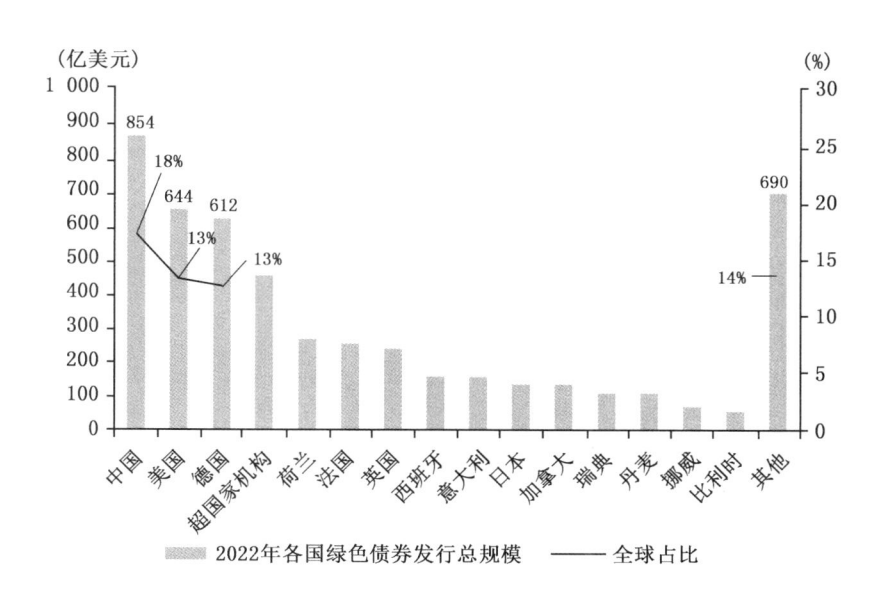

注：数据包含截至2023年的31 876笔绿色债券。
资料来源：Bloomberg数据库。

图 5—2 全球各国2022年绿色债券发行总额和占比

资料来源：气候债券倡议组织（CBI）。

国际信息披露标准和框架的制定，如气候相关财务信息披露工作组（TCFD）的报告框架,促进了绿色金融市场的透明度和可信度。2022年以来,针对金融机构,欧美监管机构频频出手,强化对欧美金融机构投资"漂绿"行为的执法力度,以加强基金ESG定量信息的披露。例如,2022年4月,汇丰银行因夸大宣传其碳中和转型融资,被英国监管机构勒令整改;2022年11月,高盛银行因未遵守ESG投资的相关政策,被美国证监会罚款400万美元。欧盟出台的《可持续金融信息披露条例》(简称"SFDR",于2021年生效)及《监管技术标准》(简称"RTS",于2023年生效),则明确了欧洲金融机构及其产品ESG定量信息的披露标准。针对供应链核心企业,欧盟强制核心企业披露ESG信息,要求其在供应链发挥引领带动作用。2023年1月5日,欧盟正式实施CSRD(公司可持续发展报告指令)替代NFRD(非财务报告指令),强制核心企业及其供应链企业根据ESRS(欧洲可持续发展报告标准)披露ESG信息。

2019年9月,联合国环境署金融倡议组织联合全球30家银行共同制定了负责任银行原则(Principles for Responsible Banking, PRB),旨在引导银行在最具实质性的领域设定影响目标,在战略、资产和交易层面以及所有业务领域融入可持续发展元素,确保银行的战略与实践符合"联合国可持续发展目标"和《巴黎协定》愿景。发布伊始,全球132家银行成为首批签署银行,资产总额逾47万亿美元,约占全球银行业资产总规模的三分之一。从图5—3可知,截至2023年7月,全球已有77个国家的325家银行签署了PRB,数量增长约2.5倍,资产总额约89.4万亿美元,超过全球银行业资产总规模的50%。[①]

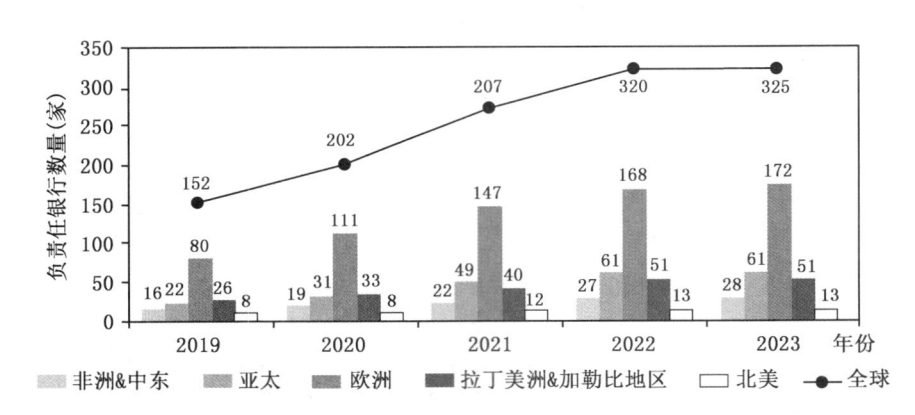

资料来源:UNEP FI官网。

图5—3 全球PRB签署银行数量

随后,联合国又于2021年推出了"净零银行联盟",这些倡议标志着金融行业从被动适应转向主动引领,通过系统性变革、全球合作和市场监管的联动,推动全球在

---

① https://www.unepfi.org/banking/prbsignatories.

2050年前实现净零碳排放目标。近年来,绿色金融的边界不断扩展,涵盖更多的环境维度,特别是生物多样性保护。2022年通过的《昆明—蒙特利尔全球生物多样性框架》,标志着生物多样性金融已成为绿色金融的重要组成部分,金融市场开始更加全面地考虑自然资本的重要性,并将其纳入投资决策。

在这一阶段,国际碳规则话语权争夺愈加激烈。欧盟对内优化碳排放权交易体系(ETS)、对外构建碳边境调节机制(CBAM),通过内外协同效应巩固其碳规则全球话语权。对内,首先,欧盟碳市场不断优化碳配额分配机制。碳配额由"免费分配"模式转变为当前"有偿拍卖机制主导、少量免费、最终取消"模式。其次,欧盟高度重视碳配额的金融属性,积极发展碳金融市场。自建立以来,EU ETS陆续发展了包括碳远期、碳期货、碳期权和碳互换等在内的金融衍生品,对提升碳市场交易活跃度、形成市场公允价格、提供交易风险对冲手段等方面发挥了无可替代的作用。对外,欧盟建立碳边境调节机制,强化碳足迹约束,防范"碳泄漏"。覆盖范围包括水泥、化肥、钢铁、铝、电力和氢6个碳排放强度高的行业的直接和间接碳排放。在未来,欧盟CBAM有望刺激各国碳价上升至相近水平,巩固提升欧盟在全球范围内碳定价绝对话语权。

这一阶段的绿色金融特点在于政策和市场的双重驱动、创新性金融产品的不断涌现,以及全球市场的广泛参与和合作,推动绿色金融成为主流金融体系中的重要组成部分。表5-1梳理了全球范围内被金融机构、政府和企业广泛使用的绿色金融标准,这些标准是绿色活动分类、绿色产品界定、信息披露等领域的关键组成部分,是推动经济社会绿色发展的重要技术基础。

表5-1　　　　　　　　　　国际绿色金融标准

标准类型	标准名称或组织/机制	标准简介/侧重点
赤道原则	国际金融公司、荷兰银行	由金融机构遵循的风险管理框架,旨在确保项目融资活动遵守严格的环境和社会风险评估标准
负责任银行原则	联合国环境规划署金融倡议(UNEP FI)	国际上首个针对银行业的可持续发展框架
净零标准	格拉斯哥净零联盟(GFANZ)	整合全球类机构或联盟,通过对各成员制定净零要求和安排,整合、统一全球金融机构的净零步伐
绿色经济活动标准	《欧盟分类法》(EU Taxonomy)	欧盟政府制定的可持续分类法规
	《绿色债券支持项目目录(2021年版)》	中国政府制定的绿色分类法规
	中欧《可持续金融共同分类目录》(The EU-China Common Ground Taxonomy)	中国和欧盟共同编制的普适性的绿色标准体系

续表

标准类型	标准名称或组织/机制	标准简介/侧重点
绿色金融产品界定标准	国际资本市场协会(ICMA)原则系列、气候债券倡议组织(CBI)标准	目前国际上最广泛应用的针对绿色和可持续债券产品的目标标准
	贷款市场协会(LMA)标准系列:绿色贷款原则(GLP)、可持续性挂钩贷款原则(SLLP)	目前国际上最广泛应用的针对绿色和可持续结构性贷款产品的目标标准
信息披露标准	气候相关财务披露工作小组(TCFD)	气候相关信息披露框架标准
	碳披露项目(CDP)全球报告倡议组织(GRI)	对经济、环境和人类所产生的重大影响事件的披露标准
	气候披露标准委员会(CDSB)	对企业价值有影响的ESG信息界定标准
	国际可持续发展准则理事会(ISSB)	可持续和气候信息披露的标准准则制定规范
碳核算标准	《温室气体核算体系》	碳排放核算标准
	《金融行业温室气体核算和披露全球标准准则》(PCAF)	投融资组合碳排放核算

数据来源:绿色金融国际经验研究(《金融时报》)。

(二)欧美绿色金融政策框架的比较

在全球范围内,各国家和地区根据自身的经济结构、环境需求和政策背景,发展出不同的绿色金融政策框架。这些框架不仅体现了各国对环境保护和可持续发展的重视,也反映了不同区域在推动绿色金融发展的独特路径和模式。以下将对欧盟、美国这两大重点国家和地区的绿色金融政策框架进行分析与比较。

1. 欧盟:法规引导和市场化机制并行

欧盟的绿色金融政策框架是一个法规引导和市场化机制并行的体系,由欧盟委员会牵头推动统一的政策框架,并通过一系列法律法规和监管机制协调成员国的绿色金融发展。该框架以2018年发布的《可持续金融行动计划》(Action Plan: Financing Sustainable Development)为核心,致力于引导资本投向更具可持续性的经济活动,构建欧盟的可持续金融综合体系,从而实现欧盟可持续发展愿景和应对气候变化的目标。2020年正式实施的《欧盟可持续金融分类方案》(EU Taxonomy)是在全球范围内被广泛采用的绿色分类标准,用于界定让环境得以可持续发展的经济活动,帮助投资者识别投资是否符合相关环境标准。在市场机制方面,欧盟于2005年启动碳排放交易体系(EU ETS),推动企业通过市场机制进行碳排放权的交易,从而降低温室气体排放。该体系已成为全球最大的碳交易市场。在信息披露方面,欧盟推出《可持续金融披露条例》(SFDR),要求金融市场参与者对其可持续性相关风险进行披露,从而提高透明度,促进绿色投资。在成员国层面,法国、德国等国家也推出了绿色债券发行计划和本国的可持续金融政策,进一步推动欧盟整体绿色金融体系的成熟和完善。

2. 美国:市场导向与自愿机制主导

美国的绿色金融发展模式呈现"自下而上"的模式[①],这一模式下缺乏系统性的全国政策框架,而是侧重于通过各州和地方政府以及市场机制推动绿色金融发展。然而,受两党政治竞争和政治极化的显著影响,美国面临绿色金融政策的不连续性和执行上的不确定性,这也给其绿色金融的发展带来了挑战。

在联邦政府层面,美国主要通过税收优惠、立法推动和环境信息披露等方式,为绿色清洁项目提供资金支持,限制污染排放,并提供一个更为透明的绿色金融投资环境。具有代表性的政策法规包括 1980 年通过的《超级基金法》(CERCLA),这标志着美国绿色金融体系的初步形成。此外,由环境保护署(EPA)提出并负责实施的《清洁空气法案》和《清洁能源计划》等,也为环境保护和可持续发展提供了法律基础和政策支持。在监管和标准制定方面,美国证券交易委员会(SEC)近年来正逐步推动对气候变化信息从自愿性向强制性披露过渡。美联储等金融监管机构也开始将气候风险纳入其金融风险管理体系的考量。

在州政府层面,特别是加利福尼亚州和东北部地区,也在积极制定地方性政策和市场机制,以实现各地方政府在气候和环境方面的目标。2006 年颁布的《加利福尼亚全球变暖解决法案》(California Global Warming Solutions Act)使加州成为美国首个以法律形式设定减排目标的州,推动了当地强制性碳市场的发展。2009 年,美国东北部 9 个州和华盛顿联合发起温室气体减排行动计划(RGGI),作为美国首个区域性碳排放限额交易市场,进一步展示了州级层面在绿色金融领域的创新和领导力。

三、中国绿色金融的发展历程

绿色发展、绿色金融已经上升为中国国家战略。2016 年 8 月,《构建绿色金融体系的指导意见》出台,中国成为世界上首个建立绿色金融政策框架体系的经济体;2017 年,《落实〈关于构建绿色金融体系的指导意见〉的分工方案》推出,中国的绿色金融体系建设正在有条不紊地推进中。与此同时,中国也日益呈现出在绿色金融领域的国际领导力,发展绿色金融成为全球重要共识。2016 年,中国将绿色金融列入 G20 议题。在中国人民银行和银监会的推动下,新兴市场绿色信贷跨国工作组(SBN)、中欧绿色债券工作小组和中英绿色金融工作小组相继成立。

基于对全球气候变化的深刻认识和对可持续发展目标的积极追求,中国高度重视绿色金融在推动经济转型和实现碳中和目标过程中的关键作用,通过一系列政策措

---

① IIGF. 美国绿色金融发展现状与中美绿色金融合作展望(上)[DB/OL]. https://iigf.cufe.edu.cn/info/1012/6575.htm.

施,为绿色金融的发展提供了坚实的政策基础和制度保障。在对中国绿色金融发展的梳理中,我们可以将其大致分为三个阶段:绿色金融起源阶段、绿色金融初步发展阶段、绿色金融规模化发展阶段。这三个大的发展阶段反映了中国绿色金融的发展历程,预示着中国绿色金融的广阔发展前景。

1. 第一阶段:绿色金融起源阶段(2005—2008年)

早在1995年,环保总局发布《关于运用绿色信贷促进环保工作的通知》,央行下发《关于贯彻信贷政策与环保工作通知》。中国"十五规划"(2000—2005年)中已有环境保护的篇章,并提出主要污染物排放总量比2000年减少10%的目标(尽管该目标并未完成)。2006年,"十一五规划"(2006—2010年)对节能减排与环境保护的重视程度显著提高,并提出单位GDP能耗下降20%、主要污染物排放总量减少10%的约束性目标。2007年,《节能减排综合性工作方案》出台,提出控制高耗能、高污染行业过快增长,加速淘汰落后产能,以及实施10大重点节能工程。

2007年,中国银监会出台《节能减排授信工作指导意见》,要求制定高耗能、高污染行业的授信政策和操作细则,同时支持节能减排行业和项目。鉴于银行信贷在中国融资体系中占据主导地位,作为监管机构的中国银监会出台的绿色金融监管政策,对中国经济的绿色转型至关重要。

自此,第一个绿色信贷产品、第一家赤道银行相继出现。当时,节能减排项目属于银行还未触及的新型项目,故银行在绿色项目的信贷投入较少,也缺乏积极性。为此,应中国财政部要求,国际金融公司(IFC)在全球环境基金、芬兰政府、挪威政府和中国财政部的支持下,设计了中国节能减排融资项目(CHUEE),并创立了损失分担的商业模式,与选定的国内商业银行合作,在节能减排相关贷款中提供本金损失分担,同时为项目参与各方提供技术援助。2006年,IFC与兴业银行合作,推出了中国市场上第一个绿色信贷产品——能效融资产品,后又与浦发银行和北京银行展开合作,支持气候变化领域的相关项目,包括能效项目和新能源可再生能源项目。

在IFC的协助下,2008年,兴业银行承诺采纳国际绿色金融领域的黄金标准——赤道原则,成为中国首家采纳赤道原则的金融机构,并按照赤道原则提供的方法、框架和工具,逐步建立和完善该行的环境与社会风险管理体系。

2. 第二阶段:绿色金融初步发展阶段(2009—2014年)

2008年后,国家绿色政策不断加码,主要体现在:一是中国政府做出国际承诺。随着全球对气候变化的日益重视,2009年11月,在联合国哥本哈根气候大会前夕,中国政府首次正式承诺温室气体排放控制目标——将2020年单位GDP的二氧化碳排放量相比2005年降低40%~45%。二是节能减排政策持续推出。2010年,"十二五"规划明确了"单位GDP能耗下降16%之外,主要污染物排放减少8%~10%"的目标;

随后又出台了《"十二五"节能减排综合性工作方案》和《节能减排"十二五"规划》。三是对生态文明建设的重视,以及"史上最严格环保法"的出台。2012年,十八大将生态文明建设纳入建设中国特色社会主义"五位一体"的总体布局,明确提出大力推进生态文明建设,努力建设美丽中国。2014年4月,新《环境保护法》颁布,被称为"史上最严格环保法",环境立法修法进程加快,中国绿色政策不断加码。

2012年,银监会印发《绿色信贷指引》,成为中国绿色信贷体系的纲领性文件。2013年,中国银监会下发《关于绿色信贷工作的意见》,要求各银监局和银行业金融机构应切实将绿色信贷理念融入银行经营活动和监管工作,认真落实绿色信贷指引要求。同年,银监会制定《绿色信贷统计制度》,要求各家银行对所涉及的环境、安全重大风险企业贷款、节能环保项目及服务贷款进行统计。2014年,银监会进一步印发《绿色信贷实施情况关键评价指标》,作为绿色银行评级的依据和基础。由此,中国形成以《绿色信贷指引》为核心、以绿色信贷统计制度和考核评价机制为两大基石的相对完备的绿色信贷政策体系,对中国银行业金融机构开展绿色信贷进行有效的规范、促进和激励。

在监管政策的推动下,进入绿色金融市场的银行开始增多。除了兴业银行、浦发银行和北京银行外,国家开发银行、中国工商银行等银行也进入绿色金融市场。2013年,中国21家主要银行(涵盖政策性银行、大型银行和全国性股份制商业银行等)发布《银行业绿色信贷共同承诺》,表示将加大对绿色信贷的投入。

3. 第三阶段:绿色金融规模化发展阶段(2015年至今)

2015年9月召开的中共中央政治局会议,审议通过了《生态文明体制改革总体方案》。10月,十八届五中全会提出"绿色发展",与"创新发展、协调发展、开放发展、共享发展"一同成为指导我国"十三五"甚至是更长时期发展的科学发展理念和发展方式。"十三五"规划除了明确单位GDP能耗下降16%之外,还将资源环境指标由8项增加到10项,并首次将PM2.5(细颗粒物)写入指标。

近年来,国家连续出台《水污染防治行动计划》(俗称"水十条")、《大气污染防治行动计划》(俗称"气十条")、《中华人民共和国大气污染防治法》《土壤污染防治行动计划》(俗称"土十条")等众多环境领域的政策、法规、制度、规划等。未来,这一系列的绿色发展政策都将处在落实阶段,中国政府对绿色发展的重视程度也将日益提高。

2016年8月,七部委联合印发《关于构建绿色金融体系的指导意见》,明确了我国绿色金融的定义,提出大力发展绿色信贷、推动证券市场支持绿色投资、设立绿色发展基金等八大举措,标志着我国绿色金融顶层框架体系的建立,我国成为全球首个建立了比较完整的绿色金融政策体系的国家。

这一阶段,中国银监会发布《能效信贷指引》,继续鼓励和指导金融机构发展绿色信贷；中国人民银行发布《绿色金融债券公告》与《绿色债券支持项目目录》，标志着中国的绿色债券市场开启。此后，国家发展改革委、证券交易所、证监会和银行间市场交易商协会陆续发布绿色债券发行的指引和指导意见，中国的债券市场形成了以绿色金融债、绿色公司债、绿色企业债、绿色债务融资工具为主要债券品种的绿色债券市场，并成为全球第一大绿债市场。根据中国金融信息网绿色金融研究小组发布的绿色债券报告显示，2017年中国在境内和境外累计发行绿色债券规模达2 486.797亿元，约占同期全球绿色债券发行规模的25%。不过，目前中国还存在着"两套绿色债券项目标准"的问题。预计2018年，中国绿色债券项目标准将实现统一。

2017年6月，七部委联合印发《浙江、广东、新疆、贵州、江西建设绿色金融改革创新试验区总体方案》，建设各有侧重、各具特色的绿色金融改革创新试验区，旨在部分地方省市进行改革试验的基础上，在体制机制上探索可复制、可推广的经验，为全国发展绿色金融提供借鉴。其他地方，如北京、重庆、青海、甘肃、福建、湖北、贵州、安徽、厦门、内蒙古、西安、哈尔滨等地也陆续出台本地的绿色金融实施方案或指导意见，地方绿色金融实践如火如荼。预计未来几年内，将有部分地方省市的绿色金融实践成为发展典范。

2015年至今，中国21家主要银行不断加大对绿色信贷的投入，加强环境和社会风险管理，提高自身的绿色表现，绿色金融成为主流银行的重要业务之一。在银监会的指导下，21家全国性银行连续三年(2015—2017年)开展绿色信贷自评价工作，绿色信贷规模持续扩大。截至2016年6月末，21家主要银行机构绿色信贷余额达7.26万亿元，占各项贷款的9.0%。近五年来，中国绿色信贷规模逐渐扩大，从2019年8.2万亿元到2023年三季度28.58万亿元，规模扩大超3倍，位居全球首位。从增速上看，以2020年双碳目标提出为分界，2019年至2020年增速为18%左右；2020年至2023年三季度增速为36%左右，接近翻倍。在国家大力发展绿色金融的背景下，预计未来绿色信贷的规模和占比还将稳步提升。

除了绿色信贷之外，绿色金融产品层面也在不断创新。首先是绿色债券产品。随着2015年底中国绿色债券产品制度的出台，兴业银行和浦发银行于2016年1月在中国市场首发绿色金融债；此后，中国银行、国家开发银行、工商银行等纷纷在国际或国内市场发行绿色金融债券。目前，银行类金融机构绿色债券发行占中国绿色金融市场的比例超过60%。根据Wind数据资料，2023年中国境内市场绿色债券2 407只，同比增长18.69%；截至2023年底，中国境内绿色债券累计发行规模约3.62万亿元。其次是绿色国际转贷产品。2016年，华夏银行成功申请世界银行京津冀大气污染防治融资创新转贷项目，作为国内唯一合作银行与世界银行共同提供资金，为京津冀区域能效、可再生能源、污染防控领域提供项目融资，预计总投资额超100亿元人民币。

再次是绿色信贷资产证券化产品。兴业银行先后于 2014 年和 2016 年发行了两期绿色信贷资产支持证券；2017 年 12 月，中国农业银行发行了首期绿色信贷资产支持证券。预计随着中国银行业绿色信贷资产的不断增长，未来将有越来越多的银行发行绿色信贷资产支持证券。最后，绿色银行理财产品数量大幅增加。2021 年银行及理财子公司发行的名称中带有"ESG"的银行理财产品共 180 只，相比于 2020 年发行的 44 只相应理财产品增加了 309%；且最新数据显示，2022 年年初至 2022 年 8 月共发行 236 只 ESG 主题理财产品，比 2021 年全年增长约 31.1%。

地方银行发力绿色金融。例如，江苏银行宣布采纳赤道原则，成为中国内地首家采纳赤道原则的城市商业银行，同时成立了绿色金融及 PPP 事业部，开展绿色金融产品创新；湖州银行、安吉农商行等也开始建立绿色金融专营机构，开展绿色金融业务。青岛银行等地方法人银行也开始尝试发行绿色金融债，支持绿色金融业务发展。值得关注的是，IFC 正在启动一个创新框架，帮助中国一部分商业银行转型成为以绿色金融为主营业务的绿色商业银行。中国马鞍山农商行成为首个采用该框架的合作伙伴，计划逐步实现"绿色信贷占比达 60%"等框架标准。相信未来，将会有越来越多的地方法人银行将绿色金融作为其差异化的竞争战略，实现自身的可持续发展。

此外，随着绿色金融的逐步发展，我国碳市场建设也愈发成熟，经历了从地方试点到全国运行两个阶段。2011 年 10 月至 2021 年 6 月，国家发改委陆续在北京、上海、广东、天津、深圳、湖北、重庆、福建 8 个省市开展碳排放权交易试点；2021 年 7 月至今，全国统一碳排放权交易市场正式开启上线交易，与 8 个试点碳市场并行运行。具体而言，促进高碳企业碳减排取得积极成效。一是碳配额交易量大幅增长。试点碳市场碳配额累计成交量从 2013 年底约 44.55 万吨增长至 2022 年底约 3.98 亿吨，全国碳市场碳配额累计成交量到 2022 年底约为 2.29 亿吨。二是碳配额交易价格逐步提升。碳配额成交均价从 2013 年约 20 元/吨逐步提升至 2022 年约 50 元/吨的水平。2023 年 8 月 15 日全国碳市场碳配额价格首次达到 70 元/吨，突破了全国碳市场启动以来碳价长期所处的 40～60 元/吨波动区间；8 月 23 日更以 74.76 元/吨的收盘价创开市以来历史新高。三是控排企业履约状况良好。截至 2021 年底，发电行业 2011 家重点排放单位共有 1 833 家按时足额完成配额清缴，企业履约率为 91.15%。

第二节 绿色金融发展理论基础

在探索绿色金融的理论框架和模型时，我们首先需要明确其理论基础与经济学原则是紧密相连的。绿色金融不仅仅关注财务收益，更强调在金融活动中考虑环境保护和可持续性的影响。此理论框架源于可持续发展的概念,它推动金融资本流向支持环境保护的项目和公司,比如那些致力于减少碳足迹、提高能源效率和促进清洁能源使用的企业。环境经济学提供了评估和内化环境成本的方法论,而企业社会责任(CSR)和环境、社会与治理(ESG)标准则形成了企业评价和资金分配的重要准则。本节将全面回顾绿色金融的理论框架和相关研究,介绍该领域最新的学术进展,并批判性地总结和评述这些理论与实践,旨在构建一个坚实的理论基础,以深入理解绿色金融在资本配置、风险管理和政策制定中的应用及影响。

一、环境经济学与重要金融理论

(一)环境经济学

Nordhau(2019)认为,气候变化是一个全球的外部性问题,涉及经济、技术和政策层面的广泛挑战。环境经济学作为目前国内的新兴学科之一,研究如何有效配置环境资源以实现经济和社会双重发展,属于环境科学与经济学的交叉学科。其主要研究领域包括:第一,如何正确估算环境污染造成的损失,包括直接物质损失、对人体健康的损害和间接的对人的精神损害;第二,如何评估环境治理的投入所产生的效益,包括直接挽救污染所造成的损失效益,以及间接的社会、生态效益;第三,如何制定污染者付费的制度,确定根据排污情况的收费力度;第四,如何制定排污指标转让的金额。围绕上述研究,环境经济学回答如何充分利用经济杠杆来解决对环境污染问题,使环境的价值体现得更为具体,将环境的价值纳入生产和生活的成本,从而阻断了无偿使用和污染环境的通路。

目前,大多环境经济学的文献关注点集中在如何通过经济激励机制来解决环境问题,包括评估环境政策的成本效益、设计和实施环境税收和市场基础的工具。新兴文献更多地研究不同政策路径下的经济和环境结果,为政策制定者提供基于数据的决策支持。Stroebel 和 Wurgler(2021)通过对 861 名金融学者、专业人士以及公共部门监管者和政策经济学家的调查,发现绝大多数受访者认为,与气候变化相关的资产价格低估了气候风险。对于未来 5 年和 30 年的主要气候风险评估,参与者普遍认为监管风险和物理风险是两大主要风险。同时,公共部门的受访者特别强调理解气候变化可能对金融系统产生的系统性风险的重要性。

(二)气候变化与资产定价

气候风险是否被金融市场定价,是环境经济学与气候金融学所关注的重要问题之一。目前,大多数研究认为,气候风险已逐渐被金融市场内化,并显著影响了资产价格,但学术界对于这个问题仍处于激烈的讨论中。Bolton 和 Kacperczyk(2021)研究发现,美国市场中高碳排放的公司股票回报率更高,这一现象不能通过意外盈利能力或其他已知风险因素来解释。他们的研究表明,投资者已经开始为其承担的碳排放风险要求补偿;同时,他们观察到,机构投资者在某些行业基于直接排放强度实施排除性筛选。然而,Aswani 等(2023)的研究则对碳排放与股票回报之间的关联提出了质疑。他们发现,与公司实际披露的碳排放相比,由数据供应商估算的未调整碳排放与财务基本面高度相关,并且这种关系可能捕捉到了之前发现的财务基本面与回报之间的关系。Choi 等(2020)的研究进一步揭示了气候变化的影响,他们发现异常温暖的气候条件下,投资者对气候变化的关注增加,这导致碳密集型公司的股票表现不佳,而低碳排放的公司则相对表现更好。这表明,气候变化的直接体验可能加强市场对气候风险的反应。Matsumura 等(2014)的研究进一步显示,碳排放对公司价值有直接的负面影响。每增加 1 000 公吨的碳排放,公司价值平均下降 212 000 美元。此外,他们的研究也表明,市场对未披露碳排放的公司施加进一步的惩罚。与此一致,Nofsinger 等(2019)研究了机构投资者对公司社会责任的反应,发现投资者对环境和社会指标的负面反应更为敏感,尤其是那些有长期投资视角的机构。他们发现,这种模式主要由经济激励驱动,因为负面环境和社会指标反映了较高的股票回报偏斜风险和最终破产或退市的可能性。这些研究整体显示,气候变化已成为金融市场中不可忽视的因素,影响着资产定价和投资决策。金融市场对于气候变化的认识和反应正在逐步深化,但如何准确定价气候风险仍然是一个挑战和发展中的领域。

(三)气候变化与公司金融

气候变化与公司金融的相关研究也逐步成为一个越来越重要的研究领域。Gillan 等(2021)认为,企业在环境、社会和治理(ESG)以及企业社会责任(CSR)领域的表现是公司治理的重要组成部分。同时,其分析了环境责任如何成为公司策略的核心部分,以及这一趋势如何影响公司的财务表现和市场评价。也就是说,企业的环境社会治理策略与其整体治理质量紧密相关,而且这种治理质量反映在企业对气候相关风险的管理上。

近年来,学者们从多个角度探讨气候变化与公司融资、投资、公司治理等的交互影响,逐步揭示了气候变化与公司金融之间复杂的关系网络。例如,Pankratz 等(2023)通过研究超过 17 000 家公司在 1995—2019 年间的表现,发现高温天气对公司的营收和运营收入有显著的负面影响。这表明,尽管市场对于气候变化的经济影响有一定的认识,但对具体的气候风险的财务影响预测不足。此外,Ginglinger 和 Moreau(2023)通过分析后《巴黎协定》时代的企业数据,发现面临较大气候风险的公司倾向于降低其杠杆率,反映出企业为避免预期的财务困境及运营成本上升而调整资本结构。然而,Jia 和 Li(2020)从不确定性的角度研究了气候变化对企业可持续性表现的影响,发现气候变化导致的不确定性会抑制企业的长期可持续投资。这一发现强调了外部环境不确定性在企业决策中的重要作用,尤其是在长期资本投资和创新活动中的作用。

此外,中文文献的研究也为我们提供了深入的视角。邱牧远和殷红(2019)探讨了在生态文明建设背景下,企业 ESG 表现与融资成本之间的关系。他们的研究表明,良好的 ESG 表现可以显著降低企业的融资成本,强化了可持续性与企业财务健康之间的正向联系。陈诗一(2010)的研究则从节能减排的角度分析了政策对中国工业发展的双赢策略,揭示了环境政策对技术进步和工业生产效率的长期积极影响。这些研究共同构建了一个关于气候变化如何通过不同的机制影响公司金融决策和表现的综合视图。对于政策制定者和企业决策者而言,理解这些机制是制定有效应对策略的关键。通过进一步研究,可以更精准地预测和缓解气候变化对企业界的影响,从而促进经济的可持续发展。

(四)绿色金融在环境经济学中的应用

绿色金融是环境经济学理论在金融领域的应用,与环境经济学紧密相关。环境经济学提供了分析和解决环境问题的经济理论和工具,而绿色金融则利用这些工具促进环保项目和可持续发展项目的资金支持。绿色金融通过引导资本流向环保和资源效率高的项目,帮助实现环境经济学中的环境保护目标。在环境经济学中,绿色金融的应用主要包括:绿色信贷、绿色债券、绿色股票与基金、碳交易市场等政策驱动的,以绿色投资、可持续发展为导向的金融工具。

二、绿色金融工具相关研究

(一)绿色信贷

在探讨绿色金融时,绿色工具特别是绿色信贷受到了国内外学者的广泛关注。研究这一主题通常涵盖以下四个方面:

第一,从宏观视角探讨绿色信贷的风险和不确定性。沈洪涛与马正彪(2014)的研究表明,在经济发展压力较低的环境中,企业的环境表现显著影响绿色信贷的可获得性。

第二,从微观角度评估绿色信贷政策的具体执行效果。苏冬蔚和连莉莉(2018)发现,绿色信贷政策对企业融资和投资具有明显的惩罚和抑制效果;而洪祥骏等(2023)则证实了地方绿色信贷贴息政策能显著提升企业的环境治理水平。

第三,绿色信贷政策实施后,蔡海静等(2019)发现"两高"企业的新增银行借款显著减少,并且受政策影响较大的城市,其二氧化硫和工业废水排放量也显著下降。王馨和王营(2021)指出,《绿色信贷指引》实施后,绿色信贷限制行业通过降低代理成本和提升投资效率,有效提高了绿色创新。陆菁等(2021)的研究表明,绿色信贷政策显著提高了高污染企业的退出风险,同时促进了在位企业的市场份额增长。绿色信贷政策通过信贷规模和成本调整,显著促进了企业出口产品的绿色重构(韩国高等,2024)。

第四,关于绿色信贷政策的传导机制与工具,王遥等(2019)指出,贴息、定向降准、再贷款均可作为激励政策的有效工具。郭俊杰和方颖(2023)分析了绿色信贷政策通过控制信贷总量、强化环境绩效对企业信贷融资的影响以及削弱银行信贷歧视等途径影响企业的债务融资的可能性。这些研究不仅加深了对绿色信贷政策效果的理解,也为政策制定提供了重要的参考。

(二)绿色债券

绿色债券具有具体绿色投资项目的支撑和公共品属性,新兴经济体相比发达经济体,更会把绿色债券纳入金融发展的重点(金佳宇和韩立岩,2016)。在绿色债券繁荣发展的背后,两种不同的观点一直在进行着较量,即"真绿"说和"漂绿"说。持"真绿"观点的学者认为,通过降低绿色债券的信用利差能为环境友好企业提供融资激励,同时通过提高棕色债券的信用利差能给高污染企业的绿色转型带来促进作用(陈国进等,2021)。而企业发行绿色债券会产生溢出效应,这会显著带动同行业其他企业采取更多有利于环境保护的行动,增加环境绩效(吴育辉等,2022)。王营和冯佳浩(2022)则发现,绿色债券发行能有效提高发行主体的绿色创新水平。持"漂绿"观点的学者认为,企业通过发行绿色债券,可以获得更便宜的融资(Marquis 等,2016;Berr one 等,2017),并且发行绿色债券后有助于提升企业社会价值。与此同时,绿色债券能否发挥绿色减排效用,可能较大程度上依赖相关法律法规的配套支持。因此,发行主体具有利用现阶段监管漏洞,通过发行绿色债券进行套利的动机。

Flammer(2021)使用超过 25 个国家的绿色债券数据研究发现,只有经过第三方认证的绿色债券才能表现出较好的环境绩效。不同于发债类型多元化、监管形式多样化的国外绿色债券市场,中国绿色金融体系建设具有顶层设计特点。监管部门针对绿色债券的发行准入和结构设计提出了一系列鼓励和监管措施,不仅明确了绿色债券审核和发行的标准,而且规范了绿色债券募集资金用途。同时,在资金使用过程中,相关部门也对其进行动态监管(巴曙松等,2019)。此外,由于中国资本市场披露机制可能还不完善,企业通过发行绿色债券可以向市场传递积极的"绿色"信号。一方面,这种信号吸引了社会投资者和其他利益相关者的关注度,增加了发行主体的环境绩效压力,进而让企业更有动力从事绿色投资;另一方面,"绿色"信号会让同行业和同地区的其他企业采取更多有利于环境保护的战略决策,从而产生"跟随效应"。从理论上讲,这些特点决定了国内外绿色债券市场的差异,即中国绿色债券"真绿"的作用大于"漂绿"。但在实际中,中国的绿色债券是否真的降低了污染排放,还需要进一步实证检验。

(三)碳市场

在碳市场研究领域中,多项研究已探讨了碳交易对环境、经济和社会的多维影响。

从碳减排效应的角度,吴茵茵等(2021)提出,中国碳市场虽处于早期阶段,但已展现出明显的碳减排效应,尤其是在行政干预与市场机制的协同作用下更为显著。相似地,汤维祺等(2016)发现,碳市场能有效减轻高耗能产业向中西部的转移趋势,减少"污染天堂"效应,同时提升经济增长。张希良等(2021)的研究进一步深入探讨了碳市场的结构和功能,特别是如何通过碳市场的设计来实现碳达峰目标和碳中和愿景。石敏俊等(2013)和吴力波等(2014)则通过动态CGE模型比较了碳税和碳交易的政策效果,发现结合这两种政策可能更适合应对中国的特定减排挑战。

在企业层面的影响研究中,有部分学者指出,参与碳交易的行业多为垄断行业,碳市场形成的碳价格能够转移到产品的价格中,在配额免费的情况下,容易出现过度补偿实现暴利(Smale等,2006;Oberndorfer等,2009)。另外一种观点认为,碳排放权交易机制约束企业了的生产行为,使得企业生产效率损失。当企业的生产超过初始配额时,企业会产生现金流出,信息披露等要求也会增加企业的合规成本(Chapple等,2013)。还有学者从资本成本的角度进行了说明,他们认为,随着碳减排规制日益收紧,投资者会要求碳排放企业反馈更高的报偿,企业的资本成本增加,企业价值受损(Jong等,2014;Koch等,2013)。然而,企业也会根据自身情况进行相应的生产计划调整,如提前调整企业的能源投资(谢里等,2020)。沈洪涛和黄楠(2019)通过碳排放权交易的准自然实验,观察到碳交易如何在短期内提升企业市值的现象。此外,胡珺等(2020)基于中国碳排放权交易机制的自然实验,发现市场激励型环境规制显著促进了企业的技术创新,尤其是在碳市场流动性较高的情况下。这表明,碳交易机制不仅影响环境绩效,也深刻影响企业的创新和市场表现。

社会层面的研究同样揭示了碳市场的广泛效应。韦铁等(2024)和何可等(2023)的研究分别从供应链管理和农村能源贫困的角度,展示了碳交易政策的广泛社会经济影响。周畅等(2024)则从企业声誉角度分析,发现企业参与碳交易活动能显著提升其声誉水平、促进研发投入,并提高媒体曝光度。这些研究凸显了碳市场不仅对环境和经济有益,也对社会和企业声誉构建产生积极影响。王文举和陈真玲(2019)的工作则聚焦于公平与效率如何在省级碳配额分配中取得平衡,显示了复杂的区域内碳转移和责任分配问题。林伯强(2022)则聚焦于碳中和进程中中国经济如何实现高质量增长,强调了供需双方在能源转型中的协同作用。

然而,在实践中,为了降低减排成本,企业有动机采取策略性财务行为或进行监管套利以规避政策规制,导致碳排放权交易机制产生非预期的负外部性。Bartram等(2022)研究发现,加州实施碳排放的限额与交易计划后,具有财务约束的公司将排放转移至加州以外的其他地区,没有财务约束的公司没有进行此调整。并且从总体来看,具有财务约束的公司在政策实施后增加了排放。Duchin等(2023)指出,在面临严格监管时，企业可能选择剥离污染性资产，然而这些被剥离掉的污染性资产却转移给了监管压力更弱的公司，因此严格监管未能有效降低总体污染水平。Akey 和 Appel(2021)发现，如果母公司对于子公司的环境治理具有有限责任，那么子公司的污染排放可能增加，而且这种排污增加主要是由于对减排技术的投资减少，而不是生产增加。

（四）环境、社会与公司治理（ESG）

除以上传统的绿色金融工具外，另一个值得关注的与绿色金融密切相关的研究领域是环境、社会与公司治理（ESG）。环境、社会与公司治理标准已成为全球投资和监管趋势的核心，涉及企业运营的各个方面，包括风险管理、信贷决策、投资偏好以及企业的创新和市场表现。

首先，银行业与 ESG 披露的互动日益受到关注。Wang(2023)研究发现，ESG 披露法规通过银行的贷款行为对借款公司产生影响，提升了借款公司的环境和社会(E&S)绩效。该研究利用美国公司从非美国银行的借贷数据，分析了银行的 ESG 披露法规的变化对借款企业行为的影响，显示出银行如何在贷款合约中增加环境行动条款，并倾向于终止与 ESG 表现不佳的借款人的关系。Houston 和 Shan(2022)也观察到，银行与企业之间的 ESG 一致性会增强银行对企业的贷款偏好，并改善企业的 ESG 表现，特别是在银行依赖性较高的情况下。

其次，ESG 与企业创新之间的关系是另一个关键领域。刘柏等（2023）的研究揭示了市场基于 ESG 评级的软监管如何影响企业绿色创新，结果显示 ESG 评级提高了企业绿色创新的数量，但可能降低了其质量。这表明，企业可能为满足市场和评级标准而采取表面行为。方先明和胡丁（2023）通过分析 A 股上市公司数据，发现良好的 ESG 表现可以通过减轻融资约束和提高员工效率来显著提升企业创新。

此外，ESG 与投资行为的相互作用也逐渐显现。蔡贵龙和张亚楠（2023）的研究基于公募基金签署联合国负责任投资原则（PRI）后的表现，发现签署 PRI 的基金公司表现出更强的绿色投资偏好，特别是在面对较高环保规制风险时。这说明，PRI 的签署不仅是基金公司绿色投资倾向的一个信号，还有效提高了其在绿色投资领域的活跃度和影响力。总体来看，现有研究表明，ESG 标准正在深刻影响金融机构的决策过程和企业的战略选择。随着全球对可持续发展目标的关注度持续增加，ESG 标准的重要性预计将进一步提升，对企业政策和投资策略产生更广泛的影响。

三、绿色金融政策与规制相关研究

（一）绿色金融标准化理论

绿色金融标准对于规范绿色金融活动、确保其商业可持续性起到关键的技术支撑作用（何德旭和程贵，2022）。在 2017 年 6 月，中国人民银行、中国银监会及国家标准化管理委员会等机构共同发布了《金融业标准化体系建设发展规划（2016—2020年）》，并组建了专门的绿色金融标准工作组。该工作组负责制定包括绿色金融基础通用标准、信息披露标准、产品服务标准、统计与信息共享标准以及风险管理与保障标准在内的一系列标准化措施。

其中，绿色金融改革创新试验区是中国推动绿色金融发展的重要组成部分，旨在通过金融创新和资源优化配置，促进环保和低碳经济的发展。近年来的研究反映了这些试验区在环境和经济发展方面的深远影响。崔惠玉等（2023）的研究通过双重差分法评估了试验区政策对重污染企业污染排放的影响，发现这些政策通过提高重污染企业的融资成本来有效地抑制污染排放，尽管这并非通过技术进步实现。此外，苏冬蔚和刘子茗（2023）的研究指出，虽然绿色金融政策提升了企业的绿色绩效，但也增加了企业的漂绿风险，即企业可能表面上遵守环保标准而实质上未做实际改善。进一步地，刘秉镰和孙鹏博（2022）的研究关注国家级金融改革试验区对碳生产率的影响，发现金融改革试验区显著提升了城市碳生产率，显示金融政策在环境管理中的潜在效能。与此同时，金环等（2022）的研究聚焦于绿色产业政策对制造业绿色技术创新的影响，指出试验区的设立促进了制造业中成熟企业的技术创新，推动了产业的绿色转型。上述研究揭示了绿色金融政策在推动环保和技术创新方面的双重作用。

在更广泛的环境影响方面，张振华等（2022）通过分析绿色金融改革创新试验区对城市臭氧污染的影响，发现试验区政策显著减少了臭氧污染，特别是在金融发展水平较高的城市中。此外，范德成和张修凡（2021）的研究表明，绿色金融改革创新试验区通过激励技术创新和环境责任，显著提升了低碳企业的可持续发展能力。

（二）环境规制与绿色金融

除上述绿色金融工具研究外，其他环境规制工具的研究在国内外也有广泛的探讨。国外的研究普遍认为，政府规制对提升企业的环境绩效起到积极作用。例如，Mao等（2014）研究表明，能源税收和补贴能有效提高企业环境绩效；Martinsson等（2024）的研究则聚焦于碳税和碳排放许可证的影响，而Jiang等（2020）探讨了能源结构调整对企业环境绩效的促进作用。与此同时，中国的学者们对于政府规制的效果持有不同观点，尽管多数研究倾向于认为政府规制有助于环境绩效的提升。例如，贾俊雪等（2023）发现地方政府的环境规制有助于抑制环境污染；马广程等（2024）发现碳市场的碳配额系统激励绿色部门减排；胡珺等（2023）观察到碳排放权交易机制增强了企业的绿色生产投入和技术创新。

此外，刘金科和肖翊阳（2022）发现，环境保护税改革有效促进了企业的绿色创新；周泽将等（2023）则指出，《环境保护税法》实施后重污染企业环境绩效得到显著改善；孙博文和郑世林（2024）通过研究清洁生产环境规制，发现其具有明显的减污降碳协同效应;齐绍洲等(2018)的研究显示,排污权交易试点政策促进了企业的绿色创新;崔惠玉等(2023)对绿色金融改革创新试验区的政策进行分析,发现该政策有效降低了试点地区的企业污染排放。

然而,环境规制工具的效果并不是一成不变的。李青原和肖泽华(2020)比较不同环境规制工具的影响,发现排污收费促进了企业绿色创新,而环保补助则可能抑制这种创新。王班班和齐绍洲(2016)指出,不同的节能减排政策对技术创新的影响也有所不同。王永贵和李霞(2023)的研究则发现,政府研发补助对不同类型的绿色创新绩效有不同影响,与策略性绿色创新呈正相关,而与实质性绿色创新表现为倒"U形"关系。

在这种情况下,政府需要综合考虑不同污染产业和环境规制工具的最佳匹配。李玲和陶锋(2012)指出,只有适当的环境规制强度才有助于提升绿色全要素生产率;高瑜等(2024)强调,环境规制的适当强度结合金融科技可以促进绿色创新;王修华等(2021)则指出,绿色金融试点政策在一定情况下可能对企业发展产生抑制作用。这些研究结果表明,环境规制的设计和执行需要精心策划,以确保其既能保证经济发展,又能实现环境保护的目标。

第三节　绿色金融的实践与挑战

随着全球环境问题的日益严峻,绿色金融作为促进可持续发展的重要工具,正受到越来越多的关注。它通过引导资本流向环境友好型项目,助力经济结构的绿色转型。然而,绿色金融的发展也面临着诸多挑战,如市场机制不完善、风险评估体系不健全、绿色项目识别标准的不统一等。本节旨在探讨绿色金融的实践进展,分析当前面临的主要挑战,并提出相应的解决策略,以期为绿色金融的健康发展提供参考。

一、中国绿色金融的实践案例分析

(一)绿色债券实践

目前,中国绿债市场存在的最突出问题之一是国际化不足的问题。绿债市场国际化问题主要可以从"走出去"和"引进来"两个维度进行考量。其中,"走出去"主要是指中资发行人在境外发行离岸绿色债券,"引进来"是指国际投资者参与我国境内绿债市场。从"走出去"角度看,中国农业银行于2015年10月在英国发行了首单中资银行绿色债券。此后,多家中资机构在境外发行了对标国际准则的绿色债券。我国绿色债券"走出去"一方面积极推动了全球绿色债券的发展,另一方面也体现了国内外绿色债券市场的深入衔接与融合，提升了中资发行人在国际绿色债券市场上的影响力。从"引进来"角度看，外资对我国境内绿债市场的参与程度较低。据 Bloomberg 数据库统计，截至 2023 年，我国已累计发行 31.56 亿美元的绿色债券，但国际机构的绿债持有规模前 120 名的投资机构仅持有其中的 1.4 亿美元。我国信用债缺乏国际投资者吸引力和绿债的国际认可度不高是主要原因。

经合组织（OECD）将绿色债券具体定义为，由各国政府、金融机构和企业等为推动低碳经济发展和为应对气候变化的项目提供资金支持而发行的一种固定收入的有价证券。根据国际资本市场组织（ICMA）的定义，绿色债券被视为一种为绿色项目提供融资或再融资募集资金的证券工具。中国人民银行认为，绿色债券的本质是一种依照法定程序发行，将募集资金用于促进绿色产业、绿色项目或绿色经济活动的发展，并按照约定支付本息的有价证券，具体包括绿色金融债券、绿色企业债券等。就概念界定而言，国际与国内关于绿色债券的定义差异不大，都认为绿色债券构成要件有两点：其一，所募集资金投入项目以发展绿色低碳经济、减缓气候变化为主；其二，都是通过发行多种形式的固定收益证券来进行资金的募集。本书将绿色债券定义为，募集资金用于符合认定标准绿色项目发行的有价证券。

绿色债券相较于普通债券有一定特点，主要表现在：第一，资金用途明确，绿色债券的募集资金只用于绿色项目，主要投向领域包括污染防治、清洁能源和绿色交通领域，专款专用，资金使用有所限制，发行后设立独立账户对资金进行单独管理；第二，发行成本较低，成本优势明显，相较于其他债券，绿色债券的票面利率更低一些，成本优势更明显；第三，发行期限灵活，绿色债券的发行期限分为短期、中期和长期。发行者可以根据投资项目所需资金的期限以及自身还本付息的能力选择最优的发行期限，但由于绿色项目周期较长，绿色债券对比传统债券的期限更长，一般以 3 年期和 5 年期为主；第四，绿色债券的信用评级更加严格，第三方评估机构会对其投资项目进行绿色标准的鉴定，对募集资金用途进行审核，信用评级公司也会对发行者的偿债能力和违约风险进行持续追踪，出具并向投资者公布详细报告；第五，绿色债券的后续跟踪监管更严格，由于绿色债券资金的使用限制，一般来说，会对绿色债券进行长时间的跟踪监管，防止出现资金使用不当等情况，杜绝发行人在非绿色项目中投入资金的情形，提高信息公开透明度，保障投资者权益。

兴业银行作为中国首家赤道银行，一直积极推动绿色金融的发展，并在绿色债券领域取得了显著成就，主要体现在以下六个方面：

（1）绿色金融债券发行。兴业银行在 2023 年成功发行了第一期绿色金融债券，发行规模达到 270 亿元人民币，期限为 3 年，票面利率为 2.77%。该债券吸引了市场各类型投资者的参与，全场获得 2.5 倍的超额认购。

(2)募集资金用途。本期绿色金融债券的募集资金将依据《绿色债券支持项目目录(2021年版)》规定,用于支持绿色产业项目,包括节能环保产业、清洁生产产业、清洁能源产业、生态环境产业、基础设施绿色升级和绿色服务等领域。

(3)绿色金融战略。兴业银行将绿色金融作为战略核心业务之一,致力于服务国家的"双碳"战略,推动经济社会的绿色低碳转型。通过发行绿色金融债券,兴业银行旨在为实现这一战略目标提供资金支持。

(4)绿色金融产品和服务创新。兴业银行在绿色金融领域不断创新,形成了包括绿色信贷、绿色租赁、绿色信托、绿色基金、绿色理财等在内的集团化绿色金融产品体系。

(5)绿色金融业绩。截至2023年一季度末,兴业银行绿色金融融资余额达到17 148亿元人民币,较年初增长1 006亿元人民币。

(6)绿色金融影响力。兴业银行的绿色金融实践得到了国际认可,连续两年获得MSCI全球ESG评级A级,代表中国上市银行ESG评级的高水平,并连续三年获得《亚洲货币》评选的"年度最佳绿色金融银行"。

(7)碳金融创新。兴业银行积极参与全国统一碳市场建设,提供碳金融创新产品和服务,包括碳排放权绿色信托、碳中和并购债权融资计划、"碳中和债"等。

通过这些措施,兴业银行不仅加强了自身在绿色金融领域的专业优势,也为绿色产业的发展提供了强有力的金融支持,助力实现国家的绿色发展战略目标。

近年来,兴业银行的各个分支机构也在绿色债券实践方面做出了新颖的探索。

2024年8月7日,兴业银行香港分行在国际资本市场完成中期票据项下美元浮息债券的簿记和定价。债券发行规模为5亿美元,期限为3年,募集资金将用于"通过向小微企业提供贷款间接创造就业"的合资格项目,成为中资银行首单境外"普惠科创企业"社会责任债券。

本笔债券在更新版的《兴业银行绿色、社会责任及可持续发展债券框架》下发行,符合国际资本市场协会(ICMA)《社会责任债券原则》,吸引全球投资人踊跃认购,投资者覆盖地区广泛,包括亚太、欧洲和中东等地,认购倍数高达4倍。

据介绍,《兴业银行绿色、社会责任及可持续发展债券框架》获得穆迪投资者服务公司授予的"SQS2"(优秀)可持续发展质量分数,为穆迪自2022年10月更新第二方意见评级方法论后,授予中资银行可持续金融框架的最高评级。香港品质保证局(HKQAA)为本次社会责任债券出具了发行前第三方认证报告。

兴业银行有关负责人表示,该行不断健全体制机制、优化产品服务、加快数字化转型,着力打造"线上+线下""商行+投行""金融+非金融"接力式、全方位科技金融服务体系,探索构建数字普惠金融服务新模式。截至2024年6月末,兴业银行普惠金融贷款余额5 485.28亿元；服务科技金融客户超16万户，贷款余额超9 000亿元。

此外，由兴业银行主承销的国内银行间及交易所市场首单融资租赁绿色债券（PPN）——中电投融和融资租赁有限公司2017年度第一期非公开定向债务融资工具成功发行。本期债券注册金额为20亿元，首期发行10亿元，所募资金将全部用于风力、水力、太阳能光伏发电等清洁能源类租赁项目。与传统火电项目相比，本期债券募投项目每年可节约标准煤约77.4万吨，折算减排二氧化碳约206.8万吨。

本期债券采用PPN模式，在降低企业参与绿色项目门槛的同时，扩大了企业注册绿色债券的范围。债券注册所需流程相对简化，同时采用非公开定向发行，在引入风险偏好型投资者、构建多元化的投资者群体方面具备优势，有利于化解各类企业的融资困局，为企业绿色发展提供更大的空间。

我国绿色债券市场虽然起步较晚，但在日趋完善的顶层设计下，规模发展迅猛。2016年发行量达2 380亿元人民币，占全球发行量的39%，成为世界最大的绿色债券市场。兴业银行作为国内绿色金融先行者，在绿色金融债领域同样走在市场前列。2015年以来，该行先后发行了国内首单绿色信贷资产支持证券、落地境内首单绿色金融债，注册发行了全国首只绿色长期含权中期票据，投资国内首单非上市公司绿色资产证券化产品等。

据OECD（经济合作与发展组织）专家预测，全球绿色债券发行量目前只占债券发行量的0.2%，未来将有数十倍的成长空间。但是，由于绿色项目外部性比较强，绿色债券存在商业收益较低、吸引力不足等问题。对此，兴业银行首席经济学家鲁政委建议：首先，应明确绿色债券的优先偿债地位，以降低信用风险，支持绿色发展；其次，应为绿色融资设定较低的风险权重，降低绿色融资成本。

（二）绿色基金实践

绿色基金是绿色金融体系的重要组成部分。《关于构建绿色金融体系的指导意见》（2016）中，明确规划由中央政府、地方政府、民间资本及国际资本成立不同层次的绿色基金，推动绿色产业的发展。据统计，截至2018年底，我国公募发行的绿色环保主题证券投资基金56只，按发行份额合计达到1 254.8亿元；我国绿色私募证券投资基金合计499只。我国知名的绿色基金有国家绿色发展基金、中美绿色基金、光大"一带一路"绿色股权基金、海南绿色发展基金和中债绿色普惠金融债券指数基金等。

下面以国家绿色发展基金为例：国家绿色发展基金自2020年7月成立以来，主要聚焦于绿色发展领域的投资，重点投向环境保护和污染防治、生态修复和国土空间绿化、能源资源节约利用、绿色交通、清洁能源五大重点领域。首期规模达到885亿元人民币；其中，中央财政出资100亿元，占比11.3%。基金的投资方式包括项目类投资、股权类投资和子基金投资；其中，项目类投资占比20%～30%，子基金投资不超过

20%，其余资金用于股权类投资。

截至 2023 年一季度，国家绿色发展基金已累计出资 25 个项目，总签约金额约 115 亿元，实际累计投放金额近百亿元，投放资金约放大 9.5 倍。其中，包括对云南省大理州环洱海流域湖滨缓冲带生态修复与湿地建设工程项目的投资，体现了基金对生态修复领域的支持。

基金在投资时不仅考虑经济效益，更强调生态效益、社会效益与经济效益的统筹实现，即"绿"在"金"前。通过子基金投资等方式，基金致力于提高杠杆率，带动更多社会资本进入绿色投资领域，在有效防控风险的前提下追求适度收益，在确保资金安全的同时兼顾生态效益和社会效益，不仅有助于解决绿色发展中的资金短缺问题，还通过支持具有战略性、示范性、导向性的项目来推动绿色产业的高质量发展。

国家绿色发展基金计划在未来三年内谋划并投资更多具有战略性、示范性、导向性的项目，进一步推动绿色发展和生态文明建设。

(三) 绿色金融项目应用

作为绿色金融项目的典型代表，绿色建筑和清洁能源项目在中国正得到快速发展和实践。

首先，对于绿色建筑而言，我国建筑全过程的节能降碳路径正日益受到重视，建筑领域正寻求节能环保的绿色低碳发展道路，以助力实现"双碳"目标。绿色建筑施工技术的应用——如节水技术、节地措施和循环利用的材料选择——正在被积极实践，以减少对环境的负面影响并提升工程效益。

我国绿色建筑的发展已从推广示范转变为全面发展，成为建筑行业绿色转型发展的重要标志，发展规模不断扩大，发展效益初步显现。

其次，清洁能源方面，在任何一个国家和地区，清洁能源的高质量发展都是共识。我国作为世界上最大的风能市场和制氢国，在太阳能光伏发电量增长贡献上表现突出，锂电池产量持续快速增长，清洁能源产业开发利用规模居世界前列。当前，我国正推动能源消费革命，抑制不合理能源消费，同时推动能源供给革命，建立多元化供应体系，优先发展可再生能源，安全有序发展核电，加快提升非化石能源在能源供应中的比重，为清洁能源的高质量发展贡献中国力量。

绿色贷款方面，银行业金融机构推出了"光伏贷"等创新业务模式，服务于分布式光伏设备终端客户，满足企业或农户购买光伏发电设备的资金需求。已有 19 个省市的 121 家银行开展了"光伏贷"业务，引导绿色低碳消费转型，并助力普惠金融与绿色金融发展。

同时，清洁能源产业的全产业链优化也正在进行中，包括技术创新、产业链上中下游的协同发展，以及构建安全、稳定、多元化的清洁能源供应系统。

二、国际绿色金融的实践案例分析

(一)欧洲的绿色金融实践

欧盟绿色债券市场是全球最大的绿色金融市场之一,它在推动可持续金融和绿色投资方面发挥着重要作用。欧盟委员会发行了全球最大规模的绿色债券,筹集资金用于成员国的绿色和可持续投资。欧盟制定了一套分类法,为"绿色"概念提供明确定义,指导绿色金融机构,并降低洗绿风险、提高资金效率。同时,批准了新的绿色债券标准,与欧盟分类法保持一致,面向全球投资者发行,以鼓励可持续发展的公司并避免"洗绿"现象。

欧盟委员会发行了全球最大规模的绿色债券,筹集资金用于成员国的绿色和可持续投资。欧盟分类法可能对全球其他国家和地区产生广泛影响,尤其是在欧洲融资、运营或上市的跨国公司也需要遵照分类法。作为欧盟复苏计划的一部分,"下一代欧盟"通过发行债券筹集资金,支持绿色和数字转型等发展重点,为我国外汇投资提供新选择,并加强与欧盟在绿色债券领域的交流合作。

全球绿色债券市场发展迅速,海外绿色债券分类明确,发行主体和机构类型不断扩容,资金用途和范围更加广泛,政策工具对市场发展起到了有效支持作用。作为全球最早开展绿色债券业务的金融机构之一,欧洲投资银行在绿色债券市场的发展中起到重要作用,推动了绿色债券市场实践机制的建立和新型绿债品种的孵化。

(二)美国的绿色金融创新

美国绿色能源投资基金的成功案例可以从多个角度进行探讨,其中包括政策支持、市场动态以及具体的基金运作情况,具体如下:

1. 政策支持对绿色能源投资基金的影响

美国政府通过《2022年通胀削减法案》对绿色能源领域进行了大规模投资,这将是美国历史上最大的一笔气候投资,旨在到2030年将碳排放量较2005年减少40%。法案涵盖了新能源汽车、光伏、风电、储能、氢能等多个清洁能源领域,并提供了税收抵免和补贴支持,这对气候领域的初创企业及支持它们的风险投资公司产生了巨大的正面影响。

2. 比尔·盖茨成立的突破能源公司

比尔·盖茨成立的突破能源公司(Breakthrough Energy Ventures),主要投资于那些风险极高、传统投资人不敢进入的绿色科技和可持续发展领域。BEV已经筹集资金超过20亿美元,支持90多家初创公司,涉及领域包括二氧化碳捕集、能源物联网、生物合成、储能公司等。

3. 发展迅速的绿色债券市场

自 2014 年至 2022 年第一季度，累计发行绿色债券 5 531 单，累计发行规模达 3 340 亿美元，成为全球最大的绿债发行国。美国绿色债券市场的发展得益于政策引导和金融体系的支持，其中包括房利美的绿色抵押支持证券（MBS）和州政府支持部门发行的绿色市政债券。

4. 绿色电力市场的构建和运作

美国的绿色电力市场从 20 世纪 90 年代开始发展，形成了强制市场和自愿交易市场并存的格局。强制市场基于可再生能源配额制（RPS），而自愿市场则是消费者基于个人偏好采购可再生能源。美国的绿电市场为全球绿电市场提供了重要的经验和启示。

上述案例展示了美国在绿色能源投资基金方面的成功和创新，涵盖了从政策支持到私人资本参与的多个层面。通过这些措施，美国绿色能源领域得到了快速发展，同时也为全球提供了宝贵的经验和模式。

（三）亚洲其他国家的绿色金融实践

除去上述欧盟和美国的案例外，其实还有许多亚洲国家如日本、韩国等在绿色金融方面进行了一定的实践。

1. 日本绿色金融政策与项目

日本央行推出了绿色融资方案，通过向金融机构提供零利率贷款来支持其向企业发放绿色贷款或投资绿色债券，该方案计划从当年开始实施，直至 2030 财年末。

日本政府高度重视环境保护和气候变化，自 1998 年起陆续出台了多部气候变化相关的法规和国家层面绿色发展战略政策文件。2020 年 12 月，日本经济产业省发布《绿色增长战略》政策，提出清洁能源将于 2050 年提供全国 50%～60% 的电力，并在 2021 年 5 月通过修订的《全球变暖对策推进法》，将 2050 年实现碳中和正式写入立法。

2. 韩国绿色金融政策与项目

韩国自然资源相对匮乏，能源需求高度依赖进口，这使得韩国对能源转型和绿色金融的发展给予高度重视。韩国自 20 世纪 60 年代经济起步以来，持续推动绿色增长和低碳发展战略，如 2009 年颁布的《绿色增长国家战略及五年计划（2009—2013）》，旨在构建绿色发展的体系。

韩国政府在 2020 年提出了"绿色新政"（Green New Deal），计划投入超千亿美元推动经济社会复苏和转型升级。"绿色新政"的投资额最大，为 630 亿美元，聚焦于基础设施绿色转型、低碳和分布式能源、绿色产业创新三大内容。

2020 年 10 月 28 日，韩国总统文在寅表示，将与国际社会一起积极应对气候经济情况，并在 2050 年前实现碳中和；同年 12 月，韩国在《2050 年国家碳中和战略》中明确了碳中和的愿景,并在2021年8月31日通过《碳中和与绿色增长法》,成为全球第14个承诺到2050年实现碳中和的国家。

两国都做出了对绿色金融的承诺,并通过政策和项目实施来推动环境的可持续性。

三、面临的挑战与未来展望

(一)绿色金融面临的主要挑战

绿色金融作为支持环境改善、应对气候变化和促进可持续发展的重要工具,在全球范围内受到越来越多的关注。目前,我国绿色金融市场依然存在产品种类不全面、缺少国际投资者参与、国际化程度不足等问题。随着国际国内绿色发展加速,绿色转型资金需求体量巨大。为促进中国绿色金融市场更加全面有效地发展,政府部门须联合市场加速推进国内绿色金融产品的国际化进程,加强中国绿色金融市场与全球市场的融合,建立一个更加全面和互联的绿色金融生态系统,确保能够为实现低碳经济提供充足的资金动力和创新的金融解决方案。明确绿色金融发展中的挑战,对于制定有效策略、优化资源配置、增强市场信任、推动国际合作以及加速实现可持续发展目标至关重要。

1. 绿色金融标准化尚未统一,与国际标准融合不足

目前,绿色金融投资缺乏一个广泛认可和遵循的框架,这导致绿色金融产品和项目难以界定和评估,增加了市场参与者的不确定性。以中欧合作为例,尽管当前我国已经与欧洲推出绿色债券的统一标准,但是,我国接受境外机构以国际标准在境内发行绿色债券,欧洲却不认可我国机构以中国标准在欧洲发行绿色债券,这将限制我国机构在欧洲发行的绿色债券,使得我国绿债出海的门槛和标准提升。

2. 信息披露与第三方监督核查机制不够完善

在绿色债券方面,我国对存续期信息披露中不足的完善速度与我国绿色债券的发展速度并不匹配。此外,这一标准能否在我国绿债市场推行、效果如何,尚待时间检验。在碳市场方面,碳核算信息的质量有待提高,这需要第三方监督核查机制的完善,以确保碳核算信息的可获得性、可靠性和可比性。

3. 对于绿色金融的风险认知有待进一步加强

首先,金融机构对环境风险重要性认识还需提升,与之相配套的研究能力和资源投入较少,缺少相关数据和模型分析方法。其次,相较于国际上关注气候改善与绿色能源,我国更关注环境污染的治理与防控,因而产生的认证标准不统一,催生了诸如"跨境洗绿"等新的风险。再次,国家加大防污治污的处罚力度,但没有给出相匹配的更多保障措施,迫使很多企业停工停产,进而将绿色风险转嫁到传统金融的债务违约

风险之中。

4. 主要依赖政策驱动

我国绿色金融的发展目前主要依赖于政策驱动,市场的自我调节和驱动作用尚未得到充分发挥,这不利于气候领域的创新。

5. 碳减排量计算尚无统一标准

碳减排量的计算是绿色金融发展面临的另一个关键问题,需要明确和统一的计算标准,以确保碳减排支持工具的精准性和直达性。

6. 欠缺激励机制

为了推动绿色金融的发展,需要建立起更加强有力的绿色金融激励机制,包括碳减排支持工具、绿色资产风险权重调整等措施。

7. 存在技术和资金筹集与分配问题

全球气候变化问题需要解决技术和资金筹集与分配两大关键问题,这需要推动低成本减碳技术的研发和应用,并实现这些技术在全世界的大规模部署。

8. 地缘政治因素障碍

地缘政治因素对全球气候合作构成障碍,气候变化谈判和大会应致力于协调这些问题,避免地缘政治的干预,确保全球气候变化问题能够得到有效解决。

这些挑战需要通过政策制定、市场机制的完善、技术创新和国际合作等多方面的努力来克服,以推动绿色金融的健康发展。

(二)应对挑战的策略与政策建议

为应对绿色金融当前面临的主要挑战,相关部门及机构需要从政策、市场、技术等多方面入手,以学术研究赋能绿色金融体系顶层设计,以国际合作助力我国绿色金融国际化,以流程管理促进我国绿色金融市场高质量发展。综合已有的一些做法,提出以下策略与政策建议:

1. 完善绿色金融标准与信息披露制度

需要统一绿色金融数据统计口径和标准,提高数据标准化程度,建立高效、透明的绿色金融统计监测管理系统,以降低金融机构收集和处理数据的成本,提高运行效率。

2. 加强信息基础设施建设

构建信息平台体系,实现对绿色金融业务信息的实时收集和统计分析,搭建绿色金融与绿色项目的信息对接平台,提高绿色融资效率。

3. 建立监管沙盒

鼓励创新运用区块链技术为绿色债券、绿色资产证券化产品的底层标的资产建立项目池,实时向投资者披露项目风险情况和环境效益,提高债券发行效率,增强信息透明度。

4. 制定绿色金融科技发展规划

金融机构应制定金融科技推动绿色金融发展战略、重点任务和保障措施，建立相应的体制机制、人才队伍、技术储备。

5. 激励政策的应用

通过贴息、再贷款、保险补助、一次性奖励等方式激励绿色金融发展，降低企业经营成本，激发企业绿色转型的主观能动性。

6. 推动绿色金融产品创新

鼓励金融机构创新绿色金融产品，如绿色债券、绿色资产支持证券（ABS）等，提高信息披露的透明度和标准化水平，降低成本，推动产品发行。

7. 强化绿色金融专业能力

培养拥有金融科技与绿色金融综合技能的专业型人才，将绿色金融科技纳入高等教育人才培养体系，开展职业技能教育和培训。

8. 深化国际合作

加强与国际社会的合作，引进国际先进绿色金融科技技术，解决绿色资产识别、转型风险量化等问题，并推动绿色金融科技国际资本合作。

9. 逐步将气候变化相关风险纳入宏观审慎政策框架

引导金融机构支持绿色低碳发展，推动金融机构定期向金融管理部门报送高碳资产规模、占比和风险敞口等信息。

10. 加强气候风险管理

金融机构应通过研发气候友好型金融产品，提供有针对性的金融服务，在缓解和适应气候变化方面有所作为，并增强环境和气候风险管理能力。

通过实施这些策略和政策建议，可以有效应对绿色金融发展中的挑战，推动绿色金融的高质量发展，支持经济的可持续发展和实现"双碳"目标。

（三）未来绿色金融的发展趋势

自2016年七部委发布《关于构建绿色金融体系的指导意见》以来，我国绿色金融获得了巨大的突破，绿色金融制度创新加快，体系建设也稳步推进，绿色信贷、绿色债券、绿色基金以及碳交易等市场规模均名列全球前列。

在取得一系列成绩的同时，我国绿色金融发展已经开始由注重规模增长向各细分领域的深入化、专业化、高质量化发展转型。展望未来我国绿色金融发展，应重点关注以下五大趋势[①]：

1. 绿色金融标准逐渐"统一化"

---

① 钱立华,方琦,鲁政委.中国绿色金融发展六大趋势展望[J].证券日报,2019(07):A03.

构建统一的绿色金融标准体系,将成为下阶段核心任务之一。2019年3月份由国家发改委等七部委联合出台的《绿色产业指导目录(2019年版)》及解释说明文件(以下简称《目录》),是我国建设绿色金融标准工作中的又一重大突破,也是我国目前关于界定绿色产业和项目最全面、最详细的指引。《目录》属于绿色金融标准体系中"绿色金融通用标准"范畴,有了绿色产业目录这一通用标准,绿色信贷标准、绿色债券标准、绿色企业标准以及地方绿色金融标准等其他标准就有了统一的基础和参考,有助于金融产品服务标准的全面制定、更新和修订。随着绿色金融各项标准的不断出台与落地,将有效促进和规范我国绿色金融健康、快速发展,我国绿色金融将迎来标准的逐步统一。

2. 坚持绿色金融产品和服务的创新

金融机构不断创新并推出绿色金融产品,如碳排放权质押贷款、碳排放披露支持贷款等,以及多个"首单""首例"绿色债券产品。同时,中国已成为全球最大的绿色信贷市场和第二大绿色债券市场。绿色贷款余额在2023年三季度末达到28.58万亿元人民币,同比增长36.8%。随着政策的推动,金融机构越来越重视环境信息披露,其重要性日益凸显,在金融产品和服务的创新过程中加入环境信息披露的成分有助于提高公司形象和信誉,同时也是解决投融资双方信息不对称问题的关键。

3. 金融业环境与社会风险管理逐渐"主流化"

随着政府对环境保护的日益重视和司法的逐渐完善,包括金融机构在内的各类企业都将面临越来越高的公益诉讼风险和环境与社会风险。

对贷款人环境法律责任问题的研究已经起步。我国绿色金融体系的顶层架构设计文件《构建中国绿色金融体系的指导意见》第八条规定:研究明确贷款人环境法律责任。依据我国相关法律法规,借鉴环境法律责任相关国际经验,立足国情探索研究,明确贷款人尽职免责要求和环境保护法律责任,适时提出相关立法建议。

上市公司环境信息披露要求逐年提高。七部委《关于构建绿色金融体系的指导意见》的分工方案已经明确,要建立强制性上市公司披露环境信息的制度,证监会的上市公司环境信息披露工作实施方案分三步走:第一步为2017年年底修订上市公司定期报告内容和格式准则,要求进行自愿披露;第二步为2018年强制要求重点排污单位信息披露环境信息,未披露的须做出解释;第三步为2020年12月前强制要求所有上市公司进行环境信息披露。

目前从业内情况来看,绿色金融的第一个层面绿色金融业务已成为各家银行的发力点;而绿色信贷内涵的第二层面,将环境和社会风险管理的要求纳入银行整个信贷流程,对拟授信客户进行严格的合规审查,制定环境和社会方面的合规文件清单和合规风险审查清单等工作已经开始起步。

4. 科技赋能绿色金融

大数据、人工智能、云计算等技术的发展为绿色金融提供了新的应用场景,科技与绿色金融的融合正在形成更多的创新模式。

大数据、人工智能、云计算等技术的发展确实为绿色金融领域带来了革命性的变化,这些技术的融合正在形成多种创新模式。具体包括:风险评估与管理,利用大数据分析和人工智能算法,金融机构能够更准确地评估企业的环境、社会和治理(ESG)风险,以及与气候变化相关的风险;信贷决策支持,通过分析企业的历史数据和实时数据,金融机构可以更有效地进行信贷决策,识别哪些企业和项目符合绿色金融的标准;环境效益监测,云计算平台可以支持实时监测项目的能源消耗和排放情况,帮助金融机构和投资者跟踪绿色项目的实施效果;绿色资产评估,人工智能技术可以帮助评估绿色资产的价值,比如可再生能源项目、节能减排技术等,为投资决策提供依据;信息披露与透明度提升,利用区块链技术,可以提高绿色金融产品的信息透明度,确保资金流向真正符合绿色标准的项目等。随着技术的不断进步,这些创新模式将继续演变和扩展,为绿色金融的发展提供更多可能性。

5. 绿色金融国内外市场拓展

绿色金融市场的拓展主要得益于政策的推动和市场机制的创新。

中国人民银行联合多部门印发的《关于进一步强化金融支持绿色低碳发展的指导意见》(以下简称《指导意见》)提出,到 2035 年,金融支持绿色低碳发展的标准体系和政策支持体系将更加成熟,资源配置、风险管理和市场定价功能得到更好发挥。《指导意见》强调了金融机构和企业的环境信息披露,这有助于提高市场透明度,防范"漂绿"风险,并促进绿色投资。同时,要完善法律法规,发挥法治的保障作用,推进绿色金融领域立法;完善金融机构绿色金融考核评价机制,丰富相关货币政策工具,用好碳减排支持工具。《指导意见》还提出,加强国际合作,深化绿色金融合作并推动"一带一路"绿色投资,这表明中国绿色金融发展正积极参与国际交流合作,推动全球绿色低碳发展。

政策鼓励金融机构利用绿色金融或转型金融标准,加大对能源、工业、交通、建筑等领域绿色发展和低碳转型的信贷支持力度。同时,资本市场也被鼓励支持绿色低碳发展,绿色保险和服务得到发展,绿色金融市场参与主体不断壮大。逐步将气候变化相关风险纳入宏观审慎政策框架,引导金融机构支持绿色低碳发展,并推动金融机构定期向金融管理部门报送高碳资产规模、占比和风险敞口等信息。通过这些措施,绿色金融市场的拓展将得到进一步加强,为实现绿色低碳发展提供更加坚实可靠的金融支持。

综上所述,中国绿色金融正朝着政策支持、市场驱动、产品创新、标准完善、科技融合以及国际合作等方向发展,以实现经济社会的绿色低碳转型。

重要概念

绿色金融　可持续金融　中国绿色金融发展的三个阶段　绿色金融产品　绿色信贷
中国绿色债券国际化　环境经济学　碳市场　绿色债券　绿色基金　绿色金融项目应用
绿色金融实践　绿色金融创新

思考题

1. 简述绿色金融的定义,并分析其核心内涵。为什么绿色金融在全球范围内越来越受到重视?
2. 简述绿色金融与气候金融、碳金融、转型金融、可持续金融的联系与区别。
3. 欧盟和美国在推动绿色金融发展的政策框架上有什么异同?请结合具体的政策和市场机制进行比较分析。
4. 如何通过政策和市场手段推动绿色金融的发展?请结合你所在国家或地区的绿色金融政策框架,提出可能的改进建议。
5. 选择一家你熟悉的公司,描述和分析该公司如何通过其 ESG 策略来管理气候变化风险,并评估这些策略对公司长期财务表现的可能影响。
6. 假设你有一组数据,其中包含了不同公司的碳排放数据和相应的股票市场表现。设计一个简单的经济模型来分析碳排放与股票回报之间的关系,并解释可能的经济意义。
7. 请设计一个针对高碳排放行业的绿色金融激励政策,旨在促进这些行业的绿色转型。讨论该政策可能面临的挑战和预期的环境与经济效益。
8. 为什么即便在气候风险日益被金融市场认可的情况下,依然存在资本流向高碳项目的现象?探讨市场和监管机制中可能存在的漏洞,并提出改进建议。
9. 如何吸引更多的投资者参与绿色金融产品,尤其是在初期投资回报不确定的情况下?
10. 绿色项目可能面临哪些特定的环境风险?银行和投资者应如何评估与管理这些风险?
11. 政府应如何制定政策和法规来促进绿色金融的发展,同时保护投资者的利益?
12. 金融机构应如何提高其绿色金融产品的透明度,以确保投资者和公众能够获得充分的信息?

第六章　离岸金融

学习目标

1. 理解离岸金融的定义、分类及其发展。
2. 探究中国离岸金融业务的发展过程及自贸试验区的作用。
3. 理解外资银行在中国的角色及其参与的国际离岸银行业务。
4. 了解中国离岸金融业务的风险类型及应对措施,以及国际和国内离岸金融的监管体系与法律框架。
5. 分析离岸金融业务对中国经济和金融业的影响。

视频6-1

本章导读

离岸金融作为现代全球经济的重要组成部分,对产业发展和资本的跨境流动具有举足轻重的影响。随着全球化的深入发展,离岸金融不仅为跨国企业和金融机构提供了独特的财务工具与策略,也对全球金融监管提出了新的挑战与课题。如何在全球化背景下合理运用离岸金融,既服务于经济高质量发展,又确保金融市场的透明与稳健,是全球经济治理必须解决的关键问题。本章通过系统的理论与实践分析,旨在帮助读者深入理解离岸金融的基本原理及其在全球和中国市场中的实际应用,探索如何在全球化与现代化进程中合理运用离岸金融工具,建设符合中国特色的现代金融体系。

第一节　离岸金融及离岸金融市场

离岸金融作为全球化的产物,其发展既反映了金融市场的开放性和创新性,也带来了监管和合规性的挑战。离岸金融的多样性和复杂性使其成为全球金融市场中一个独特而重要的领域。从离岸债券到国际租赁,每一种金融工具和服务都为参与者提供了特定的优势和机遇。本节将深入探讨离岸金融及离岸金融市场的发展历程、主要组成部分及其在全球金融体系中的作用。

一、离岸金融的定义及发展

（一）离岸金融及与离岸相关的概念介绍

在岸（onshore）通常是指一个国家的本土地区，在岸金融活动受到国家监管机构的直接监督和管理，遵循当地的法律法规，包括税务、会计和透明度要求。离岸（offshore）是指在法律和监管上与本国分离的地区。如迪拜的迪拜国际金融中心（DIFC），虽然位于阿联酋境内，但其法律体系与联邦法律有差异，可被视为阿联酋境内的"离岸地"。离岸业务能够为企业和个人提供更为灵活的国际化运营环境，使他们能够在全球范围内进行高效的资源配置、优化税务安排以及有效管理资产。通过离岸业务，企业能够更好地参与国际市场竞争，并享受特定地区提供的法律保护和商业便利。

在岸公司（onshore company）是指在注册所在国家和地区运营的公司，受当地法律和监管机构的全面监督。离岸公司（offshore company）是指在离岸地注册成立，但从事离岸地以外业务的公司。离岸公司既可以通过特定地区的税收优惠和灵活的监管政策，在全球范围内更好地配置资源，同时享受特定司法管辖区提供的法律保障和商业便利；也有助于优化国际业务布局、提升运营效率和保护资产。

根据 IMF（2000）定义，离岸金融（offshore finance）是指一国银行等金融机构向非居民提供的诸如吸收存款和发放贷款等业务的金融服务。简单地说，离岸金融就是指银行和其他代理机构向非居民提供包括从非居民借款和向非居民放贷的金融服务。这些服务通常在低税或零税的离岸金融中心进行，受特定的法律和监管框架限制，旨在提供税收优惠、资产保护和隐私保护，同时规避本国严格的金融和监管要求。与传统金融相比，离岸金融最大的区别在于其监管环境、税收政策和法律框架。传统金融活动受到较为严格的国内法规和税法的约束，而离岸金融则通常享有更多的自由和灵活性。此外，离岸金融的参与者多为跨国公司和国际投资者，而传统金融则更多服务于国内经济和居民。

（二）离岸金融的发展

离岸金融的起源可以追溯到 20 世纪初期，当时全球政治和经济局势极度不稳定，尤其是两次世界大战及其间的经济大萧条，导致资本市场动荡不安，高额税负和严格的金融监管进一步加剧了这种不安。跨国银行为了寻求更灵活的金融环境，开始在特定的国际金融中心经营外币存款业务，促使资本流向提供低税或免税政策的地区，如瑞士、开曼群岛和巴哈马，这些地区逐渐成为离岸金融的重要枢纽，早期的离岸金融中心初步形成。

在 20 世纪 50 年代，美国国际收支逆差促使大量美元流向境外，形成了早期的欧洲美元市场。随后,20世纪60—70年代全球经济和国际贸易的扩展推动了离岸金融的快速增长。通信与信息技术的进步加速了资金跨境流动,带动了离岸金融产品的多样化,如欧元债券、离岸基金和金融衍生品的出现,满足了全球金融需求。同时,资本管制的放松使全球资本更自由地流动,离岸金融中心因此成为资本流动的关键渠道。为吸引更多机构和资本,各离岸金融中心通过监管竞争提供更有利的环境。此外,随着全球金融犯罪问题加剧,离岸金融中心加强与国际组织的合作,通过提高透明度和信息交换来增强其在全球金融体系中的合法性和信誉,为离岸金融中心的成熟和进一步的国际化打下了坚实的基础。

现今,离岸金融已进入国际化阶段,标志着离岸金融中心成为全球资本流动和金融创新的重要推动力,但也面临监管、合规和市场策略等方面新的要求和挑战。自20世纪70年代末以来,石油危机后大量"石油美元"流入欧洲货币市场,推动了离岸金融的扩展。随着全球贸易和投资的增长,离岸金融中心逐渐成为跨国公司、金融机构和各国政府的重要国际交易及资产管理平台。其服务范围涵盖金融工程、资产管理、风险管理和保险等领域,并通过与全球金融中心的合作,形成跨国金融服务网络,促进资本和信息的自由流动。随着金融科技的进步,离岸金融业务也提高了服务效率,吸引更多国际客户。与此同时,为应对洗钱和恐怖主义融资等挑战,离岸金融中心加强与国际监管机构的合作,提升透明度和合规性;通过调整法律政策和加强品牌建设,吸引多元化市场参与者,进一步巩固其在全球金融体系中的重要地位。

二、离岸金融的范围与种类

离岸金融作为全球金融体系的重要组成部分,涵盖多种金融工具和服务,这些工具和服务在离岸金融中心发挥关键作用。它们为国际企业、个人以及机构投资者提供了丰富的投资和融资选择。离岸金融的主要业务范围包括离岸银行、离岸保险、离岸债券、离岸证券、离岸信托、离岸租赁和离岸基金等。

(一)离岸银行

离岸银行是指在特定司法管辖区注册,但主要为非居民客户提供金融服务的银行。这些银行通常设立在开曼群岛、瑞士或巴哈马等离岸金融中心,专门为全球客户提供存款、贷款和资产管理等服务。离岸银行的设立目的在于,借助所在司法管辖区的税收优惠政策和宽松的监管环境来吸引国际客户。

离岸银行的特点有:首先,税收优惠,这些银行所在的司法管辖区通常提供较低或零税率,吸引大量国际资本;其次,银行保密性,这些银行通常提供给客户高度保密措施,保护客户身份和财务信息的隐私;再次,离岸银行通常享有较宽松的监管环境,允许其提供更灵活的金融服务,从而降低运营成本;最后,离岸银行通常提供多种货币账户,有助于客户分散货币风险,优化全球资金管理。

(二)离岸保险

离岸保险是指在离岸金融中心注册,并专门为非居民客户提供保险和再保险服务的公司。这些公司通过在低税或免税的司法管辖区设立运营,吸引跨国企业、高净值个人和其他国际客户。离岸保险的主要业务包括提供人寿保险、财产保险以及其他定制化保险产品,通常用于财富管理和遗产规划。

离岸保险的特点包括税收优惠,许多离岸保险公司通过所在司法管辖区的税收优惠政策,提供更具竞争力的保费。此外,离岸保险公司在设计保险产品时,往往能够根据客户的特定需求提供高度定制化的解决方案。离岸保险公司还享有宽松的监管环境,允许其在全球范围内提供多种保险服务,同时具有高度保密性,有助于客户在财富管理和遗产规划中保护资产和个人隐私。

(三)离岸债券

离岸债券是指在发行国以外的国家和地区发行,并以一种可自由兑换的国际货币计价的债券。这种债券因为最早在欧洲以外的市场发行而被称为欧洲债券(Eurobond),现在泛指所有在海外市场发行的债券。离岸债券的种类繁多,包括政府债券、企业债券、金融债券等,它们可以是固定利率或浮动利率债券,也可以根据特定需求设计为可转换债券或带有其他特殊条款的债券。

离岸债券的一大优势在于,它们提供一种绕过本国资本市场限制的方式,允许发行者接触到更广泛的投资者群体,并能享受到更低的融资成本。由于这些债券在海外发行,它们不受发行国的监管限制,同时也能享有税收优惠,这使得离岸债券对于寻求资本的企业和政府具有很大的吸引力。此外,发行离岸债券的成本相对较低,这吸引许多发展中国家和新兴市场的企业通过此类工具融资。著名的例子包括在欧洲市场发行的"扬基债券"和在亚洲市场发行的"武士债券"。

(四)离岸证券

离岸证券涵盖股票、债券、衍生品等在离岸市场发行和交易的金融工具。离岸证券市场为跨国公司提供一种筹集资本的途径,同时也为投资者提供在全球范围内多元化投资的机会。在离岸证券市场中,企业可以利用灵活的法规环境,通过发行股票或债券在国际市场上筹集资金。这种灵活性使得公司能够更有效地满足资本需求,特别是在能源、科技和基础设施等资本密集型行业。

离岸证券市场的吸引力在于其隐秘性和自由度。投资者可以在一个保密的环境中进行交易,规避一些在本国市场可能面临的监管障碍。尽管如此,离岸证券市场仍需要在合规和法律方面保持谨慎,以确保市场的健康发展。

(五)离岸信托

离岸信托是一种法律安排,财产所有者(委托人)将其财产所有权转移给信托公司(受托人),由后者按照委托人的意愿管理和分配给受益人。离岸信托通常设立在法律环境稳定、税收优惠和隐私保护较好的司法管辖区,如开曼群岛、百慕大和泽西岛等。

离岸信托的主要用途包括财富保护、税务规划和遗产管理。通过设立离岸信托,财富拥有者可以在法律上实现资产保护,防止来自债权人、离婚诉讼或其他法律纠纷的侵害。此外,离岸信托在税务规划中发挥着重要作用,可以合法减少或延迟税务责任,尤其是在涉及跨国财产的情况下。然而,离岸信托也引发了一些争议,尤其是在洗钱和避税领域。近年来,各国政府和国际组织加强对离岸信托的监管,要求更高的透明度和信息披露,以防止非法资金流动。

(六)离岸租赁

离岸租赁是指企业通过离岸公司租赁资产,如飞机、船舶、设备等,以实现税务优化和资金管理目标。这种租赁安排通常设立在税收优惠的离岸司法管辖区,从而降低企业的税务负担。

离岸租赁的优势在于其灵活性和税收效率。通过离岸租赁,公司可以在全球范围内灵活管理资产,同时最大化税务利益。例如,许多航空公司通过设立离岸租赁公司来管理其飞机资产,以降低税收成本并提高利润。然而,离岸租赁也存在法律和合规风险。近年来,国际社会加大了对离岸租赁安排的审查力度,以防止其被滥用为逃避税收和资金外流的工具。

(七)离岸基金

离岸基金是指设立在离岸金融中心的投资基金,主要面向国际投资者,提供股票、债券、房地产、对冲基金等各种投资组合。离岸基金的设立地通常为监管环境宽松、税收优惠的司法管辖区,如卢森堡、开曼群岛和百慕大等。

通过离岸基金,投资者能够实现全球范围内的投资组合优化,同时享受税务优惠政策。此外,离岸基金的监管环境通常较为宽松,基金管理人能够更自由地制定投资策略。近年来,随着国际监管的日益完善,离岸基金在反洗钱和信息披露方面的合规性也得到了进一步加强,增强了其作为国际投资工具的吸引力。

三、离岸金融市场及其发展

离岸金融市场作为全球金融体系的重要组成部分,推动国际资本流动、多元化金融服务的提供以及金融创新的发展。随着全球金融市场的发展和国际监管环境的变化,离岸金融市场也将迎来新的发展机遇和挑战。

(一)离岸金融市场的定义及分类

广义上,离岸金融中心可以定义为任何开展离岸活动的金融中心。但实际中,离岸金融中心(offshore finance centre,OFC)是指金融服务公司主要与非居民进行金融交易的司法管辖区或者岛屿。典型的离岸金融中心具备低税或零税、中等或轻度金融监管以及高度保密和匿名性的特征,不仅为跨国公司和高净值个人提供重要的金融服务,也为全球资本的流动提供便利。

离岸金融市场的参与者包括跨国公司、金融机构、高净值个人、政府和国际组织等。这些参与者利用离岸市场进行资本募集、投资、资产管理、风险对冲等活动。由于离岸市场提供的隐私保护、税收优势和灵活的法律环境,吸引了来自全球的资本和金融机构。

根据功能和结构,离岸金融市场可进行多种分类。首先,按市场中的参与主体及交易标的物的不同,可以分为离岸银行市场、离岸证券市场、离岸保险市场、离岸租赁市场和离岸信托市场等。此外,根据交易中介作用的不同,可分为直接金融市场和间接金融市场。直接金融市场是指资金在供给方和需求方之间的直接流动,如离岸股票和债券市场;间接金融市场是指通过银行等金融中介机构进行融资活动。按金融工具的交易阶段划分,离岸金融市场还可以分为发行市场和流通市场,前者涉及新金融工具的首次发行,后者则处理已发行金融工具的买卖交易。

除了类似传统金融市场的分类外,离岸金融市场还可以根据开放程度,分为内外混合型、内外分离型、渗透型和避税港型。内外混合型金融中心如伦敦和纽约,其在岸与离岸业务相互交织,且监管标准一致;内外分离型如日本的离岸市场,离岸业务与在岸业务分开处理,并有不同的监管标准;渗透型金融中心的离岸业务逐步渗透进国内金融市场,形成一种混合模式,监管环境更为复杂;而避税港型金融中心如开曼群岛和百慕大,以低税率、轻度监管和高度保密性吸引国际资本,尤其受到寻求税务优化和资产保护的个人和企业的青睐。

(二)世界著名的离岸金融中心及其特点

著名的离岸金融中心因其为国际商业和金融活动提供了优越的环境而广受欢迎,包括税收优惠、稳定的政治与经济环境、健全的法律体系、高度的金融隐私保护以及多样化的金融服务。然而,随着国际社会对透明度和打击非法金融活动的要求不断提高,这些中心也面临新的挑战。

1. 开曼群岛(Cayman Islands)

开曼群岛是全球领先的离岸金融中心之一,以稳定的政治环境和先进的法律体系为基础,提供极具吸引力的税收政策,不征收个人所得税、公司税和资本利得税,成为设立控股公司和进行国际金融交易的理想地点。此外,开曼群岛拥有严格的反洗钱法律和国际认可的监管框架,确保其金融服务的质量和信誉。

2. 新加坡(Singapore)

新加坡是亚洲的金融中心,以其高效的基础设施、成熟的法律体系和开放的商业环境而著称。作为连接东西方的贸易与金融桥梁,新加坡的金融监管体系全球领先,同时积极推动金融创新与科技发展。新加坡的离岸金融业务得益于其战略地理位置、强大的银行业和财富管理服务,以及作为国际交易和资金流动枢纽的角色。

3. 瑞士(Switzerland)

瑞士被誉为全球私人银行和资产管理的领导者,其离岸金融中心以其悠久的银行保密传统和高度专业化的金融服务而闻名。瑞士的政治稳定性、强大的经济基础和健全的监管体系为国际客户提供了一个安全和可靠的金融环境。瑞士的银行和金融机构提供广泛的服务,包括资产管理、投资咨询、保险和风险管理。此外,瑞士在金融服务创新和技术应用方面也处于领先地位。

4. 中国香港(Hong Kong)

中国香港是亚洲最重要的国际金融中心之一,以其自由的经济体系、健全的法律制度和高效的金融市场而著称。作为中国特别行政区,香港享有高度的自治权,并保持其独立的金融监管体系。香港的离岸金融业务得益于其与中国内地的紧密联系,以及作为国际贸易和资本流动的枢纽。香港的金融监管机构致力于维护金融市场的稳定性和透明度,同时推动金融产品和服务的创新。香港的离岸金融中心提供多元化的金融服务,包括银行业务、证券交易、基金管理、保险和私人财富管理。

第二节 中国离岸金融业务的发展

一、离岸金融业务的发展历程

中国的离岸金融业务尽管起步较晚,但经过几十年的发展已经取得了显著的成就。从 20 世纪 80 年代的经济特区试点开始,中国逐步探索离岸金融业务,以吸引外资和促进国际贸易。随着改革开放的深入,特别是在 20 世纪 90 年代后期和 21 世纪初,中国的离岸金融业务进入新的发展阶段,逐步在全球金融市场中占据重要位置。目前,离岸金融业务主要集中在离岸银行领域。

(一)中国离岸金融业务的起步和演变

中国离岸金融业务的起步可以追溯到 20 世纪 80 年代改革开放初期。中国为了吸引外资、促进经济发展,1981 年,允许在深圳、珠海、汕头、厦门等经济特区设立外资银行,这些特区成为中国最早尝试离岸金融业务的"试验田"。随着外汇管理的逐步放松,中国的银行和金融机构也开始在中国香港、澳门等地设立离岸银行分支机构,利用香港的国际金融中心地位和成熟的金融市场,吸引外资并为国内企业融资,初步介入离岸金融业务。与此同时,海南等地也开始尝试设立离岸金融业务,但由于政策和市场环境的限制,发展较为缓慢。

19世纪90年代,中国经济的快速发展为离岸金融业务提供了更多机遇。特别是在上海、深圳等沿海城市,一些银行被允许开展离岸银行业务,为外资企业和机构提供金融服务。进入21世纪,随着中国加入世界贸易组织(WTO),离岸金融业务进入快速发展阶段。2009年,中国政府在上海自由贸易试验区内推出离岸金融业务试点,上海自贸区成为人民币国际化和资本项目可兑换的重要平台,吸引大量跨国企业和金融机构的参与,这标志着离岸金融进入一个新的发展阶段。此后,中国在海南自贸港、深圳前海等地也陆续推出类似的离岸金融试点,并不断探索金融创新和风险管理的新模式。与此同时,中国金融机构加快在境外的布局,通过设立海外分支机构、并购外资银行等方式,扩大离岸金融业务的范围和影响力,进一步推动人民币国际化和全球资本市场的整合。

(二)关键政策和改革措施

中国政府通过一系列政策和改革措施,推动离岸金融业务的发展。这些政策不仅促进了国内金融市场的开放与创新,也为中国企业和资本"走出去"提供重要支持。表6—1列出了一些重要的"里程碑"事件。

表6—1　　　　　　　　　　我国推动离岸金融发展的重要举措

阶　段	时　间	典型事件
离岸银行业务许可	1989年	招商银行在全国率先获得中国人民银行和国家外汇管理局批准经营离岸银行业务。随后,中国工商银行深圳市分行、中国农业银行深圳市分行、深圳发展银行、广东发展银行深圳分行四家银行相继获批办理此项业务。
	1997年	国家外汇管理局出台《离岸银行业务管理办法》;1998年5月,国家外汇管理局出台相应的细则——《离岸银行业务管理办法实施细则》。
	1999年1月	受亚洲金融危机影响,中国人民银行为控制金融风险,紧急叫停离岸银行业务。
	2002年6月	中国人民银行重新开放离岸银行业务,批准多家银行开办离岸银行业务,提供多样化金融服务。
	2006年6月	天津滨海新区被批准为离岸金融的改革试点,我国金融业对外开放步伐有所加快。

续表

阶　　段	时　间	典型事件
自由贸易试验区	2013 年	中国(上海)自由贸易试验区成立,标志着我国进一步放宽金融管制,推动金融创新。
	2014 年	中国政府宣布在广东、天津和福建设立 3 个新的自由贸易试验区。
	2017 年	在辽宁、浙江、河南、湖北、重庆、四川和陕西 7 个省增设第三批自由贸易试验区。
	2018 年	中国宣布在海南岛全岛建设自由贸易试验区,并逐步探索建设中国特色自由贸易港。
人民币国际化	2009 年	人民币跨境贸易结算试点在上海、广东等地启动,标志着人民币国际化进程的正式开始。
	2015 年	国际货币基金组织(IMF)将人民币纳入特别提款权(SDR)货币篮子,2016 年 10 月 1 日正式生效,进一步推动人民币在国际金融体系中的使用。
	2017 年	中国香港与内地金融机构合作,推出"债券通",进一步提高人民币在国际债券市场的影响力。
	2020 年	中国推出数字人民币试点,为未来的人民币国际化提供新的技术支持和发展路径。
金融市场开放	2001 年 12 月	中国加入 WTO,在更大范围和深度上参与国际金融的合作与竞争。
	2007 年	中国批准设立首批中外合资基金管理公司,外资金融机构开始参与中国的基金市场。
	2018 年	中国宣布进一步开放金融市场,取消或放宽了外资持股比例限制,吸引更多外资进入中国市场。
"一带一路"倡议	2013 年	中国提出"一带一路"倡议,加强与沿线国家的经济合作,推动离岸金融业务国际化,为企业提供更多的跨境金融服务。
	2015 年	中国设立丝路基金,支持"一带一路"沿线国家的基础设施建设,促进区域内的金融合作与发展。

二、离岸银行业务的中国实践

(一)我国离岸银行业务的发展现状

自 1989 年深圳试点开始,我国离岸银行业务经历了多个发展阶段,形成了一条多领域并进的发展道路。尽管受亚洲金融危机影响,1999 年 1 月离岸银行业务暂停,但 2002 年离岸银行业务重新开放后,业务种类和范围进一步扩大。总部位于上海的交通银行、浦东发展银行和总部位于深圳的招商银行、平安银行(原深圳发展银行)成为离岸银行业务的主要参与者,提供多样化的金融服务,包括外汇存款、贷款、国际结算等。随着国际化进程的推进,中国的银行逐渐在全球主要金融中心(如香港、伦敦、新加坡)设立离岸分支机构,提供跨境贷款、国际结算、财富管理等多样化金融服务。这些机构不仅满足了国内企业和个人的全球金融需求,也促进了人民币国际化和中国资本在全球市场的整合。

与此同时,境内银行积极参与离岸金融产品的开发,提供多样化的金融服务。2009 年推出的 NRA(境外机构境内外汇账户)允许中外资银行为境外机构开立境内外汇账户。2010 年,NRA 人民币账户的推出将离岸业务扩展至人民币领域。2013 年,跨境人民币创新业务试点允许境外机构在试点银行开立人民币 NRA(境外机构境内人民币账户)。2014 年,上海自贸区推出 FT(自由贸易账户)体系,为区内主体和境外机构提供离岸金融服务。同年,跨国公司外汇资金集中运营管理规定,允许跨国公司在所在地银行开立国际外汇资金主账户。

国内银行的离岸业务得到了政策层面的支持,从而进一步丰富了离岸金融产品和服务,以满足企业日益多样化的需求。中国银行在跨境债务资本市场中表现尤为突出,多次蝉联离岸债券承销商榜首,提供美元、欧元、英镑及离岸人民币等多种货币的债务资本市场服务。与此同时,中国银行还积极推动人民币的跨境使用,为境外机构投资者进入中国资本市场提供支持,助力人民币国际化进程。平安银行通过其离岸代付业务,利用 SWIFT 支付系统和特色金融服务,支持企业的国际贸易活动。平安银行还推出离岸并购贷款、中概股私有化金融服务、跨境银团贷款等产品,并开发出"跨境 e 金融"平台,提供线上智能化服务,提升客户的使用便利性和效率。招商银行则通过创新整合,构建包括利率互换(IRS)、一户百币、外债直贷、境外债券投资配资等在内的离岸金融产品体系,打造一站式跨境金融服务平台。

(二)我国金融机构开展离岸银行业务的主要问题

中国离岸银行业务在快速发展的过程中,虽然取得了显著的成就,但也面临着监管合规、市场竞争、跨境资金管理、人民币国际化以及金融风险传导等多重挑战。要实现可持续发展,中国的离岸银行必须在国际竞争中不断提升自身实力,强化风险管理,适应全球金融环境的变化,并推动金融创新和人才培养。

1. 分散化发展

中国的离岸金融市场在发展过程中表现出显著的分散化特点,主要体现在:多个并行的账户体系(如 OSA、NRA、FT)导致操作复杂和成本上升;监管规定分散于不同法律法规和机构中,造成监管复杂性和不确定性升高;各地区政策和实践的差异带来管理和协调困难;缺乏系统、连续的数据,使得监管和市场参与者难以全面把握整体情况和风险。这些分散化现象凸显了市场整合与协调的挑战,表明需要建立更为统一和高效的监管框架以促进市场的健康发展。

2. 政策和管理滞后

中国离岸金融市场面临政策和管理滞后的问题,现有政策和管理办法多年未更新，未能及时适应市场发展和监管需求的变化。同时，在全球金融风险上升的背景下，分散化的市场结构加大了风险管理的难度，影响了对境外金融风险的有效防控。此外，与国际主要离岸市场相比，中国尚未形成具有竞争力的税收优惠政策，这使得离岸金融市场在吸引国际资本方面缺乏优势。

3. 市场影响力有限

中国的离岸金融市场在国际竞争中面临市场影响力有限的问题，与国际先进水平相比，离岸银行在产品和服务创新方面还有较大的提升空间。这些问题的存在限制了我国离岸金融市场的国际竞争力和影响力，使得中国离岸银行在服务国际客户和参与国际金融市场方面的能力需要进一步增强。为了提升市场地位，中国离岸银行须加强创新、改善服务，并积极参与全球金融体系。

三、自贸试验区与离岸金融的发展

中国自贸试验区的设立是中国深化改革和扩大开放的重要举措，自贸试验区作为对外开放的前沿阵地，承载着推动中国经济转型升级和积极参与全球经济治理的重要使命。第一个自贸试验区——上海自由贸易试验区（以下简称"上海自贸区"）——于2013年设立，之后广东、天津、福建、海南等地相继设立了自贸试验区，形成一个覆盖东西南北中的全方位、多层次的开放新格局。这些区域的设立紧密联系着中国经济全球化的深入发展，满足了应对国际贸易摩擦和转变经济增长方式的需求。

（一）中国自贸试验区的发展与意义

中国自贸试验区为离岸金融业务创造了良好的政策环境。自2013年上海自贸区设立以来，国家在外汇管理、跨境资金流动、税收优惠等方面实施一系列改革措施，为离岸金融业务的发展提供政策支持。例如，上海自贸区允许人民币自由兑换并放宽资本账户限制，简化了跨境企业的资金运作流程。这种政策环境极大地吸引了外资银行和金融机构在自贸区内设立离岸业务平台，从而推动离岸金融市场的形成与发展。

自贸试验区在推动金融创新方面具有示范作用。自贸区内的金融机构可以通过离岸银行账户（OSA）等创新金融工具，开展更加灵活的跨境资金管理和投融资活动。上海自贸区的浦发银行和深圳前海的汇丰银行就是典型的例子，它们通过自贸区政策的支持，成功开展离岸金融业务，积累大量经验。这些创新不仅提升了中国金融机构在国际市场的竞争力，还为其他地区的金融改革提供了宝贵的实践经验。

自贸试验区在提升中国全球金融地位方面发挥了重要作用。通过吸引国际资本和企业进驻，自贸试验区逐步成为全球资本流动的重要节点。海南自由贸易港的设立，更是明确了发展离岸金融的战略目标，通过吸引国际保险公司、资产管理公司等金融机构在此设立离岸子公司，海南正在逐步发展成为亚太地区的重要金融中心。这不仅促进了中国资本市场的国际化,也加强了中国在全球金融体系中的话语权。

(二)自贸港和自贸区在中国的实践

上海自贸区和海南自贸港分别代表了中国在经济改革和对外开放中的不同阶段和重点。上海自贸区作为中国最早的自由贸易试验区,侧重于政策创新和金融市场开放,为全国范围内的改革提供先行经验;海南自贸港则在政策上更加全面和高水平,致力于建设全球竞争力的自由贸易港,推动区域经济的转型升级和国际化发展。自成立以来,上海自贸区和海南自贸港的外商投资企业数量持续上升(见图6-1),推动金融服务、贸易和物流等领域的蓬勃发展,为两地的经济转型升级注入新的活力。

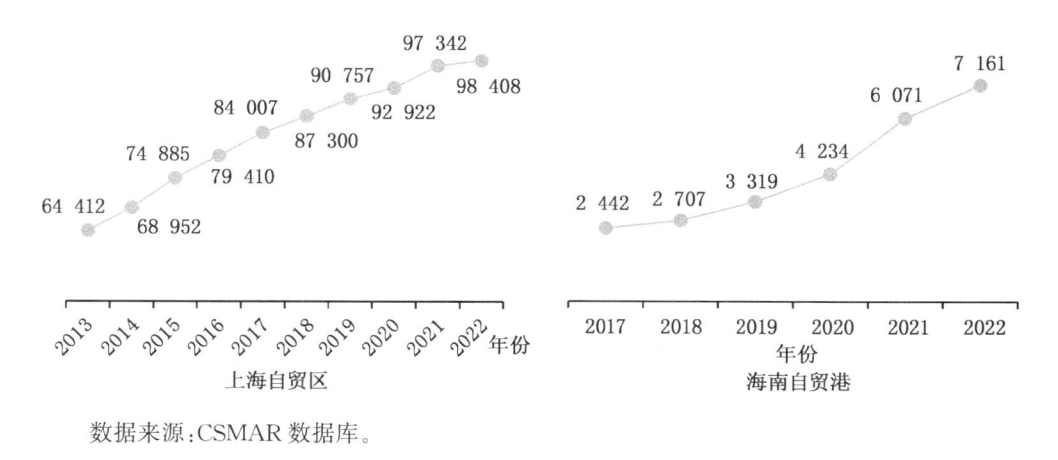

数据来源:CSMAR数据库。

图6-1 外商投资企业数

上海自贸区于2013年9月设立,是中国首个自由贸易试验区。《中国(上海)自由贸易试验区建设10周年白皮书》显示,截至2022年底,累计新设企业8.4万户,是同一区域挂牌前20年的2.35倍,新设外资项目超1.4万个,累计实到外资586亿美元。2023年,上海自贸区的外商直接投资实际到位金额达到102.3亿美元,进出口值为2.2万亿元,占同期全国22个自贸试验区进出口值的28.7%。上海自贸区以制度创新为核心,对标国际最高标准,在探索开放型经济新体制上积累丰富的经验,并向全国推广。上海自贸区自成立以来,发布中国首份外资准入负面清单,创设了本外币一体化运作的自由贸易账户体系,围绕企业全生命周期深化商事制度改革,创新开展"证照分离""照后减证""一业一证"等试点,从管理体制到贸易体系持续创新,示范引领作用不断凸显。在国家层面复制的349项自贸试验区制度创新成果中,近一半源自上海的首创或先行试点。

海南自由贸易港(以下简称"海南自贸港")于2020年6月正式设立,作为中国推动海南省经济发展和对外开放的重要战略,致力于建设具有国际竞争力的自由贸易港,成为中国对外开放的新高地。海南自贸港实施一系列政策,如降低关税、简化贸易手续、实施零关税和低税率政策,吸引大量外资进入,2023年货物贸易进出口规模创历史新高,达到2 312.8亿元。此外,海南自贸港还通过提供金融服务创新,如跨境资产管理、保险和租赁业务,吸引超过30家国际金融机构在此设立分支机构。

专栏6-1
龙湖地产离岸家族信托

第三节　外资银行与国际离岸银行业务

外资银行在中国市场的发展对本土银行产生了多方面的影响。虽然带来了竞争压力,但也促进了本土银行在管理、服务、创新等方面的进步,推动中国金融市场的成熟和国际化。面对这些影响,本土银行需要不断加强自身能力建设,提升竞争力,实现可持续发展。外资银行进入中国市场是经济全球化和中国金融市场开放的必然结果。虽然面临不少挑战,但外资银行的参与为中国金融市场带来了新的活力和创新动力,同时也推动了中国金融市场与国际金融市场的进一步融合。未来,随着中国金融市场的持续开放和国际合作的深化,外资银行在中国的影响力有望进一步增强。

一、外资银行在中国的角色

(一)外资银行进入中国市场的背景和现状

在全球化与经济改革的大背景下,中国金融市场逐步开放,吸引大量外资银行的进入。自1978年改革开放以来,中国的经济政策逐步从封闭转向开放,这一转变不仅促进了资本的跨国流动,还为国际金融机构提供了广阔的发展机遇。特别是2001年中国加入世界贸易组织(WTO)之后,中国承诺逐步向外资银行开放市场,这标志着中国金融市场的进一步国际化。这一承诺为外资银行的进入提供了前所未有的机遇,并推动中国金融市场的深度融合。

2002年3月21日,花旗银行上海浦西支行的开业标志着外资银行正式进入中国市场。从此,外资银行在中国市场的角色和定位经历了多次调整与变革。外资银行的数量和业务规模逐年增长,成为中国金融体系的重要组成部分。2006年,中国履行WTO入市承诺,原中国银监会批准9家外资银行在中国境内的分行转制为法人银行,这一政策调整为外资银行在华展业提供了新的起点。到2024年,中国的外资法人银行数量已增长至 41 家,涵盖零售银行、公司银行、投资银行以及财富管理等多个领域。外资银行不仅带来了全球先进的管理理念、金融产品和风险管理技术,也为中国金融市场注入了新的活力。然而,外资银行在中国的发展也面临诸多挑战,包括国内银行的激烈竞争、监管环境的不断变化以及本土化的难题。因此,外资银行在制定战略时,需要兼顾全球业务与本地化发展的平衡。

(二)对国内市场的影响

外资银行进入中国市场对本土银行产生了深远的影响,带来了挑战和机遇。首先,外资银行的参与加剧了市场竞争,促使本土银行提升服务质量、效率和创新能力,以应对外资银行带来的压力。这种竞争推动本土银行在业务创新、风险管理和客户服务方面的自我提升。外资银行在金融科技和产品创新方面的经验为本土银行提供了借鉴,推动行业的数字化转型。本土银行通过引入先进的 IT 系统和数据分析技术,提高了服务效率和风险控制能力。

外资银行的先进管理理念对本土银行的公司治理和内部控制体系产生了积极影响,提升了本土银行的透明度和稳健性。此外,外资银行提供的多样化金融产品和服务丰富了市场供给,促使本土银行拓展服务范围,提升个性化和定制化水平。在人才方面,外资银行吸引大量金融人才,加剧市场竞争,同时也为本土银行培养了一批具有国际视野的专业人才。外资银行的市场行为更新了本土银行的市场理念,使其更加注重客户需求和市场变化,提升市场响应速度和服务质量。此外,外资银行的国际业务经验为本土银行提供国际化发展的机会,提升其全球竞争力。然而,外资银行的进入也给金融监管带来挑战,要求监管机构加强合作、完善监管体系、与国际标准接轨。

二、国际离岸银行业务

(一)中国香港和美国的离岸银行业务模式

中国香港和美国作为全球知名的国际金融中心,它们的离岸银行业务模式具有各自的特点和优势,为全球客户提供多样化的金融服务。中国香港和美国的离岸银行业务模式都强调市场的开放性、金融产品的多样性和监管环境的稳定性。这些特点使得它们成为全球金融业务的重要枢纽,为不同国家和地区的企业和个人提供跨境金融服务和投资机会。

中国香港是自由贸易港和国际金融中心,其离岸银行业务模式以高度的市场化和国际化为特点。中国香港的离岸银行业务允许非居民在香港的银行开立账户,进行外汇交易和国际融资,并在自由化的金融环境中,不受严格的外汇管制限制。这种模式的优势在于,提供一个稳定、开放的金融环境,吸引大量国际资本和跨国公司。中国香港的税收政策也对离岸银行业务非常有利,因为它对非居民的收益不征税,从而为离岸金融活动提供税收优惠。

美国的离岸银行业务模式,特别是通过国际银行设施(IBFs)进行的操作,代表了一种在货币发行国境内设立的离岸金融市场。IBFs 允许美国银行和外国银行的美国分行在美国境内吸收非居民的美元存款,并与非居民进行金融交易,同时享受特定的监管优惠。这种模式的优势在于,它结合美国的金融实力和监管框架,为国际客户提供了一个安全、高效的金融平台。美国的离岸银行业务还受益于美元作为全球主要储备货币的地位,以及美国成熟的金融市场和法律体系。

(二)外资银行在国际离岸银行业务中的竞争力和优势

外资银行在国际离岸银行业务中展现了其独特的竞争力和优势。首先,它们拥有广泛的全球网络和显著的品牌影响力,这为它们赢得了国际客户的信任,并提供了坚实的业务拓展基础。这些银行能够利用其多元化的金融产品和服务来满足客户的多样化需求,同时,它们在金融科技方面的先进性和创新能力,使得它们能够提供更加个性化和高效的服务。此外,外资银行拥有专业的国际业务团队,这些团队成员具备多元文化背景和多语种能力,能够跨越文化障碍,更好地理解和服务全球客户。

在风险管理和合规方面,外资银行遵循严格的国际标准,这不仅有助于降低业务风险,也增强客户对银行服务的信心。外资银行的业务策略灵活,能够迅速适应市场变化,并抓住新的商机。它们资本实力雄厚、信用等级高,这为它们在国际金融市场上的融资和信用交易提供了有力的支持。此外,这些银行在全球范围内的资源整合和跨境协同能力,使得它们能够提供无缝的跨境金融服务。对国际规则和市场的深刻理解,使得外资银行能够熟练地导航复杂的国际金融环境,为客户提供专业的咨询和指导。它们还积极参与国际合作和联盟,通过这些合作参与大型国际项目和融资活动,进一步扩大它们在全球金融市场中的影响力。

专栏6-2
自由贸易账户助力境内外籍员工股权激励计划

第四节 中国离岸金融业务的风险管理

一、我国离岸金融业务风险

在全球化背景下,离岸金融业务为中国企业提供了丰富的机遇,但也伴随着多种风险。目前,市场中主要有市场风险、信用风险、操作风险、法律与合规风险、流动性风险和跨境风险。

（一）市场风险

在离岸金融业务中，市场风险主要包括汇率风险、利率风险和价格风险。尽管这些风险具有不确定性，但通过灵活和积极的管理策略，企业可以有效应对。

汇率风险涉及汇率波动可能导致的财务损失。这种风险在离岸金融中尤为突出，因为多种货币的交易和管理会影响企业的资产负债表、现金流和盈利能力。企业可以通过使用汇率对冲工具（如远期合同和外汇掉期）来减少汇率波动的影响，以确保财务结果的稳定性。利率风险是指利率变化对融资成本和投资收益的影响。市场利率上升可能增加借贷成本，而利率下降可能降低固定收益投资的回报率。通过利率互换和其他金融衍生工具，企业可以对冲利率波动的影响，保持资金成本的可控性，并优化投资回报。价格风险涉及市场价格波动，可能对金融资产（如大宗商品、股票、债券和衍生品）带来财务损失。例如，商品价格剧烈波动可能导致资产贬值，而股票和债券市场的波动可能影响投资回报。企业可以通过分散投资和对冲操作来管理这些风险，以确保离岸金融业务的稳定性和可持续性。

（二）信用风险

离岸金融的信用风险是指由于交易对手方违约或无法履行财务义务，导致企业或金融机构在离岸金融业务中遭受损失的风险。由于离岸金融涉及跨境交易，不同国家的法律、经济环境和监管标准差异可能加剧这一风险。

具体而言，信用风险在离岸金融中表现为跨境交易违约风险、客户信用风险和银行间信用风险。例如，在跨境交易中，合作方可能因经济困境或政策变化而无法履行合同义务，导致企业面临资金损失；企业向海外客户提供信贷时，可能面临客户无法按时还款的风险；而在银行间贷款和借款活动中，对手方银行的财务状况恶化也会增加违约的可能性。为应对这些风险，企业和金融机构通常会进行严格的信用审查，使用信用衍生工具，并通过分散投资和设立信用限额等措施来减少潜在损失，从而保持离岸金融业务的稳健发展。

（三）操作风险

操作风险是指由于操作失误、系统故障、欺诈行为或内部控制不足，导致企业或金融机构在离岸金融业务中可能面临的损失。这种风险源于复杂的操作流程和跨境交易的高要求，可能对企业的财务稳定性和业务连续性产生重大影响。

首先，操作失误可能发生在金融交易的执行过程中，比如错误的交易指令或数据输入错误，导致不必要的财务损失。其次，系统故障是指技术平台或系统的问题，这可能导致交易延误、数据丢失或处理错误，从而影响业务操作的准确性和及时性。欺诈行为则包括内部或外部人员利用系统漏洞进行非法操作，这种行为不仅损害企业财务，还可能损害企业声誉。最后，内部控制不足意味着企业在风险管理和合规方面的措施不够完善，可能导致无法有效防范上述风险，增加财务损失的可能性。为了减少操作风险，企业和金融机构通常会强化内部控制系统、实施风险管理策略、进行定期的系统维护和审计，以及培训员工以提高操作准确性和安全性。这些措施有助于确保离岸金融业务的稳定运行和风险控制。

（四）法律与合规风险

离岸金融的法律与合规风险指的是由于不同国家和地区法律法规差异，企业或金融机构在离岸金融业务中可能面临的法律诉讼、罚款和合规挑战。由于离岸金融市场的复杂性和多样性，这些风险可能显著影响企业的运营和财务稳定。

首先，法律诉讼风险是指企业因违反当地法律法规而可能面临的诉讼或法律纠纷，比如涉及税务或反洗钱规定。这可能导致罚款或损害赔偿。其次，合规挑战包括企业必须遵循复杂的监管要求，如反洗钱（AML）和打击资助恐怖主义（CFT）法规；若未能遵守，就可能会遭受处罚或业务限制。再次，法规变化风险是指法律环境的快速变化可能增加合规难度；例如，新法规的出台可能导致企业调整业务流程、增加运营成本。为应对这些风险，企业通常建立完善的合规管理体系，进行法规培训和内部审计，并聘请法律顾问，以确保业务的合法性和合规性，这有助于降低法律风险、维护企业的声誉和稳定发展。

（五）流动性风险

流动性风险是指企业或金融机构在离岸金融业务中可能面临的资金无法迅速且足额满足其短期财务需求的风险。这种风险源于跨境资金流动的复杂性和市场波动，可能影响企业的财务稳定性和业务连续性。

首先，跨境资金流动困难可能导致企业在需要迅速调动资金时遇到障碍，特别是在全球金融市场动荡或政策变化时，资金流动可能受到限制。其次，资金流动性不足是指企业在离岸市场上面临的资金短缺问题，这可能影响其日常运营和财务管理。特别是在市场条件恶化或经济不稳定时，企业可能难以迅速获得所需资金。此外，市场流动性风险是指金融市场中的资产难以在需要时快速卖出而不显著影响其市场价格，这可能导致企业在出售资产时遭受损失。为了应对这些风险，企业和金融机构通常会采取措施，如建立足够的现金储备、优化资产负债结构以及维持多元化的融资渠道，以确保在面对资金需求时具备足够的流动性。这些策略有助于保持业务的稳定性和应对突发的财务挑战。

（六）跨境风险

跨境风险是指由于国际政治、经济和法规变化而对离岸金融活动产生的风险。这些风险涉及跨国操作的复杂性，可能影响企业的运营和财务稳定性。

首先,政治风险包括国际政治局势的变化(如政局动荡或制裁)对离岸金融业务的影响,如资本管制或资金流动限制。其次,经济制裁风险涉及国家和地区因国际关系紧张而实施的经济制裁,这可能影响企业的市场和资产安全。再次,政策变化风险是指各国可能出台新法规或政策,改变离岸金融环境的规则,从而影响企业的财务规划。法律合规风险也涉及不同法律体系下的合规要求,如数据保护法规或反洗钱规定。为应对这些风险,企业通常会进行全面的风险评估,监控国际局势变化,制定灵活的应对策略,并保持与当地合作伙伴的紧密联系,以降低跨境风险对业务的影响。跨境风险是指由于不同国家的政治、经济和法律环境差异,可能对企业离岸业务产生的影响。虽然跨境风险具有一定的不确定性,但企业可以通过主动应对和灵活调整策略来将其影响降至最低。

二、我国离岸金融业务的风险管理

我国在离岸金融业务的监管上已经建立了一定的框架和机制,但由于法规和政策的部分缺失以及监管力度的不足,外资银行在离岸业务操作中仍然存在一定的风险隐患。随着国际金融环境的变化和中国对外开放的深化,完善离岸金融业务的监管体系,特别是对外资银行离岸业务的操作进行更严格的规范和监管,已成为维护我国金融市场稳定和国家经济安全的重要举措。

1997年10月,中国人民银行发布《离岸银行业务管理办法》,为外资银行办理离岸业务提供政策框架。1998年5月,国家外汇管理局在此基础上制定《离岸银行业务管理办法实施细则》。这些法规对离岸银行业务的条件、申报程序、经营范围、账户管理及风险控制等方面作出了详细规定。然而,这些规定在发展离岸银行业务所需的银行信息保密等方面仍显不足,缺乏完善的法规和政策支持。同时,尽管这些法规在一定程度上规范了外资银行的离岸业务操作,但对外资银行在办理离岸业务时的具体操作方式并没有进行明确限制,导致部分外资银行根据自身理解,自行决定如何开展离岸业务。

自2007年我国开始实行法人注册地银行规则以来,外资银行仍然在继续办理离岸业务,这引发了对监管力度不足的担忧。根据《中华人民共和国外资金融机构管理条例》,外资金融机构包括独资银行、外国银行分行、合资银行、独资财务公司和合资财务公司等。《中华人民共和国外资银行管理条例》规定,外商独资银行、中外合资银行、外国银行分行只能在获批的范围内经营部分或全部外汇和人民币业务,并未明确批准外资银行办理离岸业务。然而,在实际操作中,部分外资银行通过其境内分支机构代理境外分行,或通过境外分支机构直接操作跨境融资业务,继续开展离岸业务。

为进一步加强监管,2022年发布的《关于银行业金融机构境外贷款业务有关事宜的通知》中明确,通过 FT 和 NRA 账户发放的境外贷款必须符合严格的合规性审核要求,并且需要进行穿透式监管。这些要求对境内银行在境外贷款业务中的操作提出了更高的合规性标准,旨在防范潜在的金融风险。

三、我国离岸金融业务的风险案例

随着中国对外开放的不断深化和离岸金融市场的逐步扩展,离岸金融业务中的风险管理愈加重要。为了在国际市场中保持竞争力,企业和金融机构必须增强风险意识,建立健全应对机制。

离岸金融业务中,洗钱风险尤为突出。2019 年,湖南省公安机关破获了一起腐败与离岸金融密切相关的跨境洗钱案件。在该案中,犯罪人员通过离岸金融账户,将贿赂所得的人民币 3 889.89 万元分别兑换为美元、欧元和澳元,随后转移至境外。这一案件凸显了离岸金融在腐败分子洗钱过程中的"关键作用"。不少贪腐及外逃人员都对离岸金融中心有着"浓厚兴趣",他们利用在离岸金融中心设立账号或"空壳公司",将非法资产隐匿并转移至境外,同时通过投资移民方式获得外国护照或永久身份,以规避国内法律的追责。这种操作不仅增加了反腐败工作的复杂性,也加大了跨境追逃和追赃的难度。

然而,尽管存在各种风险,但是合理利用离岸金融也能够为企业带来显著的经济效益。中国工商银行(ICBC)在新加坡的离岸金融业务中,通过有效的流动性风险管理,成功应对全球金融危机带来的挑战。工行保持高水平的流动性储备,并在国际市场上拓展多元化的融资渠道,确保在市场条件恶化时仍能满足短期资金需求。同时,工行建立强大的跨境风险管理体系,通过实时监控国际政治和经济形势的变化,及时调整资产配置,降低跨境风险。例如,在应对中美贸易摩擦期间,工行迅速调整与美国相关的金融资产组合,有效避免了因政策变化可能导致的重大损失。

尽管离岸金融业务中存在诸多风险,如洗钱和流动性管理的挑战,但通过加强风险管理意识和实施有效的应对机制,企业和金融机构仍能在国际市场中实现可持续发展。这一过程不仅需要对潜在风险有清醒的认识,还要求在日常经营中不断优化风险管理策略,以在复杂的国际环境中稳步前行。

第五节　离岸金融的监管与法律框架

离岸金融因其跨境性质和隐秘性,成为全球金融监管的重点。随着国际资本流动和非法活动(如洗钱和恐怖融资)的增加,各国和国际组织推出严格的监管措施以维护金融稳定。监管的目的是消除不当行为,保护善意参与者的利益。卡迈克尔提出了市场行为监管的五个重点领域:信息披露、业务规则行为、许可限制、治理和信托责任以及最低财务实力标准。[①] 审慎监管技术包括资本和流动性要求、许可标准及其管理规范。监管机构通过获取公众不了解的信息,确保投资者公平对待,并帮助消费者做出合理的财务决策;审慎监管涉及偿付能力、流动性要求和资产负债表控制等方面,以维护金融系统的有效性和消费者信心。

一、国际离岸金融的监管体系

(一)全球离岸金融的监管机构及其主要职责

1. 国际清算银行(BIS)

国际清算银行(Bank for International Settlements,BIS)作为全球中央银行的银行,在离岸金融监管中扮演着重要的协调者和推动者的角色,主要通过提供研究、促进国际合作和支持制定全球金融监管标准来加强离岸金融市场的稳定性和透明度,以此帮助各国有效应对离岸金融活动带来的挑战,并在全球范围内推动更高的金融透明度和监管合规性。

首先,BIS通过其研究和分析能力,深入探讨全球金融体系的风险和脆弱性,特别是在离岸金融活动中可能产生的系统性风险。BIS定期发布报告和工作文件,分析全球资本流动、跨境银行业务和金融市场基础设施等问题。这些研究为各国监管机构提供了科学依据和政策建议,帮助它们更好地理解和应对离岸金融活动带来的挑战。其次,BIS作为一个国际性的金融机构,促进各国中央银行和监管机构之间的合作与协调。离岸金融的跨境特性使得单一国家难以有效监管其活动,而BIS通过定期召集各国央行行长和监管机构负责人,共同探讨全球金融市场的动态和监管策略,从而推动全球监管标准的一致性。通过这些会议和论坛,BIS在推动全球金融稳定方面发挥了重要的桥梁作用,确保离岸金融活动不破坏全球金融系统的稳定性。此外,BIS还为国际金融监管标准的制定和推广提供支持,特别是在与巴塞尔银行监管委员会(BCBS)的合作中,BIS不仅为BCBS提供了秘书处支持,还帮助推动《巴塞尔协议》的全球实施。这种合作确保离岸金融中心的银行业能够遵守全球统一的资本和风险管理标准,从而减少系统性风险。

2. 巴塞尔银行监管委员会

巴塞尔银行监管委员会(BCBS,以下简称"巴塞尔委员会")在离岸金融监管中扮

[①] 卡迈克尔,弗莱明,卢埃林(编). 与国家需求相一致的金融监管结构调整[M]. 华盛顿:世界银行研究所,2004.

演着关键角色，主要通过制定和推广国际银行业监管标准，推动信息披露，促进跨国监管协调，确保全球银行系统的稳定性和透明度，降低离岸金融活动对全球金融市场带来的潜在风险。

首先，巴塞尔委员会通过制定《巴塞尔协议》系列标准，确保银行和其他金融机构在全球范围内维持一定水平的资本充足率，从而增强它们的稳定性和抵御风险的能力。特别是在跨境金融活动中，离岸金融中心的银行常常参与高度复杂且风险较大的金融交易，《巴塞尔协议》的实施帮助确保这些银行具备足够的资本缓冲，以应对可能出现的金融动荡。其次，巴塞尔委员会还推动全球监管机构之间的合作与信息共享，强调金融机构的透明度和信息披露。离岸金融中心由于其低税环境和宽松的监管政策，吸引大量的国际资本流动，因此，国际范围内的监管协调对于确保金融透明度和打击洗钱、恐怖融资等非法活动至关重要。此外，巴塞尔委员会还通过跨国合作，促进不同司法管辖区的监管协调。离岸金融活动的跨境性质使得单一国家的监管措施往往难以全面覆盖，而 BCBS 通过与其他国际组织和国家监管机构合作，推动全球范围内的监管标准和实践相统一，减少监管套利的可能性，并确保离岸金融活动的合规性。

(二) 反洗钱 (AML) 和打击资助恐怖主义 (CFT) 法规

全球主要的 AML/CFT 法规包括：美国的《银行保密法》(BSA) 和《爱国者法案》，要求金融机构报告可疑活动并设立反洗钱和反恐融资措施；欧盟的《第四反洗钱指令》(4AMLD) 和《第五反洗钱指令》(5AMLD)，统一了对虚拟货币和高风险国家的监管标准；以及金融行动特别工作组 (FATF) 的 40 项建议，这些建议构成了全球 AML/CFT 法规的基础，各国根据这些建议制定和完善本国的相关法规。这些法规和建议共同确保全球离岸金融市场的稳定性和透明度。

反洗钱 (AML) 和打击资助恐怖主义 (CFT) 法规在全球离岸金融监管中扮演着至关重要的角色。AML 法规的核心内容包括客户尽职调查 (CDD)、可疑交易报告 (STRs) 和记录保存要求。金融机构必须在建立业务关系前进行客户尽职调查，验证客户及其受益所有人的身份；在发现可疑交易时，需要及时向监管机构报告；同时，金融机构还须保存交易记录和客户信息，通常保存 5~7 年，以便监管机构进行调查。

CFT 法规的核心内容包括冻结资产、名单筛查和跨境报告。金融机构须根据联合国安理会决议，一旦发现与恐怖主义相关的资金，立即冻结资产并报告当局；定期筛查客户名单，确保不与恐怖分子或相关组织有业务往来；对跨境交易严格遵循报告要求，防止资金流向恐怖主义组织。

二、国内离岸金融的监管措施

中国在离岸金融监管中采取多层次的措施，其中，中国人民银行 (PBOC) 和中国银行保险监督管理委员会(银保监会)作为主要监管机构扮演着关键角色。

中国人民银行和中国银保监会对离岸金融业务实施一系列监管政策。中国人民银行作为国家的中央银行,负责制定和实施货币政策,并监督金融机构的运行。在离岸金融领域,人民银行通过外汇管理、跨境资金流动监控等手段,确保离岸金融业务的合规性,防范系统性金融风险。此外,银保监会作为专门的银行和保险监管机构,主要通过制定银行业的监管标准、强化资本充足率要求和风险管理措施,对参与离岸金融活动的银行和保险机构进行严格的监管。这些政策措施旨在提高金融机构的稳健性,防止洗钱、恐怖融资等非法活动,同时维护国家金融安全。

中国在自贸试验区内建立了特定的监管制度,以支持离岸金融业务的发展。自贸试验区作为中国推进经济改革和扩大开放的重要平台,允许在更为宽松的政策环境下进行金融创新。在这些试验区内,政府对离岸金融业务实行更灵活的监管制度,如简化外汇管理程序、放宽跨境资金流动限制等,鼓励国际资本的自由流动和金融机构的创新发展。然而,这些创新举措仍然在严格的监管框架内进行,以确保金融活动的合法性和安全性,同时避免对全国金融体系造成风险。

三、离岸金融法律体系的建设

在全球金融市场日益复杂和跨境资本流动加速的背景下,完善的离岸金融法律体系对于维护金融秩序、保障市场透明度和防范系统性风险不仅是全球金融安全的需要,也是中国推动金融改革和开放的重要组成部分。通过完善法律框架,中国不仅可以更有效地监管离岸金融活动,防范金融风险,还能够在全球金融体系中发挥更为重要的作用,提升其国际竞争力。

离岸金融法律体系的建设对于保障全球金融稳定至关重要。离岸金融中心因其低税率和宽松的监管环境,吸引了大量国际资本流动。然而,这些优势也使得离岸金融容易成为洗钱、逃税和其他非法活动的温床。通过建立健全的法律框架,政府可以有效地规范金融机构的行为,确保离岸金融活动的合法性和透明度。一个完善的法律体系不仅能够保护投资者的权益,还能防止金融系统被滥用,从而维护全球金融市场的健康发展。

中国完善离岸金融法律体系具有特殊的必要性。随着中国在全球经济中的地位不断提升,离岸金融业务在国内外的影响力也日益增强。当前,中国的离岸金融法律框架尚处于发展阶段,与国际先进标准相比仍存在一定差距。为了应对国际金融市场的竞争,中国需要加快完善其离岸金融法律体系,以增强对跨境金融活动的监管能力。这包括加强反洗钱(AML)和打击资助恐怖主义(CFT)法律的执行力度,完善税收和外汇管理法规,确保国内金融机构在参与离岸金融业务时能够合规运营。同时,一个强有力的法律体系能够为中国自贸试验区内的金融创新提供法律保障,支持中国金融市场的进一步开放与国际化。

第六节 离岸金融对中国经济和金融的影响

一、中国离岸金融市场与货币政策的影响

中国的离岸金融市场在全球经济一体化进程中扮演着越来越重要的角色,对国家的货币政策产生了深远的影响。通过资本流动、汇率政策以及货币供应和通胀控制等方面,离岸金融市场对国内经济稳定和政策效果产生了多层次的作用。

离岸金融市场的资本流动对中国的流动性管理提出了新的挑战。离岸金融市场允许资本在境内外自由流动,这种跨境资本的流动性增强了国内金融市场的灵活性,但也增加了中央银行在货币政策执行中的不确定性。大量资本的流入可能导致国内流动性过剩,推高资产价格,甚至形成泡沫;而资本的快速流出则可能引发流动性紧缩,增加金融市场的不稳定性。因此,中国人民银行在制定和执行货币政策时,需要更加灵活地应对离岸金融市场带来的资本流动风险,通过公开市场操作和存款准备金率调整等金融措施来保持流动性的合理水平。

离岸金融市场对中国的汇率政策产生了重要影响。随着人民币国际化的推进,离岸人民币市场(如香港、伦敦等)的发展加速,这些市场的人民币汇率波动反过来影响在岸人民币的汇率表现。离岸市场的汇率通常受到市场供求的直接影响,因此可能与国内的官方汇率出现差异。这种差异可能对中国的外汇市场产生溢出效应,影响央行的汇率政策稳定性。为了应对这种挑战,中国央行需要加强对离岸和在岸人民币汇率的协调管理,通过干预和指导市场预期,维持人民币汇率的总体稳定。

离岸金融市场对中国的货币供应和通胀控制也产生了复杂影响。离岸市场的大规模资本流动可能导致货币供应的波动,进而影响国内的物价水平。资本的大量流入往往会增加货币供应,可能导致通胀压力上升;而资本流出的增加则可能引发货币供应减少,抑制经济增长。为了保持物价稳定,中国央行需要在管理货币供应时考虑离岸市场的动态变化,确保货币政策的效果不被离岸金融活动削弱。这包括通过调整利率和进行公开市场操作来控制货币供应,防止通胀失控。

二、离岸银行业务对中国经济与金融业的影响

离岸银行业务作为全球金融市场的重要组成部分,对中国经济的发展和金融业的转型产生了深远的影响。通过促进金融服务的国际化、便利化资金的跨境流动以及推

动金融产品和服务的创新,离岸银行业务为中国经济的持续增长和商业银行的全球化布局提供了有力支持。

首先,离岸银行业务对中国经济发展的促进作用体现在金融服务的国际化。随着中国对外开放的深化,离岸银行为国内企业和投资者提供了更为广泛的国际金融服务,使得他们能够更方便地参与全球市场竞争。通过离岸银行业务,中国企业可以在境外进行融资、结算和投资管理,从而降低成本、提高运营效率。此外,离岸银行还为中国的对外贸易和跨国投资提供便利,加速资本流动和资源配置的全球化。这种国际化的金融服务不仅提升了中国企业的国际竞争力,也推动了国内经济的稳步增长。

其次,离岸银行业务在资金跨境流动的便利化方面发挥重要作用。离岸银行为中国的跨境资金流动提供更灵活的渠道,使得资金在境内外能够更加高效地配置和流通。这种便利化增强了中国资本市场的流动性,吸引更多的外资进入国内市场,促进资本的优化配置。同时,离岸银行也为中国的金融市场提供了更广泛的融资来源,帮助企业在全球范围内筹集资金,支持国内经济的发展。然而,随着资金跨境流动的增加,离岸银行业务也为中国的金融监管提出了新的挑战,如何平衡资本的自由流动与金融安全成为监管机构的重要课题。

最后,离岸银行业务推动金融产品和服务的创新。随着离岸银行业务的快速发展,金融机构在产品设计和服务模式上进行大量创新,以满足客户日益多样化的需求。例如,离岸银行业务推动人民币国际化的进程,通过推出人民币计价的离岸金融产品,扩大人民币的国际使用范围。此外,离岸银行在风险管理、财富管理和跨境金融服务方面的创新,也为国内银行业提供宝贵的经验和参考。这些创新不仅丰富了中国的金融市场,也提升了国内银行在国际市场上的竞争力。

三、自贸试验区、国际金融中心与人民币国际化

自贸试验区作为中国深化改革开放的重要平台,在推动离岸金融业务和人民币国际化方面发挥了至关重要的作用。通过制度创新和政策突破,自贸试验区不仅为离岸金融业务提供便利的环境,也加速了人民币在国际市场的接受度和使用范围。同时,《区域全面经济伙伴关系协定》(RCEP)的实施也为自贸试验区的发展带来了新的机遇和挑战,进一步强化跨境金融合作和市场互联互通的需求。

自贸试验区对中国离岸金融业务和人民币国际化的推动作用尤为显著。自贸试验区内的金融改革措施,如外汇管理的放松、跨境资金流动的便利化以及金融服务的创新,极大地促进了离岸金融业务的发展。这些措施使得中国能够在更大范围内吸引国际资本,支持国内企业和金融机构在全球市场中的参与。此外,自贸试验区的人民币跨境支付系统(CIPS)和人民币离岸市场的扩展,为人民币在国际贸易和投资中的

使用提供有力支持,加速人民币国际化进程。CIPS 自 2015 年由中国人民银行推出以来,为人民币在国际贸易和投资中的使用提供了强有力的支持。截至 2023 年,CIPS 已经与超过 1 300 家国内外金融机构建立了连接,覆盖 160 多个国家和地区,全球的银行和企业都能够通过 CIPS 进行人民币的跨境支付与结算。CIPS 系统不仅提高了人民币跨境支付的效率,还增强了人民币作为国际贸易结算货币的竞争力。

RCEP 的签署和实施对自贸试验区的发展产生了重要影响。RCEP 作为全球最大的自由贸易协定,涵盖东亚、东南亚的多个经济体,进一步推动区域内的经济一体化。对于中国的自贸试验区而言,RCEP 提供更广阔的市场和更多的合作机会。通过自贸试验区,RCEP 成员国之间的投资和贸易壁垒得以降低,资金和商品的流通更加顺畅,这为中国的离岸金融业务和人民币国际化提供新的增长点。此外,RCEP 还推动了区域内的金融合作和政策协调,使得自贸试验区在国际金融合作中发挥更加积极的作用。

自贸试验区和国际金融中心的建设需要加强跨境金融合作,推动金融市场的互联互通。作为中国深化开放和推进金融改革的先锋,自贸试验区与上海、香港等国际金融中心之间的合作显得尤为重要。通过加强与国际金融中心的联系,自贸试验区可以更好地吸引国际资本,提升金融市场的深度和广度。同时,跨境金融合作的深化有助于打通资本市场的"南北通道",推动人民币资本项目的可兑换,加速人民币国际化进程。国际金融中心的经验和优势也将为自贸试验区的建设提供重要借鉴,推动中国金融市场的进一步开放和国际化。

重要概念

离岸　离岸金融　离岸金融中心　离岸银行业务　自贸试验区　离岸金融监管
风险管理　资本流动　人民币国际化

思考题

1. 比较国际离岸金融市场与中国离岸金融市场的主要特点,包括市场结构、参与者及业务范围。分析这些市场如何影响中国离岸金融业务的开放程度和发展方向,并探讨中国在全球离岸金融体系中的定位和角色。

2. 外资银行进入中国市场带来了哪些创新和变革?分析外资银行在中国市场的角色及其面临的主要挑战。

3. 自贸试验区(如上海自贸区和海南自贸港)如何推动中国离岸金融业务的发展?分析自贸试验区实施的关键政策及其对离岸金融业务的影响。探讨这些政策如何促进资本流动、金融创新和国际金融中心的建设。

4. 国际和中国离岸金融的监管体系有何异同？分析这些监管框架如何影响离岸金融业务的发展和合规性。

5. 预测未来离岸金融市场可能的发展趋势及其对中国的潜在影响。考虑全球经济形势、科技创新和金融监管变革等因素，分析离岸金融在未来可能面临的机遇和挑战，以及中国应如何应对这些变化。

第七章　中国股票市场的发展与现状

📅 学习目标

1. 了解股票市场的起源和历史背景，掌握股票作为所有权凭证的基本特征。
2. 探讨有限责任公司制度对中小投资者的保护作用及其对商业形态演变的影响。
3. 分析中国股票市场的形成与发展过程，了解中国改革开放对证券市场建设的推动作用。
4. 理解中国股票市场的成长历程和当前的发展现状，认识主要的市场制度和改革举措。

视频7-1

📅 本章导读

如何全面、深入地了解中国股票市场的发展历程，是理解中国资本市场的重要基础，也是投资者制定科学投资策略的重要参考。本章将系统介绍中国股票市场的起源与发展，通过分析有限责任公司制度的形成及其在商业实践中的应用，帮助读者全面回顾中国股票市场从无到有、从小到大的演变历程。同时，本章还将探讨中国股票市场的成长与面临的挑战，为读者提供对中国资本市场的全景式认知。

第一节　股票市场的起源

从金融学理论来说，股票是公司所发行的所有权凭证。每一股股票都代表持股股东对于相应的股份公司拥有一个单位的所有权。股东对于公司的所有权具体表现在：(1)股东在公司的每个财报周期内可以取得与其持股数量呈正比的股息红利；(2)股东在公司股东大会上可以对关于公司运营的重大事项通过行使投票权加以表决，而其投票权的多少一般也与其持股数量呈正比。

为了让大家更好地了解股票的本质,我们需要对有限责任制这种公司组织形式进行更加深入一些的阐述。这里的"有限责任"是指公司的股东以其出资额为限对公司承担责任。举个例子,你的朋友开设了一个有限责任公司,你和你的朋友都认为这家公司现在值 1 000 万元。那么当你以 10 万元投资你朋友公司的时候,你就获得了这个公司 1% 的股份。如果日后你朋友的公司生意蒸蒸日上,公司的价值涨到了 1 亿元,那么你原先投资的本金就对应着现在公司价值(1 亿元)的 1%,也就是价值为 100 万元的公司股份,你会很开心,因为你开始投资的本金翻了十倍。如果将来你朋友的公司生意一路走低,甚至到了年年亏损、资不抵债的地步,你会发现你原先投资的 10 万元本金可能就要打水漂了。但是,如果你再仔细想一想的话,你可能还是会有一点点暗自庆幸。为什么呢? 因为在这种情况下,你面临的最大损失,就是你起初投资的 10 万元本金全部亏光了,但是至于具体的这家公司,是否能够还得上银行贷款,是否能够不拖欠员工工资,是否能够应对其他企业债权人的讨债甚至是起诉,你作为这个有限责任公司的一个普通股东,就都不用操心了。为什么当你作为一个普通投资者时,你可以做到不怎么需要为你投资的公司在经营不善时面对的上述种种烦恼操心呢? 这是因为,你对于你投资的这家公司承担的责任是以你的出资额,也就是你起初投的 10 万元本金为上限的。所以,通过这个例子,我们可以看到,有限责任公司制度是对广大中小投资者一个非常重要的保护,也是公司这种重要的商业形态在人类历史的发展中所演化出的一种最优组织形式。

那么在人类商业文明的演化历程中,是如何出现有限责任公司这种制度的呢? 这其实与 16—17 世纪的大航海时代有关。在那个时候,欧洲各国为了找寻传说中的新大陆,纷纷组织了各式各样的远洋探险船队。但是在当时,远洋航行是一个高风险(船队有可能航行出去了之后回不来)、高资金要求(船队需要大量资金来购买船只和附属设备)、长时间周期(一趟远洋探险可能需要好几年的时间)的商业项目。所以,探险船队往往要向其出发地点的拥有大量闲置资金的投资者募资,而投资者和船长船员们就会约定好相应投资的数目和将来分成的比例。在某种意义上,这些探险船队就成了人类商业文明中早期的公司组织形式。船队的投资者可以被视为今天投资公司的股东,而具体的船长和船员们则是公司的管理层和员工。虽然这是一种很原始的公司组织形式,但是我们仍然可以从中观察到现代公司的三大重要特点。第一点,就是我们前面讲的有限责任制度。以其自有资金投资船队的投资者对于探险船队的责任,是以其出资额为上限的。如果船队出海之后没有回来,投资者会面对投资本金亏损的风险;但是,如果船队出海之后从探险家变身为加勒比海海盗,船队的投资者是不需要为这些转职为海盗的船队在海上打劫的行为负责的。第二点,是公司的所有权和经营权的分离。进行远洋探险,是一项需要大量航海专业知识的活动。投资者有钱,但是可能没有相应的航海专业技术，而船长和船员们懂航海，但是可能没钱。所以，用今天的话说，就是投资者以金融资本入股，船长和船员们以人力资本和专业技术入股。那么投资者拥有的是船队航海探险收获的所有权，而至于具体探险船队向哪里开、怎么开才能发现传说中的新大陆，则是由操控船只的船长和船员们决定的。第三点，则是公司所有权或者公司股权的可转让性。远洋航海是一项长周期的探险项目，船队可能一去就是三五年。那么在此期间，如果船队的投资者急需用钱，应该怎么办呢？在这种情况下，就需要一个能够让投资者自由买卖其手中股权投资的二级市场。实际上，在当年有"海上马车夫"之称的荷兰的阿姆斯特丹市设立的阿姆斯特丹证券交易所就是欧洲历史最悠久的股票交易所之一，其股票交易的历史可以追溯至400多年前的1602年。

在荷兰的阿姆斯特丹证券交易所成立之后，欧洲各国纷纷成立它们自己的证券交易所。在法国，巴黎证券交易所（Paris Bourse）于1724年成立。在英国，伦敦证券交易所（London Stock Exchange）于1773年成立。同时，在大西洋的彼岸，北美大陆上，一个联邦制国家，也就是今天人们所熟知的美国，于1776年建立。美国在赢得了建国之初的独立战争之后，由于战争和建国所带来的花费，面临着较大的财政压力。在其首任财政部部长汉密尔顿的建议下，发行了8000万美元左右的国债。之后，随着越来越多债券的发行流通，以及社会上股份制公司逐步设立和募资，美国社会也产生了对于成立证券市场的需求。在1792年，以约翰·萨顿和本杰明·本为代表的二十几个证券交易经纪人决定在纽约市华尔街建立一个拍卖中心，集中进行股票债券等的交易活动。这个交易中心当时被称为纽约股票交易委员会。为了进一步维护股票交易的秩序，同年5月17日，这些证券经纪人在位于华尔街68号的一棵梧桐树下签署了《梧桐树协议》。这个《梧桐树协议》规定了证券经纪人之间的合作竞争规则。1817年，纽约股票交易委员会把其名字更改为"纽约证券交易委员会"；1863年，再次改名为"纽约证券交易所"，这个名字作为全球最大的股票交易所的正式名称，被一直沿用到了现在。之后，在亚洲，孟买证券交易所于1875年在印度孟买成立；东京证券交易所则于1878年在日本东京成立。

经过400多年的发展后，今天的股票市场已经从欧洲富人们茶余饭后的休闲场所，演变成与国计民生息息相关、在现代市场经济中不可或缺的重要部分。根据2019年的数据显示，全球股票市场的总市值已经达到了约100万亿美元，或者约700万亿元人民币这样一个庞大的规模。全球股票市场每天的交易量在市场活跃的时候可以超过5万亿元人民币，或者说是超过了瑞士一年的国民生产总值。那么，为什么在现代的人类社会经济活动中，产生出了一个如此庞大、如此活跃的股票市场呢？这是因为，现代股票市场能够为社会大众提供以下几个方面的重要功能：一是股票市场能够为急需资金进一步发展的企业,尤其是那些拥有高新技术和先进商业模式的创新型企业,提供一个广阔的融资渠道;二是股票市场能够为广大的个人投资者和以社保基金、保险资金、共同基金为代表的长期机构投资者,提供一个不可或缺的资产保值增值的方式;三是股票市场作为关于宏观经济、细分行业、具体公司的大量相关信息的汇聚场所,成为能够在第一时间反映其所在国家、地区甚至是全球经济情况的重要"晴雨表"。所以,对于股票和股票市场有一个全面的了解,对大家以后事业和人生的顺利发展,都是非常重要的。

第二节 中国股票市场的发展

一、中国股票市场的起源

众所周知,中国的改革开放开始于20世纪70年代末。这里有一个重要的里程碑事件,即于1978年12月召开的中共第十一届中央委员会第三次全体会议,也就是我们在改革开放的历史中经常提起的十一届三中全会。在十一届三中全会上,以邓小平同志为代表的中国领导人做出了一个非常重要的决定,就是党和国家的工作重点需要转移到社会主义现代化建设上来。在十一届三中全会前,为了更好地准备这次重要的会议,中央特地召开了历时36天的中央工作会议。在这一次中央工作会议的闭幕式上,邓小平同志作了题为《解放思想,实事求是,团结一致向前看》的重要讲话。在这次的重要讲话上,邓小平同志重申了"实践是检验真理的唯一标准"这个重要论断,从而为之后波澜壮阔的中国改革开放事业推开了大门。

在十一届三中全会之后,在接下来的整个20世纪80年代,全中国人民都在热烈地讨论我们应当如何更好更快地在社会和经济的各个方面推动改革、加速发展。具体到金融领域,在1984年,位于北京的中国人民银行研究生部的20多名研究生,在市场经济改革思想的推动下,发表了一本名为《中国金融改革战略探讨》的蓝皮书。在这本小小的蓝皮书里,第一次谈到了在中国建立证券市场的构想。这本由年轻人完成的蓝皮书在同年的中国金融年度讨论会上引起大规模的学者专家讨论,同时开启了改革开放之后的中国建立股票市场的努力。

同年11月18日,在上海,《中国金融改革战略探讨》中提出的在中国建立证券市场的构想开始慢慢地变为现实。作为新中国第一只公开发行的股票,上海飞乐音响公司向社会公众投资者发行了1万股股票,每股票面价值50元,一共募资50万元。两年之后,1986年9月26日,新中国的第一个证券交易业务部,也就是位于上海南京西路的静安证券业务部开业。虽然那时候规模还不大,在静安证券业务部开业之初,在业务部柜台交易的股票一共只有2家,即上面提到的飞乐音响(总股本共50万元)和另一家公司延中实业(总股本共500万元),但这标志着改革开放后的中国从此有了股票交易,也从此渐渐地揭开了中国股票市场建立的序幕。

在接下来的时间里,随着一批一、二级证券市场试点的初步形成,相关证券经营机构也开始慢慢出现在市场经济改革的步伐中。在1987年9月,作为中国第一家专业证券公司,深圳特区证券公司宣告成立。在1988年,为了推动国库券转让交易在全国范围推广,中国人民银行在全国各省份组建了33家证券公司。随着证券交易范围的逐步扩大,参与人数和机构的逐渐增多,对于建立集中的股票交易市场的呼声越来越高。于是,在1990年,经国务院授权、中国人民银行批准,作为新中国改革开放后建立的第一家证券交易所,上海证券交易所(通常简称"上交所")在当年11月26日正式成立,然后于同年12月19日开张营业。深圳证券交易所(通常简称"深交所")也于同年12月1日正式开业。上交所和深交所的成立和开业,是中国金融市场——尤其是中国股票市场——发展历程中具有重大意义的标志性事件。

在这里,我们应该客观地指出,在中国股票市场建立之初,是有过广泛的讨论和争议的。股票市场,对于那个时候的中国人来说,是一个全新的事物。大家关注的关键问题是:在社会主义的中国,我们能不能搞公司股份制?能不能发展以股票市场为代表的金融市场?1992年初,邓小平来到中国南方多个城市视察。邓小平在深圳视察的时候,在调研了深圳市的改革进展并听取了时任深圳市委书记李灏汇报的深圳经济发展情况后,他说道,有不少人担心股票市场是资本主义,所以让深圳和上海先搞试验。看来,深圳和上海的试验说明社会主义是可以搞股票市场的,证明资本主义能用的东西,也可以为社会主义所用。

邓小平还更加明确地指出:"计划经济不等于社会主义,资本主义也有计划。市场经济不等于资本主义,社会主义也有市场,计划和市场都是经济手段。社会主义的本质,是解放生产力,发展生产力。""证券、股市,这些东西究竟好不好,有没有危险,是不是资本主义独有的东西,社会主义能不能用?允许看,但要坚决地试。"[①]邓小平的这一重要讲话,给当时股票市场的建立与发展提供了一颗急需的"定心丸"。"允许看,但要坚决地试"——邓小平的表态直接推动了中国股票市场之后的快速发展。

像任何一个新生市场一样,中国沪深两地的股票交易市场在成立的初期也经历了市场大起大落、投机风气横行的阶段。在1992年秋季,为了更好地管理沪深股票市场、更有效地维护市场交易的有效进行,中央决定成立中国证券监督管理委员会,也就

[①] 邓小平. 在武昌、深圳、珠海、上海等地的谈话要点(一九九二年一月十八日——二月二十一日)[A]. 邓小平文选(第三卷)[M]. 北京:人民出版社,1993.

是我们熟知的证监会这个部门。当时的国务院副总理朱镕基任命原任中国人民银行副行长的刘鸿儒出任这个新成立的证监会的主席一职。同年,全国人大也开始着手准备《证券法》的起草准备工作。

在邓小平的南方谈话之后,在1992年底召开的十四大中,国家领导人江泽民同志在十四大报告里正式阐述了要把社会主义基本制度和市场经济结合起来,建立社会主义市场经济体制的改革目标,并且提出了围绕社会主义市场经济体制的建立,中国需要进一步加快经济改革的步伐。在邓小平南方谈话和十四大报告的有力推动下,中国在20世纪90年代进入现代经济发展的快速轨道。在整个90年代中国经济迅速发展的大背景下,实体经济对于一个能够稳定运行的金融市场的需求也越来越大。因此,在中央的支持下,加快了改革的步伐,陆续出台相关法规文件,为股份制企业的设立和发展提供了更好的法律保障。同时,股票发行试点于1993年开始由上海、深圳推广到全国,各行业公司股票发行的规模不断扩大,进一步拓宽了中国金融市场发展的空间。在经过了自1992年起6年多的讨论、准备、起草之后,全国人大在1998年12月19日颁布了《证券法》。

随着20世纪90年代中国证监会的成立和《证券法》的颁布与实施,中国的股票市场和其他金融市场逐步纳入全国统一的监管框架。中国证券市场运行开始变得更加规范,股票的发行和交易行为逐渐正规化,投资者的合法权益受到了更好的保护。中国的金融市场逐步走上规范发展之路,从而更好地推动中国经济的发展。到1999年底,与8年前沪深两地交易所刚刚建立、分别只有"老八股""老五股"交易的"袖珍"证交所的情况相比,沪深两市的上市公司数目已经达到约1 000家,而其综合市值也越过了万亿元大关。

在中国股市成立和发展的最初10年间,虽然市场起伏不定,同时还受到了1997年亚洲金融危机的挑战,但是,站在21世纪的起点,回首望去,中国的股票市场已经从无到有,从一个只有几个或者十几个公司上市交易的改革试验田,发展成为有上千万名投资者参与、成交量较为活跃、具有相当大的区域性影响力的重要金融市场。

专栏7-1
股票发行的"三公"原则——深圳"8.10事件"

二、中国股票市场的成长

在进入新世纪之后,中国的经济发展呈现进一步加快的趋势。这里有一个重要的因素就是,中国在2001年12月正式加入了世界贸易组织。这也就是我们通常说的

"中国入世"。成功入世帮助中国更好地参与国际经济合作和国际分工,有力地促进了我国各行各业的技术进步、产业升级和经济结构的调整,从而进一步推动了中国社会主义市场经济体制的发展,进一步促进了我国改革开放和全体人民生活水平的提高。2002年11月,在十六大报告中,我们进一步明确了以经济建设为中心、坚持改革开放、坚持四项基本原则、不断完善社会主义市场经济体制的改革路线。在这样一个改革开放的总原则之下,中国金融市场在多个改革措施的推动下取得了进一步的发展。

在2003年,证监会和中国人民银行联合发布了《合格境外机构投资者境内证券投资管理暂行办法》,这实际上宣告了中国股票市场向以合格境外机构投资者(Qualified Foreign Institutional Investor,QFII)为代表的境外投资者逐步开放。2003年5月27日,我国证券市场首批正式QFII诞生。QFII制度是外国专业投资机构到境内投资的资格认定制度。QFII可以理解为一国在货币没有实现完全可自由兑换、资本项目尚未开放的情况下,该国希望通过有限度地引进外资来开放资本市场的一项制度。这种制度要求,外国投资者若要进入一国的证券市场,必须符合一定的先决条件,在通过该国有关部门的审批后,汇入不超过特定额度的外汇资金,并转换为当地货币,通过受到专门监管的账户来投资当地证券市场。

关于QFII的意义,作为首家投资于中国境内市场的QFII机构,瑞士银行的亚洲区主席和主管人士曾经有这样的表述:"QFII机制的实施,是中国对外开放的又一重要举措,今天对中国资本市场的发展而言,深具历史意义。在国际资本不断流入中国证券市场的过程中,无论是中国还是国际资本都能获得好处。重要的是,我们应看到,双方须经历一个互利的、相互教育的过程,中国公司对股东负有责任,要教育广大投资者了解中国市场的情况和蕴藏的投资机会;同样,国际投资者也要发挥作用,教育中国上市公司让他们了解国际资本市场的希望是什么,帮助中国公司以有效的方式进入国际市场。"

从2003年开始,和全球很多其他股票市场一样,中国股市陷入较为低迷的状态。于是,在2004年2月,国务院发布《关于推进资本市场改革开放和稳定发展的若干意见》,俗称"国九条"。"国九条"提出:重视资本市场的投资回报,为投资者提供分享经济发展成果、增加财富的机会;鼓励合规资金入市;拓宽证券公司融资渠道;积极稳妥解决股权分置问题等。"国九条"的发布,为中国股市从次年(2005年)开始走出之前的熊市打下了重要的基础。

在2004年,还有一件关于中国股票市场的很重要的事情,就是当年5月深交所获准设立中小企业板块,恢复停止3年多的新股发行。在2004年5月27日,中小企业板启动仪式在深圳举行。那么为什么要在中国股市设立中小板呢?一是在2003年2月,国务院曾经明确提出了分步推进创业板市场建设的要求,深交所认为,从主板市场中设立中小企业板块是进行创业板市场建设的第一步。二是为了提升股市的人气,深圳市政府大力争取恢复深交所新股的发行。为此,深交所不仅在技术方面进行了充分的准备,同时还希望通过中小板的设立来进一步吸引全国投资者的注意力。自 2004 年创立至 2021 年初的这段时间,深圳中小板开辟了中小企业、民营企业进入资本市场的新渠道,为推进其创业板建设发挥了重要作用。至 2021 年 2 月初,中小板与创业板的建设均取得了较好的成绩:中小板共有上市公司约 1 000 家,总市值超过 10 万亿元人民币;创业板共有上市公司约 900 家,总市值超过 7 万亿元人民币。2021 年 4 月 6 日,深交所将中小板并入主板市场,推动深市形成以主板、创业板为主体的市场格局,更好地服务不同发展阶段、不同类型的企业高质量发展,进一步提高资本市场服务实体经济的能力。

  2005 年,中国股市在经历了数年调整后终于出现了方向上的转折,而促进这一转折的一个非常重要的因素就是股权分置改革,所以 2005 年通常也被投资者称为中国股市的"股改元年"。在这一年开始的股权分置改革中,困扰了中国股票市场 15 年之久的股权分置问题开始得到妥善的处理。股权分置改革是指通过上市公司非流通股股东和流通股股东之间的利益平衡协商机制,消除 A 股市场上股份转让制度性的差异的过程。由于种种历史原因,很多 A 股上市公司具有一个二元的股权结构,即由广大个人投资者在二级市场上购买的流通股和由公司持股大股东和创始人或创始机构所持有的非流通股。一般情况下,公司大股东持有的非流通股的获取成本要低于甚至是远远低于广大个人投资者所持有的流通股的购买成本。所以,在没有妥善安排的情况下,如果允许持有非流通股的大股东将其手中的非流通股份卖给个人投资者,从而获得在股票市场上流通的权利,将会导致二级市场上股票供应的剧增,以及可能随之而来的股价的大幅调整。由此可见,通过股权分置改革措施,建立一个多方都可以接受的上市公司非流通股股东和流通股股东之间的利益平衡协商机制,是非常必要的。具体来说,在股权分置改革中,一般是上市企业的非流通股股东支付一定的对价给流通股东,比如,以一定的比例向流通股东送股,以取得其所持有的股票的流通权。

  在 2005 年 5 月,投资者期待已久的股权分置改革以试点的方式启动。同年 9 月,全面的股权分置改革进入操作阶段,《上市公司股权分置改革管理办法》正式出台。中国 A 股市场的股权分置改革在 2006 年底胜利收官。伴随着 2005 年开始的股权分置改革,中国股市摆脱之前数年的低迷状态,进入从 2005 年到 2007 年的一波大牛市。这一轮的牛市于 2007 年底见顶,之后随着 2008 年全球金融危机的发生,开始了新的调整。

  中国股市在 2007—2008 年间的起起伏伏并没有阻碍其改革的脚步。在 2009 年 3 月,证监会发布了《首次公开发行股票并在创业板上市管理暂行办法》,明确创业板的上市发行标准。之后,在2009年6月,深交所正式发布了与之配套的《创业板股票上市规则》。在2009年10月30日,筹备了多年之久的创业板在深圳正式开市,首批28只股票集体亮相。这些股票受到投资者的热情追捧。由于投资者的热情过于高涨,这28只股票在上市首日均被深交所按照规定进行了临时停牌,创下了中国股市的一个有趣的纪录。

我们为什么要在中国A股市场上再建立一个创业板呢?设立创业板市场的主要目的是帮助新兴的创业公司,特别是高科技创新公司,进行融资和相关的资本运作。创业板与已有的主板市场相比,在公司成立时间、资本规模、以往业绩等维度上的上市要求会更加宽松一些。创业板市场的特点就是允许企业以较低门槛进入,然后加以比较严格的监管要求。在创业板市场上市的公司大多从事高科技业务,具有较高的成长性,但往往由于其成立时间较短、规模较小、历史业绩不够突出,可能无法在主板上市。那么创业板的设立就能够帮助这些有潜力的创新型企业在金融市场上获得更好的融资机会。经过近15年的发展之后,深圳创业板市场共有上市公司1 348家,总市值超过9万亿元人民币。

在金融危机之后,中国证券市场的另一项重要改革措施是于2010年1月,证监会正式批准中国金融期货交易所(中金所)开展股指期货交易。什么是股指期货呢?以被投资者最广泛使用的沪深300股指期货为例。沪深300股指期货是以沪深300指数作为标的物的期货品种。而沪深300指数则是由中证指数公司编制,于2005年正式发布的大盘市场指数。沪深300指数以2004年12月31日为基日,基日点位为1 000点,由上海和深圳证券市场中选取300只A股作为样本。指数样本选择标准为规模大、流动性好的股票。沪深300指数样本现覆盖了沪深市场约六成的市值,具有良好的市场代表性。沪深300股指期货的引入,为各个类型的投资者开展基于其持有的投资组合进行所需的套期保值等操作提供了必要的工具和途径。

由此可见,在新世纪的第一个10年,虽然中国A股市场仍然经历了一定程度的波动和起伏,但这并没有阻碍中国股票市场改革开放的步伐,以中小板和创业板的设立、股权分置改革、股指期货交易制度、QFII制度等为代表,中国股票市场的运行机制变得更加有效率,内涵变得更加丰富,信息披露变得更加透明公开。

三、中国股票市场的现在和明天

在进入了新世纪的第二个10年之后,在中国的改革开放路程中,有一件很重要的事情,就是在2013年11月,在由习近平总书记主持的中国共产党第十八届中央委员会第三次全体会议,也就是我们通常说的十八届三中全会上,中央通过了《中共中央关于全面深化改革若干重大问题的决定》。在这个重要决定中,提出了要通过"使市场在资源配置中起决定性作用"来进一步深化中国经济体制改革的理念。在这之后,习近平总书记受中央政治局委托,进一步就《中共中央关于全面深化改革若干重大问题的决定》做出更加详细的说明。

在说明中,习近平总书记指出,"关于使市场在资源配置中起决定性作用和更好发挥政府作用",这是这次全会决定提出的一个重大理论观点。1992年,党的十四大提出了我国经济体制改革的目标是建立社会主义市场经济体制,提出要使市场在国家宏观调控下对资源配置起基础性作用。这一重大理论突破,对我国改革开放和经济社会发展发挥了极为重要的作用。从党的十四大以来的20多年间,对政府和市场关系,我们一直在根据实践拓展和认识深化寻找新的科学定位。党的十五大提出"使市场在国家宏观调控下对资源配置起基础性作用",党的十六大提出"在更大程度上发挥市场在资源配置中的基础性作用",党的十七大提出"从制度上更好发挥市场在资源配置中的基础性作用",党的十八大提出"更大程度更广范围发挥市场在资源配置中的基础性作用"。可以看出,我们对政府和市场关系的认识也在不断深化。在十八届三中全会的准备过程中,在讨论和征求意见过程中,许多方面提出,应该从理论上对政府和市场关系进一步作出定位,这对全面深化改革具有十分重大的作用。考虑各方面意见和现实发展要求,经过反复讨论和研究,中央认为,对这个问题从理论上作出新的表述条件已经成熟,应该把市场在资源配置中的"基础性作用"修改为"决定性作用"。

习近平总书记接着进一步指出,"理论和实践都证明,市场配置资源是最有效率的形式。市场决定资源配置是市场经济的一般规律,市场经济本质上就是市场决定资源配置的经济。健全社会主义市场经济体制必须遵循这条规律,着力解决市场体系不完善、政府干预过多和监管不到位问题。做出'使市场在资源配置中起决定性作用'的定位,有利于在全党全社会树立关于政府和市场关系的正确观念,有利于转变经济发展方式,有利于转变政府职能,有利于抑制消极腐败现象。当然,我国实行的是社会主义市场经济体制,我们仍然要坚持发挥我国社会主义制度的优越性、发挥党和政府的积极作用。市场在资源配置中起决定性作用,并不是起全部作用。发展社会主义市场经济,既要发挥市场作用,也要发挥政府作用,但市场作用和政府作用的职能是不同的。全会决定对更好发挥政府作用提出了明确要求,强调科学的宏观调控、有效的政府治理,是发挥社会主义市场经济体制优势的内在要求。全会决定对健全宏观调控体系、全面正确履行政府职能、优化政府组织结构进行了部署,强调政府的职责和作用主要是保持宏观经济稳定,加强和优化公共服务,保障公平竞争,加强市场监管,维护市场秩序,推动可持续发展,促进共同富裕,弥补市场失灵"。

各位读者应该了解,包括股票市场在内的中国金融市场是中国特色社会主义市场经济的重要组成部分。具体到股票市场而言,什么样的公司可以上市融资、它们可以以什么样的条件融到多少资金、不同行业和类型的公司估值水平应该是多少、投资者对于不同的行业和具体的公司应当是买入还是卖出，从本质上来看，这些都是有关金融资源配置的问题。那么，按照十八届三中全会的精神，关于金融资源配置的问题，应当让金融市场，比如中国股票市场本身，在这个问题上起决定性作用。而以证监会为代表的政府相关监管部门，则应当致力于保障不同类型的投资者在金融市场上能够公平地开展竞争，致力于加强市场监管，消除内幕交易、以坐庄和散布虚假信息等行为操纵股票市场价格等扰乱市场秩序的非法行为。同时，在金融市场可能失灵的时刻，以必要的方法保持市场总体稳定，交易有序进行，从而更好地推动中国金融市场的可持续发展。

那么，在这样一个大的原则和精神的指导之下，中国股票市场进入了新一轮深化改革的过程。在2013年底，证监会发布《关于进一步推进新股发行体制改革的意见》，宣布重启IPO、进一步推进股票发行注册制改革、完善金融市场体系是十八届三中全会的重要改革部分。2014年5月，国务院印发《关于进一步促进资本市场健康发展的若干意见》，也称为"新国九条"。在"新国九条"中，明确提出我国需要形成结构合理、功能完善、规范透明、稳健高效、开放包容的多层次资本市场体系。这对于加快完善现代市场体系、拓宽企业和居民投融资渠道、优化资源配置、促进经济转型升级具有重要意义。

在2018年底，习近平总书记提出了要在上交所设立一个全新的科创板，进一步推进上市制度的注册制改革，从而更好地吸引中国优秀的科技创新公司在中国本土资本市场上市。与以往中国股市的上市制度设计相比，科创板在公司上市制度和股票交易制度上提出了很多具有创新意义的安排。例如，在公司上市的条件上，由以往的过分重视公司现有的收入和利润，转为从市值、营收、利润、企业研发投入和科技含量等方面综合考虑的多套上市准入要求。同时，科创板还对股票交易过程中的涨跌停板等制度制定了更有弹性的设计方案。在科创板实行的上市制度注册制改革是中国股票市场改革进程中非常重要的一步。我们应该清醒地意识到，伟大的企业，在其初期的创立和早期的成长过程中，往往都难以由一项或几项简单的指标来定义或发现。所以，既然将来真正伟大的企业不能由预先设定的一项或几项指标来人工选择得出，那么我们就应该尽量让股票市场自身来选择什么样的企业可以上市融资，从而真正发挥市场在配置关键资源上的决定性作用。

实际上，在上海科创板的开板仪式上，国务院副总理刘鹤在讲话中指出，科创板建设中的重中之重是要着力做好以下两项工作：一是落实好以信息披露为核心的注册制改革，注册制实质含义是，把选择权交给市场；二是完善法治，提高违法成本，加大监管执法力度，要有透明严格可预期的法律和制度条件，要全面提高违法成本。这就是十八届三中全会提出的"使市场在资源配置中起决定性作用"这一重要精神在中国股票市场改革过程中的具体体现。2021年11月，北京证券交易所正式开市。北交所设立时即同步试点注册制，开市后市场运行整体平稳，制度改革初见成效。北交所的设立是全面推进注册制的重要里程碑。2023年2月17日，中国证监会及交易所等发布全面实行股票发行注册制制度规则，自发布之日起施行。这标志着注册制的制度安排基本定型，A股正式进入"全面注册制"新时代。这对于促进中国股票市场更好地为创新企业提供融资渠道、让金融市场更好地为实体经济服务、推动中国经济转型升级都有着非常重要的意义。

在过去10年中，中国股票市场还秉承深化改革开放的精神，进一步向全球投资者开放，建立了以沪港通、深港通、沪伦通等为代表的境内外投资互通渠道。同时，还推动中国股市成功地加入了以MSCI指数、FTSE（富时）指数等为代表的全球重要指数。

回首过去30多年，中国股市从无到有，从小到大，从中国早期改革开放的一小块试验田，发展到今天拥有5 000多家上市公司、共计约80万亿元市值、通过多种方式与其他国际市场互联互通的全球第二大股票市场。这样一个波澜壮阔的发展历程，令每一个身处其间的参与者都感到自豪与激动。在完成了从宏观的角度对中国股市发展历程的描述之后，我们在接下来的内容中将从更加具体、更加微观的角度探讨中国股市的定价机制、运行特点和投资价值。

专栏7-2
康美药业证券集体诉讼案

第三节　中国股票市场有投资价值吗？
——从定投的角度思考

很多对中国股票市场感兴趣的人往往会问出下面的问题：中国股市是不是已经10年不涨？中国股市真的有投资价值吗？在本节内容中，我们将从定投的角度对中国股市是否真的有投资价值这个问题进行一个比较直观的分析。

首先，我们需要解释一下什么是定投策略。定期投资策略是指每一期（比如每一个月）在选定好的投资标的上投入同样数目的金额。定投策略需要选定投资对象。这通常是市场最具代表性的指数基金。无论该投资对象的价格如何波动，每隔一个固定的时间段投资等量的金额，从而希望经过较长的投资时间后可以获得基于投资对象的较为稳定的长期投资回报。

下面我们将要介绍一个基于沪深300指数之上的定期投资策略。沪深300指数是由中证指数公司编制,于2005年正式发布的大盘市场指数。指数样本选择标准为规模大、流动性好的股票。沪深300指数样本覆盖了沪深市场约六成的市值,具有良好的市场代表性。沪深300指数不是一个完全静态的概念。沪深300指数依据样本稳定性和动态跟踪相结合的原则,每半年调整一次成分股,每次调整比例一般不超过10%。当样本股公司退市时,自退市日起,从指数样本中剔除,由过去最近一次指数定期调整时的候选样本中排名最高的尚未调入指数的股票替代。更准确地说,我们定投的投资标的是基于沪深300指数的指数型投资基金,俗称沪深300指数基金。指数基金是以特定指数为标的指数,并以该指数的成分股为投资对象,通过购买该指数的全部或部分成分股构建投资组合,以追踪标的指数表现的基金产品。指数基金根据有关股票市场指数的分布投资股票,以令其基金回报率与市场指数的回报率接近。通常而言,指数基金以减小跟踪误差为目的,使投资组合的变动趋势与标的指数相一致,以取得与标的指数大致相同的收益率。所以,沪深300指数基金是以沪深300指数为标的指数,并以该指数的成分股为投资对象,以追踪标的指数的基金产品。

基于沪深300指数是从该指数开始正式发布的日期,即2005年4月开始(那时候的指数点位为1 000点左右),在这个定投策略中,在每个月的月底,我们都投入5 000元买入一只基于沪深300指数的指数基金。如果我们假设这个沪深300指数基金是严格按照沪深300指数构成来构建投资组合,那么这只指数基金每个月的回报率就相当于指数点数的变化加上指数构成股票的现金分红比例。

在图7-1中,横轴是以月度为单位的时间,纵轴是定投策略投资组合的累计市值。短期而言,定投策略的总体收益会有涨跌(比如2007/2008年、2015/2016年间)。长期而言,定投策略投资组合的市值是向上攀升的。这个以沪深300指数基金为投资标的的定投策略是从2005年4月开始,到2020年12月为止,一共是189个月。累计投入94.5万元,在2020年12月,其定投总市值为192万元。也就是说,截止到2020年12月,获得的年化回报率约为10%。

那么,这个10%的年化回报率,有没有跑赢通胀呢?根据国家统计局的相关数据,在2005—2019年间,中国的通胀指数(CPI)年化为2.7%。此外,这个定投策略的总体回报有没有跑赢房价的涨幅呢?根据相关研究报告显示,全国楼市总体房价的涨幅(包括一线、二线、三线以及三线以下城市),年化的房价涨幅是8%~10%。所以,我们可以看到,这个相对简单的大盘指数定投策略,可以向投资者提供一个能够显著跑赢社会通胀水平,同时其整体回报率与房价涨幅不相上下的投资回报水平。

在图7-2中,我们进一步把这个定投策略投资组合的市值分解为深色线部分(即每个月定投的5 000元的成本累计值)和浅色线部分(即根据股市涨跌,定投策略所获得的累计利润)。我们可以看到,虽然定投策略所获得的利润短期是起起伏伏的,但其

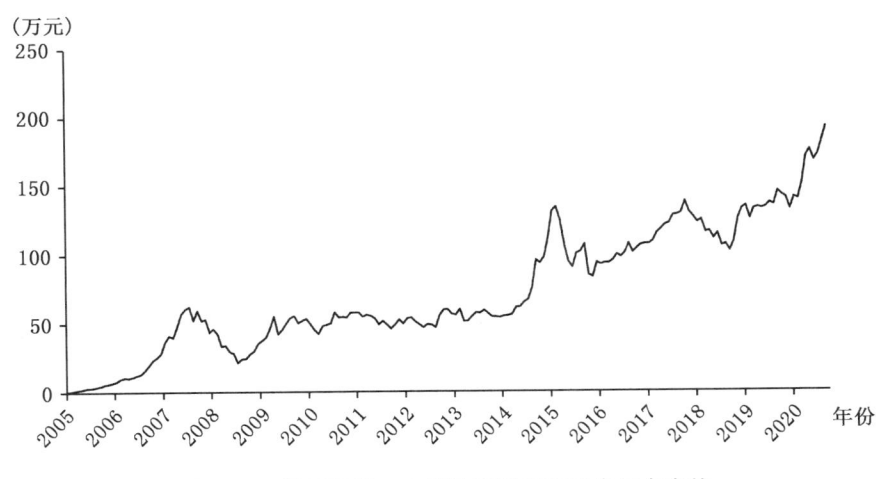

图 7—1　基于沪深 300 指数定投策略投资组合净值

长期趋势是总体向上的。

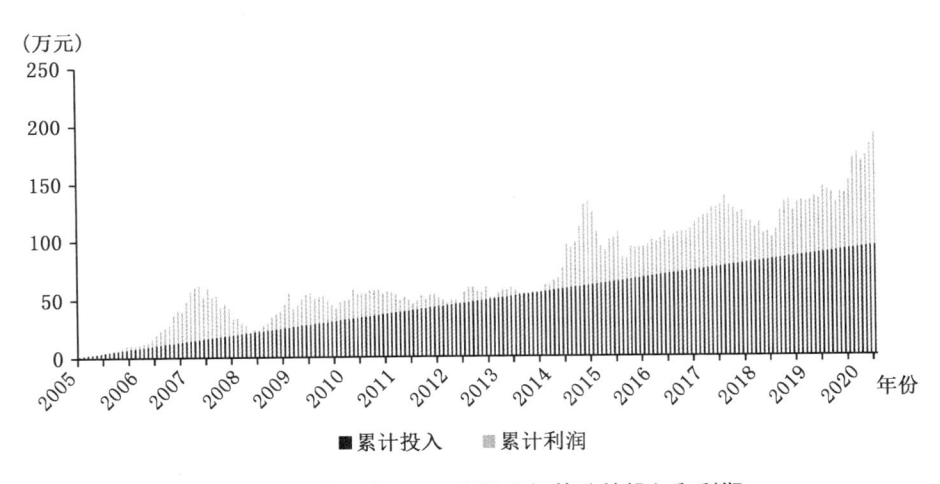

图 7—2　基于沪深 300 指数定投策略的投入和利润

在定投策略中,我们要注意以下几点:一是要有合理的家庭开支,确保能够把收入的一部分转化为储蓄,而不要当所谓的月光族;二是要有一个长期投资的理念。股市短期的波动不会改变其长期向上的趋势;三是要有理性的思维能力,避免在股市阶段性见顶的时候盲目投入大笔资金而导致亏损。要有冷静的判断能力。

第四节　为什么 Ａ 股市场上的中小投资者经常不快乐？

在上面章节的内容中,我们了解了基于大盘指数的长期定投策略会获得比较好的总体收益率。但是,在中国 A 股市场上,具体到每一个投资者个人,往往有所谓"七亏二平一赚"的说法。为什么中国股市上的个人投资者的投资收益不如预期呢？

首先,个人投资者很可能会过度交易。通过金融学研究发现,个人投资者往往会过度交易,而这样的过度交易会降低投资者的收益率。平均而言,交易换手率最高的投资者(月均超额换手率在前 20%)比交易换手率最低的投资者(月均超额换手率在后 20%)的月净收益率要低 1%～2%。在控制了投资者的资金规模、经验、年龄、性别、所在城市和交易年份等因素后,过高的换手率仍然显著降低了投资者的超额净收益率。为什么投资者可能会过度交易？这是因为他们往往过度自信。过度自信的认知偏差会导致个人投资者的过度交易。

其次,个人投资者往往会盲目追逐所谓的热门股票。在图 7－3 中,我们展示了一个投资交易活跃股票策略的整体回报曲线。

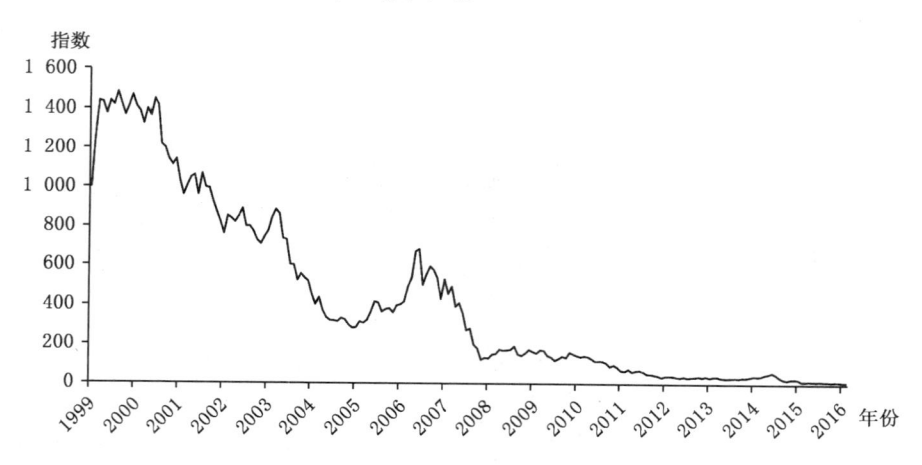

图 7－3　投资交易活跃股票策略整体回报指数

在图 7－3 中,横轴是以月度为单位的时间,纵轴则是申银万国公司编制的投资交易活跃股票策略整体回报指数(以 1999 年底为 1 000 点的起始点位)。申银万国活跃股指数以换手率为成分股选取的依据,主要表征交易活跃股票的股价走势。活跃股指数成分股每周调整一次:每周最后一个交易日计算本周周换手率,并确定新成分股;下周第一个交易日公布成分股名单并启用新成分股。成分股按照如下规则调整:选取周换手率最高的前 100 家公司;如果在临界点周换手率相同,则以周涨幅为标准,选择涨幅大的作为活跃股指数成分股;如果涨幅相同,则以周成交量为标准。

我们注意到,这个策略起始于 1999 年 12 月 30 日 1 000 点的起始点位,终止于 2017 年 1 月 20 日 10.11 点。也就是说,如果投资者在这十几年的时间中盲目追逐所谓的热门交易活跃股票,将会带来其投资本金 99% 的亏损。这是一个所有理性的投资者都应当尽量避免的思维误区。

再次,个人投资者也有可能会盲目追逐所谓的股性活跃的股票。所谓的股性活跃,严格意义上,就是股票价格具有较高的波动率。那么什么是波动率呢?波动率是金融资产价格的波动程度,是对资产收益率不确定性的衡量,用于反映金融资产的风险水平。波动率越高,金融资产价格的波动越剧烈,资产收益率的不确定性就越强;波动率越低,金融资产价格的波动越平缓,资产收益率的确定性就越强。在具体的数学计算中,往往用股票价格变动的标准方差来测量。

在图 7-4 中,我们展示了一个投资高波动率股票策略的整体回报曲线。

图 7-4 投资高波动股票策略整体回报指数

在图 7-4 中,横轴是以月度为单位的时间,纵轴是投资高波动率的股票策略的整体回报指数(以 1999 年底为 1 000 点的起始点位)。这里我们根据日回报计算个股每个月的波动率,在每个月,将股票样本按照波动率的高低分为 10 组。在当月底,以该月底个股总市值作为权重,买入该月波动率最高的股票组合,持有一个月,到下个月底为止,计算这些高波动率的股票以市值为权重的总体加权平均收益,以月加权平均回报计算回报指数。这个专注于投资高波动率股票的投资策略起始于 1999 年 12 月 30 日,也是使用 1 000 点的起始点位。其终止于 2018 年 12 月,终止时间的点位是 339 点。也就是说,如果投资者在这十几年的时间中盲目追逐那些高波动率的股票,将会带来约 2/3 的亏损幅度。所以,这也是一个理性的投资者都应当尽量避免的思维误区。

总而言之,对于个人投资者而言,需要尽量避免投资决策过程中各种非理性的行为偏差。只有坚持理性的长期价值投资策略,投资者才能够获得较好的投资回报收益。

重要概念

股票　有限责任公司　合格境外机构投资者(QFII)　股权分置改革　创业板　定投策略

思考题

1. 解释股票的本质及其对公司股东的权益影响。
2. 有限责任公司制度是如何保护中小投资者的?请结合实际例子说明。
3. 中国股票市场的成立经历了哪些关键事件?这些事件对市场的发展有何影响?
4. 结合中国股市的发展历程,讨论股权分置改革的背景、过程及其对市场的影响。
5. 如何看待创业板的设立及其对创新型企业的意义?请列举相关案例进行分析。

第八章 现代因子定价模型及其在中国市场上的应用

学习目标

1. 理解现代因子定价模型的基本理论和概念。
2. 掌握各类因子定价模型的应用场景及其在中国市场中的适用性。
3. 分析和评估不同因子对资产价格的影响,并运用这些模型进行实际投资决策。
4. 探讨因子定价模型在中国市场中的挑战与改进方向。
5. 掌握因子分析工具及其在投资组合优化中的应用,了解如何利用风险收益特征优化资产配置,并熟悉调整组合中因子的加权方式。

视频8-1

本章导读

如何全面、深入地理解现代因子定价模型及其在中国市场中的应用,是金融研究者探索市场规律的重要方向。本章将系统介绍因子定价模型的相关理论与基础,通过梳理其在全球金融市场的发展历程,帮助读者掌握这一工具的核心概念与应用价值。接下来,我们将重点探讨因子定价模型在中国市场的具体实践,通过丰富的实际案例,展示这些模型如何帮助投资者实现更加精准的市场分析与投资决策。同时,本章还将深入分析这些模型在中国市场应用过程中所面临的挑战,并提出相应的改进建议,以期帮助读者建立科学、全面的因子定价模型认知。

第一节 资本资产定价模型理论

在现金红利贴现模型部分,我们讨论过投资者期望回报率(k)对于股票定价过程的重要性。投资者的期望回报率应该如何估计或者计算呢?为了解决这个问题,我们首先学习一下资本资产定价模型(capital asset pricing model,CAPM)。

CAPM 的起源是马科维茨(Markowitz)教授于 20 世纪 50 年代提出的投资组合

风险分散理论(portfolio diversification theory)。马科维茨教授于1947年从芝加哥大学经济系获得学士学位,然后他进一步在芝加哥大学攻读经济学的硕士和博士学位。在读书期间,他最感兴趣的是不确定性经济学,特别是冯·诺伊曼和摩根斯坦及马夏克关于预期效用的论点、弗里德曼—萨凡奇效用函数,以及萨凡奇对个人概率的辩解。马科维茨教授的投资组合风险分散理论以严谨的数学统计方法向人们展示了一个带有风险厌恶特征的投资者在众多风险资产中如何构建最优资产组合的理论方法。但是,当这个投资组合风险分散理论于20世纪50年代刚刚诞生的时候,由于计算机计算力的相对限制,如何在实践中应用该项理论仍然是一项具有较大挑战性的高难度实证工作。

正是由于这一问题的存在,从20世纪60年代初开始,以威廉·夏普(William Sharpe)为代表的一些经济学家开始从实证的角度出发,探索证券投资的实现,即马科维茨的理论在现实中的应用能否得到简化。如果投资者都采用马科维茨资产组合理论选择最优资产组合,资产的均衡价格将如何在收益与风险的权衡中形成?或者在市场均衡状态下,资产的价格如何依风险而确定?

这些学者的研究导致了资本资产定价模型(CAPM)的产生。作为基于风险资产期望收益均衡基础上的预测模型之一,CAPM阐述了在投资者都采用马科维茨的理论进行投资管理的条件下市场均衡状态的形成,把资产的预期收益与预期风险之间的理论关系用一个简单的线性关系表达出来。CAPM认为,一项资产的预期收益率与衡量该资产风险的一个测度,即股票的β值之间存在正相关关系。作为一种阐述风险资产均衡价格决定的理论,以单一指数模型为基础的CAPM不仅大大简化了投资组合选择的运算过程,使马科维茨的投资组合选择理论朝现实世界的应用迈进了一大步,而且使得证券理论从以往的定性分析转入定量分析,从规范性转入实证性,进而对证券投资的理论研究和实际操作,甚至整个金融理论与实践的发展都产生了巨大影响,成为现代金融学的一个重要的理论基础。

1970年,夏普教授在他的著作《投资组合理论与资本市场》中指出,个人投资者面临两种风险:一是系统性风险(systematic risk),指市场中无法通过分散投资来消除的风险,比如利率变化、经济衰退、战争,这些都属于不可通过分散投资来消除的风险;二是非系统性风险(unsystematic risk),也称作股票特定风险(unique risk 或 idiosyncratic risk),这是属于个别股票的自有风险,投资者可以通过构建股票投资组合来消除。

现代投资组合理论指出,非系统性风险或者股票特定风险是可以通过分散投资来消除的。而即使投资组合中包含了所有市场的股票,系统风险也不会因分散投资而消除,在计算投资回报率的时候,系统风险是投资者最难以计算的。

CAPM 可以写为：

$$r_p = r_f + \beta \times (r_m - r_f) \tag{8.1}$$

其中，r_p 为单个股票或者股票组合的预期回报率；r_f 是无风险回报率，比较典型的无风险回报率是国债收益率；r_m 是股票市场期望回报率；$r_m - r_f$ 则是股票市场溢价。

如果股票投资者需要承受额外的风险，那么他将在无风险回报率的基础上获得相应的溢价。股票市场溢价(market premium)等于市场期望回报率减去无风险回报率。对于给定的股票或者股票组合，它们的风险溢价就是股票市场溢价和 β 系数的乘积。

资本资产定价模型的目的是在协助投资人决定资本资产的价格，即在市场均衡时，证券期望报酬率与证券的市场风险(系统性风险)间的线性关系。市场风险系数用 β 值来衡量，资本资产指股票、债券等有价证券。CAPM 所考虑的是不可分散的风险(市场风险)对证券要求报酬率的影响，其已假定投资人可进行完全多元化的投资来分散可分散的风险(公司特有风险)，故此时只有无法分散的风险才是投资人所关心的风险，因此，也只有这些风险才可以获得风险贴水。

β 系数是一种风险指数，用来衡量个股或股票基金相对于整个股市的价格波动情况，可用以下等式来描述：

$$\beta_a = \frac{\mathrm{cov}(r_a, r_m)}{\sigma_m^2} \tag{8.2}$$

其中，r_a 是个股或者股票基金的回报，r_m 是市场回报，$\mathrm{cov}(r_a, r_m)$ 是证券 a 的收益与市场收益的协方差，σ_m 为市场的标准差。$\beta = 1$，表示该单项资产的风险收益率与市场组合平均风险收益率呈同比例变化，其风险情况与市场投资组合的风险情况一致；$\beta > 1$，说明该单项资产的风险收益率高于市场组合平均风险收益率，该单项资产的风险大于整个市场投资组合的风险；$\beta < 1$，说明该单项资产的风险收益率小于市场组合平均风险收益率，该单项资产的风险程度小于整个市场投资组合的风险。

马科维茨和夏普等经济学家荣获了 1990 年的诺贝尔经济学奖，是因为"他们对现代金融经济学理论的开拓性研究，为投资者、股东及金融专家们提供了衡量不同的金融资产投资的风险和收益的工具，以估计预测股票、债券等证券的价格"。

近年来，作为资本市场均衡理论模型关注的焦点，CAPM 的形式已经远远超越了夏普提出的传统形式，有了很大的发展，如套利定价模型、跨时资本资产定价模型、消费资本资产定价模型等，目前已经形成了一个较为系统的资本市场均衡理论体系。

专栏8-1
股票推荐信息的扩散和中小投资者,谁得利?

第二节 多因子定价模型

我们听到法玛教授的名字可能比较熟悉,因为在关于市场有效性的内容中,我们已经多次讨论了关于法玛教授的研究。其实法玛教授的研究兴趣十分广泛,更具体地,包括投资学理论、资本市场中价格是如何形成的,以及公司财务等方面,他在金融学的很多重要领域做出了重大的贡献。法玛教授的论文或研究是比较严谨的,以理论性和实证方法的运用相结合为显著特征。在法玛教授的研究中,他通常把实践方法建立在一个比较严格的统计和经济分析基础之上,用实际的数据来证明或求解一些比较严谨而抽象的问题。正如我们之前学过的法玛教授的一个非常重要的贡献,就是提出了著名的有效市场假说。那么他的另一项重要贡献就是基于 CAPM 模型,也就基于CAPM 单因子模型,通过进一步改进提出了以法玛—弗伦奇(Fama-French)三因子为代表的多因子资产模型。弗伦奇教授是法玛教授的长期合作者,很多关于多因子模型的经典文章是法玛和弗伦奇这两位学者从 20 世纪 90 年代开始完成的。

在法玛和弗伦奇于 1992 年发表的一篇论文中,他们基于美国市场,包括纽交所和纳斯达克市场的股票,使用从 1963 年到 1990 年的样本区间数据,基于股票的市值和股票估值的高低,进行了一个二维的组合排序,得到 10×10 共 100 个组合,并计算出投资组合平均月度收益率。在表格中,对于市值最小的 10% 股票,每月平均收益率是 1.47%;而对于市值最大的 10% 股票,每月平均收益率是 0.89%。从小市值到大市值股票,月均收益率从每月 1.47% 递减到 0.89%,小市值平均而言每个月会跑赢大市值大约 0.6% 左右,年化就是 7.7% 的收益率,这意味着小市值每年能跑赢大市值 7% 左右。当按市净率的高低排序时,市净率最高,也就是估值最昂贵的 10% 的股票,它们的月均收益率是 0.64%;市净率最低、估值最便宜的股票,它们的月均收益率是 1.63%。所以对于估值最便宜和最昂贵的股票而言,它们之间的平均收益率差距约为每个月 1%,年化约 12%。基于这样一个实践中得到的规律,法玛和弗伦奇这两位学者在他们 1993 年的文章中进一步指出,可以考虑一个三因子模型来解释股票回报率。三因子模型认为,对于一个股票或股票投资组合而言,它的超额回报率也就是总体回报率减去无风险回报率,可以由三个因子的加载来解释。这三个因子就是市场平均回报率、市值因子 SMB 和账面市值比因子 HML。具体的公式如下：

$$R_{it}-R_{ft}=\beta_i(R_{mt}-R_{ft})+sSMB_t+hHML_t \tag{8.3}$$

实际上，如果把后面两项遮盖住，以上公式就是经典的单因子 CAPM 模型。R_f 表示无风险收益率，R_m 表示整个的市场平均收益率，而 R_m-R_f 表示建立在股票市场整体风险基础之上的超额收益率。β 代表单个股票或相应股票投资组合市场风险，如果 β 大于 1，可以认为股票或者投资组合是高风险的；β 小于 1，则是低风险的。

有两项新的变量出现在三因子模型中。第一个变量是 SMB（small minus big），它实际上是一个市值因子，模拟的是让你做多小市值股票、做空大市值股票，得到的是小市值股票的平均回报率和大市值股票的平均回报率之差。一般情况下，我们认为小市值公司的风险更高一些，如果投资者是风险规避的理性投资者，他们会对风险更高的小公司要求更高收益率，平均而言，小市值公司平均收益率会比大公司稍微高一些，那么乘以相应的系数 s，就是等式左边在市值因子这一项所获得的加载收益。这里需要强调两点：第一点就是 SMB 代表的是平均而言小市值股票组合会跑赢大市值股票组合，但具体到每一个月、每个季度和每个年度，很有可能在特定的月份、季度和年度，小市值股票跑输大市值股票，即 SMB 为负，只是我们拉长到 10 年、20 年或者更长时间周期，那么小市值组合的平均收益率比大市值组合要高。这是第一点，从一个长期视角统计平均概念来考虑。第二点，对于 CAPM 模型而言，如果 β 大于 1 则意味着高风险，β 小于 1 意味着低风险，那么对于 SMB 而言，决定是否像小市值一样有额外的风险，SMB 不是用 1 而是用 0 作为临界点。如果系数 s 大于 0，代表这个股票或者股票投资组合倾向于小市值公司，需要额外的收益。

第二个变量是 HML（high minus low）。这里的 high 指的是高账面市值比，高账面市值比就是高净市率，净市率是市净率的倒数，所以高账面市值比指的是低市净率，也是估值比较便宜的公司。low 指的是低账面市值比，也就是低净市率，倒过来就是高市净率，指估值比较昂贵的股票。所以 HML 指的是估值比较便宜的公司和估值比较昂贵公司平均回报之差。当然，和上面的 SMB 一样，首先估值比较便宜的公司平均而言比估值比较昂贵的公司有更高的回报，这是一个长期视角下的统计平均规律。以 20 多年的数据为基础可以得到这个规律，但具体到一个特定的月份、季度和年度，HML 可能为正也可能为负。系数 h 同 s 一样，是以 0 这个值作为临界点的。如果对于特定股票和股票投资组合的系数 h 大于 0，说明组合的估值偏低，在 HML 因子上获得正向加载，因此平均期望收益会更高；如果系数 h 小于 0，说明偏向高估值的股票组合，那么在 HML 因子上会获得一个负向加载，平均期望收益率会更低一些。

以上的内容展示了基于单因子 CAPM 模型，通过添加 SMB 市值因子和 HML 估值因子来构成一个三因子模型。实际上，从 CAPM 模型被提出来之后，从 20 世纪

60年代到80年代后期,CAPM是金融理论研究的一个主导模型。马科维茨和夏普教授也因为CAPM模型获得了1990年的诺贝尔经济学奖。法玛和弗伦奇两位学者基于1992年和1993年的论文提出了三因子模型,所以从90年代初期到最近,法玛－弗伦奇三因子模型在投资学界是多因子定价的主流模型。法玛教授本人在2003年获得诺贝尔经济学奖,他的三因子模型也被诺贝尔经济学奖评选委员会评价为金融学在过去20年中最重大成就之一。实际上,三因子模型不仅对理论研究有很重要的意义,对实际投资也有很深远的影响。在三因子模型问世之后,很多基金就按照三因子模型,尤其是后面两项新的因子,即市值因子和估值因子或价值因子,把相应的全市场的股票按市值大小分为小盘股、中盘股和大盘股,按账面市值比的高低分成价值型股票、平衡型股票和成长性股票,并依次推出不同类型的基于小盘股和大盘股或者价值股和成长股的分门别类的指数型基金和主动管理型基金。

法玛教授和他的合作者弗伦奇教授于1993年提出三因子模型之后,又于2015年在三因子模型的基础上继续增加两个因子,提出了五因子模型。金融学界最近10年的研究表明,有两个新的因子也需要被重视,第一个是盈利能力因子,就是RMW(robust minus weak),第二是投资因子CMA(conservative minus aggressive)。在最近10~20年间,通过诸多金融学者的大量研究,除了之前的市场、市值和估值这三个因子之外,还有盈利水平和上市公司资产负债表增长快慢这两个因素,也能带来相应个股的超额收益。因此,法玛和弗伦奇在这些研究基础上,在2015年提出他们最新的五因子模型,五因子模型的表达公式如下:

$$R_{it}-R_{ft}=\beta_i(R_{mt}-R_{ft})+sSMB_t+hHML_t+rRMW_t+cCMA_t \qquad (8.4)$$

在这个五因子模型中,实际上对于股票或股票投资组合,它的超额收益率$R_i-R_f=\beta_i(R_m-R_f)$就是CAPM模型;第二项$sSMB$是市值因子,第三项$hHML$是估值或价值因子,第四项$rRMW$是新的盈利因子,第五项$cCMA$是基于公司资产负债表膨胀的新因子(投资因子)。对于RMW因子,如果是盈利能力比较强,我们称之为盈利能力稳健(robust),就是这个公司的ROA或者ROE比较高;如果盈利能力比较弱(weak),则这个公司的ROA或者ROE比较低。金融学者的研究发现,从长期来看,盈利能力强的公司平均收益比盈利能力弱的公司高,所以这里RMW代表盈利能力之间的区别。至于第五项CMA因子,最近的一些研究表明,如果公司的资产负债表扩张过快,那么公司股票的未来表现会较差;而如果这个公司资产负债表比较稳健,不过度扩张,那么公司股票未来表现会较好。所以基于这项研究,资产负债表比较稳健、不过度扩张的公司股票收益率,减去资产负债表扩张过快的公司股票收益率,就是第五项因子CMA。

以上内容介绍了法玛－弗伦奇五因子模型中的各个因子,分别是市场因子、市值因子、价值因子、盈利因子以及资产负债表膨胀因子。其中,市场因子描绘的是整个市场组合超额回报的高低,市值因子描绘的是小市值股票跑赢大市值股票的程度,价值因子描绘的是低估值股票跑赢高估值股票回报的程度,盈利因子描绘的是高盈利股票跑赢低盈利股票的程度,资产负债表膨胀因子描绘的是资产负债表扩张慢的股票跑赢资产负债表扩张快的股票的程度。接下来,我们进一步介绍在具体的投资实践中,应当如何利用相关数据例如中国股票市场的数据来构造这些因子。

首先,市场因子是整个市场组合的加权平均回报与短期无风险利率之差。这里可以使用整个市场样本的回报数据,并通过市值加权或者流通市值加权的方式计算市场加权平均回报。无风险利率可以选择 3 个月国债利率或者 6 个月国债利率。当然,无风险利率的选取与所选取的股票样本的回报数据有关,如果选取的是日回报数据,则无风险利率要进一步调整为日度无风险利率;如果选取的是月回报数据,则无风险利率需要调整为月度无风险利率。假设我们计算的是月度市场因子,那么市场因子即为市场组合月加权平均回报与月度无风险利率之差。

其次是价值因子的构造。在每年的 6 月底,根据样本公司的总市值将样本公司按照市值的中位数分为小市值组(S)与大市值组(B);根据样本公司的估值程度,按照 30%、40% 与 30% 的比例将样本公司分为高估值组(L)、中等估值组(M)和低估值组(H)。在按照上述方法完成分组后,以当年 7 月至次年 6 月的数据计算各个因子。根据上面的分组方式,2 个市值组与 3 个账面市值比组将样本分为 6 个组合,即小市值高估值组合(SL)、小市值中等估值组合(SM)、小市值低估值组合(SH)、大市值高估值组合(BL)、大市值中等估值组合(BM)、大市值低估值组合(BH),然后以市值加权的方式分别计算这 6 个组合的加权平均回报。市值因子(SMB)即为 3 个小市值组合的平均回报与 3 个大市值组合的平均回报之差,价值因子(HML)为两个低估值组合的平均回报与两个高估值组合的平均回报之差:

$$SMB_{HML} = \frac{1}{3}(SL+SM+SH) - \frac{1}{3}(BK+BM+BH) \tag{8.5}$$

$$HML = \frac{1}{2}(SH+BH) - \frac{1}{2}(SL+BL) \tag{8.6}$$

第三是盈利因子的构造。在每年的 6 月底,根据样本公司的总市值将样本公司按照市值的中位数分为小市值组(S)与大市值组(B);根据样本公司的盈利能力,按照 30%、40% 与 30% 的比例将样本公司分为高盈利组(R)、中等盈利组(M)和低盈利组(W)。同样,在当年 7 月至次年 6 月,2 个市值组与 3 个盈利组将样本分为 6 个组合,分别为小市值高盈利组合(SR)、小市值中等盈利组合(SM)、小市值低盈利组合(SW)、大市值高盈利组合(BR)、大市值中等盈利组合(BM)、大市值低盈利组合

(BW)。然后,以市值加权的方式分别计算这 6 个组合的平均回报。则市值因子(SMB)即为 3 个小市值组合的平均回报与 3 个大市值组合的平均回报之差,盈利因子(RMW)为两个高盈利组合的平均回报与两个低盈利组合的平均回报之差:

$$SMB_{RMW} = \frac{1}{3}(SR+SM+SW) - \frac{1}{3}(BR+BM+BW) \quad (8.7)$$

$$RMW = \frac{1}{2}(SR+BR) - \frac{1}{2}(SW+BW) \quad (8.8)$$

第四是资产负债表膨胀因子或者投资因子的构造。与上面两种因子构造方法相同,在每年的 6 月底,根据样本公司的总市值将样本公司按照市值的中位数分为小市值组(S)与大市值组(B);根据样本公司的资产负债表膨胀程度,按照 30%、40% 与 30% 的比例分为资产负债表膨胀保守组合(C)、资产负债表膨胀中等组合(M)和资产负债表膨胀激进组合(A)。在当年 7 月至次年 6 月,2 个市值组与 3 个资产负债表膨胀程度组将样本分为 6 个组合,分别为小市值资产负债表膨胀保守组合(SC)、小市值资产负债表膨胀中等组合(SM)、小市值资产负债表膨胀激进组合(SA)、大市值资产负债表膨胀保守组合(BC)、大市值资产负债表膨胀中等组合(BM)、大市值资产负债表膨胀激进组合(BA)。分组完成后,分别以市值加权的方式计算这 6 个组合的加权平均回报。则市值因子(SMB)即为 3 个小市值组合的平均回报与 3 个大市值组合的平均回报之差,资产负债表膨胀因子(CMA)为两个资产负债表膨胀保守组合的平均回报与资产负债表膨胀激进组合的平均回报之差:

$$SMB_{CMA} = \frac{1}{3}(SC+SM+SA) - \frac{1}{3}(BC+BM+BA) \quad (8.9)$$

$$CMA = \frac{1}{2}(SC+BC) - \frac{1}{2}(SA+BA) \quad (8.10)$$

综合等式(8.5)、等式(8.7)和等式(8.9),则市值因子 SMB 为:

$$SMB = \frac{1}{3}(SMB_{HML} + SMB_{RMW} + SMB_{CMA}) \quad (8.11)$$

在法玛和弗伦奇提出五因子模型的同时,三位华人学者侯恪惟(Kewei Hou)、薛辰(Chen Xue)和张橹(Lu Zhang)提出了包含市场因子、市值因子、投资因子和盈利因子的 q 因子模型,发现在加入投资因子和盈利因子后,q 因子模型较法玛—弗伦奇三因子模型能更好地解释股票收益率。q 因子模型中的市场因子为市场超额收益,与法玛—弗伦奇三因子模型中的市场因子一致。在市值因子、投资因子和盈利因子的构造上,q 因子模型使用了独有的方式。首先,根据纽交所股票样本市值中位数,将样本分为大市值组(B)和小市值组(S)。其次,用当期总资产变化量与滞后一年的总资产的比值衡量投资因子,按照 30%、40% 和 30% 的比例分为投资规模大、投资规模中等以及投资规模小三个组。最后,根据非经常项目前收入与滞后一季度的公司权益之比衡量公司的盈利能力,根据盈利能力的高低,将样本按照30%、40%和30%的比例分成盈利能力高、盈利能力中等和盈利能力低三个组。三个分组过程独立进行,从而把样本分为2×3×3共18个组合。市值因子即为9个小市值组合平均回报与9个大市值组合平均回报之差;投资因子即为6个投资规模小组合的平均回报与6个投资规模大组合的平均回报之差;盈利因子为6个盈利能力高组合的平均回报与6个盈利能力低组合的平均回报之差。

除了上述提到的各种因子之外,随着对股票定价领域研究的不断深入,越来越多的定价因子被研究和提出。比如,一些研究者发现,过去特定时间表现好的股票在未来有更好的表现,基于这种在学术界被称为动量效应的股票收益特征来构造动量因子,并试图以此解释和预测股票回报。再比如,相关学者在股票流动性是股票决定定价的有效因素的基础上构建了流动性因子。随着我们对于因子的认识不断扩展,各种各样的因子被发现和应用,尤其在金融市场上,较为流行的因子投资策略研究包括风格因子、策略因子等。最近出现了一种介于被动型指数基金和主动投资间的聪明贝塔(smart beta)策略,实际上就是因子策略的一个升级版。

本章所提到的多因子模型并不局限于是有三个因子还是五个因子。更重要的是,多因子模型开启了人们对于股票市场或更整体而言金融市场上因子投资策略的研究。因此,通过单因子CAPM模型、经典三因子模型和最新的五因子模型,我们对于因子构建模型发展的整个历程有了一个比较好的了解。

第三节 多因子定价模型在中国股票市场的实践应用

我们已经学习了以市值因子、价值因子、利润因子为代表的多因子定价模型,那么对于这些经典的因子投资策略能否适用于中国股票市场,就需要进一步分析和研究。

在中国股票市场上,有一个很有特色的现象就是小公司卖壳或者借壳上市这个机制的存在。公司想要在股票市场上市,除了首次公开发行股票并上市(IPO)之外,还有一种办法,就是借壳上市。

在注册制改革以前,在中国A股市场上市是一件以审批制为主、耗时相当漫长的事情。所以,在通过正规的IPO制度上市成本过高的情况下,不少公司会选择借壳上市这个途径。借壳上市是指想要上市的公司通过股权置换、股权转让、股权交易等方式,将其主要资产注入另一家已经上市的公司,也就是所谓的"壳"公司,从而来实现公司的上市。

那么，什么样的公司会有可能成为市场上的壳公司呢？通常情况下，壳公司有以下几个特点：它们拥有股票市场上市交易的资格，通常业务规模小、业绩一般或不佳，甚至是主营业务出现亏损，面临退市风险。壳公司通常总股本和流通股份规模小、股价较低，利于实行股权转让置换等操作。那么对于一个壳公司而言，它的价值由公司现有业务价值与壳资源价值两部分构成。在公司现有业务价值很低的情况下，其壳资源价值往往是公司市场价值中的主要组成部分。

所以，当在中国股票市场考虑市值因子、价值因子等经典的因子投资策略能否适用时，一个很重要的步骤就是需要去除这些壳价值对于公司股价和回报率的影响。

2019年，在《金融经济学期刊》（JFE）上发表的论文《中国上市公司规模与价值》（Size and Value in China）中，刘佳楠（Jianan Liu）、罗伯特·F. 斯坦博（Robert F. Stambaugh）和袁宇（Yu Yuan）三位学者对于经典的市值因子和价值因子投资策略在中国股票市场是否成立进行了比较深入的研究。在控制了壳价值的影响之后，这三位学者发现，在2000—2016年的样本区间内，中国股市总体市场回报约为每个月0.66%，或者年化7.5%左右。平均而言，小市值股票平均每月跑赢大市值股票1%，或者年化13%左右。低估值股票平均每月跑赢高估值股票1.14%，或者年化14%左右。这说明，之前学者发现的市值因子和价值因子投资策略在中国股票市场是成立的。

在本书作者与其合作者们做的一项研究中，发现在中国股票市场，毛利润和净利润之间的主要费用项目——销售费用和管理费用——与股票未来回报存在显著的正相关关系。因此，基于毛利润分别构造估值变量和盈利变量，较传统的估值变量和盈利变量能更准确地衡量公司的估值程度和盈利能力，能更有效地预测股票未来回报率。在研究中，根据中国A股上市公司1996—2019年的样本数据可以得到，平均而言，销售费用占毛利润的37%，管理费用占毛利润的27%，是毛利润中比较重要的项目。并且销售费用比率（销售费用占股东权益比率）、管理费用比率（管理费用占股东权益比率）在A股市场上与公司未来的股票收益呈正相关关系，公司当期销售费用比率越高，股票在未来的收益越高，当期管理费用比率越高，股票在未来的收益也越高。公司销售费用和管理费用的投入，虽然在当期表现为费用，但有利于促进公司未来的业绩增长。因此，销售费用比率和管理费用比率是预测股票未来回报的有效信息。相比较营业利润和净利润，毛利润中包含了更多能够有效预测股票未来回报率的信息，基于毛利润所构造估值变量和盈利变量对股票未来回报具有更强的预测能力。

再者，相关研究认为，国内的一些上市公司存在利润操纵行为。利润操纵在西方会计学中也被称为盈余管理，是指企业管理层出于某种动机，通过合法或非法的手段来操纵公开披露的利润信息，以达到所期望的目的。国内对于利润操纵行为的研究普遍认为,管理者的利润操纵行为主要出于以下三种目的:(1)避免亏损,上市公司可能会通过推迟确认费用或者提前确认收入等行为,以避免本年度会计报告亏损;(2)获得配股资格,为了获得配股资格,上市公司也可能会操纵本年的费用,使得本年的利润水平符合配股的要求;(3)"洗大澡"行为,如果上市公司亏损较大,上市公司可以通过提前确认费用以使得下一会计年度实现盈利。如果存在利润操纵行为,那么以公司披露的利润信息来构造衡量公司盈利能力的盈利变量显然不能准确地衡量公司真实的盈利能力,以披露的利润信息构造衡量股票估值的价值变量也不能准确地衡量股票的估值程度。毛利润直接来源于销售收入和成本,相比营业利润和净利润,其受到人工调节的步骤更少,是更为纯净的利润指标。在我们的研究中,在控制相关利润操纵行为后,营业利润和净利润所构造的价值变量在衡量公司估值程度上的准确性有一定程度提高,所构造的盈利变量在衡量公司盈利能力上的准确性也有一定程度的提升。然而,这两种利润变量构造的价值变量和盈利变量在预测股票未来收益上仍然不如毛利润。

毛利润、营业利润和净利润包含了不同的费用项目,根据《企业会计准则讲解(2010)》(人民出版社 2010 年版),可以将毛利润按以下等式进行分解:

$$
\begin{aligned}
\text{毛利润} = &\text{净利润} + \text{所得税费用} + \text{营业外支出} - \text{营业外收入} - \text{投资收益} \\
&- \text{公允价值变动损益} + \text{资产减值损失} + \text{财务费用} + \text{管理费用} \\
&+ \text{销售费用} + \text{营业税金及附加}
\end{aligned}
$$

在研究中,笔者通过一种长期持有的投资策略,来分析基于毛利润构造的盈利变量在获得股票收益上与其他常用的盈利变量之间的差异。结合其他中国 A 股市场上的研究,我们根据毛利润、营业利润、净利润与公司股东权益之比分别构造盈利变量(ROE);根据这三种盈利变量构建多空组合,买入高盈利公司股票组合,卖出对应单位的低盈利公司股票组合,并长期持有组合;根据多空组合在未来一段时间获得的累计收益,来评价这三种盈利变量在具体的投资实践中获得收益的差异。考虑到在中国 A 股市场上公司市值对股票未来回报的影响,在构造多空组合时控制了市值效应。

研究选择的样本区间为从 1996 年 7 月到 2019 年 12 月。在每年 6 月底,根据所有样本的市值大小将样本平均分为 5 个市值组,然后在每个市值组中根据 ROE 的高低将样本平均分为 5 个盈利组,将平均 ROE 最高的组合称为高盈利组,平均 ROE 最低的组合称为低盈利组。在组合构建完成后,根据组合内样本公司的月回报,以市值加权的方式计算各个组合的月回报,假设 5 个高盈利组合的平均月回报为 P,5 个低盈利组合的平均月回报为 U,在组合构建完成后,在每个市值组中,各买入 1/5 单位的高盈利组合,卖出 1/5 单位的低盈利组合,考虑到本策略是长期持有策略,因此在不考虑成本的情况下,每个月的收益为 $P-U$,根据持有时间以及每月的 $P-U$ 计算得到累计收益。图 8—1 为每年根据 3 种盈利变量并基于以上方法分别构建相应的投资策略，并持有 36 个月所得到的平均累计收益。

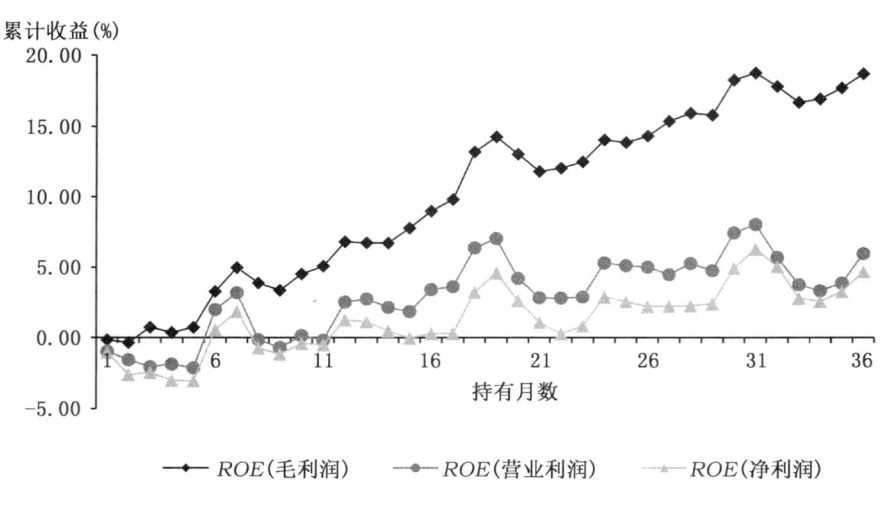

图 8—1　基于 3 种盈利指标构建投资策略获得的累计收益

基于毛利润的盈利因子投资策略持有 36 个月的平均累计回报约为 19%。这显著高于基于营业利润或者净利润的盈利因子投资策略 36 个月的平均累计回报。

然后，笔者以上年末股价与上个会计年度报告的每股毛利润、每股营业利润或者每股净利润之比，分别构造基于毛利润的市盈率、基于营业利润的市盈率以及基于净利润的市盈率，并分别作为衡量股票估值程度的指标。然后，同样在每年 6 月底，根据样本的市值将样本平均分为 5 个市值组。在每个市值组中，基于样本估值程度的高低将样本平均分为 5 个估值组，将平均市盈率最低的组合称为低估值组合，平均市盈率最高的组合称为高估值组合。在组合构建完成后，以市值加权的方式计算各个组合的平均月回报，假设 5 个低估值组合的平均月回报为 V，5 个高估值组合的平均月回报为 G。组合构建完成后，在每个市值组中，分别买入 1/5 单位的低估值组合，分别卖出 1/5 单位的高估值组合，不考虑成本的条件下，则每个月的收益为 $V-G$，根据持有时间以及套利组合每月收益可以计算累计收益。考虑到账面市值比（B/M）在国内外研究中常被用来衡量股票的估值程度，笔者同时加入 B/M 作为对比，使用 B/M 构建套利组合并计算累计收益时，方法同上。图 8—2 为每年分别基于 4 种估值指标构建组合，并持有 36 个月得到的平均累计收益。

基于毛利润市盈率的投资策略持有 36 个月的平均累计回报约为 25%，要高于基于法玛—弗伦奇三因子模型中的账面市值比获得的约为 15% 的平均累计回报，更是显著高于基于营业利润市盈率或者净利润市盈率的投资策略获得的约为 10% 的平均

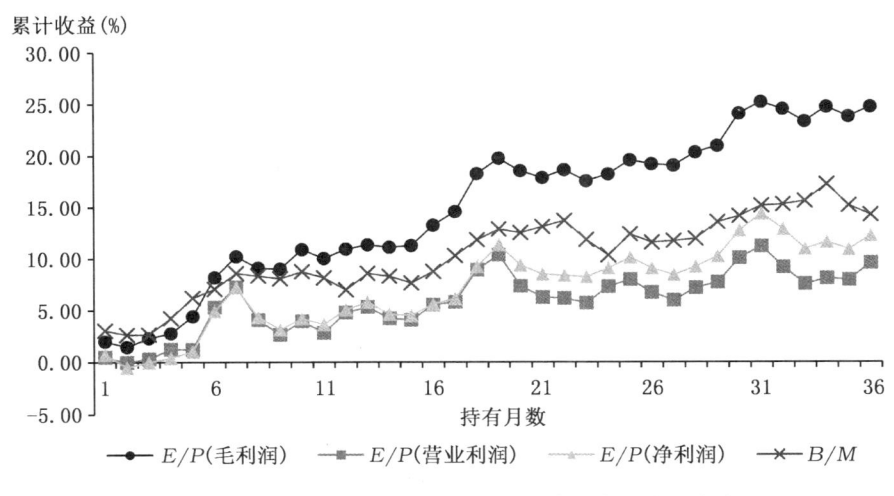

图 8-2 基于 4 种估值指标构建投资策略获得的累计收益

累计回报。

笔者的研究从估值和盈利的角度分析了毛利润、营业利润以及净利润这三个在投资者实践中被广泛使用的利润指标，并且比较了哪一个能够更有效地衡量中国 A 股上市公司的估值程度和盈利能力、能更好地预测相应公司股票的未来市场回报。更进一步的实证研究表明，毛利润在 A 股市场对股票未来回报的预测能力更强。具体来说，通过以毛利润构造的盈利变量和价值变量，投资者能够在 A 股市场上获得更显著的盈利溢价和价值溢价。

笔者的研究结果有助于投资者在进行投资决策时做出更优的决策，同时对完善 A 股市场上市公司定价机制起到一定的作用。在国外市场尤其是美国股票市场显示出的盈利效应和价值效应在 A 股市场也是存在的，但中国股票市场固有的特点，如壳价值、利润操纵等，使得在如何衡量公司的盈利和估值上，与美国股票市场的相关做法是不完全相同的。因此在美国股票市场上成立的结论，并不能直接地、不加改变地应用于中国股票市场，而是应当根据中国股票市场的特点做出相应的调整，然后再应用于中国股票市场。

所以，想要在中国市场取得投资成果的话，我们既不能忽视国际学术界通过多年研究所得出的经典投资学理论和模型，也不能不假思索地照搬在西方市场数据基础之上得出的经验方法。正确的思路应该是，把这些经典的投资学理论和模型根据中国市场的实际特点加以调整，使之更好地适用于中国的金融市场投资实践活动。

重要概念

资本资产定价模型　系统性风险　股票特定风险　多因子定价模型　市值因子　价值因子　利润因子

思考题

1. 现代因子定价模型与传统资本资产定价模型（CAPM）相比，有哪些优势和不足？
2. 在中国股票市场中，资本资产定价模型（CAPM）的应用面临哪些局限性？这些局限性在实践中如何影响市场定价的准确性？
3. 在极端市场波动时期（如金融危机或市场暴跌时），多因子定价模型的表现如何？是否能够合理预测或解释市场异常波动？
4. 公司财务数据（如毛利润、净利润、ROE 等）在因子模型中的作用如何？中国 A 股市场中的盈利效应是否与这些数据直接相关？
5. 法玛—弗伦奇三因子和五因子模型与传统 CAPM 模型相比，是否能够更好地解释股票收益？为什么？
6. 如何应对因子定价模型在中国市场应用时遇到的数据质量和市场结构问题？
7. 请举例说明一个因子定价模型在实际投资中的应用，并分析其效果。
8. 你认为在未来的研究中，因子定价模型在中国市场应用的改进方向是什么？

第九章　中国债券市场简介

学习目标

1. 理解中国债券市场的构成及其重要性。
2. 掌握主要的债券类型及其特征,包括短期债券、长期债券和新型债券投资工具。
3. 了解债券利率的决定因素及其对债券市场的影响。
4. 熟悉中国债券市场的发展历程和未来趋势。
5. 熟悉如何评估债券的风险与收益特性,理解信用风险、市场风险和流动性风险在债券定价中的体现。

视频9-1

本章导读

本章将系统讲解债券市场的基础知识和不同债券品种的特征,通过详细分析短期债券(如货币市场工具)和长期债券(如政府债券、金融债券、企业债券)等各类债券的特性,帮助读者理解债券投资的多样性。同时,本章还将介绍针对个人投资者的新型债券投资工具,并深入探讨影响债券利率的主要因素及中国利率市场化改革的进展,助力读者掌握债券市场投资的核心要素和策略。

债券是指政府、金融机构、工商企业等向社会筹集资金时,按照法定程序发行,并向债权人承诺按规定利率支付并按约定条件偿还本金的债权债务凭证。本章首先介绍在债券市场中的短期交易品种货币市场工具和各种中长期债券,然后介绍面向我国个人投资者的新型债券市场投资工具,最后介绍决定债券利率的因素和我国利率市场化改革。

专栏9-1
　　异变的"租金贷"

第一节 货币市场工具

货币市场工具是指短期的(1年之内)具有高流动性的低风险证券。货币市场工具包括以下三个特点：(1)证券期限较短，一般是1年之内的证券；(2)存在高度流动性；(3)投资风险比较低。货币市场主要包括同业拆借市场、短期债券与债券回购市场、票据市场、存单市场等。如果说资本市场的首要功能在于将储蓄转化为投资，为企业筹集中长期资金，那么货币市场的首要功能是为金融机构和企业提供流动性管理。货币市场工具主要分为以下四类：

一、同业拆借

同业拆借是金融机构之间为调剂头寸、满足流动性需要而进行的短期资金信用借贷。它起源于中央银行对商业银行的法定准备金要求。商业银行必须按照法定准备金要求，向中央银行缴纳法定存款准备金。存款准备金制度的初始意义在于保证商业银行的支付和清算，以减少商业银行的经营风险，之后逐渐演变成中央银行调控货币供应量的政策工具。按照这一制度，商业银行吸收存款，必须按照一定的比例上缴中央银行，称之为法定存款准备金。这部分法定存款准备金占存款总额的比例称为法定存款准备金率。如果法定准备金率是9%，那么，拥有2亿元存款的商业银行就必须在准备金账户中有1 800万元的准备金。

由于商业银行日常收付业务数额有较大不确定性，假如商业银行当天流出的资金大于当天流入的资金，它就出现了存款准备金头寸缺口；相反，商业银行当天吸收的存款大于流出的资金，它就出现了多余的准备金。所以，有的商业银行会出现多余的准备金，而另一些商业银行存款准备金可能会出现缺口。有多余准备金的商业银行与准备金不足的商业银行之间可以相互调剂。流动性不足和存在存款准备金头寸缺口的商业银行可以从流动性过剩和存在多余准备金的商业银行处拆入资金，以弥补头寸缺口和流动性不足；有多余流动头寸的银行则通过拆出资金来减少闲置的头寸，还可以获得相应的利息收入。

在高流动性的同业市场的支持下，商业银行可以缩减流动性头寸，将资金用于信贷业务发放贷款。同时，商业银行也可以通过提高资金的使用效率，将短期贷款有效地转变为长期贷款。特别是那些市场份额有限，承受经营风险能力脆弱的中小银行，更是把同业拆借市场作为短期资金经常性运用的场所，力图通过这种做法提高资产质量，降低经营风险，增加利息收入。同业拆借已成为银行实施资产负债管理的有效工具。

同业拆借一般具有以下几个特征：(1)同业拆借市场的资金交易时间都很短，甚至当日营业结束借入资金，第二日营业开始时就归还了，这种拆借叫隔夜拆借。自2007年以来，隔夜拆借业务占同业业务交易量的80%以上，而超过一个月的拆借交易量只占很小的一部分。(2)同业拆借的主要功能是为银行提供流动性管理和调节临时性的头寸。(3)同业拆借一般是无担保的信用贷款，头寸不足的商业银行向有多余头寸的银行拆入资金一般不提供抵押品。这对于进入同业拆借市场的金融机构的资质存在一定要求。

同业拆借市场的交易可分为头寸拆借和同业借贷。头寸拆借是指金融机构之间为了轧平头寸、补足存款准备金和票据清算资金而进行短期资金融通的活动。如果是为了补充存款准备金，一般当天拆入，第二天归还，称为隔夜拆借。相比补充存款准备金，银行普遍为了调整清算头寸而进行头寸拆借。银行在每个营业日结束时，需要对当日的资金流动进行清算。如果银行当天流入的资金大于当天流出的资金，则出现多余的头寸；如果银行当天流出的资金多于流入的资金，则出现头寸不足的情况。对于头寸不足的银行，可以通过同业拆借市场从有多余头寸的银行借入资金，及时地补足头寸，保证清算顺利进行。由于同业拆借市场流动性高，头寸拆借的使用快捷且便利，成为商业银行管理头寸的主要方式。同业借贷是金融机构之间通过短期借贷以应对临时性和季节性的资金短缺的情况。同业借贷可使拆入银行及时获得足额的短期资金，拓展负债业务。对拆出的银行，同业借贷提高了资金的使用效率，盘活了短期闲置资金，增加经营绩效。

同业拆借市场的资金价格即为同业拆借利率，是货币市场的核心利率，也是很多衍生品定价的基准利率，更是整个金融市场上具有代表性的利率，它能够及时准确地反映货币市场乃至整个金融市场短期资金供求关系。例如，如果同业拆借市场利率持续上升，表明市场资金供给紧张；反之，如果同业拆借利率持续下跌，表明银行的流动性充足，可能存在过多的闲置资金。在我国，同业拆借利率是上海银行间同业拆放利率(SHIBOR)，在国际市场上比较有影响力的同业拆借利率包括伦敦银行间同业拆借利率(LIBOR)、美国联邦基金利率、新加坡银行同业拆借利率(SIBOR)和中国香港银行同业拆借利率(HIBOR)。同业拆借利率构成了流动性不足的银行的资金成本，而由于不同商业银行的信用状况存在差异，银行在同业拆借市场融入短期资金所支付的利率是有所差别的。信用状况较差的银行需要支付较高的利率，而信用状况较好的金融机构所要支付的利率则相对低一些。此外，拆借的期限也会影响利率的大小。拆借期限越长，利率就越高；相反，拆借期限越短，利率也会越低。

二、短期债券

短期债券是指期限在一年以内的债券。短期债券是货币市场上最重要的金融工具，无论是财政部还是一般的工商企业，都可能会发行短期债券来满足流动资金的需求。按照发行人属性，短期债券主要有以下几种：国库券、短期融资券、中央银行票据。

国库券是指政府为弥补国库收支不平衡，满足短期融资需要而发行的一种政府债券。国库券由中央政府发行，获得政府信用背书，还本付息的可靠性高，信用风险极低，流动性强。诸如美国等发达国家的政府经常发行期限为7天的短期国库券，这类国库券满足了基准债券期限特别短和没有信用风险的两个要求，因此可以充当基准债券，所以该类国库券的利率可以被视为无风险利率，成为其他债券利率的基础。货币政策通常首先影响短期国库券利率，然后传导到中长期国债的利率，使得政策传导到其他债券的利率，最终对投资和消费起到宏观调控的作用。对于商业银行，国库券可以作为流动资产进行储备。当商业银行出现流动性不足情况，可以将国库券在二级市场上出售，满足其流动性需求，同时国库券本身作为债券提供利息收入，存在一定的投资价值。对于中央银行而言，国库券市场发展有助于中央银行有效实施货币政策，主要原因为：(1)在西方国家主要通过国债进行公开市场操作，国库券是实施货币政策的金融工具之一，如果国库券市场缺乏流动性，中央银行通过货币政策调节货币供应量和社会融资规模的效果将大打折扣。(2)国库券市场上形成的利率期限结构，通过影响市场参与者的预期有效传达货币政策的意图。(3)国库券存在极低风险和高流动性的特征，既可以作为其他金融资产以及金融衍生品资产定价的基准，同时可以作为对冲金融风险的主要工具。因此，中央银行可以在国债市场上进行公开市场操作传达政策意图，从而影响金融市场运行进行宏观调控，最终影响市场参与者的决策。

短期融资券是指企业在银行间债券市场发行和交易的有价证券，发行期限一般在一年以内。短期融资券是企业主动进入货币市场融资的负债工具。短期融资券存在以下特征：(1)信息透明度高。短期融资券作为债券发行需要经过严格的信息披露和信用评级，投资者可以获得充分的投资信息，并对债券发行人进行约束，有利于降低对发行人约束不足导致恶意违约的情况，并且减少企业风险向银行风险转化的概率。(2)分散社会金融风险。短期融资券的投资者众多，属于共同承担风险的模式，在二级市场流通的过程中，二级市场价格的变化反映了债券发行人的信用状况，通过交易将风险转移给风险承担能力相匹配的投资者，降低了单一投资者的风险，缓解了风险积聚并向系统性风险转化的问题，有利于金融系统的稳定。对于商业银行，短期融资券的发展推动银行调整并优化信贷结构，减少大客户贷款占比过高的风险。因为企业可以通过发行短期融资券在货币市场上融资，融资成本相比银行贷款更低，因此减少了企业对银行的依赖。

中央银行票据是指中央银行为调节商业银行超额准备金而向商业银行发行的短期债务凭证,中央银行票据不属于票据而属于债券,中央银行票据的期限较短,大多为三个月和一年期。中央银行票据与国库券的功能类似,它是中国人民银行公开市场操作的一种方式,可以为市场提供基准利率。中国人民银行发行央行票据,会反映在央行的资产负债表上,具体而言,发行中央银行票据后,商业银行资产方增加一定数额的央行票据,而减少等额的存款准备金;而反映在中国人民银行的资产负债表上,则是负债方增加央行票据,同时减少等额的商业银行准备金。因此,通过发行央行票据会减少基础货币的供给。当中央银行执行紧缩的货币政策而要减少货币供应量时,便可以通过发行央行票据帮助实现这一目标。央行反向操作则增加了货币供给,降低了市场利率。

三、票据

票据是指由出票人签发,约定自己或委托他人无条件支付一定金额,可流通转让的有价证券,是非标准化的债务工具。广义上的票据泛指各种有价证券和凭证,如债券、股票、提单等;而狭义上的票据即为我国《票据法》中规定的票据,包括汇票、本票和支票。汇票是指出票人签发的,要求付款人根据规定时间,对某人或其指定人或持票人支付一定金额的无条件书面支付命令。我们常见的邮政汇款时填写的汇款单,就是汇票。本票是指出票人签发的,按照规定时间,对某人或其指定人或持票人支付一定金额的无条件书面承诺。支票是指出票人签发的,委托办理支票存款业务的银行或者其他金融机构在见票时向收款人或者持票人支付一定金额的无条件书面承诺。支票分为现金支票和转账支票。现金支票只能进行现金交收,不能用于转账;转账支票只能用于资金的划转,不能用于现金交收。

以商品交易是否发生为基础,票据可以分为真实票据和融通票据。真实票据是指当商品交易真实发生以后,为了交付贸易价款而使用的票据,常见的真实票据包括商业汇票、商业发票、货物运输单等。假设有一家稀土企业甲,需要从矿石企业乙那里购入价值 5 000 万元的稀土矿用于生产稀土原料(如精矿、氧化物与盐类等)。但甲的银行账户上并无 5 000 万元现金。面对这一难题,甲可以向乙开出一张商业汇票,承诺半年后收到稀土产品销售款后立即支付给乙。融通票据又称为金融票据,是指不以商品交易是否真实发生为基础,仅用于融通资金而发行的票据。融通票据通常没有担保,如果票据到期时出票人不能偿付,也没有资产来补偿出现的损失,因此融通票据存在违约风险,只有信用资质较好的大企业才能发行融通票据。

还有一种银行作为中介参与的票据,银行对承兑申请人作出保证,在汇票到期日向持票人支付票款的承诺。由银行承诺的商业汇票称为银行承兑汇票。在上述例子中,稀土企业甲为了让矿石企业乙相信自己会按时付款,它会通过开户银行为它提供担保,若甲企业无法支付货款,则由丙银行进行支付,所以银行承兑是银行基于对出票人资信的认可而给予的信用支持。如果承兑人不是银行,由企业承诺的商业汇票则称为商业承兑汇票。由于存在违约的风险,商业承兑汇票对企业的信誉要求较高,通常银行的信誉比一般企业更高,因而银行承兑汇票的安全性、流动性要比商业承兑汇票好。

假如食品企业丁持有餐饮公司戊的银行承兑汇票,票据未到期,但企业丁需要使用资金,那么能否利用票据进行融资呢?事实上,票据是可以进行流转的。途径之一是票据贴现,即票据持有人在需要资金时,将其持有的未到期的票据转让给银行,银行扣除利息后将余款支付给持票人的票据行为。食品企业丁的另外一种融资方式是票据回购,相当于用票据抵押借钱,到期后再将票据买回的活动。

四、存单

存单是商业银行发行的记账式存款凭证,作为可以流通的金融产品,根据发行对象的不同,面向个人客户发行的称为大额存单,面向金融机构发行的称为同业存单。大额存单与一般存单不同的是,大额存单在到期之前可以转让,以人民币计价。大额存单依然属于一般性存款,银行发行大额存单吸收的存款,同样需要向中央银行缴纳法定存款准备金。不少国外发达国家在存款利率市场化的过程中,都曾以发行大额存单作为推进改革的重要手段,为了有序扩大负债产品市场化定价范围,推进利率市场化改革,我国大额存单于2015年6月15日正式推出。同业存单是指由银行业存款类金融机构在全国银行间市场上发行的记账式定期存款凭证。同业存单的投资和交易主体为全国银行间同业拆借市场成员、基金管理公司及基金类产品。

存单与票据类似,是可以在市场上流通交易的,与此对应,便形成了可转让大额存单市场和同业存单市场。大额存单发行前由发行人约定在发行条款中明确是否允许转让、提前支取和赎回。发行人可以通过第三方平台向非金融机构投资者进行转让。发行人通过营业网点、电子银行等自有渠道发行的大额存单,可以在自有渠道办理提前支取和赎回。另外,通过营业网点、电子银行等渠道发行的大额存单,发行人应为投资者提供相应的登记、结算、兑付等服务。上海清算所对每期大额存单的日终余额进行总量登记,并且对于通过第三方平台发行的大额存单,上海清算所同时提供登记、托管、结算和兑付服务。在同业存单市场上,公开发行的同业存单可以进行交易流通,并可以作为回购交易的标的物。但是,定向发行的同业存单只能在该同业存单初始投资人范围内流通转让。同业存单二级市场交易通过同业拆借中心的电子交易系统进行。全国银行间同业拆借中心提供同业存单的发行、交易和信息服务。上海清算所也对同业存单提供登记、托管、结算服务。

第二节 中长期债券市场

目前,我国资本市场上的中长期债券主要有政府发行的政府债券、金融机构发行的金融债券、非金融企业发行的债券三大类。

一、政府债券

政府债券是指由政府向出资者出具并承诺在一定时期支付利息和偿还本金的债券。我国的政府债券包括由财政部发行的国债和省级政府发行的地方政府债券,省级以下的地方政府暂不能发行债券。我国存在无负债或低负债的传统观念,新中国成立之后的很长一段时间,我国停止了所有的债券市场,直到1981年才恢复发行国债。

国债又分为凭证式国债、无记名国债和记账式国债。凭证式国债不印刷实物债券,而用填制收款凭证的方式发行,以国债收款凭单的形式作为债权证明,不可以上市流通转让。在持有期内,凭证式国债的持有人如遇到特殊情况急需现金,可到购买网点提前兑付。无记名国债以实物形式发行,因而又叫作实物券,债券上印有发行年度、券面金额等内容,但不记载债权人姓名或者持有机构名称,也不可以挂失,不过可以上市交易。记账式国债以无纸化方式发行,通过电脑记账的方式记录债权,可以记名、挂失,而且可以上市交易。

国债是我国改革开放后为筹集重点建设资金而引入的标准化金融工具。国家要进行基础设施和公共设施建设,为此需要大量的中长期资金,通过发行中长期国债,可以将一部分短期资金转化为中长期资金,用于建设国家的大型项目,以促进经济的发展。但是,在很长一段时间里,我国仅通过发行国债以平衡财政收支和筹集建设资金,并没有认识到国债对金融市场的意义,早期的国债期限普遍较长,在引入国债余额管理体系后,我国逐步出现短期国债。

国债不仅是政府筹集资金的手段,也是政府干预宏观经济、平衡财政收支等的重要途径。尤其是当政府需要扩大基础建设、宏观调控的时候,往往就会大规模发行国债。例如,我国在2020年为应对新冠肺炎疫情影响,统筹推进疫情防控和经济社会发展,决定发行抗疫特别国债。政府平衡财政收支,通常可以通过增加税收、增发通货或发行国债的办法。然而,增加税收可能加重企业和个人的承受能力,不利于经济发展,并会影响以后的税收调整。增发通货会导致严重的通货膨胀,对经济发展影响最为剧烈。在增加税收和增发通货都无法轻易使用的情况下,发行国债是最为可行的措施,政府通过发行债券可以吸收单位和个人的闲置资金,帮助国家度过财政困难时期。但是,如果财政部发行国债,并要求央行购买,相当于央行增发通货去买国债,可能导致通货膨胀,这是财政赤字货币化的表现形式。我国为了消除财政赤字对货币供给的影响、提高央行的信用独立性,在《中国人民银行法》中规定,禁止中国人民银行直接认购新发行的国债。国债也是金融机构资产配置的对象之一,由于其信用风险低、流动性高,金融机构往往把它当作二级储备来持有。2018年底,我国国债余额接近15万亿元。

二、金融债券

金融债券是指由金融机构发行的债券。按照金融机构从事的业务范围,一般把金融债券分为政策性银行金融债券、商业银行债券和其他金融机构债券。其他金融机构债券按照不同的金融机构,又分为保险公司债券、证券公司债券等。不同金融机构发行的债券随发行目的、所在经济环境、宏观政策趋势的变化而有所差异。

政策性银行金融债券是由我国的三家政策性银行,也就是国家开发银行、中国农业发展银行和中国进出口银行发行的债券。由于政策性银行不能吸收公众存款,发行债券成为它们的主要资金来源。我国政策性金融债券发行分两个阶段:(1)派购发行阶段,国家开发银行在1994年第一次发行拉开了政策性金融债券的发行序幕;(2)市场化发行阶段,国家开发银行于1998年9月率先进行市场化发行政策性金融债券,中国进出口银行于1999年开始尝试市场化发行业务。政策性银行金融债券市场化发行有效地推动了我国银行间债券市场的发展,使政策性银行金融债券占了中国金融债的绝大部分比重。政策性金融债券主要用于支持国家大中型基础设施建设和支柱产业的发展,为调整产业和区域经济结构,促进整个国民经济的健康发展发挥了重要作用。

商业银行债券是由主要经营存贷款业务的商业银行发行的债券。我国商业银行发行金融债券的主要目的是提高资本充足率和筹集其他资金,该类金融债券可以分为普通商业银行债券和资本补充债券。普通商业银行债券是为某些特定的贷款筹集资金而发行的债券。虽然商业银行通过吸收公众存款获得大量资金,但由于存款准备金制度的存在,商业银行的普通存款必须向央行缴纳法定存款准备金,而存款准备金的利率又很低,商业银行会面对非常高的机会成本。普通商业银行债券不受存款准备金制度的约束,商业银行通过发行债券筹集到的资金,可以全部用于贷款的发放。不过,商业银行发行债券更多的是为了补充资本金,通过发行次级债和商业银行混合资本债这类资本补充债券,商业银行可以对资本金进行补充,提高资本充足率。次级债务是指固定期限不低于5年(包括5年),除非银行倒闭或清算,不用于弥补银行日常经营损失,且该项债务是索偿权排在存款和其他负债之后的商业银行长期债务。混合资本债券是针对《巴塞尔协议》对于混合资本工具的要求而设计的一种债券形式,所募资金可计入银行附属资本。混合资本债券具有较高的资本属性,当银行倒闭或清算时,其清偿顺序列于次级债之后,先于股权资本。增发普通股和发行优先股也是商业银行补充资本金的重要途径。然而,增发普通和优先股票虽可以提高资本充足率,但它会扩大公司注册资本,造成股权稀释效应,发行次级债和混合资本债不会稀释原有股东的权益,是商业银行补充资本金和提高资本充足率的重要手段。

其他金融机构债券是由证券公司、保险公司、信托公司、中国证券金融股份公司等非银行金融机构发行的债券。它们发行债券的目的主要包括:(1)补充资本金。例如,监管部门对保险公司有资本充足率的要求,保险公司也会参照商业银行的方式,通过发行资本补充债券提高资本充足率。(2)参与金融市场的投资,通过发行债券筹集资金用于参与金融市场的项目开发或者产品设计。(3)为提供融资服务。例如,证券公司向其客户提供融资服务时,需要通过发行债券获取足够的资金。融资服务依靠债券利率与融资利率的差额以赚取收益,所以证券公司的债券利率通常低于市场融资利率。

三、非金融企业债券

这是由非金融机构的实体企业发行的债券。根据发行主体的不同,我国非金融企业债券主要分为公司债券与企业债券。公司债券的发行主体一般为股份有限公司或有限责任公司,债券的发行受到中国证监会监管,主要用途包括补充流动资金、新建项目投资、技术创新研发、公司并购和资产重组等,我国公司债只允许在证券交易所交易。企业债券多为央企、国企或国有控股企业发行,由国家发改委审核监管,筹集到的资金主要用于基础设施建设和政府项目。企业债直接按照不高于同期居民定期存款利率的40%定价,主要在银行间市场流动。

按照担保方式,非金融企业债券可以分为无担保债券和担保债券。无担保债券也被称为信用债券,是公司发行债券时不提供任何财产留置权或抵押品作担保的债券。通常只有经济实力雄厚、信用风险较低的企业才有能力发行这种债券。担保债券是由另一实体担保债务责任的债券。当企业没有足够的资金偿还债券时,债权人可要求担保债务主体偿还。担保债券又分为保证债券、质押债券和抵押债券。保证债券是由第三者为还本付息提供保证的债券。质押债券是债券发行人以其他有价证券作为担保所发行的债券,比如公司持有的股票或者其他债券作为质押。抵押债券是指债券发行人在发行债券时,通过法律手续将把一部分财产作为抵押,一旦债券发行人出现偿债困难,则出卖这部分财产以清偿债务。

企业有良好的资信能力才能较为容易地发行非金融企业债券,小企业发行债券则相对困难。为了缓解中小企业融资难，我国开发出了针对中小企业的债券品种，包括中小企业集合债券、中小企业私募债券、中小企业集合票据等。中小企业集合债券是指通过牵头人组织，以多个中小企业所构成的集合为发债主体，使用统一的债券名称，统收统付的方式发行的企业债券。它具有以下特点：(1)中小企业集合债券由多家中小企业构成的联合发行人作为债券发行主体，各发行企业作为独立负债主体，在各自的发行额度内承担按期还本付息的义务，并按照相应比例承担发行费用；通过第三方为债券提供统一担保，从而实现债券信用增级，提高债券的市场认可度。(2)中小企业集合债券使用统一的债券名称，形成总的发行规模，而不以单一发行企业为债券冠名。(3)由于集合债券的发行主体是多个中小企业的集合体，能联合起来达到一定的发行规模，能产生外部规模经济，对单个企业的要求相对下降，能让更多符合条件的中小企业参与到这一融资方式中来。

中小企业私募债券是未上市中小微型企业以非公开方式发行的公司债券。私募债券的投资风险由投资者自行承担。中小企业私募债发行审批相对便捷，在发行审核上率先实施"备案"制度，从接收材料至获取备案同意书的时间周期在10个工作日内。中小企业集合票据是指2个(含)以上、10个(含)以下具有法人资格的中小非金融企业，在银行间债券市场以"统一产品设计、统一券种冠名、统一信用增进、统一发行注册"方式共同发行，并约定在一定期限还本付息的债务融资工具。

第三节 面向我国个人投资者的新型债券市场投资工具

相比于股票市场，大家可能会觉得参与到债券市场交易的个人投资者较少，多为机构投资者在进行交易。其实不然，大量个人投资者经常接触到债券市场，通过间接的方式投资债券市场，只是个人投资者自己没有意识到。个人投资者经常通过以下三种方式来参与债券市场交易。

一、通过银行等渠道销售的理财产品

近年来，银行提供高于存款基准利率的理财产品吸引了众多投资者，为投资者理财提供了更加多样化的选择。银行发行的众多理财产品中占有重要地位的一类是债券型理财产品。债券型理财产品是指商业银行将资金主要投资于货币市场工具，一般投资于央行票据和企业短期融资券。因为个人投资者无法直接投资央行票据与企业短期融资券，这类人民币理财产品实际上为客户提供了分享货币市场投资收益的机会。债券型理财产品不是债券产品本身，而是将资金主要投向银行间债券市场、国债

市场和企业债市场。在这类产品中，个人投资者与银行之间要签署一份到期还本付息的理财合同，并以存款的形式将资金交由银行经营，之后银行将募集的资金集中起来开展投资活动，投资到不同的债券产品，投资的主要对象包括短期国债、金融债、央行票据以及协议存款等期限短、风险低的金融工具。在付息日，银行将收益返给投资者；在本金偿还日，银行足额偿付个人投资者的本金。

二、宝宝类理财产品

比如蚂蚁金服的余额宝、腾讯的零钱通、工行的现金宝、京东的小金库等。2013年余额宝的横空出世被普遍认为开创了国人互联网理财元年，同时余额宝已经成为普惠金融最典型的代表。上线一年后，它不仅让千千万万从来没接触过理财的人萌发了理财意识，同时激活了金融行业的技术与创新。余额宝这类产品本质上是货币市场基金，货币市场基金是指投资短期货币市场工具的一种投资基金，投资品种包括短期债券、同业存款、商业票据、银行定期存单、银行承兑汇票等债券类短期有价证券。所以，当个人投资者把资金转入余额宝时，就意味着他已经在债券市场做了投资。余额宝是蚂蚁集团下的支付宝公司和天弘基金管理有限公司合作成立的货币市场基金直销平台，其背后对接的是天弘基金旗下的增利宝货币基金。从2018年5月开始，余额宝新接入了两只货币基金产品，分别为博时基金公司旗下的"博时现金收益货币A"和中欧基金的"中欧滚钱宝货币A"。实名认证的支付宝用户可以把支付宝资金余额转入余额宝，快捷地购买天弘基金公司嵌入到余额宝内的增利宝货币市场基金、博时现金收益货币A基金以及中欧滚钱宝货币A基金，从而获得基金投资收益。至2024年8月初，余额宝共接入46只货币基金产品，其中包括建信基金公司旗下的"建信嘉薪宝货币A"、汇添富基金"汇添富添富通货币A"和大成基金"大成现金增利货币A"等，涵盖高收益高风险、稳健收益、低风险稳健收益的各类产品，为投资者提供多元化选择。同时，余额宝内的资产保持较高的流动性，支付宝用户可以随时用于网上购物、转入支付宝或银行账户，而不影响用户平时的购物消费活动。当个人投资者使用余额宝时，在某种意义上等同于他间接投资了债券市场，余额宝的例子说明个人投资者可以轻易间接投资债券市场。

三、P2P 网络贷款

P2P 网络贷款是指借贷双方个体之间通过互联网平台实现的直接借贷。P2P 网络贷款最初诞生于英国，随后因在美国获得更大发展而引起广泛关注。在最初的 P2P 模式中，网络贷款平台只是起到中介服务的功能。平台确认贷款人身份、信用等级，并把这些信息提供给存款人。存款人根据网络贷款平台提供的信息，自己决定贷款给哪个贷款人,并承担贷款人的违约风险。除了搜集和传递信息,P2P 网络贷款平台还协助完成存款人和贷款人之间的资金转账。作为金融中介服务回报,P2P 网络贷款平台向交易双方收取提供信息和金融支付的服务费。参与这种形式的存款人要独自承担贷款人的违约风险,因此要求的投资回报相对更高,对于风险承受能力较强的投资人,P2P 网络贷款可以满足他们的需求。

2007 年国外网络贷款平台模式被引入中国以后,国内 P2P 网络借贷平台蓬勃发展,迅速形成了一定规模。发达国家的金融市场相对完善,利率市场化改革早已完成,商业银行对中小企业和个人贷款的服务模型和监管框架已经相对完善,因此 P2P 网络贷款虽然起源于发达国家,但在这些国家发展依然有限。2006 年 5 月,我国宜信公司在北京成立,首次将 P2P 网络贷款的模式引入国内。2007 年 8 月,我国第一家基于互联网的 P2P 网络贷款平台"拍拍贷"成立。从此以后,P2P 网络贷款在我国开始生根发芽,并迎来了一段爆发期。

P2P 网络贷款的实质是个人信用债,是债券的一种形式。P2P 中的贷款人是债券的卖出方,而储蓄者则是债券的买入方。P2P 网络贷款平台的作用是撮合储蓄者和贷款人直接进行交易,在传统银行业务中,贷款人和储蓄者通过银行间接交易。P2P 则提供了一种贷款人和储蓄者之间的交易平台。但是,P2P 并没有创造新的投融资关系,并非新创造的金融产品,它本质上还是个人信用债。然而,P2P 网络贷款存在巨大的投资风险。从 2015 年初 P2P 网络贷款平台"里外贷"平台兑付危机开始,近年来 P2P 的风险事件频频爆发,以 P2P 网络贷款形式存在的债券市场会发生系统性危机的原因主要包括以下几个方面:

首先,通过 P2P 平台网络贷款的担保机制非常有限,这也为后期的风险事件埋下了伏笔。P2P 网络贷款公司往往通过三种模式进行担保:(1)由公司注册资本担保,然而一旦坏账超过公司资本,这种担保就会名存实亡。由于网络贷款公司资本金一般是比较有限的,这种担保模式通常比较脆弱。(2)收取网络贷款总额的 1% 作为保险金,用来赔偿遭遇坏账的投资人。一般情况下,网络贷款发放的小额贷款坏账率远高于 1%,所以 1% 的保险金很难覆盖坏账,导致这种保险模式无法长期持续。(3)通过第三方担保公司进行担保。这种模式和用公司注册资本担保面临同样问题,如果坏账规模超过担保公司的担保能力,最后买单的一样是存款人。

其次,P2P 网络贷款公司对贷款的担保违背了 P2P 运营模式的本意,加大了 P2P 业务的系统性风险。P2P 运营模式的本意是实现存款人和贷款人的直接配对,形成绕过金融媒介的直接信贷。存款人要承担贷款人的违约风险,因此在决定向谁贷款时会非常谨慎地评估投资的风险,然后再依据自己的风险承受能力做出投资决策。如果 P2P 平台提供了担保机制,贷款人则没有足够的动力去审慎评估风险了,并且投资者会倾向于追逐高收益,而高收益往往伴随着高风险,导致 P2P 的系统性风险越来越高。在业务扩张时期,不断增长的网络贷款业务还可以掩盖之前的坏账,一旦业务扩张速度放缓,坏账则会暴露在投资人面前,投资人才意识到自己正裸泳在沙滩上。

最后,P2P 网络贷款的债权转让制度加剧了 P2P 的系统性风险。虽然贷款的可转让似乎增加了市场的流动性,但也给 P2P 平台带来了挤兑风险。一旦有风吹草动,投资者容易竞相踩踏退场,从而造成系统性风险。由此可见,P2P 网络贷款模式存在极大的风险,我国也加强了 P2P 网络贷款风险专项整治工作,由于针对 P2P 网贷的监管趋严,根据最新数据显示,截至 2020 年 11 月,在中国实际运营的 P2P 网络贷款机构完全归零。因此,P2P 网络贷款是否适合个人投资者还有待商榷。

第四节　利率与利率市场化改革

一、利率的影响因素

债券的发行利率会反映金融市场的核心价格,那么该利率是由什么决定的?通常,债券的发行利率主要受到市场因素、货币政策和宏观经济形势三大方面的影响。

(一)市场因素

市场因素包括债券发行主体的信用等级、债券的发行期限、债券的担保方式、同期的市场利率等因素。首先,发债主体的信用等级高,债券的安全性好,债券的利率就会比较低。例如,国债是以国家信用发行的,几乎不存在信用风险,所以同品种同期限的债券中,国债的利率有可能是最低的。而企业债是以企业的信用发行的,对于信用等级较低的企业,需要用较高的债券利率来吸引投资者。其次,债券的发行期限越长,债券利率一般也会越高。因为期限越长,未来的不确定性越高,购买债券的风险也就越高,投资者要求的债券利率也会相应提高;而短期债券由于期限短,不确定性相对较低,所以债券利率也会比较低。出于安全性原则的考虑,如果发行的债券附有抵押、担保等保证条款,债券利率会适当降低;反之,则会适当升高。然后,同期的市场利率也会影响新发债券的利率。如果同期市场利率水平较高,新发债券的利率则会跟着水涨船高;同期的市场利率水平较低,新发债券的利率也会有所下降。例如,同期的银行存款利率往往是公司债券利率的下限,因为银行储蓄的资信通常高于公司债券,如果公司债券的利率反而低于银行存款利率,那么投资者就不会选择投资公司债券了。此外,同期新发债券的数量、新股发行的规模、国际市场的资金利率等影响市场资金供给水平的因素,也都会对债券的发行利率产生影响。

(二) 货币政策

除了市场自身的因素，中央银行的货币政策也会对债券的利率产生影响，主要通过法定存款准备金利率、公开市场业务、外汇市场操作和再贴现四种途径。对银行间债券市场而言，由于准备金利率是商业银行的资金上存中央银行所得到的无风险利率，实质上构成了商业银行资金的最低收益率，所以一旦债券的利率低于准备金利率的水平，投资者将不会进行债券投资，而是直接将资金存到中央银行来获得准备金利率。因此，银行间债券市场的短期利率基本上是以法定存款准备金利率作为下限。

中央银行的公开市场业务主要通过影响市场的资金供给水平对债券利率产生作用。当中央银行持续买入债券，或者进行逆回购的时候，市场上流通的资金量就会增加，资金供给上升，债券的发行利率就会呈现出下降趋势；相反，当中央银行持续卖出债券，或者进行正回购操作、回笼资金的时候，市场上的资金供给下降，债券的发行利率就会呈现上升的趋势。

中央银行在外汇市场上的操作，也会通过影响市场的资金供给对债券的发行利率产生作用。当中央银行在外汇市场上买入外币、抛出人民币的时候，市场上流通的人民币会增加，资金面变得宽松，债券发行利率降低；当中央银行在外汇市场上抛出外币、买进人民币的时候，市场上流通的人民币减少，资金面紧缩，债券的发行利率就会有上升的趋势。

中央银行的再贴现政策同样会对债券利率产生影响。当中央银行调高再贴现利率时，市场资金面趋紧，债券发行利率也会呈现出上升的趋势；当中央银行降低再贴现利率时，市场资金宽松，债券发行利率也会呈现出下降趋势。

(三) 宏观经济形势

宏观经济形势也会对债券的利率产生影响。当经济处于繁荣阶段的时候，企业的商品生产能力与产品销量提高，市场投资有利可图，投资增加，市场的资金供给减少，债券的发行利率会提高；当经济处于衰退阶段的时候，企业的产品滞销，利润减少，投资也减少，市场的资金供给增加，债券的发行利率就会降低。

除此以外，相关的政策规定也影响债券利率。例如，对金融债券和企业债券的利息所得要征收20%的利息税，而对国债的利息所得不需要征收利息税，因此，同期限同品种国债的发行利率在一般情况下要低于企业债的发行利率。

二、利率市场化改革

与许多发展中国家一样，中国为了实现赶超战略，曾经长期实行金融抑制政策，对金融机构的存贷款名义利率进行管制，希望以此压低实际利率，促进经济快速发展。然而，金融抑制的结果却是扭曲了资金价格、损害了市场效率、阻碍了经济长期增长。

对金融机构的利率管制,在保证国有企业能够获得较大规模且较为廉价的资金供应的同时,也造成一些国有企业的投资依赖和低效率。此外,存贷款利率管制形成的稳定的存贷差,也弱化了商业银行的竞争力。

1996年,我国的利率市场化进程正式开启,目标是逐步取消对金融机构的利率管制,让市场在人民币利率形成和变动中发挥决定性作用,建立与现代金融市场发展相适应的利率形成机制和利率调控机制,提高货币政策有效性。中国利率市场化是从放开货币市场和债券市场利率开始的。1996年1月,全国范围的银行间同业拆借市场正式成立。同年6月,放开银行间同业拆借市场利率,实现了由拆借双方根据市场资金供求自主确定拆借利率。1997年6月,银行间债券市场正式启动,同时放开了债券市场回购和现券的交易利率。1998年9月,两家政策性银行首次通过中国人民银行债券发行系统,以市场化的方式发行了金融债券。1999年,财政部首次在银行间债券市场以利率招标的方式发行国债。至此,我国基本实现了货币市场和债券市场的利率市场化,为各类金融产品市场利率尤其是基准利率的形成提供了良好基础。包括上海银行间同业拆借利率(SHIBOR)、短期回购利率、国债收益率在内的金融市场基准利率,都是在货币市场和债券市场中形成和变动的。

2004年,我国利率市场化进程加快,初步实现了"贷款利率管下限、存款利率管上限"的阶段性目标。2012年7月,人民银行宣布,金融机构贷款利率可以向基准利率之下浮动,浮动区间为基准利率的0.7倍。2013年7月,放开对金融机构贷款利率的下限管制,金融机构可以根据商业原则自行决定贷款利率水平。至此,全部放开了金融机构贷款利率,基本实现了信贷市场利率市场化。2014年11月到2015年5月之间,存款利率浮动上限逐步扩大至基准利率的1.5倍。2015年8月,放开了一年期以上定期存款的利率浮动上限。2015年10月,对商业银行和农村合作金融机构等金融机构不再设置存款利率浮动上限,我国的利率市场化步入全新的阶段。

目前,存贷款利率仍然是我国金融体系中的重要基准利率之一,存贷款利率是债券定价、投资者投资选择的重要参考。如果债券的利率大幅低于存款利率,投资者可以考虑在投资组合中更多选择存款;反过来,如果债券的利率大幅高于贷款利率,发行人可以把贷款作为主要的融资方式。

随着利率市场化的推进,债券市场成为货币政策传导的重要渠道。中央银行通过调整存贷款利率和央行票据发行利率等基准利率的方式,一方面可以直接影响市场的资金融资成本,通过改变市场利率基准来影响直接融资利率,另一方面间接影响了债券市场中的无风险利率,进一步影响金融市场的融资成本,实现货币政策传导的信号效应。

利率市场化的推进,还提高了债券市场对风险资产的定价能力。例如,企业债券的定价一方面要参考同期限的定期存款利率、贷款利率,另一方面也要参考同期限的国债和央票等无风险或者低风险利率。从市场期限结构的角度看,不同期限的国债、央票和政策性金融债等,其收益率差也基本保持在一个较为均衡的水平。所以,总体上,债券的定价要在基准利率的基础上,体现信用风险、市场风险和流动性风险的溢价。由于利率市场化使得不同资产之间的投资组合可实现低成本切换,资金可以在不同资产之间进行选择,如果一只债券在定价时未能充分体现市场信息,出现低估或者高估,投资者会通过他们的投资行为使价格向合理范围回归。因此,利率市场化的发展,使债券市场的定价能力也明显提高。

近年来,人民银行发布的货币政策执行报告多次强调推动存贷款利率"两轨合一轨",可以预见,我国的利率市场化进程还将继续深化,金融市场也会不断地发展和完善。

重要概念

债券　货币市场工具　同业拆借　短期债券　票据　存单　政府债券　金融债券　无担保债券　担保债券　新型债券市场投资工具　利率市场化改革

思考题

1. 什么是债券市场的主要功能?与股票市场相比,它有哪些独特之处?
2. 货币市场工具与中长期债券有哪些主要区别?在什么情况下,投资者更倾向于选择前者?
3. 债券市场的利率是如何形成的?哪些因素会影响中国债券市场的利率水平?
4. 中国个人投资者参与债券市场的方式有哪些?与机构投资者相比,个人投资者面临哪些优势和挑战?
5. 政策性银行金融债券在中国市场的发展历程是什么?它对中国金融体系有何影响?
6. 商业银行债券与政策性银行债券有何不同?在什么情况下,商业银行选择发行债券进行融资?
7. 如何理解利率市场化对中国债券市场定价能力的影响?你认为,未来中国利率市场化的趋势可能如何演变?

第十章　债券定价与债券投资组合管理

📅 学习目标

1. 理解债券定价的基本原理和影响因素,掌握如何评估债券的价值。
2. 理解债券收益率的多种形式,包括名义收益率、实际收益率、本期收益率和到期收益率等。
3. 学习利率在债券定价中的作用以及影响因素。
4. 了解债券投资组合管理的不同策略,尤其是消极投资与积极投资策略的区别和应用场景。
5. 掌握债券定价公式和收益率计算方法,能够实际计算债券的理论价格和到期收益率。
6. 熟悉债券的凸性和久期,掌握这些概念在评估债券价格变化对利率波动敏感性方面的应用。

视频10-1

📅 本章导读

确保债券投资获得最佳回报的重要手段是科学、合理地进行债券定价与投资组合管理。本章将系统介绍债券定价的基本原理与方法,通过深入分析不同类型的收益率计算及其在定价中的应用,帮助读者理解利率在债券定价中的作用及其影响因素。接着,详细阐述债券投资组合的管理策略,比较消极管理策略与积极管理策略的特点与适用场景。最后,通过久期与凸性等指标的分析,提供优化投资组合的实用方法,为投资者在复杂的市场环境中实现更高效的投资管理提供指导。

债券发行后,要进入流通市场,通过二级市场的交易,不仅可提高债券的流动性,而且也形成了债券的价格。本章从金融资产定价的一般原理出发,首先介绍如何评估债券的价值,然后分析利率在债券定价中的作用,最后介绍债券资产组合管理策略。

第一节　债券价格和收益

当投资者对债券进行投资时,关注的是不同债券的收益率,而在债券市场上的交易标的则是债券的成交价格,因此在评估债券价值的时候,通常将债券的收益率与债券的价格相互联系。接下来将介绍如何通过计算收益率对债券定价。

一、债券的收益率

在评估债券的价值时,首先利用的指标是名义收益率,又称作票面收益率,等于债券的票面收益与债券的面值的比率。计算公式如下:

$$r=\frac{C}{F} \quad (10.1)$$

其中,r 是名义收益率,C 为债券的票面收益,通常是债券票面上写明的年化利息收益,F 是债券的面值。

然而,名义收益率没有考虑通货膨胀因素的影响,剔除通货膨胀的影响以后,能得到实际收益率。实际收益率的计算公式为:

$$\text{实际收益率}=\text{名义收益率}-\text{通货膨胀率} \quad (10.2)$$

例如,当我国猪肉价格大幅上涨,拉高了 CPI 指数,为了保证债券的实际收益率不变,债券的名义收益率则会出现较为明显的上涨。

除了名义收益率和实际收益率,常用于评估债券价值的指标还有以下三类:本期收益率、持有期收益率和到期收益率。

本期收益率也叫作当期收益率,指的是本期获得的债券利息与本期债券价格的比率。本期收益率的计算公式为:

$$r=\frac{C}{P} \quad (10.3)$$

其中,r 是本期收益率,C 为债券的本期票面收益,P 是债券的市场价格。

持有期收益率,是指投资者从债券的买入到卖出这段持有期限里得到的收益率,能综合反映债券持有期间的利息收入情况和资本损益水平。持有期收益率的计算公式如下:

$$r=\frac{\frac{P_t-P_0}{T}+C}{P_0} \quad (10.4)$$

其中,r 为持有期收益率,C 为持有期间的年化利息收益,P_t 为债券的卖出价格,P_0

为债券的买入价格，T 为债券的持有年数。

另一个更常用到的概念是到期收益率（yield to maturity，YTM），指的是持有债券一直到偿还期后所获得的收益率，包括到期的全部利息，所以到期收益率又称为最终收益率。在进一步计算到期收益率之前，我们需要先考察债券的价格是如何确定的。

二、债券价格的确定

债券的价格分为发行价格和流通转让价格。债券的发行价格由票面金额决定，也可以用折价或者溢价的方式发行。债券在二级市场上的流通转让价格由不同的市场情况确定，但遵循基本的"理论价格"决定规则，这个规则由债券的票面金额、票面利率和实际持有期限三个因素决定。

对于到期一次性还本付息的利随本清债券来说，它的定价公式是：

$$P = \frac{F}{(1+r)^n} \tag{10.5}$$

其中，P 为债券交易价格，r 为市场利率，n 为剩余偿还期限，F 为到期日获得的本金和利息。这个公式对于不支付利息、到期兑付票面金额的零息债券也同样适用，而对于零息债券，到期日获得的是票面载明的本金，没有利息。

举一个简单的例子，假设一张面额 100 元、票面利率 5%、剩余偿还期限 2 年的利随本清债券，当持有债券到期则可以获得本金 100 元和剩余两年的总利息 10 元，一共 110 元。如果当前的市场利率为 3%，根据上述定价公式，该债券的价格为：

$$P_1 = \frac{110}{(1+3\%)^2} \approx 103.69(元)$$

而对于一张面额 100 元、剩余偿还期限 2 年的零息债券，如果当前市场利率同样是 3%，根据定价公式该债券的价格为：

$$P_2 = \frac{100}{(1+3\%)^2} \approx 94.26(元)$$

如果当前市场利率上升到 5%，之前的利随本清债券的价格则变成：

$$P_1 = \frac{110}{(1+5\%)^2} \approx 99.77(元)$$

此时，零息债券的价格会变成：

$$P_2 = \frac{100}{(1+5\%)^2} \approx 90.70(元)$$

再假设市场利率下降到 1%，利随本清债券的价格为：

$$P_1 = \frac{110}{(1+1\%)^2} \approx 107.83(元)$$

此时,零息债券的价格则变成:

$$P_2 = \frac{100}{(1+1\%)^2} \approx 98.03(元)$$

在市场利率为3%时,利随本清债券的价格为103.69元,当市场利率上升到5%,利随本清债券的价格下降到99.77元,零息债券的价格从94.26元下降为90.7元;而当市场利率下降到1%,利随本清债券价格上升到107.83元,零息债券的价格则上升为98.03元。由此可以发现,债券的市场价格和当前的市场利率的关系是反向变化的,市场利率的上升会导致债券价格的下降,这是债券市场中债券价格变化的一个重要特征。

除了利随本清债券和零息债券,还有一种常见的债券是附息债券。附息债券在发行的时候会明确付息频率和付息日,发行人在偿还期内定期支付利息,比如每半年或一年付息一次,到期归还本金和最后一期的利息。以按年付息的附息债券为例,按照现金流贴现模型的方法,它的定价公式是:

$$P = \sum_{t=1}^{n} \frac{C_t}{(1+r)^t} + \frac{F}{(1+r)^n} \qquad (10.6)$$

其中,F是债券面额,也就是到期后归还的本金金额;C_t是第t期的利息收入;r是市场利率;n是偿还年数。

例如,现在有一张新发行的面值100元的附息债券,票面利率是4%,每年付息一次,3年后还本付息,当前市场利率为5%,根据它的定价公式,其发行价格为:

第1年末收入利息4元,现值=4÷(1+5%)≈3.81(元)

第2年末收入利息4元,现值=4÷(1+5%)²≈3.63(元)

第3年末收入利息4元,现值=4÷(1+5%)³≈3.46(元)

第3年末收入本金100元,现值=100÷(1+5%)³≈86.38(元)

总现值=3.81+3.63+3.46+86.38=97.28(元)

所以,这张附息债券的发行价格应该是97.28元。根据上述提及的债券价格变化的一个重要特征,债券的市场价格和当前的市场利率的关系是反向变化的,在附息债券的这个例子中依然可以验证这种反向关系。与之前市场利率升高相反,此时验证当市场利率降低时候的结果。当市场利率下降到3%的时候,刚才的附息债券的价格则变成:

第1年末收入利息4元,现值=4÷(1+3%)≈3.88(元)

第2年末收入利息4元,现值=4÷(1+3%)²≈3.77(元)

第 3 年末收入利息 4 元,现值＝4÷(1+3%)³≈3.66(元)
第 3 年末收入本金 100 元,现值＝100÷(1+3%)³≈91.52(元)
总现值＝3.88+3.77+3.66+91.52=102.83(元)

用定价公式计算则为:

$$P = \sum_{t=1}^{3} \frac{4}{(1+3\%)^t} + \frac{100}{(1+3\%)^3} = 102.83(元)$$

根据计算结果显示,当市场利率从 5% 下降到 3% 时,债券的价格从 97.28 元上升到了 102.83 元,符合债券的市场价格和市场利率的相反关系的特征。

本质上,债券定价是根据市场利率以及债券未来的现金流,计算未来现金流的现值,并由此确定债券当前的理论交易价格。投资者可以利用定价公式计算出任何时点上一张债券的理论价格。在债券发行以后的交易中,债券的交易价格往往与发行价格不再一致,而是由债券的交易时点、剩余到期时间、预期市场利率和投资者期望达到的收益率等因素,共同决定债券的交易价格。

三、到期收益率的计算

在计算债券价格的过程中,市场利率的概念被反复使用,现实中常用债券市场的平均收益率,或者同期的无风险、低风险利率作为市场利率的指标,由此计算出债券的理论价格。在债券市场上,当投资者按照交易系统中显示的价格购买一张债券并持有到期,实际能够获得的收益率水平即是前面提及的到期收益率。下面介绍如何计算到期收益率。

对于利随本清债券,到期收益率的计算公式如下:

$$y = \left(\frac{F}{P}\right)^{\frac{1}{n}} - 1 \tag{10.7}$$

其中,y 是到期收益率,P 是债券的市场价格,F 是债券的面值,n 是债券的剩余期限。该计算公式由利随本清债券的定价公式变形而成。对比前文的利随本清债券的定价公式:

$$P = \frac{F}{(1+r)^n} \tag{10.8}$$

在定价公式当中,将同期的市场利率 r 代入计算。不同的市场利率会计算出债券不同的理论价格,该理论价格可以作为投资者判断当前债券交易价格是否偏高或偏低的依据。当使用债券交易报价系统的时候,可以根据系统给出的市场价格,利用定价公式计算出 r,该结果反映了债券的到期收益率 y。所以,到期收益率实质上是贴现率,它使得债券未来现金流的现值等于债券当前的市场价格。

例如,一张 1 年期的零息债券,债券面额 100 元,如果现在的市场价格是 90 元,经过计算,这张债券的到期收益率是:

$$y=\left(\frac{F}{P}\right)^{\frac{1}{n}}-1=\left(\frac{100}{90}\right)^{1}-1\approx 11.1\%$$

债券的市场价格与市场利率之间具有反向变化关系的特征。如果市场利率从 11.1% 上升为 12%,该债券的理论价格为:

$$P=\frac{100}{(1+12\%)^{1}}\approx 89.29(元)$$

该债券的理论价格低于目前的市场价格 90 元,市场价格被高估了,所以当市场利率上升的时候,到期收益率低于市场利率的债券将会被抛售,债券价格下降,直到债券的到期收益率等于市场利率。

如果市场利率从 11.1% 下降为 10%,该债券的理论价格为:

$$P=\frac{100}{(1+10\%)^{1}}\approx 90.91(元)$$

该债券的理论价格高于目前的市场价格 90 元,市场价格被低估了,所以当市场利率下降的时候,投资者会购买到期收益率高于市场利率的债券,债券价格上升,直到债券的到期收益率下降到市场利率。所以,债券的市场价格和到期收益率之间同样存在反向变化关系。

第二节　利率期限结构

在上一节对债券定价时,为了方便对资产进行定价,假定贴现率或者市场利率是固定的。然而,在现实世界中,利率一般在不停地变化,利率固定不变的情况是非常罕见的。在通常情况下,同一个债券发行人所发行的债券,在同一个时期,它们的收益率会因不同剩余期限而有明显的差异,剩余期限越长,收益率会越高,或者长期债券的利率会比短期债券的利率高。这种情况发生的原因包括两个方面:(1)长期债券风险较大,因此投资者会要求更高的收益率,作为他们应对利率风险的补偿,也就是所谓的"风险溢价";(2)投资者预期利率会上升,因此较高的平均收益率反映了对债券后续寿命期的高利率预期。在特殊情况下,长期债券利率也可能低于短期债券利率。关于这一类对不同期限金融工具的收益率与到期期限之间关系的研究,被称为利率的期限结构研究。在本节,将探讨不同期限资产的利率模型,力图挖掘影响模型的各种因素。

首先,为了理解"期限结构理论",需要引入远期利率的概念。远期利率是指假设在给定的即期利率的情况下,从未来的某一时点到另一时点的利率水平。确定了收益率曲线后,所有的远期利率都可以根据收益率曲线上的即期利率求得,远期利率是和收益率曲线紧密相连的。短期市场利率和远期利率的定义计算公式非常相似:

$$\text{市场利率公式}: 1+r_n = (1+y_n)^n/(1+y_{n-1})^{n-1} \quad (10.9)$$

$$\text{远期利率公式}: 1+f_n = (1+y_n)^n/(1+y_{n-1})^{n-1} \quad (10.10)$$

其中,r_n 为 n 期短期市场利率,f_n 为 n 期远期利率,y_n 为 n 期零息债券的到期收益率。公式(10.10)的经济含义表示为:使得一个 n 期零息债券的到期收益等于 $n-1$ 期零息债券在第 n 期再投资所得总收益的利率为远期利率。虽然,在数学公式上,远期利率与确定情况下的短期利率的计算公式一样,但这两者在经济含义上并不相等。在现实市场中,我们无从得知未来的真实利率,因此只能根据已知的国债利率 y_n 和 y_{n-1} 去推断在未来时点的远期利率 f_n,所以远期利率只是投资者在未来利率不确定的条件下所推断出来的利率。

在现代金融分析中,远期利率应用广泛。它们可以预示市场对未来利率走势的期望,是中央银行制定和执行货币政策的参考工具。在成熟市场中几乎所有利率衍生品的定价都依赖于远期利率。

一、主要的期限结构理论

为了研究不同期限的债券其利率水平出现差异的原因,期限结构理论中主要有三类理论对此进行了解释:

(一)预期理论

预期理论或称为无偏预期理论。它最早是由欧文·费雪(Irving Fisher)在1892年提出的,该理论认为利率期限结构完全取决于对未来利率的市场预期,在假定投资者是风险中性的且不同到期期限的债券可以被完全替代的前提下,指出长期债券利率是预期短期债券利率的几何平均。以两期债券为例,对比预期理论的远期利率计算公式与远期利率的定义公式:

$$\text{远期利率公式}: (1+y_2)^2 = (1+r_1) \times (1+f_2) \quad (10.11)$$

$$\text{预期理论公式}: (1+y_2)^2 = (1+r_1) \times (1+E[r_2]) \quad (10.12)$$

两期债券的到期收益率 y_2 取决于第一期短期市场利率 r_1 和对第二期市场利率 r_2 的期望。预期理论在远期利率公式成立的基础上认为,债券的两期收益等于第一期收益加上投资者预期的第二期收益。该理论隐含了无偏预期假设成立:远期利率必须是对未来短期利率的无偏预期,即 f_2 等于 $E[r_2]$。预期理论认为,如果预期未来利率上升,利率期限结构会呈上升趋势;如果预期未来利率下降,利率期限结构会呈下降趋势。利率期限结构完全取决于对未来利率的市场预期。然而,无偏预期假设很难成立,因为在远期利率和预期利率之间存在"溢价"偏差,在随后的"流动性偏好理论"部分会介绍该问题。

预期理论可以解释哪些经济现象呢?(1)预期理论可以解释,随着时间的推移,不同到期期限的债券利率有同向变动的趋势。在历史统计中,短期利率存在这一特征:如果短期利率当天上升,未来将趋于更高。(2)如果短期利率较低,收益率曲线会向上倾斜;如果短期利率较高,收益率曲线则向下倾斜。然而,预期理论也不是十全十美的,它无法解释为何在现实中收益率曲线通常是向上倾斜的。因此,经济学家又逐渐发展出其他期限结构理论,其中之一便是市场分割理论。

(二)市场分割理论

它是由卡尔伯斯通(Culberston)在1957年提出的,该理论认为,不同期限的债券市场是完全独立和相互分割的,不同期限的债券利率取决于自身的供给与需求,不同期限的债券无法相互替代,因此,不同期限债券的预期回报率无法对各自的需求产生影响。例如,根据分割市场理论,5年期国债利率的变化不会影响对2年期国债的需求。该理论与预期理论的无偏预期假设相反,市场分割理论认为,投资者对证券的选择是有偏好的,例如,对于偏好2年期债券的投资者,即便是3年期债券的回报率有很大幅度的上升,该投资者依然继续持有2年期的债券,而不会购买3年期债券。产生偏好的原因包括法律或其他众多因素,这些偏好的产生和限制形成了不同期限的证券市场。投资者和债券的发行者都不能无成本地实现资金在不同期限的证券之间的自由转移。因此,证券市场并不是一个统一的无差别的市场,而是分别存在着短期市场、中期市场和长期市场。根据市场分割理论,如果大多数投资者偏好期限较短的债券,则收益率曲线会向上倾斜;相反,如果更多的投资者偏好长期债券,那么收益率曲线将会向下倾斜。在现实的投资环境中,投资者更偏好期限较短、风险较小的短期债券,使得短期债券利率较低,收益率曲线也就向上倾斜了。不同期限债券回报率的变化可能会引起套利活动,例如,当3年期债券的回报率大幅上升时,投资者极有可能卖掉一部分原来持有的2年期债券,而购买3年期债券,以获得更高的回报率。由于投资者的套利活动,各种不同期限债券的利率会一起波动。然而,市场分割理论无法解释不同期限的利率会有相同的波动。由此可知,市场分割理论只是利率期限结构的一种解释,并非完美的理论。

(三)流动性偏好理论

它是由希克斯(Hicks)在1946年对预期理论进行修正而提出的。该理论假定投资者是风险厌恶的,投资者放弃持有现金而持有流动性差的债券,认为应该获得承担价格波动风险的补偿,所以债券期限越长,补偿越多。流动性偏好理论认为风险厌恶者对高流动性短期债券的偏好,使其利率低于长期债券,在确定远期利率时,除了预期

信息外还要考虑流动性溢价的影响,于是对预期理论的远期利率计算公式进行修改,以两期债券为例,得到如下公式:

$$(1+y_2)^2=(1+r_1)\times(1+E[r_2]+LP) \qquad (10.13)$$

其中,LP 为流动性溢价(liquidity premium)。流动性偏好理论公式中收益率 y_2 的大小不仅取决于短期利率 r_1 和对未来短期利率 r_2 的预期,还取决于投资者对流动性的偏好 LP。与预期理论相比,流动性偏好理论多考虑了流动性偏好的因素,不仅能解释收益率曲线的趋势特征,还揭示了收益率曲线一般为向上倾斜的原因,弥补了预期理论无法解释的部分。

流动性偏好理论还假定不同期限的债券之间存在一定的替代性,由此一种债券的预期收益确实可以影响不同期限债券的收益。但是,不同期限的债券并非完全可替代,因为投资者对不同期限的债券具有不同的偏好。然而,对于流动性偏好理论中投资者偏好期限较短的证券这一假定,在现实金融交易中并不总是成立,比如养老金机构投资者会更偏好长期证券。

理论上认为,长期债券利率一般是高于短期债券利率的,但是在现实中也存在相反的例子。2019 年 8 月份,美国市场出现了 10 年期利率曲线低于 3 月利率曲线的现象,这种现象被称为"利率倒挂",利率倒挂往往被认为是一国经济衰退的预警。图 10—1 是美债长短期利差与 GDP 同比增速的对比,从中可以明显地看到,美债长短期利差在 2018 年 9 月份变为负数,而 GDP 增速也跌入了低谷。

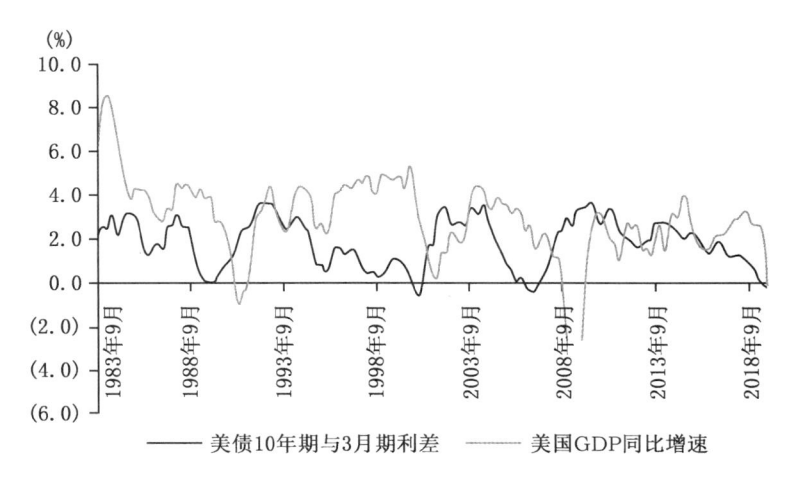

资料来源:WIND。

图 10—1 美债长短期利差与 GDP 同比增速

回顾美国国债历史,它在 1978 年、1980 年、1989 年、2000 年与 2006 年出现利率倒挂后,均发生了经济衰退现象,而衰退期平均发生在倒挂信号后的 14 个月,最快的一次衰退发生在信号发出后短短 7 个月后(见表 10—1)。由此可见,利率倒挂能够较为准确地预测经济衰退现象。当然,此次利率倒挂现象随着 10 月份美联储"非量宽式"扩表而消失。因此,判断一国经济趋势不能盲目地只关注某一个点,而需要一个全局视野,基于长短期利差数据以及其他宏观经济指标,使用利率期限结构模型,可以对经济体的宏观经济趋势进行初步的判断。

表 10—1　　　　　　　　　美债利率倒挂与经济衰退时间点

衰退开始时间	衰退结束时间	衰退前是否经历了利率倒挂	利率倒挂时间	提前月数	衰退期的情况
1969 年 12 月	1970 年 11 月	是	1967 年 12 月	24	布雷顿森林体系崩溃,美国经济衰退
1973 年 11 月	1975 年 3 月	是	1973 年 3 月	8	标普 500 指数下跌了近 43.3%,为历史较大回撤
1980 年 1 月	1980 年 7 月	是	1978 年 9 月	16	美国发生"双位数"的通货膨胀
1981 年 7 月	1982 年 11 月	是	1980 年 9 月	10	
1990 年 7 月	1991 年 3 月	是	1989 年 2 月	17	道琼斯指数暴跌,单日跌幅超过 22%
2001 年 3 月	2001 年 11 月	是	2000 年 4 月	11	美国短暂衰退,同年第三季度 GDP 负增长
2007 年 12 月	2009 年 6 月	是	2006 年 1 月	23	次贷危机,经济大幅下行
衰退期平均发生在倒挂信号后 14 个月					

资料来源:WIND。

二、现代期限结构模型

现代期限结构模型通常与高深复杂的数学知识结合,比如二叉树模型。二叉树模型假设当期的利率只有向上和向下两个方向进行变动。在下一期利率上升或者下降的概率是已知的。且假设在整个考察期内,利率每次上升或下降波动的概率和幅度不变。当给定当期的利率水平,在下一期利率可能存在两个分支,取各分支的现值的期望,经过计算可以得到下一期债券的价格,以此类推,第 3 期有 4 种可能的分支,取这些分支的期望得到第 3 期的利率,从而计算出第 3 期债券的价格。该模型的思想是模型将考察期分为若干阶段,根据利率的历史波动率模拟出债券在整个考察期内所有可能的发展路径,并对每一路径上的每一节点计算期望利率,最终算出债券价格。这种方法可以扩展到期限更长的债券。二叉树模型的优点是简单,不需要太多数学知识就可以加以应用。时间段越短,模型就越接近现实。它也有几个缺点:其一,假设未来利率变化均遵循同样的模式存在争议,模型忽略了预期假说中关于未来利率信息的类型,如果类型发生了改变,估计结果会出现偏差。其二,根据过去历史数据模拟估计一段时间的利率变化情况相对困难。2008 年全球金融危机爆发后,世界经济面临巨大的下行压力,以日本和欧元区为代表的多个国家为提振经济而实施的宽松货币政策使得本国的政策利率、市场利率乃至存贷利率均出现了负值,突破了传统货币理论所认为的零利率下限,全球开始进入负利率时代。因此,由于需要考虑负利率的因素,利用过去利率的数据已经难以模拟未来利率的走势,这降低了模型使用的有效性。但是二叉树模型直观简单而受到广泛应用,以后的章节会进一步讨论二叉树模型在衍生品部分的应用。

关于利率期限结构的研究,市场分割理论、流动性理论和预期理论都提供了一些深刻的见解,但是没有一种能够完整解释收益率曲线,本节的内容只是利率期限结构研究体系的冰山一角,大量学者对利率期限结构进行了更深入的研究。例如,杰伯和曼西(Jabbour and Mansi,2002)对静态利率期限结构模型进行了分析;戴和辛格尔顿(Dai and Singleton,2003)对动态利率期限结构模型进行了评述;对于利率期限结构的深入分析,可以参考科克伦(Cochrane,2005)的著述。

专栏10-1
希腊主权债务危机

第三节 债券资产组合管理

债券资产组合管理存在多种策略,一般地,将其分为消极投资策略和积极投资策略。消极投资策略通常是把证券的市场价格当作公平的价格,与那些试图利用优越的信息优势或洞察力来跑赢大盘的策略不同,消极策略的管理者在既定的市场条件下保持适度的风险收益平衡。消极管理中一个特别的例子就是试图将资产组合与利率风险隔离开或豁免资产组合的利率风险的免疫化策略。积极投资策略更倾向于寻求更大的利润,而不考虑相伴而来的风险。在固定收入的管理方式中,有两种积极管理的形式:积极的管理者或者通过利率预测来预计整个固定收入市场的运作情况,或者运用某种形式的内部市场分析来识别那些价格失衡的固定收入市场的特定部门或特定债券。

一、利率风险

在介绍债券管理策略之前,必须先引入"利率风险"的概念。在前文的描述中,可以发现利率风险与债券资产组合管理策略联系紧密。那么,什么是"利率风险"呢?利率风险是指债券的价格对利率波动的敏感性,是当利率发生变动后债券价格将受到多大程度的影响。如果敏感性越高,那么这种风险越大;相反,如果敏感性越低,利率风险越小。根据债券价格与利率存在反向变动的关系,即利率上涨时债券价格下跌,即使是本息支付都有保证的国债,如果不考虑持有债券到期的情况,债券价格也会受到利率波动的影响。图 10-2 是债券价格与利率的关系图,图中 A、B、C、D 四只债券的息票利率(coupon)、到期时间(maturity)和初始到期收益率(initial YTM)互不相同,刻画了到期收益率的变动对债券价格变化百分比关系。

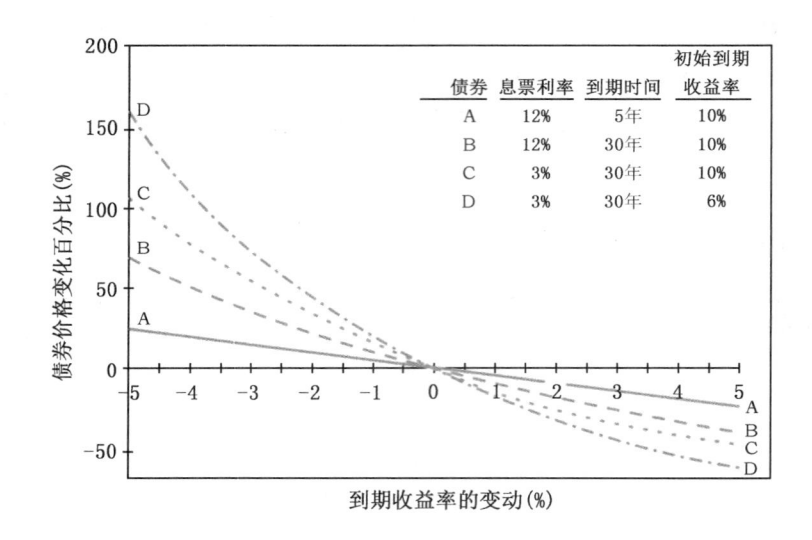

债券	息票利率	到期时间	初始到期收益率
A	12%	5年	10%
B	12%	30年	10%
C	3%	30年	10%
D	3%	30年	6%

资料来源:WIND。

图 10-2 债券价格变化是到期收益率的函数

首先,以上四只债券的变动趋势都表明,当收益率上升时,债券的价格会下降;同时,价格曲线是向下凸的,说明利率上升对价格带来的影响相比利率下降的影响更不明显。通过对四种债券进行对比分析,可以得出以下结论:(1)长期债券价格对利率变化的敏感性比短期债券更高;(2)当债券期限增加时,债券价格对收益率变化的敏感性增加,但敏感性增加的幅度随债券期限的增加而递减;(3)利率风险与债券票面利率呈反比;(4)债券价格对其收益变化的敏感性与当期出售债券的到期收益率呈反比。

进一步分析发现:首先,对比 A、B 两只债券时,可以得到上述第一个结论。其次,B 债券的到期时间是 A 债券的 6 倍,而由于价格曲线是向下凸的,B 债券的利率敏感度并不比 A 大 6 倍。虽然利率敏感性随着到期日的延长而增加，但并非按到期时长同比例增加。该结果显示当债券期限增加时，债券价格对收益率变化的敏感性增加，但增幅递减。再次，通过比较 B、C 两只债券，可以发现，利率风险与债券票面利率呈反比，即高息票利率的债券价格对利率变化的敏感度相对于低息票利率债券更低。最后，通过对比 C、D 两只债券，可以发现，债券价格对其收益变化的敏感性与当期出售债券的到期收益率呈反比。

二、债券久期

通过介绍利率风险可以发现，债券价格受到市场利率的影响，但是不同债券对市场利率变化的反应是不同的。在现实中，债券久期是衡量债券价格对利率敏感性的重要指标。1938 年，弗雷德里克·麦考利将债券的有效期限定义为久期，通过计算债券每次支付息票利息或本金的时间加权平均得出。他认为，每次支付时间的相关权重应当与该次支付和债券的"重要性"相互联系，每次支付时间的相关权重等于该次支付金额在债券总价值中所占的比例，即支付现值除以债券价格。由此可见，久期是测度债券产生现金流的平均期限的方法，它能对债券的有效期限进行正确的概括统计。而如何使用久期测量利率风险，可以通过久期的推导公式解释该问题：

$$P = \sum_{t=1}^{T} \frac{CF_t}{(1+y)^t} \tag{10.14}$$

$$\frac{\mathrm{d}P}{\mathrm{d}y} = \frac{-1}{1+y} \sum_{t=1}^{T} \frac{CF_t \cdot t}{(1+y)^t} \tag{10.15}$$

$$\frac{\frac{\mathrm{d}P}{P}}{\mathrm{d}y} = \frac{-1}{1+y} \sum_{t=1}^{T} \left[\frac{CF_t/(1+y)^t}{P} \cdot t \right] = \frac{-1}{1+y} \cdot D = -D^* \tag{10.16}$$

其中，P 为债券价格，CF_t 是 t 期债券产生的现金流，y 为债券利率，D 为久期，D^* 表示为修正久期。已知债券价格 P 可以通过现金流贴现模型表示，将 P 对 y 进行求导，两边再同时除以 P，便可得到债券久期和修正久期的计算公式：

$$D = \sum_{t=1}^{T} \left[\frac{CF_t/(1+y)^t}{P} \cdot t \right] \tag{10.17}$$

$$D^* = \frac{-1}{1+y} \sum_{t=1}^{T} \left[\frac{CF_t/(1+y)^t}{P} \cdot t \right] \tag{10.18}$$

通过久期计算公式可以发现，久期能描述债券价格受利率波动的影响。修正久期的公式表示，当债券利率变化一单位时，债券价格变化的百分比。结合之前债券价格与利率的关系图得出的结论，久期越长，代表债券的有效期限越长，它所承担的利率风险越大；在公式中表示为，债券久期越长，使得利率变化每一单位产生的价格波动越大。但是,麦考利久期不适用于具有隐含期权的债券,因为久期模型有一个重要假设,即随着利率的波动,债券的现金流不会变化。然而,这一假设对于具有隐含期权的债券,比如可赎回或可卖出债券等而言并不成立。因此,久期模型不应被用来衡量现金流易受到利率变动影响的金融工具的利率风险。

根据久期计算公式可以发现,决定久期大小的因素包括三个:到期时间、息票利率和到期收益率。基于这些决定价格敏感性的因素对久期公式进行归纳,总结出以下五个重要法则:

(一)久期法则1:零息票债券的久期等于其自身的到期时间

推导过程如下:

T 期零息票债券价格为:

$$P = \frac{CF_T}{(1+y)^T} \quad (10.19)$$

T 期零息票债券的久期为:

$$D_{零息票} = \frac{CF_T/(1+y)^T}{P} \cdot T \quad (10.20)$$

将(10.19)式代入上式得:

$$D_{零息票} = T$$

其实,根据久期计算公式,比较两年期息票债券和两年期零息票债券的久期:

$$D_{零息票} = \frac{CF_2/(1+y)^2}{P} \cdot 2 \quad (10.21)$$

$$D_{息票} = \frac{CF'_1/(1+y)}{P} \cdot 1 + \frac{CF'_2/(1+y)^2}{P} \cdot 2 \quad (10.22)$$

两年期息票债券比两年期零息票债券有更短的久期,原因是,在最后一期支付前,息票债券还有一次支付息票利息的机会,而那一次的利息支付金额现值作为时间的加权权重,将会分摊掉最后一期的加权权重,从而导致整个加权平均期限减少,久期也比零息票债券更短(即最后支付前的一切息票利息支付都会减少债券的加权平均时间)。

(二)久期法则2:到期时间不变时,债券的久期随息票利率的降低而延长

根据上述久期法则1的推论结果,将到期时间固定,可以引出第2条法则,法则2是法则1的普遍情况,如果假设息票率下降为零,在这种取极限的情况下,法则2可以转化成法则1。图10—3显示了不同债券的久期趋势情况,观察到期收益率相同,息票率分别为3%和15%的债券久期轨迹,可以发现,息票率低的债券久期曲线位于息票率高的久期曲线上方,这与法则2的结论相符。

(三)久期法则3:当息票率不变时,债券久期随到期时间的增长而增长

该法则也存在例外,比如折现率非常高时,债券久期与到期时间呈反比,但这类情

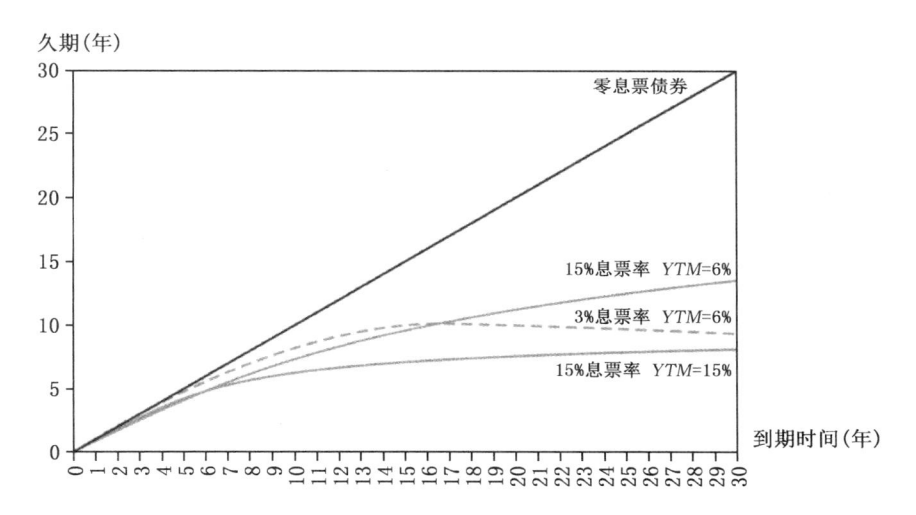

资料来源：WIND。

图10-3 债券久期趋势

况在现实中非常罕见。

（四）久期法则4：在其他因素都不变的情况下，债券到期收益率越低，债券久期越长

到期收益率高的债券，期限越往后折现率越高，后期的权重或是支付利息的现值越小，从而导致债券的整个有效期限"往前提前"了，相当于久期缩短。观察图10-3的久期趋势，可以发现，息票率相同而到期收益率为15%的久期轨迹位于到期收益率为6%的久期轨迹下方，该结果与本法则相符。

（五）久期法则5：无限期债券的久期为 $D=(1+y)/y$

假设久期为无限期，通过无穷级数求和的方法可以推导出法则5，根据该法则，影响无限期债券久期的因素只有收益率。当收益率为10%，每年支付固定利息的无限期债券的久期为11年[(1+10%)/10%]。

久期的计算公式看似复杂，但随着信息技术的不断发展，如今的计算机软件都能轻而易举地计算久期。以Excel为例，在表格中输入函数"DURATION(支付日,到期日,息票利率,到期收益率,每年息票期)"，可以计算出久期；输入"MDURATION(支付日,到期日,息票利率,到期收益率,每年息票期)"，可以计算出修正久期。以国内债券市场中"2019年记账式附息国债"为例，选取债券的起息日、到期日、票面利率、到期收益率以及每年计息次数，再通过duration函数计算，计算结果如表10-2所示，该债券的久期为17.9年。由此可见，2019年记账式附息国债的付息期限有30年，但其有效期限只有不到18年。

表 10－2　　　　　　　　2019 年记账式附息国债（190010. IB）久期

起息日	2019 年 7 月 22 日
到期日	2049 年 7 月 22 日
票面利率	3.86%
到期收益率	3.91%
每年付息次数	2
久期	DURATION(2019/7/22,2049/7/22,3.86%,3.91%,2) ＝17.9 年

久期在债券组合中有非常重要的地位，它代表债券的平均生命期，将债券对信用风险的敏感性进行了量化，为投资者在债券组合管理中进行投资决策提供了可靠性的依据。

三、债券凸性

根据上述内容可以看到，久期实际上度量的是市场利率或者债券收益率出现一个较小的变化时可能引起的债券价格变动的幅度。但是它也有一定的不足之处，如图 10－4 所示，久期仅能描绘债券价格百分比变动对利率变动的线性关系。真实价格变化曲线是一条向下凸的曲线，说明在衡量利率风险时，久期并不能很好地刻画价格对利率的非线性变化：当收益率下降时，久期低估了债券价格的增长程度；在收益率上升时，它高估了债券价格的下跌程度。当市场利率变动较大时，要再用久期来衡量债券价格的变化，就可能产生较大的误差，债券价格随利率变化的波动性越大，这种误差越大。

为了更精确地刻画价格变化与收益率的关系，引入价格对收益率变化的二阶导数，这就是债券凸性（convexity）的概念。凸性是指在某一到期收益率下，到期收益率发生变动而引起价格变动幅度的变动程度。将凸性量化为"价格—收益率"曲线斜率的变化率，并表示为债券价格的一部分。凸性的推导公式为债券价格 P 对收益率 y 求二阶导数再除以价格 P，公式如下：

$$C = \frac{d^2 P}{dy^2} \cdot \frac{1}{P} = \frac{1}{P(1+y)^2} \sum_{t=1}^{T} \frac{CF_t}{(1+y)^t} \cdot (t^2 + t) \qquad (10.23)$$

其中，C 表示凸性，P 表示债券价格，y 表示到期收益率，CF_t 表示 t 期的现金流。在债券价格变化时可以利用凸性对久期进行修正，修正方式如下：

$$\frac{\Delta P}{P} = -D^* \cdot \Delta y + \frac{1}{2} C \cdot \Delta y^2 \qquad (10.24)$$

根据上述公式可以发现，虽然久期规则表明当收益率变动时，债券的新价值往往

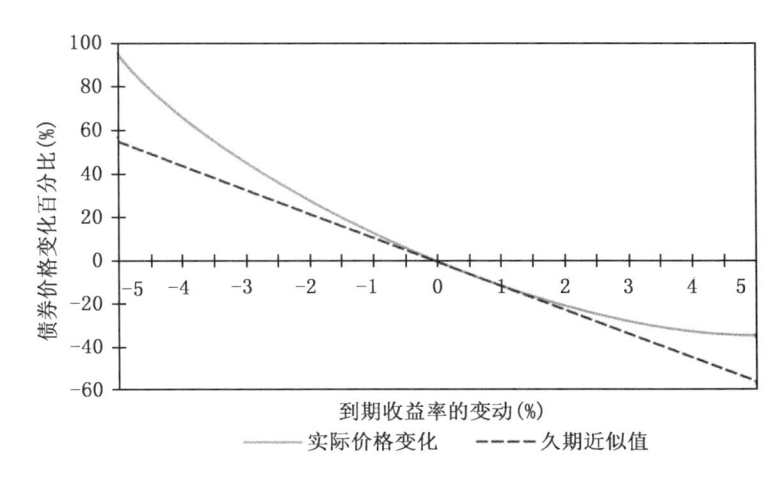

资料来源：WIND。

图 10—4　债券价格的凸性

被低估，但是通过凸性的修正，对价格的变动的刻画更加精确了。如果收益率 y 变化幅度很小，则 Δy^2 部分凸性的影响微乎其微；只有当收益率 y 波动幅度变大，凸性的修正作用才会逐渐凸显。

在现实中，凸性的作用受到广泛关注，图 10—5 展示了两种不同凸性的债券，可以看出，具有较大曲率的债券在收益率下降时，其价格的增加量大于具有较小曲率的债券的价格增加量。具体而言，在初始收益率下久期相同的 A、B 两只债券在(0,0)处相切，即敏感性在该点是相同的。但是 A 曲线比 B 曲线更凸，当利率发生较大波动时，比如利率下跌，债券 A 的价格涨得就会比 B 多；如果利率上升，债券 A 跌得会比 B 少。如果利率不稳定，那么这个"不对称现象"将大幅增加 A 债券的期望收益率，因为 A 价格上升得比 B 多，下跌得又比 B 少。当然，凸性肯定不是"免费"获得的，投资者若想购买较大凸性的债券，就必须付出更多钱并接受更低的收益率。

债券的凸性具有以下几个特点。第一，当市场利率上升时，债券的凸性将变小；反之，当市场利率下降时，债券的凸性将变大。这种性质被称为债券的正凸性。正凸性意味着债券的久期与市场利率反向变动。当市场利率上升时，债券久期会下降，这就进一步减缓了债券价格随市场利率上升而下降的幅度；反之，当市场利率下降时，债券的久期将增加，从而加剧债券价格对市场利率变化的反应幅度。第二，给定市场利率和债券的期限时，债券的票面利率越低，则它的凸性越大。第三，当市场利率和修正久期既定时，票面利率越低，则债券凸性越小。

凸性在债券投资中是十分重要的工具，它经常和久期配合使用，提高预测的精度。近些年来，久期模型逐渐考虑信用风险、利率风险、税收风险等各种风险因素，使久期

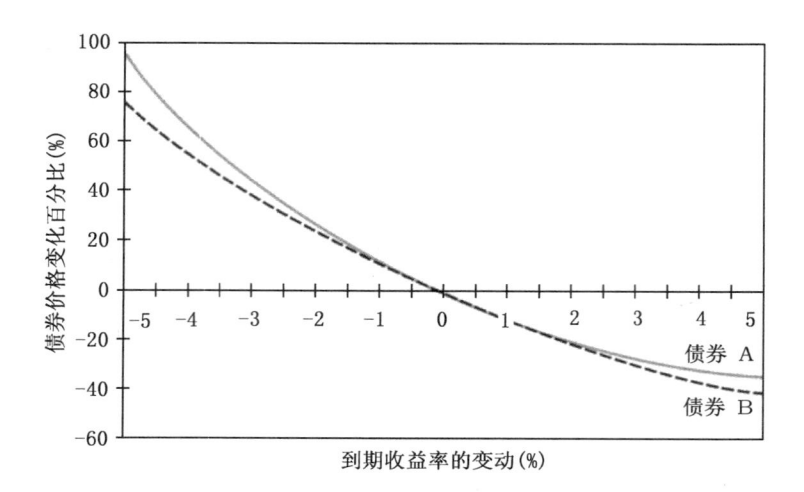

资料来源：WIND。

图 10－5 不同凸性的债券

模型得到更大的发展。

四、债券资产组合管理策略

由于利率风险与债券资产组合管理策略联系紧密，通过运用久期与凸性这两个重要指标精准衡量利率风险，将有助于制定正确有效的债券资产组合管理策略。接下来介绍债券的管理策略，正如前文所述，债券资产组合管理策略主要分为两类：消极管理策略和积极管理策略。

（一）消极管理策略

消极管理策略通常把债券市场价格当成公平的价格，并试图去控制它们所持固收组合的风险。在固定收益市场中，经常出现两类消极管理策略：指数策略和免疫策略。

1. 指数策略

指数策略试图让债券资产组合复制一个已有的市场指数业绩，这种策略的典型代表就是债券指数基金。指数策略主要有两种：一是纯指数化策略；另一种是增强指数化策略。纯指数化策略投资试图完全复制指数，即使自己的投资组合中各类债券的权重与债券指数相一致。因此，这种方法也称为"完全复制法"。理论上，债券市场指数与股票市场指数是相似的，但在债券市场上要复制指数是非常困难的，因为债券指数都是每日计算总收益的市值加权平均数，指数里包含政府债、公司债、抵押支撑债等，有些指数只包括一年期以上债券，随着时间推移，低于一年期的债券会不断从指数中被剔除，使得复制一模一样的指数存在以下几个难点：(1)购买头寸与市场一样份额的债券存在困难；(2)由于债券会不断到期，从而被指数剔除，管理者需要寻找新的债券以替换被剔除的债券,然而无法轻易找到特征相似的债券;(3)当债券投资带来收益使得资产管理规模扩大时,增加了债券管理工作的复杂性。因此,在实践中,精确复制债券指数是不可能的,作为替代,债券组合管理者经常采用分层网格的方式来解决上述难题。表10－3将不同的债券按期限和发行者类别进行划分,同一单元内的债券被认为是同质的,然后计算每一单元市值占全部债券市值的百分比,最后建立一个债券资产组合,该组合中每一单元债券所占比例与该单元在各单元的全部债券中所占的比例相匹配。通过此方法,将组合的各个特征与指数相应特征相匹配,因而获得可以跟踪指数业绩的资产组合。

表 10－3　　　　　　　　　　　　债券分层网格

期限＼种类	国库券（Treasury）	政府机构债券（Agency）	抵押支持债券（Mortgage-backed）	工业债券（Industrial）	金融债券（Finance）	公用事业债券（Utility）	扬基债券（Yankee）
＜1年	12.1%						
1～3年	5.4%						
3～5年			4.1%				
5～7年							
7～10年		0.1%					
10～15年							
15～30年			9.2%			3.4%	
30年以上							

资料来源:WIND。

增强指数化策略将主要风险因子进行匹配来构建指数组合,该策略将投资组合的风险特征与指数的风险特征进行匹配,基于大量样本的债券进行复制,常用的匹配风险因子包括久期、赎回风险、信用风险、现金流等。当市场发生诸如利率水平改变、收益率曲线变形等巨大变动时,该方法能够保持和基准指数相同的变动趋势。增强指数化策略与纯指数化策略相比,跟踪指数的差异较高,但是实现成本相对较低,如果通过有效的构建方法并选择被低估的债券,增强指数化策略的收益率相比纯指数化策略更高。另外,在风险因子匹配的过程中,允许久期以外的风险因素出现微小的匹配误差,使得投资组合倾向于特定的方向,比如期限结构、信用风险、赎回风险等。这种方式的本质是通过暴露部分风险因素而缩小跟踪指数的误差,由此衍生出多种增强策略,包括赎回风险增强策略、收益率曲线增强策略、选择发行人增强策略、成本增强策略等。

2. 免疫策略

与指数策略不同,许多机构并不试图通过利率预测去追求超额报酬,而是将自己所持资产组合与所面临的利率风险相隔离,在回避利率波动风险的条件下实现既定的目标。比如银行与养老基金,这类投资者对利率风险的厌恶程度非常高,他们的资产净值和未来的支付能力都与利率波动高度相关。所以这些机构会通过适当地调整资产组合的期限结构去摆脱利率风险。他们通过寻找久期相同的资产去投资,以资产价值的变动来对冲由利率波动导致的负债价值的变化。这种想要保护全部金融资产免受利率波动影响的策略称为免疫策略,大部分使用免疫策略的机构将来为偿还负债而需要支付一系列现金流,因此需要构造债券投资组合以实现这个目标。所以免疫策略通常需要满足两个要求:(1)债券资产组合的有效久期和负债的有效久期必须相等;(2)债券资产组合的现金流初始值必须与负债的初始值相等。在满足上述两个要求的基础上,选择凸性最高的债券构建策略,尽量减免到期收益率变化所产生的负效应。常见的免疫策略分为两种:所得免疫策略和价格免疫策略。

所得免疫策略的目的是保证拥有充足的资金,以满足可能随时产生的现金支付要求。养老基金、社保基金这类机构投资者经常选用所得免疫策略。他们对流动性有很高的要求,需要债券组合能随时随地满足支付的需求。所得免疫策略又分为几种。在构建组合时以现金流是否匹配为衡量标准的策略称为现金配比策略。为了满足随时可能产生的现金支付需求,所以现金配比策略限制性很强,在选择债券时会剔除现金流特性较差的债券,使得供选择的资产池缩小,增加了构建组合的难度。另一种所得免疫策略是以久期配比为衡量标准的策略,这种策略只考虑负债的久期与资产组合的久期是否相同,因而使得可供选择的资产池相对丰富,同时也存在缺点,为了满足久期的匹配,构建组合时需要抛售价格处于低位的资产,造成损失。为此,部分投资者将两种策略结合使用,即水平配比策略。这种策略吸收了现金配比策略和久期匹配策略的优点,构建的资产组合拥有高流动性,选择资产时拥有较大的弹性。

价格免疫策略构建的资产组合的市场价值需要高于负债的市场价值,通常选择凸性作为构建组合的衡量指标,以组合凸性与负债资产凸性相匹配为标准。例如,一家基金构建资产组合使得组合的市场价值等于未来需要支付的资产总值的现值,并且使得凸性高于负债的凸性,不论利率如何变化,资产组合的到期收益率都高于负债的到期收益率,而且凸性越大,利率波动带来的收益也会越大,以满足最终支付全额负债的目的。

免疫策略本身带有一定的假设条件:(1)要求收益率曲线的变动幅度较小,到期收益率的高低与市场利率的变化之间有一个最优平衡点,一旦收益率发生较大变动,则投资组合策略的免疫作用将失效,需要重新设计策略进行再免疫;(2)免疫严格限定了到期支付日,而在现实中,投资项目存在终止期无法确定的情况,这导致该策略有效性下降;(3)投资组合策略的免疫作用仅对于即期利率的平行移动有效,对于其他变动,则需要进一步拓展研究。

虽然指数策略与免疫策略均意味着市场价格是公平价格,但是它们处理利率暴露风险的方式却大不相同。指数策略的债券组合通过将自身的风险回报与债券市场指数的风险回报进行匹配来跟踪市场总体情况,以赚取目标收益;但免疫策略则不同,它试图建立的是几乎零风险的资产组合,这使得利率变动对公司价值几乎毫无影响。

(二)积极管理策略

积极的债券管理策略主要分为三类:债券互换、水平分析和骑乘收益率曲线策略。

互换也称掉期。债券互换是指同时买入和卖出具有相近特征的两种以上债券,从而获得收益级差的策略。不同债券在利息、违约风险、久期、流动性和税收等特征上有一定的差别,这也提高了债券互换获利的可能性。积极的债券组合管理通过使用债券互换提高组合收益率。常见的债券互换类型有四种:(1)替代互换,为两种相似债券的交换。如果投资者相信市场中这两种债券价格暂时失衡,且能带来获利机会,掉期就会出现。(2)市场价差互换,是两个部门债券的交换,比如公司债和政府债被认为价差过大,并认为这只是暂时的,将来会缩小,人们的投资就会从政府债转向公司债。(3)利率预测互换,对预测利率的交换。若投资者相信利率会下降,则他会卖掉久期短的债券,转而置换成久期长的债券。(4)获得纯收益互换,出售较低息票率或较低到期收益或两者皆是的债券而购买相对高的债券,目的是获得较高的回报。

水平分析是基于对未来利率预期,从而对债券组合进行管理,以使其保持对利率变动的敏感性。水平分析实质上是预测未来市场利率的波动情况。由于久期是衡量利率变动敏感性的重要指标,这意味着如果预期利率上升,就应当缩短债券组合的久期;如果预期利率下降,则应当增加债券组合的久期。水平分析认为,一种债券在任何既定的持有期中的收益率在一定程度上取决于债券的期初和期末价格以及息票利率。由于期初价格和息票利率都是可知的,水平分析主要集中在对期末债券价格的估计上,并由此来确定现行市场价格是偏高还是偏低。由此可见,水平分析对市场把控能力要求非常高,对未来收益率的预测是水平分析中的关键。

根据水平分析衍生出一种称为骑乘收益率曲线策略的特殊的利率预测形式。骑乘收益率曲线策略又称为收益率曲线追踪策略。由于债券收益率曲线随期限变化而变化,因此投资者便能够以债券收益率曲线形状变动的预期为依据建立或调整头寸,从而获利。骑乘收益率曲线策略通常分为三类:子弹式策略、两极式策略和阶梯式策略。子弹式策略是指集中投资中等期限的债券,由于中间突出,所以叫子弹式。两极式策略是指重点投资于期限较短的债券和期限较长的债券,弱化中期债的投资,形状像一个哑铃,所以也称为哑铃型策略。阶梯式策略是指当收益率曲线的凸起部分是均匀分布时,集中投资于这几个凸起部分所在年期的债券,由于其剩余年限呈等差分布,恰好就构成了阶梯的形状。

以上是本章债券定价与债券投资组合管理的全部内容,但这些内容只是资产管理的基础知识。随着现代金融工具的创新,资产组合中会不断加入新的风险收益特征,这将会给债券资产组合管理者乃至所有市场投资者带来新的机遇和挑战!

专栏10-2
金融工具创新的"度"——垃圾债券大王的兴与衰

重要概念

债券定价　名义收益率　实际收益率　期限结构理论　市场分割理论　流动性偏好理论
利率风险　久期　凸性　消极管理策略　积极管理策略

思考题

1. 什么是债券的名义收益率和实际收益率?它们之间有什么区别?
2. 在债券定价过程中,市场利率如何影响债券的价格?请解释相关机制。
3. 债券的久期和凸性如何影响债券价格对利率变动的敏感性?它们在投资策略中各有何应用?
4. 比较消极管理策略和积极管理策略的异同,讨论在什么情况下应该采用哪种策略?
5. 如何利用利率预测来进行债券组合的积极管理?需要考虑哪些因素?
6. 免疫化策略如何帮助投资者在市场利率波动的情况下实现稳定收益?它的局限性有哪些?
7. 在评估一个债券投资组合时,如何平衡收益与风险?有哪些关键的考量因素?

第十一章　衍生品市场及其定价机制

学习目标

1. 了解衍生品市场的构成及其功能，掌握不同类型的衍生工具及其应用。
2. 掌握衍生品定价的基本原理和方法，了解如何计算和分析衍生品的价值。
3. 熟悉资产证券化（ABS）与信用违约掉期（CDS）的概念及其在金融危机中的作用。
4. 学习期权定价模型的构建方法，特别是单步二叉树定价法的应用。
5. 学习衍生品在风险管理中的作用及其应用策略。
6. 理解衍生品市场的监管框架和发展趋势，掌握如何在复杂市场环境中使用衍生品进行投资和对冲风险。

视频11-1

本章导读

科学、合理、有效地参与衍生品市场是投资者应对市场波动、优化资产配置的重要手段。本章将系统介绍衍生品市场的相关构成与功能，通过深入分析期货、期权、互换、远期合约等主要衍生工具及其定价机制，帮助读者理解无套利定价理论和期权定价模型的应用。随后，探讨衍生品在风险管理中的实际应用，介绍对冲和投机等策略。最后，总结衍生品市场的监管框架和未来发展趋势，帮助读者在复杂的市场环境中掌握衍生品的投资技能和管理策略。

金融衍生品市场迅速发展，规模不断扩大，金融衍生品交易在全世界都十分活跃。现如今衍生品在金融市场的地位变得越来越重要，这些衍生品已经渗透到金融领域的方方面面。本章首先介绍金融衍生品期权和期货的产生与发展，然后介绍期货、期权和互换的原理和定价方式，最后介绍2008年的金融危机和作为导火索的金融衍生品：资产证券化（ABS）和信用违约掉期（CDS）。

第一节　期权和期货的产生与发展

金融衍生品交易的起源可以追溯到公元前 7 世纪，亚里士多德在其著作《政治学》中描述了关于古希腊哲学家泰勒斯的故事。橄榄在那个时代是大宗商品，是非常重要的生活必需品。泰勒斯在某个风轻云淡、阳光明媚的日子里，突然觉得第二年橄榄会大丰收，因为橄榄主要用于榨取橄榄油，而橄榄的保存期又比较短，因此对橄榄榨油器的需求会大量增加。泰勒斯于是找到当地拥有橄榄榨油器的农户，支付了一笔权利金，以锁定明年榨油器的使用权，如果到时橄榄没有大丰收，榨油器租金低于约定价格，那么泰勒斯可以放弃这个租用权，但损失一点权利金；如果榨油器的租金高于约定价格，那么泰勒斯可以以预定价格租用榨油器，然后再以更高的市场价转租给其他农户。一年后，橄榄果然大丰收，泰勒斯依靠高价转租橄榄榨油器获得了丰厚的利润。泰勒斯购买的榨油器使用权就属于期权合约的早期形式。

现代期权合约雏形产生于 17 世纪 30 年代的荷兰郁金香泡沫。17 世纪早期，郁金香从南欧被引入荷兰，由于郁金香有较高的观赏价值，并可以用于装饰，因此被上层阶级视为财富与荣耀的象征，郁金香堪称 17 世纪的奢侈品。而郁金香由于量少，因此价格也较高，就像限量版奢侈品，需要向批发商预定。但对于批发商来说，由于郁金香不像现代奢侈品有统一的零售价，批发商从农户处收购郁金香的进货成本事先无法确定，需要承担较大的价格变动风险，在这一背景下，郁金香期权应运而生。批发商通过向农户购买认购期权的方式，在合约签订时锁定未来郁金香最高进货价格。收购季到来时，如果郁金香的市场价格比合约价格低，批发商就以市场价格买入郁金香，但是要损失当初购买期权的费用，即权利金；如果市场价格高于合约价格，批发商可以以低于市场价的合约价格买入郁金香。这就形成了最早的商品期权。

不仅仅是现代期权合约雏形产生于荷兰的郁金香泡沫期间，现代期货合约的雏形也在郁金香泡沫期间出现。1635 年，投机商看中郁金香的商机，开始培育郁金香新品，并囤积郁金香球茎，以此推动价格上涨。同年，炒买郁金香的热潮蔓延为荷兰的全民运动，人们购买郁金香已经不再是为了其内在的价值或作观赏之用，而是期望其价格能无限上涨并由此获利。1637 年 2 月 4 日，郁金香市场突然崩溃，6 个星期内，价格平均下跌了 90%。郁金香泡沫是人类史上第一次有记载的金融泡沫经济，泡沫的破裂给荷兰经济造成了沉重的打击。郁金香泡沫的形成与上文提及的期货合约也有很大关系。在 1634 年以前，郁金香同其他花卉一样是由花农种植并直接经销的，价格波动的幅度并不大。在 1634 年底，荷兰的郁金香商人们组成了类似产业行会的组织（college），基本上控制了郁金香的交易市场。这个行会强行规定：任何郁金香买卖都必须向行会缴纳费用。每达成一个荷兰盾的合同，要交给行会 1/40 荷兰盾。对每一个合同来说，其费用最多不超过 3 盾。由于这些行会通常在小酒馆里进行郁金香交易，他们所收取的费用常常被称为"酒钱"(wine money)。由于郁金香的需求上升，推动其价格上升，人们普遍看好郁金香的交易前景，纷纷投资购入郁金香合同。郁金香球茎的收获期是每年 9 月。在 1636 年底，荷兰郁金香市场上不仅买卖已经收获的郁金香球茎，而且还提前买卖在 1637 年将要收获的球茎。这些在 1636 年买卖 1637 年才能收获的郁金香的合约就是期货合约。郁金香的交易被相对集中起来之后，买卖双方的信息得以迅速流通，交易成本被大大降低。而在早期的郁金香期货市场上没有很明确的规则，对买卖双方都没有具体约束。郁金香合同很容易被买进再卖出，在很短的时间内几经易手，使得商人们有可能在期货市场上翻云覆雨、买空卖空。在多次转手过程中，郁金香价格也被节节拔高，由此助推了郁金香泡沫的形成。

　　随着时代不断发展，有明确交易规则和监管规则的现代期货期权合约逐渐诞生。1848 年，芝加哥的商人发起组建了芝加哥期货交易所(CBOT)，现代意义上的期货交易产生。芝加哥期货交易所在最初的主要职能是将所交易的谷物进行数量和质量标准化。1851 年，芝加哥期货交易所引入了远期合同。1865 年，芝加哥期货交易所推出标准化合约并实行保证金制度。随着现货生产和流通的扩大，不断有新的商品期货品种出现。除小麦、玉米、大豆等谷物期货外，伴随新的交易所在芝加哥、纽约、堪萨斯等地出现，棉花、咖啡等经济作物，黄油、鸡蛋以及后来的生猪、活牛等畜禽产品，木材、天然橡胶等林产品期货也陆续上市，农产品商品期货交易蓬勃发展，与此同时，金属期货交易也在英国诞生。1887 年 7 月，伦敦金属交易所(LME)组建。伦敦金属交易所自创建以来，交易活跃，至今伦敦金属交易所的期货价格依然是全球有色金属市场的"晴雨表"。目前主要交易品种有铜、锡、锌、铝、镍、白银等。美国金属期货的出现晚于英国，19 世纪后期到 20 世纪初以来，美国经济从以农业为主转向建立现代工业生产体系，期货合约的种类逐渐从传统的农产品扩大到金属、贵金属、制成品等。纽约商品交易所(COMEX)成立于 1933 年，由 4 家经营皮革、生丝、橡胶和金属交易的交易所合并而成，交易品种包括黄金、白银、铜、锌、水银等，该交易所是世界上最大的黄金交易中心，其黄金价格被认为是国际黄金市场的"晴雨表"。

　　20 世纪 70 年代初，世界金融市场发生了巨变。1971 年，运行了几十年的布雷顿森林体系正式解体，固定汇率制度逐渐瓦解，浮动汇率制度成为各欧美国家的选择。在浮动汇率制度下，汇率波动幅度较大。与此相伴，各国也在不断推进利率市场化进程。随着欧美国家利率、汇率市场化程度的提升，利率、汇率风险逐渐成为市场风险的主要来源，大家对利率、汇率风险管理的需求大幅增加。金融期货期权在这一背景下产生。1972 年，芝加哥商品交易所推出了全球第一个场内标准化股票期权；1975 年，伴随着美国利率市场化进程，芝加哥期货交易所推出了全球第一个利率期货品种——国民抵押协会债券期货；1982 年，堪萨斯交易所又推出了全球第一个股指期货——价值线指数期货合约。1973 年，芝加哥期权交易所(CBOE)成立，大大加快了期货期权产品的推出。在芝加哥期权交易所成立之初,推出了16只股票的认购期权交易。此后,芝加哥期权交易所一直不遗余力地开发新的期权交易品种,在1977年推出认沽期权,在1983年推出市场指数期权,在1990年推出长期期权(LEAPS),在2004年推出了VIX指数期货,2005年开始交易期限为一周的短期期权(weekly options)。如今,在芝加哥期权交易所交易的股票期权已经有近2 000个品种、指数期权30多个品种以及其他ETF期权、利率期权等。伴随着期权交易在美国的迅猛发展,期权交易在全球也日渐活跃。1978年,伦敦证券交易所和荷兰欧洲期权交易所都推出了期权交易;1982年,多伦多证券交易所和蒙特利尔证券交易所推出股票期权交易;1995年,中国香港证券交易所推出首只股票期权,成为亚洲第一个为投资者提供期权交易的金融市场;2002年,韩国证券交易所开始交易股票期权。

中国金融衍生品市场是在我国政府直接推动下建立的。新中国成立以后,尤其是改革开放以来,中国金融衍生品市场得到快速发展。我国期货市场历史可以分为三个阶段:(1)1988—1993年的发展探索阶段。1988年七届人大一次会议《政府工作报告》中指出:"积极发展各类批发贸易市场,探索期货交易。"同时成立工作组着手研究。1990年郑州粮食批发市场开业,引入期货交易,是中国期货市场诞生和起步的标志。1992年,万通期货经纪公司和中国国际期货经纪公司成立,是我国最早的期货经纪公司,在推动中国期货交易上发挥了积极作用。(2)1993—1998年的快速发展与整顿治理阶段。1993—1994年期间,期货经纪公司和期货交易所大量出现,地下期货交易也随之活跃。1994—1998年期间,国家对国内期货交易进行整顿,规范期货交易的秩序,整顿后的期货交易所为15家。(3)1998年至今的规范发展阶段。2000年12月,中国期货业协会正式成立。2006年9月,中国金融期货交易所在上海成立。2010年4月,沪深300股指期货合约上市,成为中国首个金融期货。2013年9月,5月期国债期货合约上市。截至2024年8月份,在中国金融期货交易所交易的金融期货品种有8个。

在金融期权方面,2011年国内推出银行间市场人民币兑外汇期权,2015年国内正式推出黄金实物期权和上证50ETF期权。2019年11月8日晚,中国金融期货交易所发布公告称,为进一步加强资本市场基础制度建设,经中国证监会原则同意,中金所拟于近期开展沪深300股指期权上市交易。股指期权是管理资本市场风险的重要工具,上市股指期权有助于完善资本市场风险管理体系,吸引长期资金入市,推动资本市场深化改革,促进资本市场健康发展。截至2024年8月份,在中国金融期货交易所交易的金融期权品种有3个,分别为沪深300股指期权、中证1000股指期权、上证50股指期权。

专栏11-1
"327"国债期货案

专栏11-2
人民币原油期货

第二节 期货市场原理和对冲策略

一、期货市场原理

(一)远期合约与期货合约

在本节,我们将解释期货市场的运行细节,在介绍期货合约前,先介绍最简单的金融衍生品远期合约(forward contract)。远期合约是指交易双方约定在将来的某个时刻按合约约定的价格购买或出售某资产的协议。该协议约定的交易价格是远期价格。如果协议约定今天进行交易,这个协议就是即期合约(spot contract),协议的约定价格是即期价格。期货合约(futures contract)与远期合约在合约内容上一样,都是双方签订一项协议约定在将来的某个时刻按某一价格交易某项资产。然而,远期合约是在交易所以外的市场完成交易,期货合约是在交易所内交易,所以交易所参与其中为期货合约规定了标准化条款,并提供了某些机制保证交易不会违约。

表11-1和表11-2分别是纽约商品交易所交易的原油期货合约和大连商品交易所玉米期货合约的合约基本信息。从表中可以看出,世界各地的交易所的期货合约具有标准化合约条款。现在,以大连商品交易所的玉米期货为例子,阐述期货合约是如何运行的。假设在2018年10月18日,一个上海商人指示经纪人买入10吨玉米,玉米的交割日期在11月。经纪人会马上将这一指令通知交易员买入一份(或一手)11月到期的玉米期货合约,1份玉米期货合约规模等于10吨玉米的买卖。与此同时,北京的另一个商人指示经纪人卖出10吨玉米,玉米的交割日期也是11月,经纪人也会马上将客户的指令通知交易员卖出一份11月到期的玉米期货合约。当双方同意交易价格后,交易成立。这个交易中,购买玉米期货合约的上海商人承约期货多头方(long futures position),建立多头头寸;而卖出期货合约的北京商人承约期货空头方(short futures position),建立空头头寸。双方所达成共识的交易价格是在10月18日的在11月交割玉米期货的期货价格(futures price),为1 815元/吨。而这个期货价格是由市场供需关系产生波动的。如果在某一时刻愿意持有11月份玉米期货合约空头头寸的投资者多于愿意持有多头头寸的投资者,那么价格将会下跌,这时就有新的买方进入市场,从而使买方与卖方达到平衡;如果愿意持有11月份玉米期货合约多头头寸的投资者多于愿意持有空头头寸的投资者,那么价格将会上升,新的卖方进入市场,使买方与卖方达到平衡。

表 11—1　　　　　　　　　　　　原油期货合约

Contract Size（合约规模）	1 000barrels(1 000 桶)
Minimum Tick（最小变动价位）	$0.01per barrel(0.01 美元/桶)
Dollar Value of One Tick（最小变动价值）	$10 U.S. Dollars(10 美元)
Product Symbol（产品代码）	CL
Trading Hours（交易时间）	交易几乎全天开放,时间为 18:00—次日 17:00(纽约时间),其间有 1 小时休息时间
Contract Months（合约月份）	All(所有月份)
Trading Venue（交易场所）	CME offers electronic trading almost 24 hours/6 days a week（芝加哥商品交易所提供每周 6 天、每天几乎 24 小时的电子交易）
Options Available（交割时间）	Quarterly,Monthly,Weekly(每季、每月、每周)

资料来源:纽约商品交易所。

表 11—2　　　　　　　　大连商品交易所玉米期货合约

交易品种	黄玉米
交易单位	10 吨/手
报价单位	元/吨
最小变动价位	1 元/吨
涨跌停板幅度	上一交易日结算价的 4%
合约月份	1 月,3 月,5 月,7 月,9 月,11 月
交易时间	每周一至周五 9:00—11:30,13:30—15:00
最后交易日	合约月份第 10 个交易日
最后交割日	最后交易日后第 3 个交易日
交割等级	大连商品交易所玉米交割质量标准(FC/DCE D001—2013)(具体内容见附件)
交割地点	大连商品交易所玉米指定交割仓库
交易保证金	合约价值的 5%
交易手续费	不超过 3 元/手(当前为 1.2 元/手)
交割方式	实物交割
交易代码	C
上市交易所	大连商品交易所

资料来源:大连商品交易所。

但是，大多数期货合约不会进行实物交割，大部分人会在合约规定的交割期到来之前选择平仓。对一个合约平仓是承约与初始交易头寸相反的头寸。例如，在2018年10月18日买入一份11月玉米期货合约的上海商人，可以在11月14日通过卖出一份11月玉米期货合约进行平仓；而在10月18日卖出1份11月玉米期货合约的北京商人，可以在11月14日通过买入一份11月玉米期货合约进行平仓。在这种情况下，商人的总损益等于平仓日期11月14日的期货价格与10月18日的期货价格之差。所以，持有多头头寸时，未来期货价格上涨时，获得收益；持有空头头寸时，未来期货价格下跌时，获得收益。

(二) 期货合约的主要条款

当一项新的期货合约被开发出来时，交易所必须对该期货合约的具体条款进行详细的注明，尤其是标的资产、合约规模、交割时间与地点、价格和头寸的限额。

1. 标的资产

当期货标的资产为实物商品时，商品的质量可能存在很大差别。因此，在指定标的资产时，交易所对交割资产的质量标准进行了严格的规定。表11-3是大连商品交易所对玉米期货合约玉米质量的要求。对于某些商品，在一定品质范围内的商品都可以交割，但是价格会有所调整。表11-4是玉米期货合约替代品质量要求，标准品质量要求是容重大于等于685g/L，但是根据交易所建立的差别条款，可以选择其他替代品，但是替代品的价格会进行调整。

表 11-3　　　　　　　　　　玉米期货合约玉米质量要求

容重(g/L)	杂质含量(%)	水分含量(%)	不完善粒含量(%)	霉变粒(%)	色泽、气味
≥685	≤1.0	≤14.0	≤8.0	≤2.0	正常

资料来源：大连商品交易所。

表 11-4　　　　　　　　　　玉米期货合约替代品质量要求

项　目	标准品质量要求	替代品质量要求	替代品扣价(元/吨)
容重(g/L)	≥685	≥660 且 <685	-40
水分含量(%)	≤14.0	>14.0 且 <14.5	0

资料来源：大连商品交易所。

如果期货合约的标的资产为金融资产，其定义通常很明确，并且没有类似于商品的质量规定。表11-5是沪深300股指期货合约，其中就包含了该期货的所有合约信息。

表 11-5　　　　　　　　　　　　沪深 300 股指期货合约

合约标的	沪深 300 指数	最低交易保证金	合约价值的 8%
合约乘数	每点 300 元	最后交易日	合约到期月份的第三个周五,遇国家法定假日顺延
报价单位	指数点	交割日期	同最后交易日
最小变动价位	0.2 点	交割方式	现金交割
合约月份	当月、下月及随后两个季月	交易代码	IF
交易时间	9:30—11:30,13:00—15:00	上市交易所	中国金融期货交易所
每日价格最大波动限制	上一个交易日结算价的 ±10%		

资料来源:中国金融期货交易所。

2. 合约规模

合约规模(contract size)明确了在每一份合约中交割资产的数量。针对不同的标的资产,交易所选择合适的合约规模。美国原油期货的合约规模就是 1 000 桶,大连玉米期货的合约规模为 10 吨。沪深 300 股指期货的合约规模为 300 倍的沪深 300 指数,中证 500 股指期货为 200 倍的中证 500 指数。交易所在制定合约规模时需要考虑,如果合约规模过大,希望持有较小规模头寸的投资者则无法使用该期货合约进行交易;如果合约规模过小,使得交易频率增加,导致交易成本上升。一些交易所为了吸引小额投资者,会选择相对较小的合约规模。例如,小型纳斯达克 100 期货的规模是纳斯达克 100 指数的 20 倍。

3. 交割时间与地点

如果合约发生实物交割,则交易所需要安排交割时期与交割地点。交割时期是交易所指定的月份中可以进行交割的一个时间段,期货合约通常按交割的月份命名。许多期货合约的交割时期是整个交割月。每个合约对交割日期都有不同的规定,比如玉米期货合约交割月份为 1 月份、3 月份、5 月份、7 月份、9 月份和 11 月份,而最后交割日为最后交易日的第 3 个交易日,这份合约最后交易日为合约月份第 10 个交易日。交割地点必须是交易所指定的地点,如果以交割为前提进行期货交易,由于运输成本的原因,交割价格也会随着交割地点的不同进行调整。一般来说,当期货交割地点与商品生产地越远时,交割价格也会越高。另外,有些期货合约并不是实物交割,而是现金交割,比如股指期货。

4. 价格和头寸的限额

大多数合约的价格每天的变动存在限制,交易所规定了每日期货价格变动的上限和下限。类似于中国股票市场的涨停跌停制度,如果当天期货价格下跌或上涨至每日价格限额,该合约将会在当天停止交易。设定每日价格变动限额的目的同样是为了防止由于过多投机活动而造成价格的巨幅波动,但实际是否有利于期货市场,仍存在争议。

期货合约价格存在一个重要特征:随着期货合约交割月份的逼近,期货价格会逐渐收敛于标的资产的即期价格,也称为现货资产的当期价格。在达到交割期后,期货价格会等于或非常接近于即期价格。为什么会有这样的性质呢?首先假设交割期内期货价格高于即期价格。此时,交易员存在套利机会。他可以卖出一份期货合约,买入标的资产,进行实物交割。这个交易一定会盈利,收益为期货价格与即期价格的差价。当交易员进行上述交易时,会导致期货价格下降;当期货价格低于即期价格时,想要获得标的资产的公司会买入期货合约等待交割,使得期货价格上涨。双方的交易行为最终使得期货价格逐渐接近于即期价格。

(三)保证金账户制度

以交割为目的的期货交易本质与远期合约相似,是交易双方以约定的价格在未来进行交易,其中存在明显的合约违约风险,比如因为后悔想退出交易,或者因为自身财力不足无法完成交易等。而交易所为了避免这种情形发生,于是设立了保证金账户(margin account)制度。期货投资者会拥有一个保证金账户,如果要进行期货交易,便需要在保证金账户存放相应的金额,相当于期货交易的担保品。

保证金的运作方式如下:假定投资者在 2018 年 11 月 19 日与经纪人联系要求买入 1 份 11 月份到期玉米期货合约。假设当时期货价格为 1 827 元/吨,合约规模为 10 吨。投资者最初开仓交易时必须存入的资金量称为初始保证金(initial margin)。我们假定每份合约的初始保证金为合约价值的 5%,初始保证金为 913.5 元(1 827×10×5%)。在每个交易日结束时,保证金账户的金额数量会得到调整,从而反映投资者的盈亏。这种做法被称为逐日盯市制度。例如,第一个交易日结束时,玉米期货价格从 1 827 元跌至 1 818 元,跌了 9 元,投资者的损失为 90 元(9×10),投资者以 1 827 元的价格买入 10 吨的 11 月玉米,现在仅能以 1 818 元出售。因此,保证金账户的金额要减少 90 元,保证金减至 823.5 元。如果第一个交易日结束时,玉米期货价格上涨至 1 835 元,涨了 8 元,保证金账户会增加 80 元(8×10),保证金会增至 993.5 元。每笔交易都会以当天闭市时的市场价格来结算。为保证保证金账户的资金余额不会出现负值,交易所会设置维持保证金(maintenance margin),维持保证金一般会低于初始保证金数量。当保证金余额低于维持保证金时,交易所会要求投资者在下一个交易日追加保证金达到初始保证金的水平。若投资者不能或者拒绝按时追加保证金,经纪人将会强制将期货合约平仓。在以上的例子中,可以通过卖出 11 月交割 10 吨玉米的期货合约进行平仓。如果投资者仓位较重并且出现巨大的浮亏而造成可用资金不足,就要交易时间内立刻追加保证金了。在现实中,保证金制度同时对经纪人和客户进行约束,当期货价格下降时,期货多头方投资者减少的保证金通过经纪人支付给交易所,再由交易所支付给期货空头方经纪人并转给空头投资者。因此,经纪人作为中介机构,会提高交易所要求的最低保证金比例,给予交易双方一个缓冲期。国内大部分期货公司的维持保证金比例和初始保证金比例是一样的。

由于上述这些独特的设计,使得期货合约与远期合约有很大的不同。远期合约是在交易所以外的市场进行交易,称为场外交易市场(over-the-counter market,OTC),比如交易双方通过电话联系签订一个合约完成交易。远期合约的约定条款没有固定的格式,比如没有标准化的合约规模和交割安排,远期合约通常会指定一个交割日期,并且一般会持有到期进行交割;而期货合约是在交易所交易的标准化合约,交割日期通常为一段时间,这种合约每天结算,并且一般会在到期日之前就被平仓。由于期货合约受到交易所保证金制度的约束,大大降低了违约的信用风险;而在场外市场的远期合约依然存在信用风险。

二、对冲策略

了解远期合约与期货合约的基本情况后,有个问题油然而生,为什么人们会进行远期与期货的交易呢？虽然远期与期货在各个方面都有所不同,但两种合约都是在将来特定时刻以某种价格买卖某资产的协议。从这点可以看出,远期和期货都可以锁定未来的价格,因此投资者可以利用这两个工具降低原油、汇率、股票等未来价格波动带来的损失,以达到套期保值的目的。以此目的设计的投资组合策略称为对冲策略,接下来介绍利用期货合约进行对冲的原理。

当投资者使用期货合约对冲风险从而套期保值时,目标是选择一定数量的头寸使得风险中性化,并且在相应的时间内平仓获得收益对冲风险。最基本的对冲策略分为空头对冲(short hedge)和多头对冲(long hedge)。

(一)空头对冲策略

空头对冲是持有期货空头的对冲策略。当对冲者目前持有某种资产,并计划在将来卖出资产时,为了锁定未来卖出获得的收益,期货空头对冲策略是一个可行的选择。

现在举个详细的例子说明空头对冲策略的运作方式。假设在 4 月 26 日,一家公司签订了一份卖出 1 万吨玉米的订单。订单约定的交易价格为 7 月 26 日的市场价格。因此在今后的 3 个月内,玉米价格每上涨 1 元/吨,公司的营业收入会增加 1 万元;玉米价格每下跌 1 元,公司的营业收入将会下降 1 万元。假设 4 月 26 日玉米的即期价格为 1 800 元/吨,当前 7 月份交割的玉米期货合约的期货价格为 1 790 元/吨。玉米期货合约规模为 10 吨/手(份),此时公司可以通过承约 1 000 份期货合约空头,或称为卖出期货,来对冲未来价格波动的风险。如果公司在 7 月 26 日选择平仓,该空头对冲策略的效果是将玉米的卖出价格锁定在 1 790 元/吨。

在未来玉米价格变动的情况下,空头对冲策略会有什么效果?假设 3 个月以后,在 7 月 26 日玉米的即期价格下跌至 1 750 元/吨。公司根据订单以市场即期价格卖出 1 万吨玉米获得的收入为 1 750 万元。对于 7 月份交割的期货合约,7 月 26 日的期货价格接近于即期价格 1 750 元/吨,此时公司对该期货合约进行平仓,一份期货合约获得的收益为 400 元[(1 790−1 750)×10],相当于公司通过期货合约从每吨玉米上多赚 40 元。空头对冲策略的总收益为 40 万元(1 000×400)。将该收益加上订单卖出玉米获得的收入,公司的总收入一共为 1 790 万元(1 750+40),公司将玉米的收益锁定在 1 790 元/吨。假设 3 个月以后,玉米的需求量增大,玉米的即期价格上涨至 1 850 元/吨。每份期货合约使公司亏损 600 元[(1 850−1 790)×10],相当于公司通过期货合约从每吨玉米上少赚 60 元。这时玉米订单的收入加上期货空头的总收入为 1 790 万元(1 850−60)。在两种情形下,公司的整体收入保持在 1 790 万元,将每吨玉米的收益锁定在 1 790 元/吨,与 4 月 26 日玉米的即期价格接近。

(二)多头对冲策略

多头对冲是持有期货多头的对冲策略。当公司计划在未来的某个时刻需要购入某项资产,但是需要将价格锁定为当前的现货价格,可以采用多头对冲策略。采用这种策略的公司一般担心未来价格会上涨,所以选择持有期货多头,利用期货合约的收益弥补未来现货资产涨价带来的损失。需要注意的是,部分公司会考虑持有期货合约到期进行交割从而获得想要购买的资产,但是由于期货交割存在额外的成本,多头对冲者通常会在交割前选择平仓。以下举例说明多头对冲策略的运作方式。假设在 4 月 26 日,一家炼油企业在 7 月 26 日需要 10 万桶原油,当时的原油现货价格为 500 元/桶,7 月份交割的期货合约价格为 490 元/桶。每份期货合约规模为 1 000 桶,炼油企业通过期货交易所承约 100 份原油期货合约多头,即购买期货合约,而在 7 月 26 日选择平仓。如果在 7 月 26 日原油的即期价格下跌到 450 元/桶,此时在 7 月份交割的期货合约价格与即期价格接近,期货价格为 450 元/桶。则期货合约带来的损失为 400 万元[(490−450)×1 000×100]。购买原油现货的支出为 4 500 万元(10×450)。所以整体成本为 4 900 万元(4 500+400),相当于每桶原油的价格为 490 元。如果在 7 月 26 日原油的即期价格上涨到 550 元/桶,而 7 月份交割的期货合约价格与即期价格接近。则期货合约带来的收益损失为 600 万元[(550−490)×1 000×100]。期货合约的收益降低了购买现货原油的成本,总成本变为 4 900 万元(5 500−600),每桶原油的成本同样为 490 元。多头对冲策略最终效果将该炼油企业的原油的购买成本锁定在 490 元/吨,与 4 月 26 日的原油现货价格接近。

(三)基差风险

到目前为止,上述例子都是完美对冲(perfect hedge)的情形,对冲者可以确定未来买卖资产的日期,并且利用期货合约消除资产价格波动带来的风险。在现实中,通过完美对冲完全消除风险是很难做到的,利用期货合约设计的对冲策略只是尽可能选择接近完美对冲的方式。其原因在于:(1)期货合约的标的资产与现货资产不一样,比如化工企业需要对冲石油资产,但是只有原油期货合约可以选择;(2)无法确定未来现货交易的具体时间,导致难以选择与交割期限相匹配的期货合约;(3)由于价格波动过高导致期货合约在交割月份前被迫平仓造成损失。在上述原因的影响下,套期保值者需要面临基差风险(basis risk)。基差(basis)是指需要进行套期保值资产的即期价格和用于套期保值的期货合约价格之间的差。定义公式为:

$$基差 = 现货价格 - 期货价格$$

如果用于套期保值的期货合约的标的资产与需要进行套期保值的现货资产完全相同,在期货交割月份时,基差应当为0。在期货交割月份之前,由于现货即期价格和期货价格会随着时间的推移各自波动,双方的波动幅度和方向不一定相同,因而导致基差出现正值或者负值的情况。基差绝对值的增加称为基差增强(strengthening of the basis),比如现货价格的增长大于期货价格的增长,或者现货价格的下跌小于期货价格的下跌。相反,基差绝对值的减小称为基差减弱(weakening of the basis)。

为了进一步说明基差风险的性质,假设公司在 t_1 时刻选择对冲策略进行套期保值,在 t_2 时刻选择平仓。在刚建立对冲的 t_1 时刻,即期现货价格为 S_1,期货价格为 F_1;在对冲平仓的 t_2 时刻,即期现货价格是 S_2,期货价格为 F_2。根据基差的定义,在 t_1 时刻,基差为 $b_1 = S_1 - F_1$;在 t_2 时刻,基差为 $b_2 = S_2 - F_2$。

如果公司计划在 t_2 时刻购买某项资产,于是在 t_1 时刻选择多头对冲策略。在 t_2 时刻购买资产支出为 S_2,期货合约的损益为 $F_1 - F_2$,该对冲策略使得公司购买资产的有效价格为: $S_2 + F_1 - F_2 = F_1 + b_2$。

再考虑第二种情况,如果公司计划在 t_2 时刻卖出某项资产,在 t_1 选择持有期货空头头寸的对冲策略。在 t_2 时刻卖出资产的价格为 S_2,期货合约的损益为 $F_1 - F_2$,该对冲策略使得公司卖出资产的有效价格为: $S_2 + F_1 - F_2 = F_1 + b_2$。

可以看出,在两种情形下,公司进行对冲策略后承担的有效价格都是 $F_1 + b_2$。如果公司在 t_1 时刻已经确定 b_2,则可以调整策略构造完美对冲,若不能确定 b_2,公司最终购买资产的价格需要承担 b_2 波动带来的不确定性,产生对冲风险,b_2 代表了基差风险。在这个例子中,对于选择多头对冲策略的公司,如果基差扩大,最终公司需要支付更高的价格购买资产;而当基差减少时,最终的有效购买价格有所改善。对于选择空头对冲策略的公司,如果基差扩大,最终公司卖出资产的实际有效价格更高;而当基差减少时，最终的有效卖出价格则有所恶化。基差风险可以使得套期保值的头寸得以改善或导致恶化。

期货合约的标的资产不能涵盖世界上所有资产的品种，所以有的投资需要面对现货资产与期货标的资产不相同的情况。这种情况下，对冲策略带来的基差风险更加复杂，不确定性更高。假设公司需要对冲风险的资产，其现货价格在 t_2 时刻为 S_2^*，上述例子中的期货标的资产与该现货资产不同，公司使用对冲策略最终承担的有效价格为：$S_2^* + F_1 - F_2$。将该式变形为：$F_1 + (S_2 - F_2) + (S_2^* - S_2)$。可以发现，最终承担的有效价格增加了 $(S_2^* - S_2)$，对基差造成影响。如果期货标的资产与现货资产相同时，$S_2^* = S_2$，公司最终承担的有效价格与上述例子相同，为 $S_2 + F_1 - F_2$；如果期货标的资产与现货资产不同，$(S_2^* - S_2)$ 部分使得基差变化出现了更大的不确定性。这种情形下进行的对冲策略称为交叉对冲（cross hedging）。此时要引入另一个概念对冲比率（hedging ratio），指的是持有期货合约的头寸数量与需要进行套期保值的现货资产的数量的比率。当期货标的资产与被对冲资产相同时，对冲比率一般取 1.0。当采用交叉对冲时，将对冲比率取为 1.0 可能不是一个合理的选择。为了减少基差风险，对冲者需要考虑期货标的资产的期货价格与现货价格和被对冲现货资产的价格之间的联系，从而确定对冲比率，常用的做法是使被对冲后头寸价格变化的方差达到极小以确定对冲比率。

（四）股指期货及其在对冲股票价格风险中的应用

股指期货是指以股票价格指数作为标的物的金融期货合约，股票指数（stock index）反映了一个虚拟股票组合的价值变化情况，每个股票在该组合中的占比反映了该股票的权重。将该虚拟股票组合价值变化的百分比定义为股票指数变化的百分比，股票指数的变化不考虑股票分红，只反映虚拟股票组合的资本利得情况。随着股票组合中各个股票价格的变化，其市值也会发生变化，因此股票价格指数中每个股票的权重不会保持固定不变。世界各国知名的股票指数都有对应的期货合约。例如，道琼斯工业平均指数的股票组合是基于 30 个美国蓝筹股票所组成的，权重与股票价格成比例。芝加哥商品交易所集团关于这个指数的期货合约提供了两种规模的期货：一种期货的合约规模是每个指数值乘以 10 美元；另一种的合约规模是每个指数值乘以 5 美元。国内的沪深 300 指数是指由 300 家中国股票通过按市值加权平均而设计的指数。在中国金融期货交易所有关于沪深 300 指数的合约，合约乘数，或称合约规模，是每个指数值乘以 300 元。需要注意的是，股指期货合约采用现金交割，而不是实际交割标的资产。

股指期货的作用同商品期货一样，可用于对冲风险分散良好的股票投资组合。假设当前一组股票组合的市场价值为 V_A，一份股指期货合约的价值为 V_F，V_F 等于股指期货价格乘以期货合约规模。假定该股票组合完美跟踪了股票指数,该股票组合的持有者为了防止股票价格下跌的风险,需要持有期货空头,期货合约数量为股票组合的当前价值和一份期货合约的当前价值的比率,公式为:$N=V_A/V_F$。举个例子,某股票组合的价值为 1 200 万元,组合跟踪的是一个风险分散很好的股票指数。股指期货的目前价格为 4 000 点,期货合约规模是 300 元乘以股指。这时,$V_A=1\ 200$ 万元,$V_F=4\ 000×300=120$ 万元。根据公式,对冲者应该持有 10 份(1 200/120)期货空头合约来对冲这个股票组合。

假设因为股价下跌 10%,上述例子的股票组合价值下降为 1 080 万元[1 200×(100%-10%)],由于该股票组合完美跟踪了股票指数,股指期货价格同样下跌 10%,持有的期货空头的收益为 120 万元(4 000×10%×300×10)。将该收益加股票组合的价值等于 1 200 万元(1 080+120),空头对冲策略对冲了股票组合下跌的风险,将该股票组合的价值锁定在 1 200 万元。考虑另一种情况,如果投资者需要在将来购买一个股票组合,该组合现在的价值为 1 200 万元,但是担心价格上涨增加购买成本,于是选择持有期货多头头寸,或者说买入 10 份股指期货合约。未来时刻因股价上涨 10%,该组合的购买成本增加到 1 320 万元[1 200×(100%+10%)],持有的期货多头的收益为 120 万元(4 000×10%×300×10)。多头对冲策略将购买该股票组合的成本锁定在 1 200 万元(1 320-120)。

(五)向前滚动对冲策略

除了上述基本的多头对冲策略和空头对冲策略,另一个常见对冲策略是向前滚动对冲策略。当需要套期保值的对冲期限比现有期货合约期限长,并且期货合约有充分的流动性时,投资者会考虑采用向前滚动的策略来进行对冲。这一策略包含一系列的期货交易:当第 1 个期货接近到期日时,将该合约平仓,并承约第 2 个具有更晚到期日的合约;当第 2 个期货接近到期日时,将该合约平仓,并承约第 3 个具有更晚到期日的合约。以此类推,将一系列的短期期货合约进行组合生成一个长期的期货合约,将该合约的期限与需要套期保值的对冲期限相匹配。

第三节　期货与远期合约定价

本节将讨论期货和远期合约的定价,通过分析期货价格和远期价格与其标的资产即期价格之间的关系,推导出期货价格或者远期价格与即期价格的关系式。首先介绍一个概念,当同一资产上的远期合约和期货合约有相同期限时,远期价格和期货价格通常非常接近,而且有关远期合约的结论通常对期货合约也适用。本节涉及的理论模型中,假设远期价格等于期货价格。

现实中存在一种称为卖空(short selling)操作的交易策略,卖空是指卖出并不拥有的资产。假如投资者认为近期贵州茅台的股价大幅上升,股票价值已经被高估,接下来会回归理性价值,估计会出现下跌的趋势,为了赚取下跌这部分的收益,该投资者可以选择卖空操作,从证券公司那里借 500 股贵州茅台的股票以当前市场价 1 150 元卖出,过 3 个月后贵州茅台的股价跌到 1 100 元,投资者再以当前的股票价格 1 100 元买入 500 股贵州茅台的股票还给证券公司。该投资者的收益便是 2.5 万元[(1 150－1 100)×500]。但是,如果投资者估计错误,或者说市场情绪热烈,有大量的投资者相继购买贵州茅台的股票从而将股票价格推高至 1 300 元,为了归还借来的贵州茅台股票,该投资者需要从市场上以 1 300 元的价格购买贵州茅台股票还给证券公司,该投资者则损失 7.5 万元[(1 300－1 150)×500]。在借入股票这段时间,如果该股票派发股利,投资者还要将获得的股利还给证券公司。

在开始分析之前,需要对大部分市场参与者进行基本假设:(1)如果存在套利机会,市场参与者会立即利用套利机会进行套利;(2)市场参与者在借入和贷出资金时选择的无风险利率相同;(3)市场参与者交易后的净利润需要扣税的税率相同;(4)市场参与者交易时不存在交易手续费、交易佣金等费用。

同时,对以下符号进行定义:S_0 表示当前远期或者期货合约的标的资产的现货价格;F_0 表示当前远期或者期货合约的价格;T 表示远期或期货合约的期限,单位为年;r 表示以连续复利计算的零息债券无风险利率,该利率的期限对应于合约的交割日期。无风险利率是指在没有信用风险时借入和借出资金的利率,此时进行借贷活动不用考虑违约坏账的情况。

一、远期合约的定价

首先分析远期合约的定价,考虑一个标的资产不提供任何中间收入的远期合约,该类远期合约的定价相对简单,零息债券和不分红的股票属于这类资产。假设有一份远期合约购买 1 股无分红计划的股票,期限 T 为 4 个月。假设当前股票价格 S_0 为 30 元,这段时间的年化无风险利率 r 为 5%。

如果当前远期价格较高,假设 F_0 为 33 元。此时可以进行一个套利策略,投资者按年化无风险利率 5% 的利率水平借入 30 元用于购买 1 股股票,然后卖出 4 个月期的远期合约,即承约远期合约的空头。4 个月后,远期合约执行交割 1 股股票,将该股票卖出获得 33 元。同时连本带息偿还贷款,按复利计算,需要支付的金额为 30.50 元 ($30 \times e^{0.05 \times 4/12}$)。偿还贷款以后,可以获得收益 2.50 元(33－30.50)。可以看出,投资者可以在不用付出任何成本的情况下获得收益,也不用承担任何风险,这种行为称为套利。当投资者进行套利活动时,卖出远期合约使得 F_0 下降,购买股票的行为使得 S_0 上升,套利的收益逐渐降低最终使得套利机会消失。

考虑另一种情况,如果当前远期价格较低,假设 F_0 为 28 元。此时投资者进行套利活动,卖空 1 股股票获得 30 元资金,将该资金按年化 5%的利率水平进行无风险投资,同时买入一份 4 个月的远期合约,即承约远期合约的多头。4 个月以后,通过无风险投资获得的收益为 30.50 元,履行远期合约以 28 元的价格购入股票,将该股票归还,最终获得收益 2.50 元(30.50-28)。由于投资者的套利活动,买入远期合约使得 F_0 上升,卖空股票的行为使得 S_0 下降,使得股票价格与远期价格逐渐接近,最终套利机会消失。

根据上述例子可以看出,远期价格大于或小于 30.50 元都存在套利策略,只有当远期价格等于 30.50 元时,套利机会才会消失。将这个结果进行一般性推广,考虑一个资产的远期价格时,该资产不存在任何中间收入,资产的当前价格为 S_0,不存在套利机会时,该资产远期价格与当前价格的关系如下:

$$F_0 = S_0 e^{rT} \tag{11.1}$$

其中,F_0 为远期价格,T 为期限,r 为无风险利率。上式便是资产当期价格与远期价格的关系式;或者说,是当期价格与未来价格的关系式。如果 $F_0 > S_0 e^{rT}$,投资者可以按无风险利率借入资金买入现货资产并卖出远期合约进行套利。如果 $F_0 < S_0 e^{rT}$,投资者可以卖空现货资产,将资金进行无风险投资,并买入远期合约进行套利。

接下来考虑另一类提供中间收入的资产。比如支付股利的股票和附息债券。假设有一个购买附息债券的远期合约,债券现价为 950 元,期限 10 个月,在 5 个月后债券会给付 50 元的债券利息,5 个月的年化无风险利率为 4%,10 个月的年化无风险利率为 5%。

如果当前远期价格较高,假设 F_0 为 960 元。投资者认为存在套利机会,借入 950元去购买债券,然后卖出 10 个月期的远期合约。5 个月以后,投资者获得债券的利息 50 元,投资者将这部分资金偿还一部分借款。为便于计算把该利息贴现,利用上述未来价格和当期价格的关系式,该债券利息的现值为 49.17 元($50 \times e^{-0.04 \times 5/12}$),投资者偿还部分贷款后剩下债务 900.83 元(950-49.17)。这笔欠款在 10 个月以后的价值为 939.16 元($900.83 \times e^{0.05 \times 10/12}$)。10 个月后投资者执行远期合约以 960 元卖出债券,将获得的资金偿还剩余的欠款,余下的收益为 20.84 元(960-939.16)。

如果当前远期价格较低,假设 F_0 为 930 元。投资者进行套利活动,卖空债券获得 950 元现金,并买入 10 个月期的远期合约。投资者从卖空债券获得的资金中取出49.17 元进行 5 个月的无风险投资用于支付债券的利息,年化利率为 4%。剩余部分900.83 元进行 10 个月年化利率 5%的无风险投资。10 个月后,这笔资金变成 939.16

元,投资者再执行远期合约,以 930 元买入债券,用于归还。此时收益为 9.16 元 (939.16−930)。

从上述例子可以看出,对于提供利息收入的债券,远期价格大于或小于 939.16 元都存在套利策略。将这个结果推广,当考虑一个资产的远期价格时,若该资产在合约内提供收入的贴现值为 I,结合之前无中间收入的远期合约的关系式,可以得出 F_0 与 S_0 的关系为:

$$F_0 = (S_0 - I)e^{rT} \tag{11.2}$$

将上述例子的数值代入该关系式,计算得出远期价格 $F_0 = (950 - 49.17) \times e^{0.05 \times 10/12} = 939.16$ 元。该结果即为不存在套利机会时的远期价格。如果 $F_0 > (S_0 - I)e^{rT}$,投资者可以按无风险利率借入资金买入现货资产并卖出远期合约进行套利;如果 $F_0 < (S_0 - I)e^{rT}$,投资者可以卖空现货资产,将资金进行无风险投资,并买入远期合约进行套利。

再考虑一种情况,远期合约的标的资产以收益率为基准提供中间收入,该收益率是已知的,支付收入的总额按支付时刻的资产价格的百分比进行计算。比如某资产提供每年 4% 的收益率,指的是每年提供一次中间收入,总额为当时资产价格的 4%,该收益率 4% 是按年复利的。如果该资产提供每年 4% 的收益率,半年复利一次,指的是每年支付两次中间收入,每次支付当时资产价格的 2%,在计算价格时需要将收益率换算成连续复利形式的年化收益率,$\ln(1+4\%/2)^2 = 3.96\%$,将它定义为 q。结合之前的关系式,这类资产的远期合约价格和当期价格的关系为:

$$F_0 = S_0 e^{(r-q)T} \tag{11.3}$$

上述套利策略中,当 $F_0 < S_0 e^{rT}$ 或者 $F_0 < (S_0 - I)e^{rT}$ 时,投资者可以通过卖空操作进行套利,但不是所有的资产都可以卖空,比如国内融券业务在 2015 年股灾以后遭到了限制,使得卖空操作很难执行。对于这类资产,当存在套利空间时,只有持有资产的投资者可以进行套利活动,这部分投资者可以直接卖出资产,将卖出资产的资金进行无风险投资,并且买入远期合约进行套利。

现在讨论如何对远期合约定价,即如何评估一份远期合约本身的价值。一份远期合约在刚签署时的价值为零。然而,随着时间的推移,标的资产价格发生波动,使得该远期合约的价值产生变化,可能为正,也可能为负。由于投资者每天都进行大量的投资交易,所以对于金融机构,每天评估远期合约的价值是非常必要的工作。现在假设 K 是过去时刻签订的远期合约的资产交割价格,该合约从今日起 T 年以后进行交割,r 是期限为 T 年的无风险利率,F_0 是该远期合约当前的远期价格,如果远期合约在今天签订,该远期价格即是交割价格。f 为远期合约当前的价值。

假定今日是一份远期合约的签订日期,此时 $K = F_0$,合约的价值 f 为 0。随着时间的推移，K 不会产生变化，但是合约的远期价格 F_0 会随时间变动，从而使得合约价值产生变化。由此对于购买远期合约的投资者，合约价值的表达式为：

$$f=(F_0-K)\mathrm{e}^{-rT} \tag{11.4}$$

该表达式可以解释为：投资者在过去某个时刻签署的远期合约以交割价格 K 买入某项资产，如果投资者现在签署相同标的资产的远期合约，相当于以交割价格 F_0 买入该资产，两份远期合约以不同的价格在未来同一个时刻买入相同的资产，相比现在的远期合约，过去签署的远期合约为投资者带来的价格差异即为 F_0-K 部分，该价格差异属于未来价格，通过乘以 e^{-rT} 计算的贴现值即是过去签署的远期合约当前的价值。与之类似，空头方的远期合约价值表示为：

$$f=(K-F_0)\mathrm{e}^{-rT} \tag{11.5}$$

结合远期价格与当期价格的关系式，可以推出三个远期合约价值的表达式，以购买远期合约的多头方为例：

(1) 远期合约的标的资产没有中间收入的关系式：

$$f=S_0-K\mathrm{e}^{-rT} \tag{11.6}$$

(2) 远期合约的标的资产提供贴现值为 I 的中间收入关系式：

$$f=S_0-I-K\mathrm{e}^{-rT} \tag{11.7}$$

(3) 远期合约的标的资产提供 q 的收益率的关系式：

$$f=S_0\mathrm{e}^{-qT}-K\mathrm{e}^{-rT} \tag{11.8}$$

二、常见的三类期货的定价规则

基于远期合约定价规则，接下来介绍常见的三类期货的定价规则：股指期货、外汇期货和商品期货。

（一）关于股指期货的定价

根据股票的性质，通常将股票指数看作提供中间收入的投资资产，投资资产是构成指数的股票组合，中间收入是等于股票组合提供的股利收入。通常假设股利是已知的收益率，如果 q 为股利收益率，结合之前的关系式，推导出股指期货的价格为：

$$F_0=S_0\mathrm{e}^{(r-q)T} \tag{11.9}$$

当上述等式不相等时，投资者可以利用股指期货进行套利，如果 $F_0>S_0\mathrm{e}^{(r-q)T}$，说明当前股指期货的价格被高估，或者构成指数的股票组合价值被低估，投资者可以立即买入构成指数的股票组合，同时卖出股指期货进行套利。如果 $F_0<S_0\mathrm{e}^{(r-q)T}$，说明当前股指期货的价格被低估，或者构成指数的股票组合价值被高估，投资者可以卖空构成指数的股票组合，同时买入股指期货进行套利。然而，这种套利操作需要大量资金购买多种股票或者少量但具有代表性的股票来实现，普通个人投资者一般难以实

现,多为机构投资者选择的策略。

(二)关于外汇期货的定价

由于目前国际上大部分货币的即期和远期汇率报价通常是以美元计价,这里从美国投资者的角度来考虑外汇远期和期货合约。假设 S_0 为一单位外币的美元价格,F_0 为一单位外币的美元远期或期货价格。然而现实中,有些货币比如英镑、欧元等不是以美元计价的报价方式,在实际应用中需要根据标的资产的不同选择合适的计价单位。通常投资者投资外币的方式是购买以外币计价的债券以赚取外币发行国的无风险利率。所以假定 r_f 为期限 T 的外币无风险利率,r 为相同期限 T 的美元无风险利率。外汇期货的定价公式为:

$$F_0 = S_0 e^{(r-r_f)T} \tag{11.10}$$

如果把外币当作提供收益率的资产,将外汇无风险利率视为投资外币资产的已知收益率,将 r_f 与 q 替换,可以得到之前的表达式:$F_0 = S_0 e^{(r-q)T}$。

(三)关于商品期货的定价

首先要对标的资产进行区分,通常分为投资品资产和消费品资产。投资资产是投资者仅为了进行投资而持有的资产,投资者无法对这类资产进行直接消费,比如黄金、白银等。消费资产是投资者主要为了消费而持有的资产,该类资产可以直接作为消费品,比如石油、猪肉等。首先以黄金期货为例介绍商品期货定价。

黄金作为实体商品,持有者持有黄金时需要贮存黄金,会产生贮存费用。假设没有贮存费用时,投资资产的远期价格表示为:

$$F_0 = S_0 e^{rT} \tag{11.11}$$

有贮存费用时,贮存费用对投资者的收益产生负向影响,可以将贮存费用视为负收入。假定 U 为期货期限之间贮存费用的贴现值。投资资产的远期价格表示为:

$$F_0 = (S_0 + U) e^{rT} \tag{11.12}$$

有时贮存费用与商品价格之间存在固定的比值,由于将贮存费用视为负收入,假定贮存费用占即期价格比例为 u,投资资产的远期价格可以表示为:

$$F_0 = S_0 e^{(r+u)T} \tag{11.13}$$

消费商品往往不提供中间收入,而这类商品同样可能存在很高的贮存费用。首先考虑当商品期货价格和即期价格不相等,商品期货存在套利机会的情况。如果 $F_0 > (S_0 + U) e^{rT}$,投资者会以无风险利率借入总额为 $S_0 + U$ 的资金,用该资金买入一单位商品,支付相应的贮存费用,同时卖出该商品为标的资产的远期合约,远期合约到期后交割资产,将交割获得的资金归还借款,完成套利活动。这个过程会使得 S_0 上升、F_0 下降,最终使得 $F_0 = (S_0 + U) e^{rT}$ 成立。

如果 $F_0 < (S_0 + U) e^{rT}$,投资者可以卖出商品,将卖出商品所得资金进行无风险投

资,同时买入远期合约,当远期合约交割时重新获得商品,完成套利活动。该套利行为不仅使得 S_0 下降、F_0 上升,同时节省了贮存费用。但由于有些投资者持有商品的主要目的不是投资而是消费,如果卖出商品买入远期合约,在交割前投资者没有商品进行消费,所以投资者便不会进行套利活动,而这种情况下的远期价格与当期资产价格的不等式关系依然成立,$F_0 < (S_0 + U)e^{rT}$ 可能会持续下去。因此,对于消费商品可以确定以下关系式:

$$F_0 \leqslant (S_0 + U)e^{rT} \tag{11.14}$$

第四节 互换合约简介

一、互换合约概述

互换合约(swap contracts)是指两个公司之间达成的将来交换现金流的合约。在合约中,双方约定现金流的交换时间与现金流的计算方法。对于现金流的计算,通常会涉及利率、汇率及其他市场变量在将来的值。第一笔互换合约是由 IBM 和世界银行于 1981 年 8 月签署的货币互换合约,由所罗门兄弟公司安排成交。当时世界银行需要募集固定低利率的德国马克和瑞士法郎,但是瑞士和西德政府对世界银行的借贷额度存在限制,世界银行无法从国际上大量募集德国马克和瑞士法郎。而在 20 世纪 70 年代中期,IBM 已经发行了以瑞士法郎和德国马克计价的债券,在 1981 年,由于美元相对于瑞士法郎和德国马克大幅升值,IBM 的外币债务以美元计价的方式价值下降,IBM 因此获得预期外的收益,然而 IBM 依然承担了外汇波动的风险。此时世界银行能够以最优惠的利率借入美元,因此世界银行发行美元计价的债券并将该美元债务与 IBM 的瑞士法郎和德国马克债务互换。互换合约使得世界银行获得瑞士法郎和德国马克,也使得 IBM 确保了美元升值获得的资本收益并避免了外汇风险。

通常国家政府为保持双方贸易正常发展,避免周边金融不稳定带来的不利影响,会选择以互换合约为基础与其他国家签订双边货币互换协议。2008 年 12 月,我国央行首次和韩国银行签订了 260 亿美元货币互换协议。之后,央行陆续和 39 个国家的银行签署了货币互换协议。

互换合约具有五大特点:(1)互换是一种建立在平等基础之上的合约;(2)互换是以交易双方互利为目的;(3)互换交易具有极大的灵活性;(4)互换不在交易所交易,主要是通过银行进行场外交易;(5)互换所载明的内容是同类商品之间的交换,但同类商品必须有某些品质方面的差别。由于互换是两个公司之间的私下协议,因此包含信用风险。当互换对公司价值为正时,互换实际上是该公司的一项资产,同时是合约另一方的负债,该公司将面临合约另一方不执行合同的信用风险。

互换合约随着金融创新的发展,在金融衍生品市场中的地位越发重要,衍生出商品互换、股票指数互换、信用违约互换等。在此,将具体介绍主要的互换合约:利率互换与货币互换。

二、利率互换

利率互换是场外市场上最流行的衍生产品。第一笔利率互换发生在 1981 年,由美国花旗银行和大陆伊利诺伊公司安排的美元 7 年期债券固定利率与浮动利率的互换。在利率互换中,一家公司同意向另一家公司在今后指定的若干年内支付在指定名义本金上、由指定的固定利率所产生的现金流。作为回报,这家公司将从另一家公司收取在相同时间内和相同名义本金上按浮动利率产生的现金流。在我国,人民币利率互换浮动利率包括最优贷款利率(LPR)、人民银行定期存贷款利率、上海银行间同业拆借利率(SHIBOR)、银行间 7 天回购定盘利率(FR007)等。在国际上,大多数利率互换合约中的浮动利率是伦敦同业银行间拆借利率(LIBOR)。

为进一步理解利率互换,假设现有一份从 2019 年 1 月 1 日开始、为期 3 年的利率互换合约。图 11-1 为 A 公司与 B 公司之间签署互换合约的情况。A 公司同意向 B 公司支付年息 3%、本金 1 亿元的利息;作为回报,B 公司向 A 公司支付 6 个月期并且由同样本金所产生的浮动利息,参考利率为 SHIBOR。A 公司为定息支付方,B 公司为浮息支付方。合约规定,双方每 6 个月互相交换现金流。

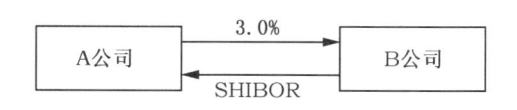

图 11-1 利率互换合约

第一次利息互换时间是 2019 年 7 月 1 日,即合约达成 6 个月之后。A 公司向 B 公司支付 150 万元,这笔资金来自 1 亿元本金在 6 个月时间内产生的利息。B 公司向 A 公司支付浮动利息,其金额等于按照 2019 年 1 月 1 日市场上 SHIBOR 的利率水平计算的 1 亿元产生的利息。假定在 2019 年 1 月 1 日,6 个月期的 SHIBOR 为 2.2%,这时 B 公司向 A 公司支付浮动利息为 110 万元。

第二次利息互换发生在 2020 年 1 月 1 日,即合约签署一年后。A 公司将向 B 公司支付 150 万元。B 公司向 A 公司支付浮动利息,其金额等于按照 2019 年 7 月 1 日市场上 SHIBOR 的利率水平计算的 1 亿元产生的利息。假定 2019 年 7 月 1 日 6 个月期的 SHIBOR 为 2.8%。因此,B 公司向 A 公司支付的浮动利息为 140 万元。

这一互换总共包括6笔利息的交换，其中固定利息始终是150万元，并利用付款日6个月前确定的6个月期SHIBOR计算出付款日浮动利息。实际上，利率互换通常只需要一方支付互换现金流的差额。上述例子中，在2019年7月1日，A公司向B公司支付40万元；在2020年1月1日，A公司向B公司支付10万元。

利率互换合约为什么在市场上如此流行呢？一种解释是，互换双方存在相对优势。相对优势是指一家公司在一种债务市场里比在其他债务市场里具有相对优势。某些公司在固定利率市场贷款具有相对优势，而另一些公司在浮动利率市场贷款具有相对优势。当需要一笔新的贷款时，公司会在自身具有相对优势的市场借入贷款。因此，本想借入固定利率贷款的公司可能会借入浮动利率贷款，而本想借入浮动利率贷款的公司可能会借入固定利率贷款。互换合同可以用来将固定利率贷款转化为浮动利率贷款，反之亦然。另一种解释是，某些公司之间存在信用利差，公司可以利用利率互换合约降低负债成本，比如某公司的信用资质相对较低，无法从市场上借入长期债务，但是公司可以通过短期货币市场借入资金，并通过利率互换合约将短期利率换成长期利率，为公司进行长期项目融资提高了确定性，确保项目的有序实施。

三、货币互换

货币互换是另一种较为流行的互换合约，是将一种货币下的利息和本金与另外一种货币下的利息和本金进行交换。货币互换合约要求指明在两种不同货币下的本金数量。互换中通常包括开始时和结束时两种货币下本金的交换。通常在互换开始时，基于兑换率，两种货币本金数量的价值相同；但在最后交换时，两者的价值可能大不一样。

图11—2为一个5年期A公司与B银行之间的货币互换合约，互换的开始时间为2019年2月1日。假设A公司向B银行支付3%的美元利率，同时从B银行收入4%的英镑利率。现金流交换频率为一年一次，本金数量分别为1 500万美元与1 000万英镑。由于每个货币下所对应的利息均为固定利息，这类互换属于固定利息与固定利息的货币互换。在互换开始时，A公司首先支付1 000万英镑，同时收取1 500万美元。在互换期间的每一年，A公司收取40万英镑并支付45万美元。在互换结束时，A公司支付1 500万美元的本金并同时收取1 000万英镑的本金。

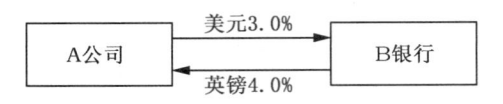

图11—2 货币互换合约

另外两种比较流行的货币互换分别是:(1)不同货币下浮动利息与固定利息的货币互换;(2)不同货币下浮动利息的货币互换。对于第一种互换,假设一个互换合约要求支付 700 万英镑面值按英镑 LIBOR 与收入 1 000 万美元面值按 3% 固定利率之间交换,期限为 10 年,每半年交换一次。类似于固定利息与固定利息的货币互换,该互换同样涉及最初和最末的本金互换:最初的本金交换方向与利息交换方向相反,而最末的本金交换与利息交换方向相同。固定利息与浮动利息货币互换相当于一个固定利息之间的货币互换和一个固定利息与浮动利息利率互换的交易组合。对于第二种互换,假设一个互换合约要求将 700 万英镑面值以英镑 LIBOR 计算的利息与 1 000 万美元面值以美元 LIBOR 计算的利息进行交换。该互换涉及本金的互换。不同货币下浮动利息的货币互换相当于不同货币下固定利息互换和不同货币下利率互换的组合。

四、其他互换合约

此外,在市场上还交易着其他各种类型的互换合约:(1)基于标准利率互换的变形。此时,浮动利率的期限不一定与固定利率的期限一致,可以是 1 个月、3 个月和 12 个月。其次,为满足交易对手的需要,还可以使本金数量在互换期限内变化。(2)跨货币互换,将在某一种货币下观察到的利率用于另一种货币的本金上计算互换金额。(3)股权互换。股权互换是将某个股票的总收益与某固定或浮动利率进行交换。(4)期权互换。在互换合约中嵌入期权条款。(5)商品互换。商品互换等价于一组具有不同期限却具有同一交割价格的商品远期合约。(6)波动率互换。在波动率互换中,首先要阐明一定的时间段序列,在每一个时间段,互换的一方支付预先指定的固定波动率,而另一方支付在这一时间段内所实现的历史波动率。

第五节 期权市场原理

期权被誉为金融衍生品皇冠上的明珠,因为期权是风险等级最高、最复杂的金融衍生品,也是目前国际金融市场上交易最活跃的品种。期权有两种基本类型:(1)看涨期权(call option),给期权持有者在将来某个日期以一定价格买入某种资产的权利。(2)看跌期权(put option),给期权持有者在将来某个日期以一定价格卖出某资产的权利。期权合约中注明的日期叫到期日(expiration date)或满期日(maturity date),合约中所注明的价格叫执行价格(exercise price)或敲定价格(strike price)。

期权又分为美式期权(American option)和欧式期权(European option),美式期

权的买方可以在到期日之前的任何时候提出执行合约,而欧式期权只能在到期日才能行使,美式期权的买方权利相对较大。由于这种性质,在分析期权的时候,欧式期权比美式期权更容易分析,并将欧式期权的性质类推到美式期权中。

举一个例子来分析看涨期权的性质:某投资者认为某股票未来价格会大概率上涨,计划买入执行价格为 100 元、购买 100 股该股票的看涨期权。假定股票的当前市场价格为 98 元,期权到期日为 4 个月,该期权的购买费用为 500 元/张,投资者购买了 1 张看涨期权,相当于购买 1 股看涨期权的期权费为 5 元。由于期权为欧式期权,因此期权持有者只能在到期日才能行使期权。如果在到期日,股票价格低于 100 元,由于以 100 元的执行价格买入市场价格低于 100 元的股票不能为投资者带来收益,所以投资者不会行使期权,此时投资者最终损失为最初购买期权的 500 元。如果在到期日,股票价格大于 100 元,期权将会被行使。假定在到期日股票价格为 115 元。通过行使期权,期权持有人可以按每股 100 元的价格买入 100 股股票,如果投资者马上将股票卖掉,则每股可以赚 15 元。忽略交易费用,投资者可以挣得 1 500 元。将最初的期权费用考虑在内,投资者的盈利为 1 000 元。图 11－3 为买入看涨期权的净盈利与最终股票价格之间的关系,可以看出看涨期权能为投资者提供获得较高收益的可能性。

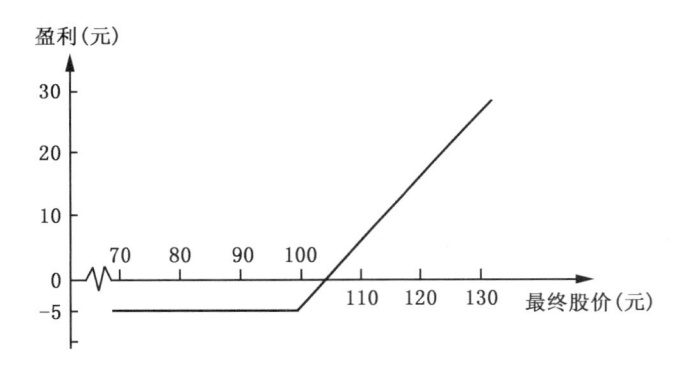

图 11－3 看涨期权

考虑另外一种情况,某投资者认为某股票未来价格会大概率下跌,计划购买以 70 元执行价格出售 100 股股票的看跌期权。假定股票的当前价格为 65 元,期权到期日 3 个月,该期权的购买费用为 700 元/张,投资者购买了 1 张看跌期权,相当于购买 1 股看跌期权的期权费为 7 元。因为该期权是欧式期权,因此在到期日且股票价格低于 70 元时投资者才会行使期权。假定在到期日股票价格为 55 元,投资者能够以 55 元的价格买入 100 股股票,而按照期权的约定,期权持有人可以按每股 70 元的价格卖出股票,因此投资者每股收益为 15 元,总收益为 1 500 元。将最初的期权费用 700 元考虑在内,投资者的净盈利为 800 元。如果在到期日股票价格高于 70 元,看跌期权在到期日会一文不值,投资者会损失 700 元。图 11－4 为买入看跌期权的净盈利与最终股票价格之间的关系。

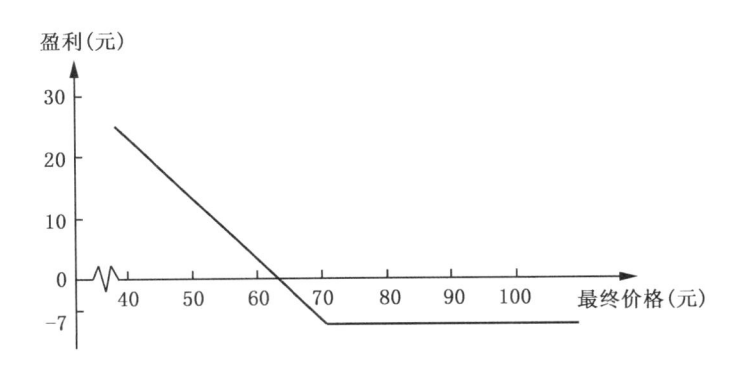

图 11－4　看跌期权

任何一个期权合约都有两方:一方为期权的多头(即买入期权方),另一方为期权的空头(即卖出期权方)。卖出期权的一方在最初收入期权费,但这一方在今后有潜在义务,其盈亏与买入期权一方的盈亏刚好相反。

期权交易共有四种头寸形式:看涨期权多头、看跌期权多头、看涨期权空头和看跌期权空头。假设不考虑购买期权的最初费用,图 11－5 展示了上述四种期权头寸为投资者带来的收益情况。以欧式期权为例,如果 K 为执行价格,S_t 为标的资产的最终价格,欧式看涨期权多头的收益为 $\max(S_t-K,0)$。这反映了,在 $S_t>K$ 时,期权会被行使;而在 $S_t \leqslant K$ 时,期权将不会被行使。欧式看涨期权空头的收益为 $-\max(S_t-K,0)$;欧式看跌期权多头的收益为 $\max(K-S_t,0)$;欧式看跌期权多头的收益为 $-\max(K-S_t,0)$。

对于任何资产,在任何给定的时刻,市场上都可能有许多不同的期权在进行交易。考虑上证 50 交易型开放式指数证券投资基金(50ETF),市场上以该指数基金为标的资产的期权有 4 个到期日和 9 个不同执行价格。如果对于每个到期日与执行价格均有相应的看涨期权与看跌期权交易,将到期日与执行价格进行组合,会得到 72 种不同的期权合约。所有类型相同的期权(看涨或看跌)都可以归为一个期权类(option class)。例如,上证 50ETF 的看涨期权为一类,上证 50ETF 的看跌期权为另一类。一个期权系列(option series)是具有相同标的资产、相同到期日但不同执行价格的某个给定类型的所有期权,是指市场交易中某个特定合约。例如,50ETF 购 10 月是一个期权系列。表 11－6 展示了上证 50ETF 为标的、2024 年 9 月到期的欧式期权 T 形行情。左侧是看涨期权类,右侧是看跌期权类,中轴线上为对应的行权价。每一行对应着看涨、看跌两个相同行

(a)看涨期权多头
max(S_t-K, 0)

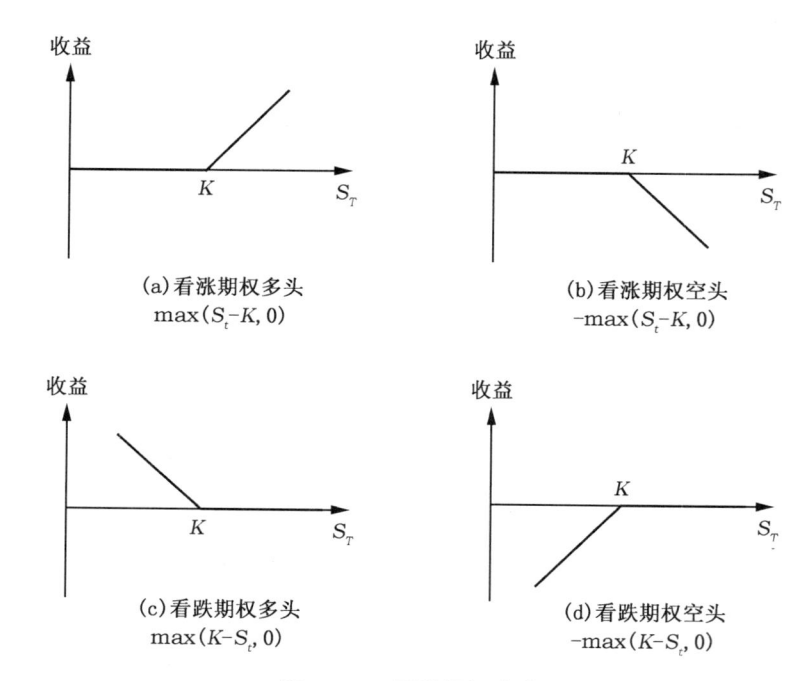

(b)看涨期权空头
$-$max(S_t-K, 0)

(c)看跌期权多头
max($K-S_t$, 0)

(d)看跌期权空头
$-$max($K-S_t$, 0)

图 11－5　四种期权头寸

权价的期权系列。在国内,通常将看涨期权称为认购期权,将看跌期权称为认沽期权。

表 11－6　　　　　　　2024 年 9 月到期的上证 50ETF 欧式期权

合约交易代码	认购 买价	卖价	涨跌幅	最新价	9月份 行权价	认沽 合约交易代码	买价	卖价	涨跌幅	最新价
10006901	0.000 3	0.000 5	－0.000 1	0.000 4	2.650 0	10006902	0.280 0	0.282 8	－0.004 9	0.283 1
10006889	0.000 6	0.000 7	－0.000 1	0.000 6	2.600 0	10006890	0.230 1	0.232 5	－0.005 7	0.232 3
10006819	0.000 8	0.000 9	－0.000 2	0.000 8	2.550 0	10006820	0.181 7	0.185 0	－0.005 5	0.182 5
10006737	0.001 8	0.001 9	－0.000 1	0.001 9	2.500 0	10006746	0.130 2	0.134 9	－0.003 7	0.134 3
10006736	0.004 8	0.005 0	－0.000 3	0.004 8	2.450 0	10006745	0.086 4	0.087 1	－0.002 6	0.086 9
10006735	0.014 4	0.014 7	－0.000 4	0.014 6	2.400 0	10006744	0.046 2	0.046 5	－0.003 1	0.046 1

期权又可以分为实值期权(in-the-money option)、平值期权(at-the-money option)、虚值期权(out-the-money option)。如果 S 为股票价格,K 为执行价格,对于看涨期权,当 $S>K$ 时为实值期权,当 $S=K$ 时为平值期权,当 $S<K$ 时为虚值期权。对于看跌期权,当 $S<K$ 时为实值期权,当 $S=K$ 时为平值期权,当 $S>K$ 时为虚值期权。显然,只有当期权为实值期权时,才会被行使。一个实值期权在到期时,如果没有提前行使,也没有交易费用,通常会自动被行使。

期权的内含价值(intrinsic value)定义为期权立即被行使时所具有的价值。看涨期权的内含价值为 $\max(S-K,0)$，看跌期权的内含价值为 $\max(K-S,0)$。实值美式期权的价值至少等于其内含价值，因为该期权持有者可以通过马上行使期权来实现其内含价值。通常一个实值美式期权的持有者最优的做法是等待而不是立即执行期权，这时期权具有时间价值(time value)。期权的整体价值等于内含价值与时间价值之和。

在传统的期权交易中，交易所必须给投资者提供一个见面并进行期权交易的空间。但这种情况有所变化。大多数衍生产品交易所已完全电子化，因此交易员之间并不需要见面。国际证券交易公司在2000年5月推出了第一个将股票期权交易完全电子化的市场。

此外，大多数交易所采用做市商制度以提高流动性来促成交易的进行。期权的做市商是当需要时会报出买入价与卖出价的参与者。买入价是做市商准备买入期权的价格，卖出价是做市商准备卖出期权的价格。在报出买入价与卖出价时，做市商并不知道问询价格一方是要买入还是要卖出期权。卖出价一定会高出买入价，高出买入价的差额就是买卖差价(bid-offer spread)。做市商本身可以从买卖差价中盈利，而交易所也会设定买卖差价的上限。做市商的存在保证了买卖指令在没有延迟的情况下，交易总是可以在某一价格上立即执行，因此，做市商的存在增加了市场的流动性。

在进行期权交易时，购买期权的投资者可以通过发出一个出售相同期权的冲销指令(offsetting order)来结清他的头寸。类似地，出售期权的投资者可以通过发出一个购买相同期权的冲销指令来结清他的头寸。当一个期权合约正在交易时，如果交易的任何一方都没有冲销其现存交易，则持仓量(open interest)增加一单位；如果某一方冲销了现存头寸而另一方没有冲销其头寸，则持仓量保持不变；如果双方投资者都冲销头寸，则持仓量减少一单位。

与期货合约的保证金类似，如果交易员卖出期权，由于在将来当期权被行使时交易员会有债务，因此需要提供保证金。保证金的数额与投资者头寸有关，分为初始保证金和维持保证金。当计算表明所需保证金比保证金账户中的数量低时，可以从账户中提取资金；当计算表明需要更高保证金数量时，将会有追加保证金的通知。

最后，介绍四种非常规的期权：

(1)认股权证(warrant)，是由金融机构或非金融机构发行的期权。持有者在一定期限内可以按事先约定的价格购买发行机构的一定股份。

(2)雇员股票期权(employee stock option)，是公司发给雇员的看涨期权，这样做的目的是促使公司雇员与公司股东的利益一致。在发行时，期权通常为平值期权。

(3)累计期权(accumulator)，是国际投资银行与投资者进行对赌，以合约方式买卖资产的金融衍生工具,是国际投行针对我国等新兴金融市场投资者特点而开发出来的新的金融衍生产品。累计期权设置取消价格(knock out price)和执行价格,执行价格通常比签署合约时的标的资产价格低5%~10%,取消价格通常高于执行价格。比如签署合约以后,当标的资产价格高于执行价格并且低于取消价格,投资者可定时以执行价格从国际投资银行买入指定数量的标的资产。当标的资产的市场价格高于取消价格时,合约终止,投资者不能再以执行价格买入标的资产。如果标的资产的市场价格低于执行价格,投资者必须定时以执行价格买入双倍甚至四倍数量的标的资产,直至合约结束为止。可以看出,累计期权为投资者设立了收益上限,同时如果投资者市场价格判断失误,合约没办法止损,投资者需要承担较大的资产价格下跌风险。累计期权是一种收益和风险不对称的金融投资产品,也是一种复杂的结构期权。合约的设计违背了套期保值的目的,通常投资者购买期权进行套期保值,选择权在自己手里,而累计期权的选择权在对方手里。

(4)可转换债券(convertible bond),常常简称为可转换产品(convertibles),这是由公司发行的一种债券,持有者在将来可以按照某个预定的比例将这种债券转换为股票。这些产品是含有公司股票看涨期权的债券。这种期权的一个特性是,事先已经确定期权的发行数量。与这一特性相反,交易所交易的期权数量并不能事先确定。

专栏11-3
中航油期权投机事件

专栏11-4
中信泰富累计外汇期权合约巨亏事件

第六节 期权定价

对期权定价时,通常使用二叉树模型评估期权的价值。二叉树(binomial tree)是指在期权内可能会出现的股票价格变动路径图形。这种方法假设股票价格服从随机游走(random walk):在树形上的每一步,股票价格以某种概率会向上移动一定比率,同时以某种概率会向下移动一定的比率。

图11-6是利用二叉树模型对股票期权定价的例子。假设一只股票的当前价格为20元,并且已知在3个月后股票的价格将会变为22元或者18元。投资者希望对3

个月后行权价为 21 元的期权定价。这个期权在 3 个月后的价值将出现两种变化：如果股票价格变为 22 元，期权价值将为 1 元；如果股票价格为 18 元，期权价值将为 0。

```
                              股票价格=22元
                              期权价值=1元
        股票价格=20元
                              股票价格=18元
                              期权价值=0元
```

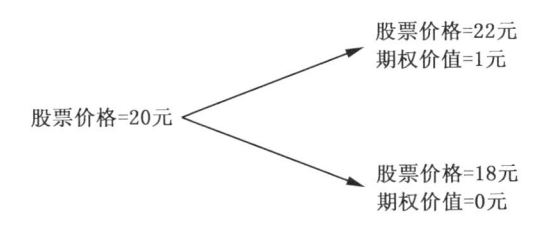

图 11－6　二叉树模型对股票期权定价

在假设市场不存在套利机会的前提下，可以利用另一种较为简单的方式对此例中的期权定价。由股票和期权可以构造一个在 3 个月后价值不存在不确定性的投资组合。因为这一投资组合没有任何风险，所以其收益率等于无风险利率。基于此，可计算出构造这一投资组合的成本，并由此计算出期权的价格。本例中只有两只证券，并且只有两种不同的可能性，因此总是可以构造出无风险投资组合。

于是我们考虑一个由 Δ 个单位的股票多头和一份看涨期权空头所构成的投资组合，然后求出使得投资组合成为无风险的 Δ。当股票价格由 20 元变为 22 元时，所持股票的价值为 $22\times\Delta$，期权的价值为 1 元，投资组合的总价值 $22\times\Delta-1$；当股票价格由 20 元变为 18 元时，所持有的价值为 $18\times\Delta$，期权的价值为 0，投资组合的总价值为 $18\times\Delta$。当投资组合在以上两种可能性下价值相等时，投资组合没有任何风险，这意味着：$22\times\Delta-1=18\times\Delta$，计算得出 $\Delta=0.25$。因此，无风险投资组合为：0.25 个单位的股票多头和 1 份看涨期权空头。如果股票价格上涨为 22 元，投资组合价值为 4.5 元（$22\times0.25-1$）；如果股票价格下跌到 18 元，投资组合的价值为 4.5 元（18×0.25）。可以看到，无论股票价格是上涨还是下跌，在期权到期时投资组合的价值总是 4.5 元。

在无套利机会时，无风险投资组合的收益率等于无风险利率。假设当期无风险利率为每年 4%，对期权到期时投资组合的价值进行贴现，按复利计算贴现值为 4.455 元（$4.5\times e^{-0.04\times 3/12}$）。已知股票在今天的价格为 20 元，如果将期权的价值记为 f，投资组合在今天的价值为 $22\times0.25-f$，令两式相等得：$22\times0.25-f=4.455$。计算出：期权的价值 $f=0.545$ 元。根据以上讨论，在无套利机会时，期权的目前价值必须为 0.545 元。

将上述例子进行推广。如图 11－7 所示，假定股票当前的市场价格为 S_0，股票期权的价值为 f，期权的期限为 T，在期权有效期内，股票价格存在两个方向的变动，可能会上涨到 S_0u，可能会下跌到 S_0d，其中 $u>1,d<1$。股票价格上涨的增长率为

$u-1$，股票价格下跌的比率为 $1-d$。假设股票价格上涨变为 S_0u 时，相应的期权价值为 f_u；而股票价格下跌变为 S_0d 时，期权价值为 f_d。

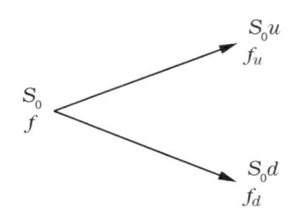

图 11-7 二叉树期权定价模型

参照上述例子，考虑一个由 Δ 个单位股票的多头与一份期权的空头所组成的投资组合。可以根据计算找到一个使投资组合没有任何风险的 Δ：如果股票价格上涨，在期权到期时，投资组合的价值为 $S_0u\Delta-f_u$。如果股票价格下跌，组合的价值为 $S_0d\Delta-f_d$，然后令两者相等，经过计算得出：$\Delta=(f_u-f_d)/(S_0u-S_0d)$。此时投资组合是无风险的，并且没有套利机会，因此其收益率必须等于无风险利率。如果将无风险利率记为 r，那么投资组合的现值为 $(S_0u\Delta-f_u)e^{-rT}$，而构造投资组合的起始成本为 $S_0\Delta-f$，令两者相等可以得出：$f=S_0\Delta(1-ue^{-rT})+f_ue^{-rT}$。将 Δ 代入式中并化简，得到期权价值的最终表达式：

$$f=e^{-rT}[pf_u+(1-p)f_d] \tag{11.15}$$

其中，$p=(e^{rT}-d)/(u-d)$，该表达式被称为单步二叉树定价公式。

在对衍生品定价时，通常进行风险中性定价（risk-neutral valuation），假设参与市场的投资者是风险中性的（risk-neutral）。风险中性是指投资的风险增长时，投资者并不需要额外的期望收益率。所有投资者都是风险中性的世界称作风险中性世界（risk-neutral world）。在现实中，投资者并不都是风险中性的：大多数投资者所承受的风险越大，他们要求的回报也会越高。但是，假设世界是风险中性时，对衍生产品进行价值评估的结果与现实世界的结果相符。由于交易双方的偏好各有不同，买方与卖方的风险厌恶程度难以评估，而风险中性定价方式可以避免风险厌恶程度的影响，正确地评估衍生品的价值。但期权是风险投资，难道一个人对风险的态度不应当影响对它们的定价吗？这里的答案是，当利用标的资产的价格对期权定价时，投资者对风险的态度是不重要的。当投资者对风险更加厌恶时，股票价格将会下跌，但是将期权价值与股票价格联系起来的公式是不变的。

风险中性世界的两个特点可以简化对衍生产品的定价：（1）股票的期望收益率等于无风险利率；（2）对期权的期望收益贴现的利率等于无风险利率。在上述例子的一般形式的推广中，用单步二叉树定价公式来计算期权的价值，其中参数 p 可以理解为在风险中性世界里股票价格上涨的概率,而 $1-p$ 是在风险中性世界里股票价格下跌的概率。因此,$f=\mathrm{e}^{-rT}[pf_u+(1-p)f_d]$ 可以表达为期权今天的价值等于将其收益在风险中性世界里的期望值以无风险利率贴现所得的现值。这是风险中性定价的一个应用。

对衍生产品定价时,风险中性方法是非常重要的结果。这个结果说明,当假设世界是风险中性时,得到的价值不但在风险中性世界里是正确的,在所有世界里也都是正确的。上述分析已经证明了,当股票价格按简单二叉树的方式变化时,风险中性定价的正确性。可以证明,即使不做此假设,结论依然成立。

在利用风险中性方法对衍生产品定价时,首先计算在风险中性世界里各种不同结果发生的概率,然后由此计算衍生产品的期望收益值。衍生产品的价值等于这个期望值在无风险利率下的贴现值。

现在将单步二叉树的分析推广到两步二叉树情形。图 11-8 为两步二叉树模型中股票价格变动路径图形,此时股票起始价格为 20 元,在树中的任意一步之间,股票价格或上涨 10% 或下跌 10%。假定树中每一步的步长为 3 个月,无风险利率为 4%。与上述例子一样,假设期权的期限为 6 个月,执行价格为 21 元。

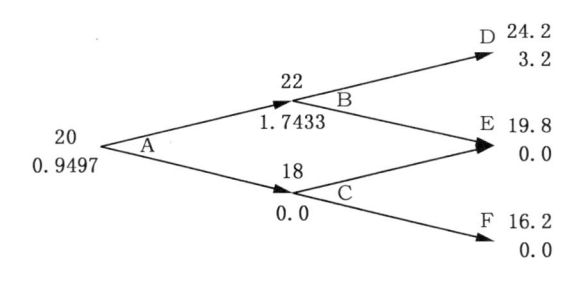

图 11-8 两步二叉树模型

这里分析的目的是计算在起始点时的期权价格,重复利用单步情形的定价原理对这个期权定价。图中两步二叉树显示了股票价格,也显示了期权价值,其中节点上面的数字为股票价格,下面的数字为期权价值。树中最后一层节点上的期权价值很容易求得,它们等于期权的收益:在节点 D,股票价格为 24.2,期权价值为 3.2(24.2-21);在节点 E 和节点 F 上,期权处于虚值状态,即股票价格低于期权执行价格,没有行权的价值,因此相应的期权价值为 0。在节点 C,期权的价值为 0。这是因为,节点 C 的价值来自节点 E 和节点 F,而在这两个节点上期权价值均为 0。

为求得在节点 B 上的期权价值,引入前面用到的符号,$u=1.1, d=0.9, r=4\%$ 和 $T=0.25$,将这些数值代入 $p=(\mathrm{e}^{rT}-d)/(u-d)$ 计算得到:$p=(\mathrm{e}^{4\%\times 0.25}-0.9)/(1.1-0.9)=0.550\ 3$。因此,风险中性世界里股票价格上涨的概率是 0.550 3。由 $f=$

$\mathrm{e}^{-rT}[pf_u+(1-p)f_d]$,可以计算出在节点 B 上,期权价值为 1.743 3。最后要计算最初始节点 A 上的期权价格。为此考虑二叉树的第一步。我们已知期权在节点 B 上的价值为 1.743 3,在节点 C 上的价值为 0,继续使用单步二叉树定价公式,得出节点 A 上的期权价值 $=\mathrm{e}^{-0.04\times0.25}\times[0.550\ 3\times1.743\ 3+0.449\ 7\times0]=0.949\ 7$。

到目前为止,上述分析都是基于欧式期权。接下来考虑如何利用二叉树定价模型对美式期权进行定价。定价的过程是从树的末尾出发以推导的形式推算到树的起始点,在树的每一个节点上都需要检验提前行使期权是否为最优决策。在树的最后节点上,期权的价值等于欧式期权的价值,之前任何一个节点上期权的价值等于以下两个数量的最大值:第一个是由单步二叉树定价公式 $f=\mathrm{e}^{-rT}[pf_u+(1-p)f_d]$ 计算出的值;第二个是提前行使期权的收益。

图 11-9 显示了在两步二叉树中美式看跌期权的情况。假定一个 2 年期,执行价格为 52 元的美式看跌期权,股票的当前价格为 50 元。在二叉树的每一步上,股票价格或者上涨 20%,或者下跌 20%,假定无风险利率为 5%。树中最后一层节点上的美式期权价值与欧式期权计算方式一样:在节点 D,股票价格为 72,高于看跌期权执行价格,没有必要以 52 元的价格卖出股票,因此相应的期权价值为 0;在节点 E,股票价格为 48,期权价值为 4(52-48);在节点 F,期权价值为 20。在节点 B,由单步二叉树定价公式计算得出期权的价值为 1.414 7,而提前行使期权的相应收益为-8。显然在节点 B 上提前行使期权不会是最优的,因此在该节点上,期权价值为 1.414 7。在节点 C,由单步二叉树定价公式计算出的期权价值为 9.463 6,提前行使期权的收益为 12。这时,提前行使期权为最优,因此在该节点上期权价值为 12。在最初的节点 A 上,利用单步二叉树定价公式所计算的数值 $=\mathrm{e}^{-0.05\times1}\times[0.628\ 2\times1.414\ 7+0.371\ 8\times12]=5.089\ 4$,提前行使期权的收益为 2,这时提前行使期权不是最优。因此,期权价值为 5.089 4 元。

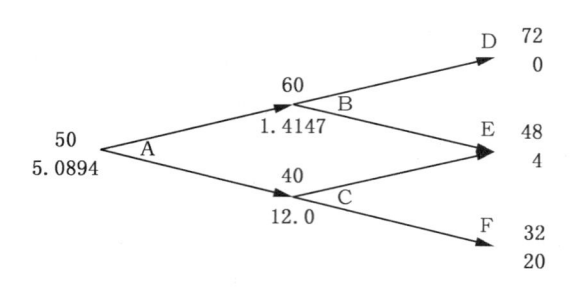

图 11-9 美式看跌期权的二叉树模型

第七节 衍生品与 2008 年金融危机分析

2008 年,由美国次贷危机引发的世界金融危机如同暴风骤雨般席卷全球,企业崩盘、经济倒退,无数家庭财富蒸发、家庭破碎,各个国家的经济情况苦不堪言。金融危机后 10 年,以美国为首的所有国家都在进行着自己经济复苏的脚步,但依然步履蹒跚,欧洲经济依然复苏乏力;包括现在的反全球化、贸易保护以及欧美民粹主义的兴起,甚至中美贸易战,都和 2008 年金融危机引发的全球经济衰退紧密相关。美联储前主席格林斯潘撰文指出:"有一天,人们回首今日,可能会把美国当前的金融危机评为第二次世界大战结束以来最严重的危机。"经济学界也认为,2008 年金融危机引发的经济危机是 20 世纪 30 年代美国大萧条后最严重的经济危机。

对全球经济影响这么大的金融危机是如何产生的呢?简而言之,房地产泡沫引发了金融危机。20 世纪 70 年代,美国证券之父刘易斯·拉涅利提出将房贷证券化,这个简单的方法历史性地改变了金融业。房贷证券化是资产证券化的主要产品,是将放贷打包成债券,可以放在金融市场进行交易买卖。资产证券化是以特定资产组合或特定现金流为支持,发行可交易证券的一种融资形式。对于银行,如果只收取放贷的原始利息,获得的收益有限,债券提供的现金流相对更高,如果有买方愿意购买房贷证券化的债券,提前支付资金给银行,银行的流动资金会提高从而扩大业务规模,增加营收能力。银行还可以请评级机构给这些债券评级,按照不同的价格卖出去。银行也可以把不同评级的债券打包在一起,追加担保,再按照 AAA 级的衍生品推出市场。这些通过将房贷证券化衍生的金融产品称为担保债务凭证(collateralized debt obligation, CDO),银行将房贷打包在一起出售,收回贷款后继续增加信贷投放规模,使得杠杆率不断被放大。对于银行来说,CDO 是可以提高银行营收水平的产品,但是 CDO 在市场上受欢迎吗?大家是否愿意买呢?事实上,随着房价不断上涨,CDO 逐渐成为相当热门的投资商品,这是金融危机爆发前的基本情况。

银行家为增加房贷证券化产品的流动性和吸引力,推出了另一种金融衍生产品:信用违约掉期(credit default swap,CDS),即信用违约互换,是买方将某资产的信用风险转移给卖方的信用风险交易形式。信用违约掉期实质上是一种对赌协议,即交易双方对市场未来发展趋势持相反观点而签订的协议。为说明对赌协议,以标的物为黄金的掉期合约为例,某一投资者认为在未来 2 年内黄金价格会上涨,而另一位投资者持有相反的意见,认为黄金价格会下跌。于是双方约定,每个季度根据黄金的价格变化情况相互支付现金:如果第一季度黄金价格上升,持黄金价格下降观点的投资者向持黄金价格上升观点的投资者支付特定的金额;如果第二季度黄金价格下跌,持黄金价格上升观点的投资者向持黄金价格下降观点的投资者支付特定的金额。以此类推,直到对赌协议到期。

将上述对赌协议例子中的标的物替换为特定的信用风险事件,买方的观点替换为认为会发生信用风险事件,相反,卖方的观点认为信用风险事件不会爆发,于是双方签订对赌协议。如果每季度信用风险事件没有发生,买方向卖方支付一笔费用,信用风险事件爆发了,卖方向买方支付一笔费用。买卖双方对支付金额进行差异化制定并签订合约便产生了信用违约掉期,因此它可以被看作一种金融资产的违约保险。信用风险保护的买方在合约期限内或在信用事件发生前定期向信用风险保护的卖方就某个参照实体的信用事件支付费用,以换取信用事件发生后的赔付。

回到房贷证券化,信用违约掉期相当于房贷证券化产品违约的保险,如果投资者购买了房贷证券化产品,同时购买信用违约掉期,如果房贷发生了违约事件,投资者将会损失购买房贷证券化产品的本金,但信用违约掉期的卖家将会补偿房贷违约的损失部分。如果直到信用违约掉期前,房贷违约事件没有发生,其间投资者需要按期支付一定数量的权利金给信用违约掉期的卖家,这部分费用相当于保险费。举一个例子,某投资者购买某一企业债券,但是该企业可能因为经营不善而无法按期支付债券利息,投资者为对冲信用风险与某卖方签订了信用违约掉期。该信用违约掉期约定,在合约的期限内或者到信用违约事件发生为止,信用违约保护的买入方要向信用违约保护的卖出方支付被称为信用违约掉期溢差的保险金。假定该信用违约掉期合约的规模为投资者持有的所有企业债券面值的总额1亿元,期限为5年,信用违约掉期溢差为120个基点,保险金数量为1亿元的120个基点,即每年120万元。如果信用违约事件在5年内没有发生,保险金支付方将不会收到任何赔偿;但当信用违约事件发生时,假定投资者购买的企业债券因为企业违约导致债券每100元面值只值40元,折价60%,这时信用违约保护的卖出方要向信用违约保护的买入方支付6 000万元。这种赔偿机制的意义是,对于信用违约保护的买入方拥有面值为1亿元企业债券,那么违约保护的收益使得交易组合的价值不会低于1亿元。

由于信用违约掉期可以弥补房贷违约产生的资产损失,投资者可能不会谨慎地评估证券化产品的风险,而通过信用违约掉期将风险转移,由此房贷证券化产品的市场逐渐扩大,其流动性也不断提高。对于银行,房贷证券化产品不仅使得资金回流速度更快,信用违约掉期又将风险都转移出去,导致银行在贷款发放时,缺乏审慎评估风险的动力,他们甚至把房贷发放给无工作、无信用记录和无资产的次级贷款者,这些人并没有创造足够收入偿还房贷的能力。在房价上涨的时候,信用风险还未大规模爆发,风险尚在可控范围,一旦房价下跌,这些次级贷款者由于无法偿还贷款,使得银行出现大规模坏账,从而引起房地产市场的危机。

在 2008 年金融危机爆发前的几年里,美国处于降息通道,利率的下降以及经济增长给房地产市场带来了繁荣,次级贷款越来越多,银行杠杆也越来越高,但在危机到来前,美国货币政策开始转向,利率开始上升,房地产市场泡沫破裂,过高的杠杆急剧地放大了这场危机,从而引发了全球的金融危机,并引发了全球经济危机。

值得注意的是,虽然滥用资产证券化和信用违约掉期引发了全球金融危机,但不能因此否认其积极的一面。它有助于拓宽银行和实体企业的融资渠道、提高发起人的资产流动性、将标的资产的风险转移、拓展投资组合范围。因此,我国在金融危机后依然推动资产证券化和信用违约掉期试点。2013 年,我国重新批准发行资产证券化产品,针对性地将其作为"盘活存量资产"的突破口,鼓励实体企业通过发行资产证券化证券实现存量资产的市场价值,优化资源配置,降低杠杆率。截至 2018 年末,我国企业资产证券化市场的累计发行金额达到 5.6 万亿元,存续期内的证券余额达到 3.2 万亿元。资产证券化的发行笔数以每年约 30% 的速度增长,是债券市场近年来最重要的金融创新之一。并且,随着国务院在 2018 年 10 月《关于加强国有企业资产负债约束的指导意见》的发布,或许意味着未来资产证券化市场还有巨大的发展空间。

关于信用违约掉期,2016 年 9 月 23 日,中国银行间市场交易商协会正式发布《银行间市场信用风险缓释工具试点业务规则》及相关配套文件,在原有两项产品的基础上,推出了包括信用违约掉期在内的两项新产品。虽然信用违约掉期的本质是对赌协议,但是它依然有利于金融市场发展,主要体现在以下两个方面:

第一,对冲信用风险,增加债券市场流动性。信用违约掉期的最初功能是债权人的信用风险管理。通过购买以债务人为参照实体的信用违约掉期,债权人可以进行套期保值,如果债务人最终违约,则在信用违约掉期上获得的赔付可以抵消部分债权损失,从而对冲风险。信用违约掉期能够增加债券市场的流动性。一般来说,信用资质低的债券因其信用风险而流动性较差,信用违约掉期为投资者提供了一剂"定心丸",投资者在信用违约掉期的"保护"下会更愿意持有标的债券。

第二,揭示信用风险,价格发现。信用违约掉期卖方征收的费用是"点差",反映了公司的违约概率。信用违约掉期价格的上涨往往由债券市场或股票市场的走低造成。

在中国,信用违约掉期对金融市场的正面影响包括:(1)配合债转股、资产证券化,化解银行不良资产。解决商业银行不良资产问题包括两个方面的内容:一是对已经沉淀的不良资产要进行处置;二是要防范新的不良资产的形成。这两方面内容实质上都可以归结为信用缺失问题,发展信用违约掉期将有助于这两方面问题的解决。(2)缓解银行"惜贷情绪",盘活银行资产。商业银行"惜贷"严重阻碍了资金的合理流动,降低了资金的使用效率,进而减缓了经济发展。由于"惜贷"的根源是信用缺失,解决这个问题也应该从信用入手。

专栏11-5
1997年亚洲金融危机

第八节　中国衍生品市场发展现状

党的十八大以来,我国期货市场新上市期货、期权品种大大超过了之前20多年上市产品的总和。目前我国的期货期权上市品种已近70个。期货品种创新与对外开放加速,一些准备多年的战略性大宗商品期货品种,如铁矿石期货、原油期货等相继上市并允许国际投资者参与交易,实现了境外投资者直接参与境内期货市场的重大突破,我国期货市场正式走向国际化。金融期货发展步伐加快,股指期货品种体系进一步完善,除沪深300股指期货外,还增加了上证50、中证500股指期货两个品种;国债期货市场起步,推出了5年期、10年期、2年期国债期货三个品种。场内期权实现"零"的突破,2015年,上市了首个金融期权——上证50ETF期权;2017—2020年,商品期权,如豆粕、白糖、铜、天然橡胶、棉花、玉米等,先后上市。

2013年以来,每年中央一号文件对期货市场的表述和要求都是递进的。2014年,《国务院关于进一步促进资本市场健康发展的若干意见》发布,关于期货市场的内容大幅增加。2017年的中央一号文件特别指出,要积极引导涉农企业利用期货、期权市场管理风险。

此外,2017年、2018年、2019年连续3年的中央一号文件都要求积极探索,将保险引入,把场外期权和期货结合起来为更多的中小微企业和三农服务。2012年,证监会允许期货公司成立风险管理子公司,为企业提供量身定制的风险管理服务。例如,期货公司可以根据上述服务对象的避险要求,双方签订一份风险管理服务合同,它实际上是一个场外期权,客户缴纳权利金,期货公司保证到期履约。这时,小商小贩就可以放心生产、采购了,不用担心市场价格波动风险,他们也不必自己到期货市场开户买进卖出期货合约。实际上,期货风险子公司成为衍生品交易的服务商,为中小微企业解决不了的风险管理问题提供避险工具,头寸除行业内部对冲之外,暴露的敞口部分可以到标准化的期货市场进行套期保值,这样为实体经济服务的面就铺开了。近年来,我们说期货市场做大了,不仅仅体现在交易量上,还体现在更多的专业机构到交易所作为机构投资者来管理风险,实现了量和质的同步提升。2018年中央一号文件提出,要稳步扩大"保险+期货"试点,探索"订单农业+保险+期货(权)"试点,表明期货市场与实体经济、三农和中小微企业联系得越来越紧密。

用人民币计价交易结算的原油期货在上海期货交易所上市交易,是中国期货市场发展历史上的一个标志性事件。原油期货市场是一个对全世界开放的市场,全球投资者都可以用人民币参与其交易。这是中国期货市场国际化的开端,也成为中国期货市场跃上一个新台阶的里程碑。此后铁矿石、PTA、20号橡胶期货循着原油期货路径对外开放,更多的期货期权产品上市,中国期货市场进入一个扩大开放、创新发展的新时代。

金融期货市场是现代金融体系的有机组成部分,为金融市场参与者提供了高效的风险管理工具,对提高市场效率和透明度、提高金融机构服务实体经济能力起到重要作用。随着我国直接融资比重不断提高,利率、汇率市场化改革逐步深化,金融期货市场在国民经济发展中的重要性日益凸显。

自2006年中国金融期货交易所成立以来,我国的金融期货市场建设始终以服务金融现货市场为宗旨,在加大产品供给、完善业务规则、强化监管运维等方面都取得了长足进展。中国证监会有关部门负责人于2010年2月20日宣布,证监会已正式批复中国金融期货交易所沪深300股指期货合约和业务规则,至此股指期货市场的主要制度已全部发布。2010年2月22日9时起,正式接受投资者开户申请。公布沪深300股指期货合约自2010年4月16日起正式上市交易。2010年以来,先后上市了沪深300、上证50和中证500三个股指期货品种,5年期、10年期和2年期三个国债期货品种,以及沪深300股指期权,初步建立了覆盖多领域(权益和利率)、包含多类别(期货和期权)的金融衍生产品体系。

金融要素市场化改革方面,股票发行注册制改革取得突破性进展,形成了从科创板到创业板再到全市场的"三步走"改革布局,开启了全面深化资本市场改革的新局面;截至2020年12月初,科创板上市公司已达200家,创业板通过注册制发行上市公司已有近50家。利率市场化改革取得显著成效,通过深化LPR改革实现市场利率和基准贷款利率接轨,打破贷款利率隐含下限,提升利率传导效率,也促进了存款利率市场化改革。人民币汇率形成机制改革多年来坚持市场化方向,逐步形成了以市场供求为基础、参考一篮子货币进行调节、有管理的浮动汇率制度,未来还要继续增强汇率弹性。

重要概念

远期合约　即期合约　期货合约　保证金账户制度　空头对冲　多头对冲　基差　期权
互换合约　无套利定价理论　对冲

思考题

1. 什么是衍生品？它们如何帮助投资者进行风险管理和对冲？
2. 在金融市场中，期货与期权的主要区别是什么？如何理解两者的定价机制？
3. 无套利定价理论如何应用于期权的定价？请用具体的例子解释。
4. 请解释单步二叉树定价法的原理，并讨论其在实际期权定价中的应用。
5. 风险中性定价的假设条件是什么？它是如何影响金融衍生品的定价过程的？
6. 资产证券化（ABS）和信用违约掉期（CDS）在2008年金融危机中发挥了怎样的作用？
7. 衍生品市场的监管对市场的稳定性和透明度有何影响？请结合当前的市场环境进行分析。
8. 如何利用衍生品进行投机？在市场不确定性增加的情况下，这种策略可能面临哪些风险？

第十二章 中国房地产市场概述

📅 学习目标

1. 了解中国房地产市场的基本构成及其对经济的影响。
2. 掌握房地产市场的主要特征和变化规律。
3. 掌握影响房地产价格的因素。
4. 学习房地产价格评估的基本方法和理论模型。
5. 理解政府对房地产市场的调控政策及其目的。

视频12-1

📅 本章导读

了解中国房地产市场及其在国民经济中的重要作用,可以帮助我们理解宏观经济运行和制定合理的投资策略。本章首先系统介绍中国房地产市场的基本情况,通过分析其构成和发展历程,揭示房地产对GDP、固定资产投资和居民财富的深远影响。其次,深入探讨房地产市场的主要特征,如市场摩擦和价格周期性,以及这些特征对投资决策的影响。随后,本章将介绍影响房价的主要因素及其变化规律,帮助读者掌握在不同经济条件下的房价波动趋势。最后,分析政府对房地产市场的调控措施及其效果,为投资者应对政策变化提供实用的策略指导。

第一节 房地产市场对于中国投资者的重要性

房地产市场是中国资本市场上一个重要的组成部分,是中国投资者投资的重要方向。比较经典的西方投资学教材里一般不会包括房地产市场,因为房地产是一种比较特殊的投资品,既有投资属性,又有消费属性。本书包括房地产市场部分,是因为房地产市场在我国是一个非常重要的市场,房地产资产是我国居民家庭资产组合中的一项重要的投资品。

我们首先要了解,为什么要研究房地产市场?图12—1描述的是我国房地产业对

GDP 总额的贡献,这里的房地产业按照 2017 年国民经济行业分类,包括房地产开发经营、物业管理、房地产中介服务、自由房地产经营活动以及其他房地产业。我们可以看到,自 1998 年的住房制度改革之后,房地产业从占 GDP 总量的 4% 增长到 2018 年的 6.7%。据国际货币基金组织(IMF)在 2014 年的报道,房地产行业占我国 GDP 增长的 1/6、总固定资产投资的 25%、城市就业率的 14% 以及银行贷款的 20%。

图 12—1 房地产业对 GDP 总额的贡献

一般来说,房地产资产占国家财富的比例对国家和地区整体社会经济的协调与稳定发展起着非常重要的作用。房地产资产价值受区域内基础设施条件、城市化水平等因素的影响,基础设施越完善,城市化水平越高,则房地产资产价值越高。但是,如果房地产资产占财富的比例过高,就会导致生产和生活成本的上升,影响生产型投资者的积极性,降低国家经济的活力和竞争力。我国房地产业的发展推动了金融行业和一些相关产业的快速发展,房地产投资作为经济增长"三驾马车"之一的固定资产投资的重要组成部分,对中国改革开放 40 多年来的经济增长起到了重要的作用。对于我国的地方政府而言,土地出让收入和相关房地产税费收入占地方政府财政收入相当大的比例。由地方政府"土地财政"的激励带来的长期超额货币供应量以及 2005 年以来人民币升值等诸多因素促使我国房地产资产价格不断上涨,在大部分城市超过了城市居民收入的增长幅度。

在图 12—2 中,我国居民家庭住房资产占家庭总资产的比例在 2013 年和 2015 年分别为 62.3% 和 65.3%,2016 年这一比例进一步上升至近 70%。相比 2011 年,2016 年这一比例的增幅更加显著。此外,在我国的二线及三线城市,房价达到居民年可支配收入的大约 8 倍;在一线城市,这个数字更是高达 10 倍。2013 年,美国家庭配置在房产上的比重为 36%,大约只有中国家庭房产占比的一半。因此,中国房地产资产价值的变动对我国居民的重要性不言而喻。

资料来源：家庭金融资产配置风险报告。

图 12—2　各类资产占家庭总资产的比例

房地产资产也是企业经营中重要的生产设施资产，现代企业的实物资产中相当大的一部分是土地和房产。因此，在企业经营中，对房地产资产的管理是企业的重要工作。首先，企业通过房地产进行投资和经营活动，可以分散行业经营的风险，比如格力集团的格力地产、华润集团的华润置地等。其次，在企业兼并重组活动中，对房地产资产的投资价值的正确判断常常会起到决定性的作用。企业的房地产资产是企业价值的重要内容，是公司在估值时的重要价值增加部分。再次，对企业的房地产资产的良好管理能够提高企业的盈利水平和抗风险能力。例如，东南亚金融危机中，泰国的正大集团通过出售在中国的房地产资产，为挽救泰国经济做出了重要的贡献。最后，企业持有房地产也是进行资本经营和融资创新的重要资源。例如，公司可以将持有的写字楼物业作为资源来发行融资产品。

陈婷、刘晓雷、熊伟和周利安(Ting Chen, Xiaolei Liu, Wei Xiong, and Li-An Zhou, 2017)使用 2000—2015 年的数据，分析了我国 2 687 家上市的制造业和服务业公司在非土地投资、商业土地投资、住宅土地投资和工业用地投资这四种投资上的平均投资额。这些公司的平均投资额从 2000 年的 1.06 亿元人民币增长到 2011 年的 5.53 亿元人民币。商业土地投资在 2006 年以前几乎没有，但是在 2010 年增长到 1.92 亿元，占总投资的 40% 左右。同时，住宅用地投资增长也十分迅速，在 2011 年达到 0.7 亿元人民币左右。工业用地投资在此期间也有所增长，但是占比较小，不超过总投资的 7%。

房地产业属于资金密集型行业。房地产投资运营对金融行业的依存度很高，因此房地产业与银行、保险、证券等行业的关系较为紧密。从国际上主要发达国家的经验来看,房地产业的投资和开发管理水平与金融业的繁荣程度有很大的关系,房地产金融市场是现代金融体系的重要组成部分。房地产资产的投资开发过程具有融资量大、运转周期长、回收资金慢等特点,因此公司对房地产资产投资开发必须得到金融业的支持。从表12-1中可以看出,2017年第一季度末中国人民币房地产贷款余额28.39万亿元,同比增长26.1%,占人民币贷款余额的25.62%。其中,中国房产开发贷款余额6.13万亿元,个人住房贷款余额19.05万亿元,保障性住房开发贷款余额2.75万亿元,地产开发贷款余额1.41万亿元。表12-1中这三年的房地产贷款余额占当期人民币贷款余额的比重呈现平稳上升态势,2017年比2015年年底提高3.26个百分点。由此可见,房地产投资占贷款余额的比率较大,且平均而言贷款期限较长。为了降低资产流动性不足的风险,金融机构需要进行金融产品创新,关于金融产品创新这部分内容,我们将在后面进一步学习。

表12-1　　　　　　房地产贷款余额及占同期人民币贷款余额的比率

时间	房地产贷款余额(万亿元)	占同期人民币贷款余额的比率(%)
2015年3月	18.41	21.43
2015年6月	19.30	21.74
2015年9月	20.24	21.97
2015年12月	21.01	22.36
2016年3月	22.51	22.84
2016年6月	23.94	23.59
2016年9月	25.33	24.33
2016年12月	26.68	25.03
2017年3月	28.39	25.62

在中国,全国性的房产登记制度早有体现。土地登记制度在周朝就已经开始了,当时的目的是征收税赋,土地的所有权掌握在周天子手里,其他诸侯对自己所分得的土地只享有使用权。房产登记制度最早可以追溯到唐代,在当时,中国在土地管理方面有立契、申牒和过割制度,土地买卖需要通过官府,否则不仅交易无效,还会受到法律的制裁。宋朝时期,当时的社会基础是宗族制度,朝廷规定,在买房前一定要先征得亲属的同意。总体而言,古时候的土地房屋登记制度的目的主要是为了征税,管理难度很大,而且历代朝廷对于房屋的出售、购买都有非常严格的规定,即使能够交易,也会产生沉重的赋税,因此,在当时,房屋无法自由交易。鸦片战争之后,帝国主义入侵中国,1845年,上海的地方官员将黄浦江下游外滩的居住权租给洋人,我国近现代的商品房就在这里初步诞生。"租界"的诞生将以私有产权和自由交易为前提的房地产

业带入清帝国,上海租界在短短十年间,地价暴涨十余倍。新中国成立以后,消除了以私人经营为特征的房屋租赁活动,城市土地所有权属于国家。城市职工的住房依靠的是实物福利分房制度,房屋的建设资金来源于国家财政和企业福利,事后不收回投入资金,以员工的级别、工龄和家庭人口为依据进行福利分房。1977年,全国人均住房面积仅有3.6平方米。住房配给的直接后果是抑制了人口自由流动和选择工作变动的自由,并导致住房开发不足。1994年7月,国务院下发《关于深化城镇住房制度改革的决定》,提出建立住宅公积金制度是住宅分配货币化的起点。1998年6月,一系列刺激房地产发展的政策相继出台,包括停止全国城镇住宅实物分配,实行住宅货币化,这意味着居民需要通过购买途径取得住宅,住房问题需要通过市场解决。个人成为购买房地产的主体,并掌握了房屋选择的自由,从此中国房地产业进入高速增长期,城市居民的人均住房面积在2012年提高到32.9平方米。随着住房的市场化和商品化的发展,我国的房地产市场也出现了房价过高、结构不合理等问题。接下来我们通过理论结合中国实践,来学习房地产市场有哪些特征以及究竟房价为什么会发生变动。

第二节　房地产市场的特征

在学习房地产价格的决定因素之前,我们首先回顾经济学的一个基本模型,即供给－需求模型。在图12－3中,横轴代表某种商品的数量,纵轴代表某种商品的价格。需求就是指消费大众因为需要一件产品而产生的购买要求,供给指的是企业为了响应大众购买需求而提供的产品供给。供给曲线向上倾斜,线上的每一个点都代表生产者愿意在某一价格水平下出售的物品数量,它描述了假设其他因素不变,当一件物品的相对价格上升时,其供给量会上升,也就是价格和数量呈正比。需求曲线代表消费者愿意在某一价格水平下购买的数量,这条曲线上的每一个点代表随着价格升降,个体在每段时间内所愿意购买的某商品的数量。需求曲线向右下倾斜,代表商品的价格越高,消费者愿意购买的货物数量就会越低,也就是假设其他因素不变,价格与需求量呈反比。两条曲线的交点代表在竞争性市场下的某种商品的均衡价格和均衡产量。因此,长期均衡的价格就是在供给和需求两种因素的共同作用下决定的。这个经典的经济学供给－需求模型,是否也可以直接适用于房地产市场?

首先我们思考现实生活中的三种情况:第一,当前房地产价格非常高,但还是有很多人急着购买房屋;在金融危机后,房地产的价格相对较低,但是几乎没有人想要购买房地产。这种情况是否违反了上面提到的需求规律?第二,苹果手机在不同的地方以相似的价格出售,但是不同地区的房地产价格却相差很大,这是否因为没有竞争来驱

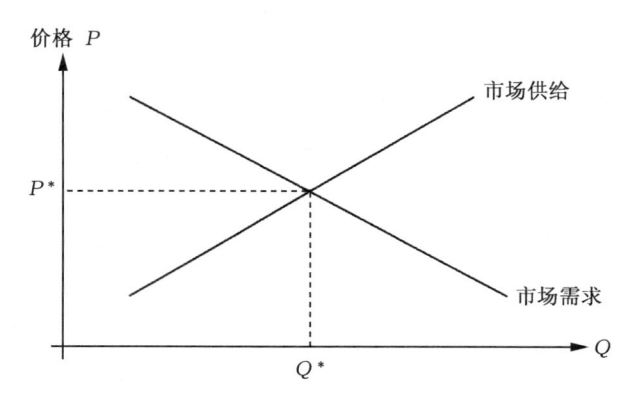

图 12—3　经典的供给－需求模型

动不同地区的房地产价格达到均衡价格？第三，当房地产的需求下降时，我们没有看到业主拆除他们的房屋（以降低供给）；相反，当价格上升的时候，拆除会变多。这种情况是否违反了供给规律？

　　对于以上三种情况，经济学理论依然适用，但是在使用理论的时候，我们首先必须了解房地产市场的特殊性。我们要理解供给需求理论模型的前提假设是完全竞争市场以及其他条件都不变的情况，那么当市场情况有变化的时候，也就是模型受到了外生冲击发生结构性变化时，需求曲线的斜率就发生了变化，因此第一种情况是符合理论描述的。

　　房地产市场的第一个特征是分割性，这是一个差异非常大的市场。房地产市场的供给方和需求方都具有特定的位置和类型的要求，房地产市场往往是本地市场，而不是国家性或者国际性的市场，每种建筑物的使用类别都不一样。例如，我们可以认为上海的仓储空间市场是一个独立的正常运行的市场，但整个中国的仓储空间市场并不是一个单一整合的空间市场。汽车、手机或者金融资本等市场是全国性的整合市场，这些市场的产品基本都是同类商品，并且可以很容易从一个地方转移到另外一个地方，但一个建筑物是无法运输以及移动的。因此，房地产市场的分割性造成了各个地区房租以及房价的巨大的差异。

　　房地产市场的第二个特征就是存量巨大，这些巨大的库存是房地产市场总供给量的一个组成部分。那么当需求发生变化的时候，首先消耗的供给是存量，因为开发商需要很长的时间才能完成建造新的房屋。

　　房地产市场的第三个特征就是建造或者改造的过程很漫长，而且政策性的限制也很多，比如土地规划的限制、住房容积率的限制，以及审批的过程也需要很久。这里也解释了第三种情况，在房地产市场里，不是必须建造新的建筑物才是增加供给，对旧的建筑物拆除、重新提高土地的利用率也是增加了房地产市场的供给。

房地产市场的第四个特征是房地产具有双重属性,既有消费或者生产的价值,也同时具有投资的价值。例如,我们购买一处房屋除了可以住以外,这个房产还可以保值、增值、抵抗通货膨胀。如果你出租这个房产,还能为你带来未来的现金流。既然有投资属性,那么随着房价的升高,会给投资者带来房价增长的预期,这样又增高了下一期的房价,从而继续引发投机资金的参与热情,房地产市场的泡沫加速膨胀;那么当泡沫被刺破之后,可能发生房价大跌带来的银行资金链条断裂,引发以宏观经济崩溃为标志的金融危机。因此,为了满足大众的基本消费需求、抑制房地产市场上的非理性投资需求,如何控制房价理性合理的变化成为各国政府非常关心的问题。

房地产市场的第五个特征就是市场摩擦,也就是房地产交易中高额的交易成本。与普通的证券市场交易相比,由于房地产资产同质性很低,且交易信息不透明,购买与卖出房地产资产的交易成本会高得多,比如房屋中介的费用、各种税费,以及在搜寻最合适的房屋时所花费的时间以及其他成本。

以上就是房地产市场的几种特征。考虑到房地产市场的特殊性,经典的需求—供给模型并不能直接应用于房地产市场,而是应当结合房地产市场的这些特征做出相应的调整。

第三节 影响房地产价格的因素——四象限模型及其应用

一、房地产市场及其组成部分

在学习影响房地产价格的因素之前,我们首先要知道什么是房地产市场以及房地产市场的组成部分。根据一般定义,房地产市场是所有房地产产权交易关系的总和。房地产不仅仅指建筑物,还包括建筑物所使用的土地。按照经济过程来划分,房地产市场可以分为房地产空间市场(也可以简单地理解为租赁市场)、房地产资产市场,以及房地产开发市场。其中,房地产开发市场又包括存量市场以及生产新供给的开发建造市场。

第一个重要的组成部分是房地产空间市场。房地产空间市场的需求方是租客,供给方是房屋的所有者。租客消费的产品就是使用房地产或者土地的权利。例如,一个学生租了一套公寓来使用这个空间进行房地产的消费;又比如,一个公司租了几间办公室来使用这些空间进行生产经营。那么在一段时间内使用这个空间的权利的价格就是租金,通常按照年度计价。租金反映了建筑物空间的价值以及租赁市场或者房地产空间市场上当前的供求关系。

第二个重要的组成部分是房地产资产市场,也就是一般意义上的房地产市场。因为这个市场里的房地产商品可以通过租赁产生现金流,这里的房地产资产经常会与资本市场的其他资产例如股票和债券进行比较,所以也属于资本市场的一部分。这个市场里的供给方就是想要出售自己持有的物业的房产拥有者,需求方就是其他想要购买房地产资产的投资者。供求之间的平衡决定了该国或该地区房地产资产价值相对于其他形式的实物和金融资产的总体水平,在总体估值范围内,单个物业或建筑物的具体价值取决于潜在投资者对每个单个物业未来可产生的现金流量的水平和风险的认知。

房地产的空间市场和资产市场通过物业的现金流直接联系起来,而房地产开发市场是将金融资产转为实物资产的市场,控制了空间市场上的供给。这三个市场组成了整个房地产业的体系。房地产开发包括对建筑的修复和改造,开发商需要冒风险以及获得融资支持。我们前面提到,房地产拥有大量的库存,不会迅速耗尽,那么只有对新增的建筑物业的需求才会支持房地产开发行业。因此,从地产投资的角度分析,房地产开发行业可以被视为资本市场对空间市场变化的反馈枢纽,增加了空间市场的供给。接下来,我们将房地产市场上的这些组成部分通过经济学模型描述出来,从而解释影响价格变化的原因。

二、四象限模型

四象限模型是由迪帕斯奎尔(Dipasquale)和惠顿(Wheaton)这两位经济学家在1992年提出的房地产市场价格动态调节机制的经济学模型。这个模型的作用机理是:整个房地产市场体系由四个市场所组成。从房地产存量市场出发,房地产租赁市场所决定的租金水平通过资产市场转化为房地产价格,这些资产价格的变动反过来会促进生产者开发新的房地产资产,来供给房地产存量市场,最终产生新水平的房地产供给总量。当供给总量水平起始与终点相同时,整个房地产业体系达到长期均衡。这四个市场能够联系起来的关键是基于经济学的假设:"市场出清"。这种假设比较严格和理想,在现实生活中很难达到,但是这个模型为我们研究房地产投资提供了一个很好的分析视角。

四象限模型如图12—4所示,这里要注意,四象限模型反映了空间和资本市场的长期均衡,所以市场有足够的时间来建造和开发新的空间供给来满足需求的变动。图上的四个与横轴纵轴相交的点分别代表均衡的价格和数量。图右上方的象限描述了空间市场上租金的决定因素,这个象限上的纵轴为租金水平,横轴为市场上实物空间的存量。需求函数是一个关于租金和市场上的经济状况的函数,需求曲线向下倾斜代表了随着空间市场上的供给增多,空间的价格也就是房地产市场上的租金会下降。租赁市场上的供给是固定的，在 S 点。如果我们在横轴沿着 S 点的供给量向上画一条垂直的线，与需求曲线相交的点对应的纵轴的值就是当前均衡租金的水平。均衡时，需求等于供给。这条向右下方倾斜的需求曲线是可以移动的，例如，收入增加、居民人数的增加以及公司扩张业务等经济状况因素都会引起需求曲线向右上移动。如果需求曲线向右上方移动了，那么原始的均衡租金水平低于新的均衡租金水平，租金价格就会开始上升，直到达到新的均衡点。

资产市场：定价　　　　　　　租金　　　　　　　空间市场：决定租金

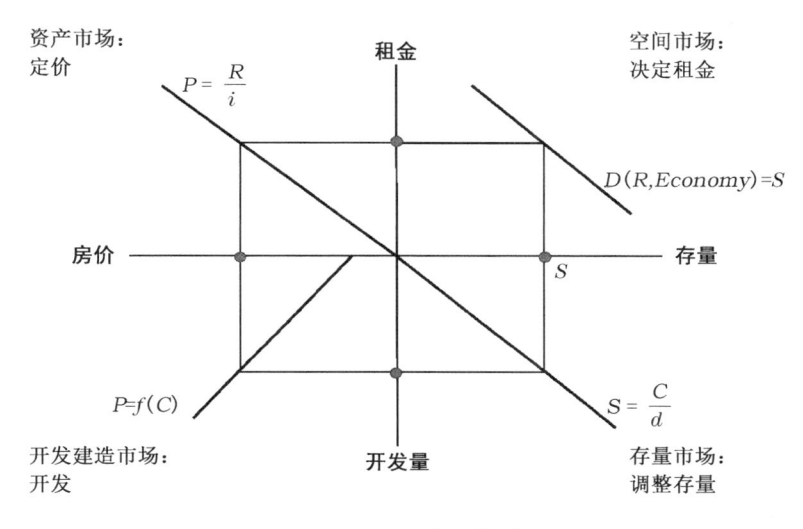

$P = \dfrac{R}{i}$

$D(R, Economy) = S$

房价　　　　　　　　　　　　　　　　存量

$P = f(C)$

$S = \dfrac{C}{d}$

开发建造市场：开发　　　　　开发量　　　　　　存量市场：调整存量

图 12—4　四象限模型

左上方象限描绘了房地产资产市场定价的过程，这个过程将横轴上的房地产均衡价格和纵轴上的现阶段的租金水平联系起来。这个象限里的斜线代表资本化率。资本化率 i 是投资者要求的回报率，是由整个资本市场里的供给需求决定的。把房地产价格和租金联系起来的逻辑是因为投资者在购买了一个房产之后，投资者实际上购买的是这个房产带来的当前或者未来的收入。因此，房价可以表示为未来收入贴现之后的现在的价值，如果这个投资期限是无限长的话，我们可以近似地认为房价等于租金收入除以资本化率。由此看出，资本化率可以近似地看作租金除以房地产价格的比率，也就是房地产资产的回报率。这条线越陡，代表资本化率就越高，也就是当前租金对应的房地产价格越低。

从空间市场上均衡租金的点作一条横线，并与资本化率线相交向下作一条垂直于横轴的直线，对应的价格水平就是当前租金决定的房地产价格。和上面的空间市场分析过程一样，长期贷款利率的增加、未来预期的租金的减少、房地产市场上风险的增加以及房地产相关的税费的增加都会造成这条直线斜率的变化，这些因素会造成资本化率的变动，进而导致房地产价格的变化。以上这些因素都会造成这条直线变得更平缓,也就是斜率变小。那么当以上几种情况发生时,原始的价格水平高于均衡水平,房地产价格就会回落,直到达到新的均衡价格。横轴上方的这两个象限共同描述了房地产空间和资本市场短期的价格联系。

横轴下方的两个象限展示了开发建设过程如何影响供给的总量。左下方象限描述了房地产开发活动,即实物资产的生产过程。这个象限表示房地产价格和每年的新建造开发供给量,也就是完工量之间的关系。这条直线将给定的房地产价格水平与给定的开发比率联系起来。纵轴为房地产开发业每年开发的比率,所以纵轴越往下,代表越活跃的开发建造活动。这里的建造方程是用一条向下倾斜的直线表示的,代表了更高的房地产的价格会引发更多的房地产开发量。因为更高的价格才能让开发商负担更高的购买土地费用,而充足的资本可以使开发进行得更快或者密度更高。这条建造方程直线在横轴上的交点大于零,这是因为如果房价低于某个水平,开发活动是不会进行的,因为是不会盈利的。也可以解释为,这里的开发成本分为两个部分:一个是固定成本,一个为可变成本。因此,无论开发活动的完工量是多还是少,都会产生固定数额的费用。当建造的成本与房地产价格相等时,建造开发市场达到均衡,那么沿着均衡的价格水平作一条垂直于横轴的线,与建造方程直线相交的点对应的纵轴的数值就是每年新增的建造量。用数学等式来表示就是:$P=f(C)$。这里,$f(C)$为房地产的重置成本,假设与更活跃的开发活动正相关。

同样,这条函数直线什么时候会发生移动呢?比如利率水平的降低,更低的利率意味着更低的融资成本,开发成本降低,函数直线向下移动,那么给定均衡价格水平就对应了更高的新的建设量。同样,开发建造融资难度的降低、政策制度的放开,也会导致更高的完工量。联系我国的实际经验,在1998年上半年,众多房地产开发企业因资金链困境而卖出库存土地,并退出市场。然而,从当年6月开始,政策面开始发生变化,一系列刺激房地产发展的政策相继出台,尤其是房地产开发企业可以根据供需情况自主决定楼盘价格。此后,大量效率更高、创新性更强的中外合资和私人房地产企业参与到房地产的开发和销售中。

最后,右下方象限将新建造开发量和开发市场的供应总量联系到了一起,完成了资本和空间市场长期的整合关系。右下方象限中的这条直线描述了空间市场每年新增的开发量与总供给量的关系。这个函数背后的逻辑是,在长期,当没有新的开发活动时,旧的空间会从总供应量里面被消耗一定的部分。因此从长期来看,为了维持整个房地产市场的供给量,每年新的建设是必不可少的。用数学公式来表示为:

$$\Delta S = C - dS \tag{12.1}$$

其中,ΔS等于每年新增的供给量,C等于新增的建造量,d代表折旧率,dS是消耗的部分。因此,在均衡状态下,当空间市场上的总供给量是恒定的时候,$\Delta S=0$;也就是说,每年新增的开发量刚好能够弥补消耗的存量部分。因此,存量市场的这条直线代表了为了维持均衡的供给水平,总供应量越大,每年新增的开发建设率就越高。

将这四个象限全部联系起来,这幅图就描述了房地产市场的长期均衡关系。

此外需要强调的是,这个房地产体系的理论模型更加适用于预测未来价格的变化而不是绝对的价格水平。运用这个四象限模型,如果我们事先知道供给和需求的变化,就可以预测房地产价格的变化。但是如何能预测供给和需求的变化,可能需要内幕消息,或者准确地知道政策颁布后产生的效果。而且模型都是建立在其他条件不变的情况假设下的,但现实生活中并非如此。此外,结合前面内容中的房地产市场的特征,房地产市场是一个非常细分的市场,对于不同的物业类型,在空间市场上影响需求的因素都是不一样的。例如,人口、家庭结构、就业率的增长、城市化等因素都会影响住宅空间的需求,但主要影响对酒店物业的需求的因素是旅游的收入、访客的人数,以及是否有重大活动等。因此,在现实生活中应用四象限模型时,一定要注意按照特定的物业类型分情况来进行分析。

三、房地产的价格会持续上涨吗?——四象限模型的应用

根据前面内容的学习,我们知道四象限模型可以用来解释房地产价格决定的因素,接下来,我们将继续学习如何使用四象限模型来解释在现实生活中观察到的价格波动的现象。

(一)国外房地产价格周期性变化实证研究

盖尔特纳(Geltner)等人在2013年的一篇文章中,描绘了1986—2010年间美国商业地产价格指数以及租赁指数,发现不论是租赁价格还是商业地产的价格,从长期来看都不是持续增长或下跌的,而是有周期性的。而且价格和租金指数的周期也不是完全正相关的,尤其是在2000年左右。这是因为,在20世纪80年代出现的过度开发在21世纪初没有重现,21世纪初房地产市场的繁荣纯粹是由资本市场助推的,包括在2005—2007年期间过度的证券化和衍生品的使用。资本市场的推动导致了房地产资产市场价格泡沫的破裂,但空间市场也就是租赁市场受到的影响很小。在房地产市场繁荣的时期,资本市场的助推力以及开发商基于新的信息预见未来房地产价格的上涨而做出快速的反应会使上升更严重;而在回落时,房地产开发市场上的供给缺乏弹性以及资本市场上有限的杠杆将会使回落加剧。此外,价格的波动相对租金更大,租金指数在此期间的波动更小,根据联系房地产资产市场的函数关系 $P=R/i$,价格不仅受到租金的影响,还受到利率水平的影响,而利率水平是由整个资本市场决定的,波动非常频繁。因此,房地产价格的波动比租赁价格更大。

以我们的东亚邻居日本的市场为例。日本的国家财富中有很大一部分集中于土

地,是世界上少有的土地资产在国家财富中所占比例较大的国家。1985年,在日本签署《广场协议》后,日元开始加速升值,大量国际热钱涌入日本国内,巨大的流动性占款刺激了房地产市场,使得房地产价格快速攀升。1985年,日本的国家财富中有57.1%是土地资产,住宅资产占8.6%。到了1990年,地价达到高峰,仅东京都的土地资产价格就可以买下整个美国的土地资产。1991年后,随着国际资本获利后撤离,由外来资本推动的日本房地产泡沫迅速破灭,房价随即暴跌,这将日本经济拖入深渊。日本六大城市地价显示,1985年商业地价指数为128.9,1990年为502.9,随后一路下跌,1995年为210.8,到2013年仅为70.2;也就是说,2013年商业地价指数仅为1990年的13.9%,20多年间的跌幅高达86.1%。这一时期也被称为日本"失去的二十年"。上面的案例告诉我们,房地产市场价格以及租赁价格的变动是有周期性的,而且给国民经济带来的影响巨大。

(二)四象限模型的应用

接下来,我们通过三种情况了解房价发生变化的过程,并解释房地产价格变化的周期性特征。

第一种情况,假设其他条件不变,如果许多公司决定扩张业务并且居民的收入也同时增加,这会对房地产市场的价格和租金产生什么影响?

首先,我们要判断这种情况影响了哪个市场、会有什么效果。公司扩张业务以及居民的收入增加都增加了对空间市场使用的需求。在图12-5中,空间市场上的需求函数向右上方移动。开发商以及资本市场并没有预期到需求的增加,所以短期内(一到两年)来不及创造新的空间,租金会首先上升到原有的供给量对应的新需求曲线决定的租金水平 R_1,但是注意, R_1 的租金水平并不能在长期均衡中维持。整个体系新的长期均衡在图中用粗黑线表示了出来,我们可以看到,租金首先上升到了 R_1,再回落到最终长期均衡的 R_2 代表的租金水平。这也解释了为什么租金会发生周期性的变化。达到长期均衡时,除了租金,房地产的价格以及总供给量与原始水平相比都相应地增加了,但是每个变量增长的幅度都会有所不同。具体增长的量是根据供给、需求还有资本市场对房地产市场新增投资的看法的相对弹性决定的,也就是上方两个象限中直线的形状决定的。

第二种情况,我们再考虑一个房地产资产市场上的变动,还是假设其他市场条件不变的情况下,如果央行决定提高长期利率,会对房价和租金有什么影响?

首先,高的长期利率水平会直接影响资本化率;可以理解为,投资要求的回报率变高了,或者投资者认为房地产资产相比其他资产而言,风险水平变高了。那么,资本化率的提高代表了投资者现在只愿意以比当前水平更低的价格购买房产。我们看图12-6中的四象限模型示意图。

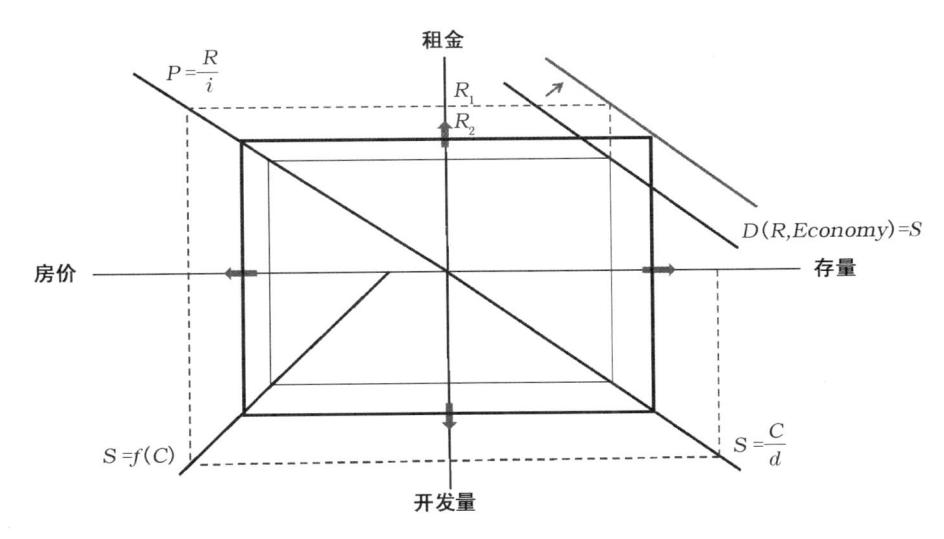

图 12－5　公司扩张业务且居民收入增加条件下的四象限模型

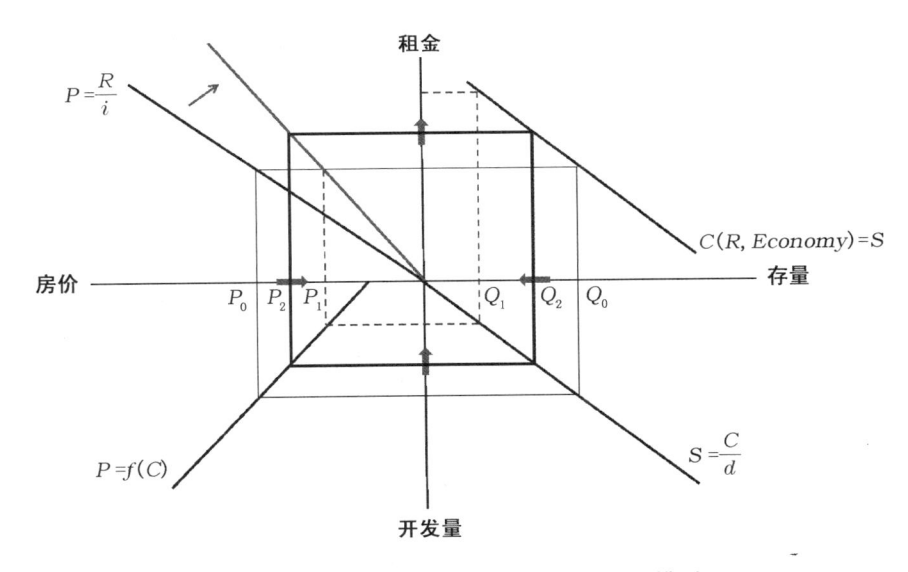

图 12－6　提高长期利率条件下的四象限模型

资本化率提高，左上方象限的房地产资产市场中表示价格与租金关系的直线会向上移动，也就是变得更陡峭。这代表房屋价格的价格估值变低了，租金水平不变，因此，如果此时的投资者比较短视，不能预测到资产会开始撤离房地产资产市场从而降低新的开发建设水平，那么对应的新的房价从 P_0 降低到 P_1。但是 P_1 的价格水平是低于新的长期均衡水平的，因此，长期的价格会回升到可以维持长期均衡的价格水平的 P_2。我们可以看到，在第二种情况即新的长期均衡水平下，空间市场的总供给量降低了,这反映房地产开发的低谷期将空间的存量降低到了新的 Q_2 的水平。这是因为,金融市场上的金融资本流动的变化导致的投资者偏好的变化,从而使得房地产实物资本发生了变动。

新的均衡还包括更高的租金水平。更高的租金水平意味着资产市场上更高的资本化率没有造成人们起初认为的很低的价格水平。虽然新的均衡价格水平低于原始水平,但是并没有一开始降低后的价格水平低,而是与 P_1 相比有所上涨。在这种情况下,出现了价格的周期性变化,下降之后发生了上涨。

可以发现,在市场参与者缺乏对市场的完美预见性的情况下,以上两种情况分别影响了房地产空间市场和资产市场的需求,导致租金和房地产价格的周期性变化。可以想象,如果两个市场上的需求如果同时发生变化,那么造成的周期变化将会更为剧烈。

第三种情况,如果预计房地产市场上的建造成本进一步增加,那么短期和长期的房价和租金将会如何变化?这种情况就留给读者们运用四象限模型进行分析。

(三)我国房地产价格的周期性变化

在这部分内容的开头,我们讨论了美国和日本市场上的价格周期变化,接下来我们进一步探讨我国的房价是否有周期变化。首先,简要介绍一下 2005 年至今的北京、上海、广州和深圳二手房销售价格指数的变化。与我国的 GDP 持续增长保持一致,这四个城市的房地产价格在此期间整体都是上升的,但是在这十几年间也发生了多次增长和回落的周期性变化。2004 年、2005 年国家出台了多项调控房地产的政策,有效地调整了市场预期,房地产市场过热的局面得到缓解,房地产价格增幅趋缓,成交量减少。在 2006 年初,受到需求推动,北上广深等一线城市的房价仍大幅上涨。但是,接下来的 2008 年,由于世界金融危机对中国经济造成巨大冲击,房地产市场也受到影响,商品住宅销售首次出现了负增长。之后随着"四万亿救市计划"的出台,中央和地方政府开始积极鼓励购房。2009 年,银行和信托公司掀起授信狂潮,房地产企业的融资状况大为好转。宽松的货币政策导致大量的资金涌进房地产资产市场,投资和投机的需求推动这四个一线城市的房价呈现快速上涨的态势。为了控制过热的房地产市场,2010 年,北京市政府出台楼市限购令,此后,限购城市从 2010 年的不足 20 个大幅增加到 40 多个,在严厉的限购令下以及 2013 年下半年银行系统对房地产业开始收紧信贷,房价增速再一次放缓出现回落。2016 年初,受刺激政策和心理预期的推动,楼市又迅速"入春",但是 2017 年初,在限购、限贷、限价、限售"四限"房地产市场政策的持续发力的基础上,房地产信贷"去杠杆"持续推进,各地严查资金违规流入房地产市场。随着资本市场上资金流入房地产资产市场的限制,这四个城市房地产市场明显降温,房价涨幅趋于平缓。

由此可见，房价并不会一直持续上涨，而是呈现出周期性。随着我国经济水平的持续上升，我国的住宅市场价格在强烈的消费和投资需求的驱动下，长期呈现上涨，但其间还是发生了几次周期性的回落。投资者如果不能理性地认识到房地产价格的这一特点，就极有可能产生损失。

第四节 房地产价值评估

接下来我们将重点从金融经济学的角度关注房地产资产市场。资本资产会对未来可能产生的收益以货币形式产生要求，因此房地产资产也是一种资本资产。金融经济学关心的是整个资本市场如何运作以及市场里的资产的价格是被什么因素决定的，本质上研究不同资产未来可能产生的现金流量的时机、风险以及其他特征是如何决定这些资产今天的价值的。

与企业是企业股票的底层资产类似，房地产资产也是各种房地产证券化产品的底层资产。对于公司估值，在前面已经介绍了现金流贴现模型，因为房地产也是一种投资资产，同样，我们也可以使用房地产资产未来产生的现金流来计算房地产当前可以用来交易的价值。对于房地产估值来说，如果对未来的收益比较有把握的话，那么使用现金流贴现模型是合适的，属于房地产估值中的收益法。

对于房地产市场的参与者，并不是只有在买房子的时候才需要对投资标的进行估值。对于开发商来说，要获取哪一处地块、考虑这个地块最大和最优的用途，以及采用哪一种建筑设计、系统还有材料，都需要考虑估值；对于房地产投资者来说，要投资哪一个房产、出租时选择哪些租户以及哪种租户的构成是最佳的、采用哪种房产的提升计划比如翻新，都与估值相关。最后，对于企业来说，在哪里经营或者开设分支机构、是购买还是租赁或是售后回租、是续租还是搬家，都需要估值来帮助企业管理者进行决策。然而，必须强调非常重要的一点是，投资估值是一种在所有可选择选项中的消极决策的方式。在现实世界里，通过谈判技巧来降低成本也许更为重要。

一、现金流贴现模型回顾

首先，我们回顾一下现金流贴现模型。这个模型基本的原理就是，假设你可以选择今天得到 100 元或者明年的今天得到 100 元，你一定会选择今天的 100 元。那是因为，时间有成本，这 100 元存入银行，假设利率为 5%，那么你第二年可以得到 105 元。如果你觉得未来承诺的回报与存银行相比风险更大，那么你会要求比 105 元更高的回报。

$$NPV = \sum_{t=1}^{T} \frac{CF_t}{(1+R)^t} + CF_0 \qquad (12.2)$$

式(12.2)就是用数学公式表示的现金流贴现模型，公式左边的净现值(NPV)等于未来所有投资期限内的净现金流贴现到今天的价值之和加上当期的净现金流；公式右边的 T 代表投资者的投资期限，也就是项目的计算期；CF_t 代表 t 时刻的净现金流；R 是这个项目的贴现率。那么在 NPV 等于零的时候，项目的总回报刚好等于项目的投资；NPV 值越大，对投资者来说，这个项目就越好。如果我们让 $NPV=0$，把这个方程解出来，得到的 R 的值就是内部收益率(IRR)；如果内部收益率大于投资者最低的预期回报率，这个项目就可以接受。但是要注意，内部收益率的值不是越大就越好。

资金存进银行的收益是你的机会成本，如果投资一个项目的回报不能超过把钱存在银行的收益，投资者是不会对项目进行投资的。那么对于表 12-2 中的三个项目，如果你有原始的 100 万元作为资本进行投资，你会选择哪一个项目？

表 12-2　　　　　　　　　　三种不同的项目投资及预期收入

	项目 1	项目 2	项目 3
前期投资	−100	−90	−80
预期收入	120	108	97

根据现金流贴现模型，我们将每个项目在初始期($t=0$)以及最后项目终止期($t=1$)的现金流写出来，在回顾估值模型的时候，我们提到可以接受一个投资项目的条件是净现值 NPV 大于 0，以及 NPV 越大项目越好。假设在贴现率也就是机会成本 R 等于 10% 的条件下，项目 1 的 NPV 是 9.1，项目 2 的 NPV 是 8.2，项目 3 的 NPV 也为 8.2。每一个项目都可以接受，但是投资者会偏好收益更高的项目；也就是说，在 R 等于 10% 的情况下，我们会选择项目 1。

接下来，我们让银行利率不断升高。也就是说，当我们的机会成本提高到 14%、18% 以及 25% 的情况下，我们是否还会选择项目 1。分别计算每个项目的 NPV，我们发现，在 R 等于 14% 的情况下，项目 1 的 NPV 还是最高的。但是当 R 等于 18% 时，项目 3 的净现值在三个项目中是最高的。而当贴现率 R 等于 25% 的时候，三个项目的 NPV 都小于 0，此时，投资者不如直接把钱存进银行，不会投资任何项目。我们的选择会随着贴现率变化而产生变化，这是因为当贴现率更高的时候，未来的回报相对而言没有那么值钱了，而项目 3 初始的投入比较低，属于负的现金流，而期末的回报比较低，随着贴现率升高以后，未来的正的现金流贴现回来就没有那么值钱了。

再分别计算每个项目的 IRR，根据前面的介绍，IRR 为当 NPV 等于 0 时的贴现率,三个项目的 IRR 分别为 20%、20% 和 21%。如果当前的预期回报率低于这个项目的 IRR,我们就可以接受这个项目。因此,当贴现率变动为 10%、14% 和 18% 时,三个项目都可以接受;但当贴现率为 25% 时,三个项目都不可以接受。要注意,IRR 并不能告诉我们哪个项目更好,虽然项目 3 的内部回报率是最高的,但是在前两种贴现率 R 分别等于 10% 和 14% 的条件下,项目 3 并不是最好的。这也就是我们刚才所说的:不是 IRR 的值越大,项目就越好。

接下来大家思考两个问题,也可以自己测试一下学习效果。第一个问题是,NPV 等于 0 是不是意味着这项投资不赚钱?第二个问题是,如果你发现一个有着很大的 NPV 的项目,是否要立刻投资?

第一个问题的答案很简单,答案是否定的。NPV 等于 0 的项目只代表,这个项目预期会产生与机会成本相同的回报率。而在有效市场假定下,NPV 预期会等于 0。

对于第二个问题,首先,你要检查一遍你的计算是否正确、假设是否符合实际。其次,请考虑,为什么你可以得到这个投资的机会?你是有特殊的渠道还是有特殊的技能,比如说垄断或者有协同效应?最后,不要成为更大的傻瓜。有一个理论叫"傻瓜理论",意思是,你永远不用担心为一项投资或者一只股票付的钱过高,你总能在市场上找到比你更傻的投资者愿意以更高的价格从你手中把投资品买去。也许你认为这样是可以赚到钱的,可是根据我们前面讲到的房地产市场的特征,当房地产的价格逐渐脱离价值时,泡沫就会产生;也就是说,泡沫有终将破灭的那一天,如同 17 世纪荷兰的郁金香球茎泡沫一般,相信"傻瓜理论"的人最终会成为最傻的傻瓜。

此外,我们应该贴现未来的收入,而不是直接相加。因为投资者在等待回报的过程中承担了机会成本和风险,因此需要对机会成本以及风险进行补偿。在贴现率的选择上,可以选择让套利利润等于 0 的机会成本,或者一个无风险资产的利率加上有着类似风险水平的另外一宗投资的超额收益。而我们使用的现金流贴现模型是一个多期的估值模型,这个模型可以让距离现在时间越远的未来收益打的折扣更大,因为未来代表了更多的延迟和风险。

下面是两个同学的一段对话:

A:投资者想从他们的投资中得到什么呢?

B:当然是收益率啦!

A:是啊,越高越好。

B:等等,我们刚学到,更高的回报率意味着更低的价格。投资者不应该想要一个更低的价格吧?

这里的 A 同学说投资者想要得到更高的收益率;B 同学说,但是更高的回报率意味着更低的价格,投资者不想要一个更低的价格。那么谁是对的?B 同学的前半句是对的,资产当前的价格与预期回报率呈反比;后半句强调的就是价格和价值的区别。通常我们用估值模型得到的公司的价值或者是房地产项目的价值叫作内在价值,而市场价格往往与内在价值不相等。那么当投资者以一个低于内在价值的价格购买了一处房产或者股票时,投资者预期价格最终会上升到内在价值的水平,从而才会产生高于正常回报率的收益率。因此,如果允许的话,投资者当然想要一个更低于内在价值的价格以及更高的收益率。

最后请读者们再次思考一下,现金流贴现模型是否实用? 首先,理论上可行不代表实际中是有用的,因为未来的现金流和贴现率是难以预测的。尽管如此,这个模型还是提供了一个很好的思维模式。在现金流贴现模型不实际的情况下,股票还可以采用股利贴现模型进行定价。房地产市场可以采用市场比较法、收入法、剩余价值法。那么当可比的项目不存在或者我们得不到这个项目的信息时,还可以采用现金流贴现法来进行估值。在现实中,我们需要一种以上的估值模型估值来进行交叉验证,市场上各种"专业判断"背后的假设,通常都是一种如同在看不见的黑盒子里面的估计。

二、现金流贴现模型运用步骤

在现金流贴现模型中,有两个非常重要的步骤:一个是预测未来的净现金流;另一个就是决定和应用合适的资金机会成本作为贴现率。注意,这些都是基于税前的水平。

(一)预测现金流

首先,我们对物业产生的现金流进行预测。对房地产实物资产的现金流的预测期通常很长,一般为 10 年,这是因为房地产寿命很长且投资者一般持有的期限比较久,即使持有者想要在短期内卖出,再次卖出的价格也是基于房地产长期产生收入的能力。

一个完整的估值报表的预测包括两大类别:净经营收入以及终值。前者是物业在日常经营中产生的现金流,对于投资者而言是比较有规律性的。而终值通常只发生一次,因为房地产资产全部被卖出或者部分卖出时才会产生终值。经营现金流的第一项是房地产资产的最重要的潜在总收入,指的是当它完全租出时的租金收入。总的租金收入等于总的可出租的空间乘以每单位空间的租金。对于签了长期租赁合同且目前还在租赁期的物业,租金收入包括两个部分:现存合同生效期内的租金,就按照合同租赁的条件来计算租金;合同过期后,租金就是一个关于未来可能会签署的租赁合同条件决定的租金。那么,未来租金就需要你综合考虑房地产空间市场的供求关系以及目标物业的特殊环境来进行预测了。对于长期租金的增长率,可以简单地假设等于通货膨胀率;另外一种方法是寻找市场上非常相似的物业,计算其租金的平均的年增长率;

还可以找到类似新建的物业与旧物业相比,租金的差距除以建筑物年龄的差别也可以作为年租金增长率的参考。

净经营收入中一个负的现金流项目叫作空置(租金)津贴,代表这个物业未来会产生的空置情况给现金流带来的效果。有两种方法可以用来估计空置津贴:一种就是以租金收入的百分比来表示,也就是空置率乘以租金收入。假如 48 个月里,有 3 个月是没有租户的,那么空置率就是 3 除以 48,即 6.3%。另外一种方法就是非常精细地计算每一个租赁空间可能的空置期,这种方法对于有长期租赁合同的建筑会比较准确。在估计空置率的时候,要注意将计算出来的空置率与市场水平相比较,并注意空置率会被经济周期影响所以也具有周期性。而且,空置率会随着建筑年龄的升高而变高,租约到期的租户有很大的可能性选择更新的建筑。最后,减去租金津贴后的收入在会计上也被称为有效总收入。不同的物业还可能产生其他的收入,比如停车场广告牌的收入等,这些都要加到总收入里。

净经营收入的另外一个重要项目就是营运成本,包括日常的营运支出,还有与物业持续运营相关的特定费用项目。典型的主要类别包括财产管理和行政、设施、保险、定期维护和修理以及财产税。注意,这里不包含折旧,是因为折旧并没有发生实际的现金流出。

有一个项目叫作资本支出,通常这个项目是指为了维持或增加物业价值而对建筑物的质量进行长期改善的支出。比如,替换加热、通风和冷气系统,更换屋顶,增加一个停车场之类的投资。把营运成本以及资本支出从总的收入中减去后得到的收入就称为净经营收入。

除了上述净经营收入以外,预计全部或者部分出售物业的现金流必须在估值中包含进去,也就是终值。为了投资分析的目的,一个完整的估值预测的最后一年必须包括终值,也就是未来将物业卖出的价格减去一些相关的卖出费用,比如中介费和交易成本。终值的计算可以用永续年金或者永续增长年金公式来计算。大家在练习估值的时候会发现,终值的价值往往在最终估算出来的内在价值中占到三分之一以上的比例,而终值对于资本化率的选择非常敏感。注意,通常来说,卖出时的资本化率会比买入这个物业时的资本化率要稍微高一些,因为此时建筑年份变大,风险更高。但是也有特殊情况,比如说一个投资者在租赁市场最热的时候购买了一个物业,但是租金即将下降。那么租金相对于购买价格会异常高,因为此时的购买价格反映了后续较低的租金水平的净现值,因此在这种情况下,购买物业的资本化率可能会高于卖出时的资本化率。

(二)预测贴现率

以上介绍的内容是现金流的预测过程,现金流在现金流贴现模型里处于分子的位置,接下来我们要把注意力转移到估值模型的分母上,也就是我们对物业估值时使用的贴现率。我们首先要了解贴现率的由来,贴现率就是标的物投资的机会成本,是投资者如果投资风险类似的项目所期望得到的收益。在这里,我们介绍四种计算贴现率的方法。

第一种方法:$r=r_f+r_p$。这里,r_f 是无风险利率,r_p 是英文 risk premium 的缩写,代表资产标的的风险溢价。在股票市场里,无风险利率一般会选用 3 个月短期的国债利率。但是,房地产投资期限一般比较长,为 10 年左右,那么这里应该选择长期投资期限的平均国债利率,比如十年期的国债。在学习债券章节的时候,我们介绍了收益率曲线效应,即长期债券的收益率反映了一部分的风险溢价,因此在使用长期国债利率的时候要把相应的风险溢价减去。此外,因为房地产市场本身差异性比较大,不同类型的物业的风险溢价也会不同。

第二种方法是寻找近期成交的相似风险水平的物业交易,并直接计算这些投资的内部回报率作为本项目的贴现率,类似的交易越多,准确性就越高。

第三种方法:$r=y+g$。y 是资本化率,也就是年收入除以投资标的的价格,g 是预期的增长率。这个计算贴现率的公式更适用于直接或者当前关于房地产资产市场上价格和收入的经验证据。如果我们有当前市场交易的数据,便可以比较容易地通过收入除以价格的均值计算资本化率。而长期的增长率 g,也就是未来租金的增长率,可以使用历史平均租金增长率,再根据未来空间市场上的状况做出调整,比如新建一个地铁站会提高我们对未来租金的预期;或者使用中长期的通货膨胀率或者 GDP 增长率。

由于房地产市场存在异质性,那么当我们获得市场平均资本化率之后,我们需要根据投资标的房屋的特殊性来调整市场平均资本化率。举个例子,假如投资标的是一个年份比较久的房产,我们需要调整资本化率,首先根据公式 $r=y+g$,以及 $r=r_f+r_p$,那么资本化率 $y=r_f+r_p-g$。对于年份比较久的房产,未来的增长率比较低,因此要上调 y。如果在房产附近会新建一个地铁站,g 会比较高,因此资本化率需要下调。如果一个靠近地震区的房产,它的风险会比较高,因此风险溢价 r_p 的值会比较大,因此需要上调资本化率。剩下的两种情况请大家自己分析。

第四种方法叫作资本成本加权平均方法(WACC),是根据公司自己不同的资本结构的成本加权平均得到的,这个模型将在以后的内容中进行详细介绍。

(三)预测预测期

最后,我们需要对现金流贴现模型中的预测期也就是 T 值进行预测。通常,预测期是未知的,如果投资的是土地,则私有产权下是永久的。在有期限的土地出让制度下,可以考虑资产的寿命作为投资期。预测期应该覆盖现有的租期,而且应该覆盖到资产稳定并趋于市场租金水平的时期,因为在稳定前,资产有可能产生超额的租金或者经历显著的变化,比如说翻新或者转型。

我们学习了资产定价模型在房地产资产估值中的应用。除了分子上的房地产资产现金流如何预测以外,还包括分母上的贴现率的四种计算方法。在进行估值的时候,可以使用多个方法,使用不同的贴现率水平来对最后的估值进行敏感性分析,这样得到的估值才会更加现实客观。

第五节　为什么要坚持房住不炒的政策

伴随着中国经济的快速增长,我国的房地产市场呈现快速发展的态势,虽然经历了 2004 年、2005 年的调控,但是 2008 年为了应对金融危机而采取的宽松政策导致房地产市场上的非理性,投机行为增多并逐渐成为主导市场的力量,房地产价格脱离其基础价值,房地产泡沫开始形成,严重威胁了房地产市场的稳定。

我国政府为了保证国民经济的健康稳定发展,开始实施多项房地产调控政策。自 2010 年开始,我国政府进行新一轮严厉的房地产调控。同年 4 月,国务院下发《关于坚决遏制部分城市房价过快上涨的通知》,简称"新国十条"。北京市政府首先响应出台楼市限购令,规定同一家庭限新购一套房屋,并暂停对购买第三套及以上住宅以及不能提供本市一年以上纳税证明的非本市居民发放贷款。限购、限贷、限价的政策从投机者的购房途径、资金来源以及房地产企业出售房地产的价格的限制上全面抑制了房地产的非理性投资行为。

2016 年底的中央经济工作会议首次提出,"房子是用来住的,不是用来炒的"。房住不炒,用房地产的特征来解释就是发挥房地产双重属性中的消费作用,抑制房地产的投资属性引起的非理性投机行为,起到稳定房价、保障我国居民基本的住房需求的作用。2017 年底,在北京举行的中央经济工作会议再次提出,要加快建立多主体供应、多渠道保障、租购并举的住房制度;完善促进房地产市场平稳健康发展的长效机制,保持房地产市场调控政策连续性和稳定性。2018 年的中央经济工作会议提出,要构建房地产市场健康发展长效机制。2019 年的中央经济工作会议提出,要加大城市困难群众住房保障工作,加强城市更新和存量住房改造提升,大力发展租赁住房,要坚持房子是用来住的、不是用来炒的定位,促进房地产市场平稳健康发展。从 2016 年起,每年的中央经济工作会议均会强调房住不炒政策,由此可见,我国政府在调控房地产市场的政策上具有连续性,在保障房地产市场平稳健康发展以及保障居民基本住房需求上具有非常强大的决心。

在房住不炒政策指导下,我国加快完善以公租房、保障性租赁住房和共有产权住房为主体的住房保障体系,住房发展取得巨大成就,建成了世界上最大的住房保障体系。坚持房子是用来住的、不是用来炒的定位,使得房地产市场总体保持平稳运行,切实防范和化解市场风险。此外,在房住不炒长效机制下,有关部门进一步落实城市主体责任,督促城市政府不把房地产作为短期刺激经济的手段,多策并举。建立人、房、地、钱四位一体的联动新机制,因城施策,因地制宜,坚持从实际出发,不搞"一刀切"。"因城施策"的政策导向,符合房地产市场微观市场分割的自然属性,从增加社会福利的角度看,具有一定的现实意义。

重要概念

四象限模型　房地产价格周期性　市场摩擦　房价调控政策　资本化率

思考题

1. 中国房地产市场的快速发展对国民经济有哪些积极和消极的影响?
2. 如何理解房地产市场的周期性变化?哪些因素会影响这一周期?
3. 中国的住房制度改革是如何推动房地产市场发展的?
4. 市场摩擦如何影响房地产市场的效率?应如何降低这些摩擦?
5. 如何看待中国房地产市场中的价格波动和投机现象?
6. 从宏观经济角度,房地产市场泡沫可能带来的风险有哪些?
7. 在当前经济环境下,投资者应如何调整其房地产投资策略以应对政策变化和市场风险?

第十三章　汇率、外汇市场和人民币国际化进程

学习目标

1. 了解汇率的定义、分类及其决定因素,掌握汇率的基本知识和计算方法。
2. 熟悉固定汇率、浮动汇率等不同汇率制度的优缺点,及其对国家经济的影响。
3. 学习外汇市场及其交易机制,理解即期汇率和远期汇率的概念及其应用。
4. 掌握人民币国际化的进程及其在全球货币体系中的地位变化。
5. 理解"一带一路"倡议对人民币国际化的影响及其面临的挑战和风险。

本章导读

本章将系统介绍汇率、外汇市场和人民币国际化进程的相关内容。首先,讨论汇率的基本概念和决定因素,包括名义汇率和实际汇率的区别以及影响汇率波动的主要因素。其次,分析外汇市场的功能和主要参与者,介绍即期汇率和远期汇率的概念及其在实际应用中的意义。再次,探讨人民币国际化的背景和进程,重点分析人民币在全球货币体系中的地位及其影响因素。最后,结合"一带一路"倡议,讨论人民币国际化面临的机遇和挑战,为读者提供应对人民币国际化趋势的策略建议。

在本章中,我们将学习外汇、汇率以及外汇市场的基本知识。结合过去不同国家发生的货币危机以及我国的"一带一路"经济合作倡议,我们将进一步讨论我国的外汇市场、汇率制度以及人民币国际化等内容。首先,我们进入对汇率的基本知识的了解。

第一节　汇率的基本知识和决定因素

一、汇率的基本知识

外汇这个概念指的是外国货币、外币存款和外币有价证券等以外国货币表示的、能用来清算国际收支差额的资产。一种外币以及用其表示的资产能成为外汇,有三个前提:第一,可换性,外汇要可以自由兑换;第二,可支付性,外汇在国际经济往来中能被各国普遍接受和使用;第三,可获得性,当外汇在外国使用时能够保证得到偿付。在全世界 100 多种流通货币中,已有 50 多个国家的货币可自由兑换,人民币属于有限度的自由兑换货币。我国有 20 余种外币可以在外汇市场上挂牌买卖。

汇率就是两国货币的相对价格。例如,如果美元和人民币之间的汇率是 1∶7,那么在世界外汇市场上,你可以用 1 美元兑换到 7 元人民币。也就是,如果中国居民想要购买 1 美元的话,他必须支付 7 元人民币的价格。我们在新闻里以及电视上看到的汇率,通常是指"名义汇率"。汇率的表达方式有两种:一种是直接标价法,或者说外币的直接标价法,也就是固定外国货币的数量,以本国货币表示这一固定数量的外国货币的方式。例如,2024 年 8 月 4 日,中国银行外汇牌价美元兑人民币汇率的中间价为 100 美元兑 713.76 元人民币。另一种是间接标价法,或者也叫外币的间接标价法,是指固定本国货币的数量,以外国货币表示这一固定数量的本国货币,从而间接地表示外国货币的价格。还是以人民币兑美元的汇率为例,用间接标价法表示的美元的汇率就是,每 100 元人民币等于 14.01 美元。用数学公式表达,外币间接标价法的计算方法就是 1 除以直接标价法表示的汇率。因此,在直接标价法下,汇率的数值越大,意味着 1 单位的外国货币可以兑换越多的本国货币,也就是本币的币值越低。本国货币币值降低称为贬值,币值升高称为升值。假如每一美元兑换 7 元人民币上升到兑 7.2 元人民币,代表了美元的升值、人民币的贬值。

根据不同的适用情况,我们可以将汇率进行各种分类。按照汇率确定的方式分类,可以分为基本汇率和套算汇率。基本汇率就是本币与关键货币的汇率。如果两种货币之间没有直接的汇率报价,需要根据这两种货币各自与第三种货币的汇率进行套算,便可以得到两种货币间的套算汇率。以常见的人民币、美元和欧元为例,假设美元兑人民币的汇率为 7.01 元人民币/美元,1 美元可以兑换 0.90 欧元。那么可以通过美元兑欧元的汇率计算人民币兑欧元的套算汇率,计算出人民币兑欧元的汇率为 7.79 元人民币/欧元,也就是 1 欧元可以兑换 7.79 元人民币。

按照允许汇率波动的程度分类,汇率还可以分为固定汇率和浮动汇率。固定汇率是指本国货币当局用经济、行政或法律手段，限定本国货币与某种外国参照货币之间的比价在一定波幅之内的汇率制度。固定汇率制度下偶尔会发生汇率水平的大幅度上升或下跌，称为货币升值(revaluation)或贬值(devaluation)。浮动汇率是指货币比价由外汇市场上的供求关系决定，本国货币当局不加干预的汇率制度。在浮动汇率条件下，汇率向上的波动称为汇率上浮或者汇率上升(appreciation)；反之，则称为汇率下浮或者汇率下跌(depreciation)。

我们在银行官网上查询汇率报价的时候，还会看到报价中有买入汇率、卖出汇率，还有中间汇率，除了现钞汇率以外，还有现汇汇率，这些是按照银行买卖外汇的角度分类的汇率种类。买入汇率，又称买入价，是银行从客户那里买入外汇时所使用的汇率。卖出汇率，又称卖出价，是银行将外汇卖给客户时所使用的汇率。中间汇率，是买入汇率和卖出汇率的均值，也称汇率中间价，不属于实际的外汇买卖汇率，是为了方便计算汇率的趋势而产生的。现钞汇率是银行买卖外币现钞的价格，一般现钞买入价会低于现汇买入价，现钞卖出价会高于现汇卖出价，这是因为现钞既不能产生利息，而且储存现钞需要成本，因此会和现汇价格产生差异。

交割就是买卖双方达成协议后，一手交外汇、一手交本币的过程。按照外汇交割的时间分类，汇率又可以分为即期汇率和远期汇率。即期汇率，也称现汇汇率，是买卖即期外汇时所使用的汇率，须在买卖成交后两个营业日内，也就是 T+2 日办理交割。远期汇率，又称期汇汇率，是买卖远期外汇时所使用的汇率。远期外汇，是指外汇买卖成交后不需要立即交割，而是在未来双方约定的时间办理交割。即期汇率和远期汇率之间的差额叫远期差价，如果外汇的远期汇率高于即期汇率，这个差价称为升水；远期汇率低于即期汇率时，这个差价叫作贴水；如果恰好相等，则称为平价。因为远期升水和贴水都针对外汇而言，因此在直接标价法下，远期汇率就等于即期汇率加升水或者远期汇率等于即期汇率减贴水。而在间接标价法下，远期汇率就等于即期汇率减去升水或者加上贴水。外汇远期也有两种报价的方法，一种是直接报出远期的汇率；而较为普遍的是第二种，即远期差价报价法，外汇银行只在即期汇率之外标出远期差价，因此，远期汇率必须通过计算才能够进行交易。举个例子，已知英镑兑美元的即期汇率为一英镑可以兑换 1.576 8—1.579 1 美元，这里的 1.576 8 代表了英镑的银行买入价，1.579 1 代表了英镑的银行卖出价。一个月的远期差价为 20/24 基点，基点为汇率最小变动单位，就是报价的最后一位数，这里的基点为 0.000 1，也就是万分之一。针对远期汇率的计算，对于英镑来说，现在我们使用的是英镑的直接标价法，因此英镑远期汇率的买入价为 1.576 8 加上 0.002，为 1.578 8，英镑远期汇率的卖出价为 1.579 1 加上 0.002 4 为 1.581 5。因此英镑兑美元的远期汇率为 1.578 8—1.581 5。这里有一个简便的计算原则，就是"左小右大往上加，左大右小往下减"。也就是说，当你看到即期汇率报价的数字左边小于右边的时候，也就是我们刚才看到的外汇在直接标价法下，买入价低于卖出价时，直接将远期差价加到即期汇率的左右两边；反之，就将即期汇率减去差价来计算远期汇率。之所以这样计算，是因为远期汇率的买卖价差应该大于即期汇率的买卖价差，银行会对未来汇率变动的不确定性要求补偿。

按照经济含义分类，汇率还可以分为名义汇率和实际汇率。名义汇率就是我们在日常生活中看到并且可以使用的两个国家货币之间的汇率，即我们在换钱或者查询汇率的时候看到的外汇牌价，代表了两个国家通货的相对价格。实际汇率是两国产品的相对价格；也就是说，我们可以以什么样的比率用一国的产品来交换另一国的产品。举例来说，假设一个品质相同的苹果在中国销售14元人民币，在美国销售1美元。现在我们无法比较苹果在这两个市场的价格，必须转化成同一种货币衡量才可以。假如此时1美元值7元人民币，那么美国苹果的价值就为7元人民币（1×7）。由此，我们可以得出结论，美国苹果的价格为中国苹果的一半；也就是说，我们可以用两个美国苹果换一个中国苹果。这也就是实际汇率的含义，在直接标价法下，用数学公式来表示即为：

$$实际汇率 = 名义汇率 \times 外国产品的价格 / 本国产品的价格$$

因此，人民币兑美元的实际汇率＝7元人民币/美元×1/14＝0.5元人民币/美元。这是单一产品的实际汇率的计算方法，由此我们可以得出更广泛的由多个单一产品组成的一篮子产品的实际汇率的计算方法。此时，单个商品在不同国家的价格可以替换为一国的价格水平。在直接标价法下，实际汇率的计算公式为：

$$实际汇率 = 名义汇率 \times 外国的价格水平 / 本国的价格水平$$

因此，如果实际汇率高，就代表外国商品相对昂贵，本国商品相对便宜；实际汇率低，就代表外国商品相对于本国商品更加便宜。

我们可以看到，我们讨论的汇率都是本国货币和某一外国货币之间的比价。如果我们想要知道某种货币，比如人民币的总体波动幅度以及在国际经济贸易和金融领域中的总体地位时，我们可以使用一个有用的汇率分类，就是有效汇率。简单来讲，有效汇率是某种加权平均的汇率；权重，我们可以使用一国对某国的贸易在其全部对外贸易中的比重。举个例子来说，假设中国只有3个贸易伙伴——日本、美国和欧元区。表13-1中分别列出了中国与这三个地区间的贸易占贸易总额的比重，以及人民币和该地区货币的汇率。根据有效汇率的计算公式，2024年人民币的有效汇率＝25％×7.79＋45％×7.13＋30％×0.049＝5.170 7。当然，有效汇率的变化更有意义，在实践中，你可以计算每一年的有效汇率来进行趋势以及比较分析。

表 13—1　　　　　　　　　　　　贸易比重与货币汇率

国家或地区	在中国贸易总额中的比例(%)	RMB/FX(2024)
欧元区	25	7.79
美国	45	7.13
日本	30	0.049

二、影响汇率的因素

在上面的内容中，我们学习了汇率的基本知识，接下来会概括地介绍影响汇率的因素。汇率反映了一国的宏观经济，同时也是一国对外关系的表现。因此，影响汇率的原因非常复杂，经济、政治因素都会导致汇率发生变化，但是主要的因素有以下几个：

（一）利率

货币就是一种金融资产，将货币存在银行或者购买国债的话可以获得利息收入。因此，两国之间相对利率的高低会影响国际资本的流动。如果一个国家的利率水平较高，也就是说，该国的固定收益类产品，如存款、债券等的收益率相对较高，因此会吸引更多的国外资金的流入来投资这些可以产生利息的金融产品。此时，外汇市场上外汇的供给大于需求，会造成外汇的汇率下降，本币汇率上升。如果本国的相对利率水平较低，那么投资者将会需要大量的外汇来投资外国的生息债券或者存款，此时国际资金流向外国，会造成外汇市场上对外汇的需求大于供给，因此外汇汇率上升，本币汇率下降。因为国际资本的短期流动资本对利率的变化非常敏感，利率的变动会引起国际资本迅速发生反应，所以利率因素是一个短期影响汇率的因素。由于一国利率的变动属于本国的货币政策之一，即由该国的中央银行控制，例如，美国是通过美联储，中国通过央行来影响国家的利率水平，因此利率是一个国家短期稳定本国汇率的重要政策手段。但是，利率对长期汇率水平的影响有限。

（二）国际收支

在 17 世纪初期，国际收支被简单地解释为一个国家的对外贸易差额。因此，狭义的国际收支就是指这种对外贸易差额。随着国与国之间政治、经济和文化等方面的往来更加频繁，贸易方式更加灵活，国际投资导致的跨境资本流动增多，对外贸易差额并不能全面地描绘国际收支，因此诞生了广义国际收支的概念。广义的国际收支是指在一定时期内，一个经济实体的居民同非居民之间所发生的全部经济往来的系统记录。我们在新闻中经常听到的"贸易顺差"这个词，就来源于国际收支的贸易项下出口大于进口的状态。由于出口需要外国支付外汇，贸易顺差就代表了外汇的净流入。此外，资本项目是国际收支中另外一个重要的组成部分,资本项目顺差代表了外汇资本的流入大于流出。因此,出口和资本流入会形成一国的外汇收入,进口和资本流出则构成了外汇支出。当一国的国际收入大于支出即国际收支顺差时,可以说外汇的供应大于需求,因此外国货币相对本国货币贬值,本国货币相对于外国货币升值。同理,当一国的国际收入小于支出即国际收支逆差时,外汇的供应小于需求,本国货币贬值,外国货币升值。但要注意的是,短期的、临时性的、小规模的国际收支差额可以很容易地被影响汇率的短期因素如国际资金的流动、利率、央行的外汇市场干预等所影响,因此,只有长期的数额较大的国际收支才会对汇率产生作用。

(三)价格水平

实际汇率是通过两国的相对价格水平和名义汇率来计算的。实际汇率等于名义汇率乘以外国的价格水平除以本国的价格水平。因此,名义汇率就等于两国货币的实际汇率乘以本国的价格水平除以外国货币的价格水平。理论上讲,实际汇率水平不会发生太大变化。因此,如果本国价格水平相对于外国的价格水平上升,也就是通货膨胀率变高,此时本国的名义汇率在直接标价法下价值会上升,代表外汇升值、本币贬值。如果本国的价格水平下降,相对于外国的通货膨胀率更低,那么直接标价法下的名义汇率水平会下降,也就是本币升值、外币贬值。例如,在2000—2013年间,中国和美国都经历了通货膨胀,因此一单位的人民币和美元的购买力都下降了,但是由于人民币的价格水平的增长率也就是通货膨胀率一直低于美国,也就是说,美元的价值下降比人民币要更多,因此,随着时间的推移,用1美元能买到的人民币的数量减少了。直观上,如果一国的价格水平上升,本国商品在国际市场上的竞争力就变弱,不利于出口,因此会导致贸易出现逆差,出口小于进口。此时对外汇的需求会大于供给,外汇会升值,本币就会相对贬值。价格水平的变化需要通过国际收支来影响汇率,因此价格水平属于影响汇率变化的长期因素。

(四)央行的直接干预

由于短期汇率的剧烈波动会给国内经济尤其是国际贸易带来巨大的影响,对于需要以进口原材料来生产的生产部门,汇率的剧烈变动也是一种损害。因此,各国的央行或多或少都会通过公开市场交易来干预外汇市场,起到稳定汇率的作用。例如,在本币汇率过低的时候,央行就会利用外汇储备来购买本币,增加对本币的需求,使本币汇率上升。或者当本币汇率过高时,可以卖出本币,购买外汇,使得外汇汇率上升,本币汇率下降,维持在对本国经济有利的汇率水平。例如,在1997年亚洲金融危机时,泰铢遭到了国际游资的攻击,以索罗斯为代表的巨额国际资本在外汇市场上大量卖空泰铢,泰国央行只好出手购买泰铢以及提高利率来稳定泰铢的汇率。最终,泰国的外汇储备耗尽,实行固定汇率制度的泰国最后只能宣布泰铢贬值。

(五) 经济增长状况

如果一国的经济增长是由于劳动生产率的提高，代表了该国经济实力和国际竞争力的改善，因而有利于提高本国货币的基础价值，促使本币升值。但是，如果一国的经济增长是由于扩张性的政策导致的，比如扩大货币供给以及增加政府支出，反而会导致一国的价格水平上升，从而导致本币的币值下跌。不过，劳动生产率对货币汇率的影响是缓慢而长期的，不会对汇率有迅速的影响。

(六) 政局变动

如果一国的政局不稳，出现变动，通常会引发经济波动，造成该国货币的贬值。与历史上的金本位不同，当今世界的货币没有实际的价值，属于法定货币。货币之所以有价值，是因为政府的信用以及同样持有该货币的人也相信手中的货币有价值。因此，当一国的主权信用出现变化的时候，就会造成汇率的变动。以 2010 年发生的欧债危机为例，由于希腊的国家主权债券可能出现违约风险，外加 2008 年世界金融危机导致一些欧洲国家的房地产市场以及银行出现大额亏损，除希腊以外的其他欧盟国家也相继出现主权债券违约的风险，因此，市场对欧盟的信心下降，欧元的汇率随之大幅度下跌。

(七) 人们的预期

对经济状况的预期可以通过影响事前的经济因素来发生实际的作用，从而影响汇率。举个例子，如果预期未来外汇会升值，那么在外国的固定收益类投资的收益率就会预期增长，从而使得国际资本发生变动，会造成当前外汇的汇率发生同方向的变动。此外，人们对政治的预期也会对汇率产生巨大的影响。例如，2018 年 8 月 10 日，美国总统特朗普在推特上突然宣布：由于土耳其里拉贬值，美国政府决定对土耳其钢铝产品加征关税翻倍，铝关税调整为 20%，钢铁关税调整为 50%。一句"我们与土耳其当前的关系不好"，直接引发土耳其里拉兑美元接近跌破 6.30，创历史新低，日内跌幅一度超过 20%。

要特别注意的是，以上影响汇率变动的七个因素是基于假设其他条件都不变的情况下来单独分析某个因素变动会对汇率造成的影响。但是在现实世界里，以上这些因素绝对不会孤立存在，对汇率的影响也不是绝对的。所有这些因素会交叉起来对汇率发生影响，此外还有各种复杂的社会和政治因素都会影响汇率，从而使得在现实中分析汇率变动的任务变得非常困难和复杂。因此，当你预测汇率的时候，注意要综合考虑各种因素，不仅考虑本国的，还应该考虑外国的。如果你想知道外汇市场上的其他人对未来汇率有什么预期以及如何减少未来汇率变动可能给你带来的损失，那么你将在接下来外汇市场的内容中学到有关的知识。

第二节 外汇市场及其交易机制

一、外汇市场简介

外汇市场与股票市场和债券市场一样，是最重要的金融市场。国际货币市场的借贷业务、国际资本市场的投资活动以及国际黄金市场和商品市场的交易都需要使用外币，因此这些活动都离不开外汇买卖。在定义上，外汇市场是外汇进行交易的场所，参与者包括外汇银行、外汇需求者、供应者和中介商，组成要素包括交易网络、交易设施、组织结构和制度规则。狭义上，外汇市场也就是专门从事外汇交易的市场，是交易量最大的金融市场。据国际清算银行报告显示，根据2022年三年一度的央行对外汇和场外衍生品市场的调研，2022年4月，外汇市场的日均交易量达到7.5万亿美元，与3年前同期相比增长14%。外汇衍生品交易持续增长，已经超过现货交易。

（一）外汇市场的分类

按照组织形态来分的话，外汇市场可以分为有形的外汇市场和无形的外汇市场。有形的外汇市场是指有具体交易场所的外汇市场。如果此时你是坐在教室里阅读本书，就可以称为有形的教室，此时在网络上阅读这本书的时候，就可以叫作无形的教室。外汇市场的最初形式是在证券交易所大厅的一角，叫作外汇交易所。因为外汇市场最早出现在欧洲大陆，所以又称为"大陆式市场"。目前瑞士苏黎世、法国巴黎的外汇交易所都是"大陆式市场"。无形的外汇市场就是由电话、传真、计算机等通信工具联通买卖双方的外汇市场。无形的外汇市场最早产生于英国和美国，因此又称为"英美式市场"。伦敦、纽约、香港、新加坡、东京等的外汇市场都是"英美式市场"。

按照交易主体划分，外汇市场又可以分为外汇零售市场和外汇批发市场。外汇零售市场就是银行同客户之间交易的市场，交易金额较小，利润来自买入和卖出价格之间的差价。外汇批发市场是在银行同业之间交易的市场。银行同业市场，也叫作银行间市场，是由外汇银行间相互买卖外汇而形成的市场，后来非银行金融机构的加入扩大了交易主体的范围。例如，2019年9月，华为获国家外汇管理局同意，获准进入银行间人民币外汇市场，成为银行间外汇市场第二家非银类型即期会员。外汇的批发市场存在三个层次的交易，商业银行之间的交易是为了轧平银行在零售市场上交易产生的外汇头寸。例如，商业银行在某天多买或者多卖了外汇，如果不能及时轧平头寸，商业银行就需要承担汇率风险。央行同商业银行之间的交易目的是央行通过商业银行对外汇市场进行干预。各国央行之间也会存在外汇交易，来联合干预外汇市场。外汇批发市场的交易量占整个外汇市场90%以上。因为外汇批发市场交易金额大、起点高,所以外汇批发市场决定了汇率的变动。

与即期汇率和远期汇率相匹配,按照交割的时间划分,外汇市场也可以进一步划分为即期外汇市场和远期外汇市场。即期外汇市场的交割时间是买卖双方在买卖成交后2个交易日内办理交割。远期外汇市场是买卖双方签订交易合同后,约定在将来某一时间,按照合同规定的汇率、金额进行交割的市场。

按照管制的程度来划分,外汇市场还可以分为自由市场、平行市场和外汇黑市。自由市场的外汇交易不受政府限制;平行市场,即官方外汇市场或者政府认可的非官方外汇市场;外汇黑市,即政府不认可的非法交易的外汇市场。

按照市场地位来区分,外汇市场还可以分为全球性的外汇市场和区域性的外汇市场。全球性的外汇市场包括伦敦、纽约、新加坡、东京以及中国香港。区域性的外汇市场,主要由所在地周边的居民参与,比如米兰以及阿姆斯特丹的外汇交易市场。

(二)外汇市场的主要参与者

1. 商业银行

商业银行是外汇市场的主体。在外汇市场上,交易活跃的商业银行被称为外汇银行,它们同时从事外汇批发和零售的业务。零售业务中,商业银行通过为客户服务来赚取买卖差价。批发业务中,商业银行通过与其他银行的交易来轧平零售市场交易所带来的敞口外汇头寸。商业银行的外汇客户不仅有个人,还有企业、国际投资者、跨国公司,他们会通过委托商业银行间接进行外汇买卖。商业银行参与外汇市场交易主要有四个目的:轧平头寸;投机套利套汇;参与衍生外汇市场的交易、设计与提供外汇衍生产品;作为做市商。

第一个目的,轧平头寸。头寸是指银行所持有的专门用于外汇买卖业务的外汇库存。有时候银行会超买,也就是某种外汇买入数量超过其卖出数量,以至于外汇库存过多,形成多头头寸;有时候银行会超卖,银行卖出某外汇的数量超过买入该外汇的数量,形成空头头寸。当银行存在多头或空头头寸的时候,就存在敞口头寸,银行就会受到外汇风险的影响。例如,假设银行有外汇库存100美元,今天汇率为7元人民币/美元,1个月后的即期汇率为6元人民币/美元,那么如果银行1个月后出售该100美元,将损失100元人民币。因此,银行需要在汇率变动前通过同业交易来轧平头寸。

第二个目的,投机套利套汇。如果银行预计外汇升值,那么可以今天买入该外汇,从而赚取利润,当然这个目的不会明说。举个例子,假设今天英镑兑欧元的汇率为1.17欧元/英镑,明天英镑兑欧元的汇率为1欧元/英镑,我们将如何赚取利润?首先,我们判断英镑可以兑换的欧元变少了,代表英镑相对于欧元贬值,欧元相对升值。因此,我们可以用1英镑买入1.17欧元,第二天用1.17欧元可以兑换1.17英镑,我们得到的净利润即为0.17英镑。

第三个目的是关于外汇衍生品的内容,将在后面介绍。

商业银行参与外汇市场交易的第四个目的是充当做市商的角色。做市商的职责就是向外汇市场提供流动性。做市商会使用自有资金与客户交易,并按照报价接受客户买卖要求,通过买卖价差赚取利润,出现的敞口头寸就需要与其他银行交易以轧平头寸。我国在2005年正式引入做市商制度,对做市商的定义是,经外汇局核准,在我国银行间外汇市场进行人民币与外币交易时,承担向市场会员提供买卖价格义务的银行间外汇市场会员。那么中国的做市商的义务就是,在规定时间内,连续提供人民币对主要交易货币的买卖双向价格。

2. 外汇经纪商

外汇经纪商就是指协助外汇交易双方进行交易的中介机构。其与做市商最大的区别就是,经纪商本身不参与交易,而是通过向客户服务而收取佣金。通过引入外汇经纪商,可以提高外汇交易的效率。经纪商的优势在于,他们从多家银行收集大多数外汇买卖的报价,能够迅速地以最低成本获得最有利的报价,还可以帮助客户匿名,从而不泄露身份。一般来说,每个金融中心仅有为数不多的授权经纪商。

3. 其他参与者

外汇市场上的参与者还有进行商业或投资活动的企业和个人,如进出口商、跨国证券投资者、跨国公司和个人。他们的目的都是为了规避国际交易中的汇率风险。此外,外汇市场中还有投机者和套汇者,他们的目的就是为了进行套汇套利,一般由规模较大的国际银行的外汇交易员代表进行套汇套利活动。最后,中央银行也会参与外汇市场交易。通常央行不直接参与外汇市场活动,指令会通过经纪商实现。参与的目的不是为了规避风险,主要是为了稳定汇率以及对外汇储备进行保值和增值。

外汇交易市场已经成为世界上交易规模最大的市场。而且是一个一体化运作全天交易的市场。以新加坡市场为例,上午可以同香港、东京、悉尼的外汇市场交易,中午可以同中东的巴林市场交易,下午与伦敦、苏黎世、法兰克福欧洲市场交易,晚上同纽约市场交易。因此,欧洲时间下午1—3点是世界外汇市场交易量最大、最活跃、最繁忙的时间,因为此时几大外汇市场——伦敦、法兰克福、纽约和芝加哥——都在营业,因此是外汇顺利成交和巨额成交的最佳时间。

二、外汇市场交易类型

外汇市场交易类型众多,这里,我们将重点讨论几种交易类型,它们分别是即期外汇市场上的套汇交易和远期外汇交易。

(一)即期外汇市场上的套汇交易

套汇交易是指利用两个或两个以上不同市场的汇率差价,在低价市场买入某种货币,同时在高价市场卖出该种货币,以赚取利润的活动。简单来讲,就是如果同一种商品在不同市场的价格不一样,投资者就可以低买高卖赚取利润。最简单的套汇类型叫作直接套汇,也叫双边套汇,就是在两种外汇市场间的套汇行为。举个例子,假如现在纽约外汇交易市场上的美元兑日元的汇率为 78.56—78.60 日元/美元,伦敦外汇交易市场上的美元兑日元的汇率为 78.62—78.65 日元/美元。如果你是一个银行的外汇交易员,此时持有 1 亿美元,应当如何赚取差价?

首先,我们确定两个市场中的银行买卖外汇价格的高低。在直接标价法下,数值大的汇率代表了日元币值比较低,可以看到日元在纽约市场的价格比较高,在伦敦市场的价格比较低。因此,遵循低买高卖的原则,首先你可以在伦敦市场卖美元,也就是用美元兑换日元,得到 78.62 亿日元。随后在纽约市场卖美元,也就是用手中的日元兑换成美元,最后得到 1.000 2 亿美元[78.62 亿日元/(78.60 日元/美元)]。通过双边套汇,你总共赚取利润 2 万美元。

另外一种相对复杂的套汇方式叫作间接套汇,也叫三角套汇或者多角套汇,就是在三个或更多外汇市场间的套汇。首先,选择其中两个汇率,换算成第三种汇率;其次,与第三种汇率进行类似于直接套汇的比较;最后,确定交易方式。举个例子,现在有三个市场的汇率报价:伦敦市场上英镑兑欧元的汇率报价为 1.481 2—1.481 6 欧元/英镑,纽约市场上英镑兑美元的汇率报价为 1.970 2—1.970 8 美元/英镑,法兰克福市场上欧元兑美元的汇率报价为 1.340 1—1.340 5 美元/欧元。如果你是一个银行的外汇交易员,此时持有 1 亿美元,将如何赚取差价?

首先,我们选择一个交易汇率,这里选择美元/欧元作为示范,当然也可以选择欧元/英镑或者美元/英镑。其次,根据伦敦市场和纽约市场上的报价计算美元/欧元的汇率。此时,你用欧元兑换美元,也就是银行买欧元卖美元的价格为:1.970 2 美元/英镑/(1.481 6 欧元/英镑)=1.329 8 美元/欧元。拿美元兑换欧元的价格,也就是银行卖欧元买美元的价格为:1.970 8 美元/英镑/(1.481 2 欧元/英镑)=1.330 5 美元/欧元。因此,与法兰克福市场的 1.340 1—1.340 5 美元/欧元汇率相比,套算汇率 1.329 8—1.330 5 美元/欧元中的欧元价格比较低,法兰克福市场的欧元价格比较高。因此遵循低买高卖的原则,可以在伦敦和纽约市场买入欧元、卖出美元,再在法兰克福市场卖出欧元、买入美元。具体操作过程可以是,在纽约市场将 1 亿美元兑换成 0.507 亿英镑[1 亿美元/(1.970 8 美元/英镑)],再将英镑在伦敦市场上兑换成 0.751 6 亿欧元[0.507 亿英镑×(1.481 2 欧元/英镑)],接着将欧元在法兰克福市场上兑换成 1.007 2 亿美元[0.751 6 亿欧元×(1.340 1 美元/欧元)],最后收益为 72 万美元。

以上介绍了套汇交易的原理,那么进行这样的套汇交易需要什么条件? 首先,参与者必须及时得到报价信息,否则机会稍纵即逝。其次,只有在没有外汇管制的市场才能进行这样的套汇交易。最后,套汇交易时不需要现金,因为即期交易在未来2天才需要结算,套汇交易时只需要银行的信用等级即可。

(二)远期外汇交易

远期外汇交易是指交易双方按照约定的汇率,在未来某一确定的日期,交割一定数量的某种货币的外汇交易。远期交易合约属于"量体裁衣"式的合约,合约上的合同金额、到期时间、约定汇率由双方协商确定。因此,远期外汇交易是非标准化、流动性差的场外交易,而且无须缴纳保证金,因此会有信用风险。

利用远期外汇合约,企业家或者国际投资者可以使用外汇掉期来规避交易风险。外汇掉期的概念就是在进行一笔外汇交易的同时,进行另一笔币种相同、金额相同、方向相反、交割期限不同的交易。外汇掉期可以同时使用即期对远期,即买入与卖出现汇的同时,卖出或买进期汇;也可以同时使用远期对远期,即买入与卖出期汇的同时,卖出或买进另一笔交割时间不同的期汇。举个例子,假如美国A公司准备在欧洲证券市场投资2 000万欧元,预计3个月后收回。已知即期汇率为1欧元＝1.422 5—1.422 9美元,3个月的远期差价为20/24。作为一名财务人员,应当如何规避风险?首先我们计算一下远期汇率。根据第一节内容,计算远期汇率的原则为:左小右大往上加。远期汇率为:1欧元＝1.424 5—1.425 3美元。因此,财务人员可以首先按照即期汇率,使用1.422 9欧元/美元的汇率购买需要的2 000万欧元。由于3个月后,公司需要卖出欧元,因此风险来自欧元贬值,此时卖出一份远期欧元,3个月后不论汇率如何变化,公司都能锁定未来的收入。因此3个月到期后,公司可以确定收入＝2 000万欧元×远期汇率1.424 5美元/欧元＝2 849万美元。这就是一笔即期对远期的外汇掉期交易。

另外,利用远期外汇交易,企业以及国际投资者还可以进行套期保值。套期保值是指当事人为避免已有外币资产或负债因到期时汇率变动而承担风险,因而通过期汇合约卖出或买入未来日期办理交割的外汇,使外汇头寸实现平衡。要注意,套期保值的目的不在于获取收益,而在于规避风险。举个例子,假设日本A公司向美国出口产品,合同规定3个月后收到2 000万美元货款。此时日本公司应该如何使用期汇合约套期保值?首先我们分析一下外汇风险的来源,未来确定收到2 000万美元,因此风险来自美元的贬值,即收到美元之后兑换的日元将变少。因此,为防止美元价格下跌,该公司今天可与银行签订合约,卖出2 000万3月远期美元。假设合约价格为USD/JPY＝85,那么3个月后2 000万美元收入等于170 000万日元。假设3个月后的即期汇率为USD/JPY＝75,即美元贬值,那么该公司通过套期保值规避了风险。

套期保值与外汇掉期交易是有区别的。首先,套期保值可能只有一个外汇交易,即使有两笔交易,也未必同时发生;而外汇掉期交易同时包含两笔外汇交易。套期保值交易操作原则有：(1)币种相同或相近：所选择币种与已经持有的币种一致。(2)期限相同或相近：所持有的合约的交割时间与已有头寸的到期时间一致。(3)方向相反：已有的外币头寸和新持有的头寸在方向上必须相反，原则上一个亏损、一个盈利。(4)数量相当：两个头寸之间在数量上要尽可能相等。

如果企业将会收到一笔无法在外汇市场上自由兑换的货款，银行也没有该货币的远期合约，企业又该如何避险？在这种情况下，企业就可以利用无本金交割远期(non-deliverable forwards，NDF)来规避风险。无本金交割远期是指合约到期后，双方不进行本金交割(无合同基础货币交割)，而是根据合同确定的远期汇率与合约到期日的即期汇率的差额，以可自由兑换货币(通常是美元)进行差额支付。举个例子，假设某客户买入 3 个月 NDF 的 10 亿韩元，合约汇率为 1 200 韩元/美元，合约到期日即期汇率为 1 250 韩元/美元。因为韩元贬值了，所以客户在 NDF 市场上受到了损失，损失＝10 亿韩元/(1 200 韩元/美元)－10 亿韩元/(1 250 韩元/美元)＝3.33 万美元。利用 NDF 进行外汇交易相当于根据远期合约买进韩元(在即期市场上卖出韩元)。总结一下无本金交割远期 NDF 的特征：(1)NDF 不涉及基础货币的实际交易，故对基础货币的汇率影响小，但 NDF 反映了市场对即期汇率变动的预期；(2)NDF 适用于存在汇率管制的国家，发达国家的远期外汇市场发达；(3)NDF 一般在货币发行国之外的离岸市场进行。

以上是外汇市场上即期和远期的外汇交易的内容，利用远期外汇交易，进出口商以及国际投资者可以进行套期保值，银行可以平衡头寸，而外汇投机者可以进行外汇投机。

第三节　外汇衍生品市场交易

一、外汇期货交易

在第二次世界大战之后，各国确认建立了布雷顿森林体系，各国货币与美元挂钩，美元与黄金挂钩的固定汇率制度。1960 年底，第一次"美元危机"爆发。1971 年 8 月 15 日，美国被迫宣布实行"新经济政策"，停止其对外国政府和中央银行履行以美元兑换黄金的义务。1971 年 12 月，美国与西方各国达成《史密森协定》，企图恢复以美元为中心的固定汇率制度，然而，许多西方国家已然开始实行浮动汇率制度，至此，布雷顿森林体系终于崩溃。1973 年以后，浮动汇率制度逐渐取代了固定汇率制度。在汇率不确定性加强以及石油危机的历史背景下，外汇期货市场迅速发展起来，旨在为投资者回避外汇市场上的商业性、金融性汇率风险。

1972年5月,芝加哥商品交易所推出世界上第一张外汇期货合约;1976年,外汇期货市场迅猛发展,交易量激增;1978年,纽约商品交易所增加了外汇期货业务;1979年,纽约证券交易所设立了专门进行期货交易的交易所;1981年12月,芝加哥商品交易所首次开设欧洲美元期货交易。随后,澳大利亚、加拿大、荷兰、新加坡等国家和地区也开设了外汇期货交易市场,外汇期货市场从此蓬勃发展。

期货是指买卖双方在期货交易所指定的日期办理交割的某种标准化商品或金融产品的合约。外汇期货合约是标准化合约,规定了外汇期货的报价、交易币种、交易单位、最小变动价位、合约月份、交易时间、最后交易日、交割日期、交割地点、保证金等。与定制的远期合约不同,外汇期货是一种标准化的衍生品,因此流动性比较高。由于外汇期货是标准化的,所以利用外汇期货进行套期保值,很可能无法做到完全规避风险。

除了标准化以外,外汇期货的第二个特征就是保证金制度,保证金制度是指买卖期货合约必须缴纳保证金,保证金为合同价值的1%~10%。美国的保证金制度同时有初始保证金(即签订期货合约时缴纳的保证金)和维持保证金(指保证金的最低水平)。而英国没有维持保证金。既然有保证金,那么期货交易所就需要保证期货交易会员每天能够达到保证金的要求,因此外汇期货的第三个特征就是每日清算制度,也叫逐日盯市制度。逐日盯市制度指的是期货交易所在每个交易日结束后,以期货合约收盘前30秒或60秒的平均价作为结算价,计算交易所会员账户的盈亏情况,并根据盈亏调整该会员保证金的过程。

下面我们举个例子来说明期货合约的保证金制度和每日清算制度。假设你是一个投资者,2019年7月11日,你在芝加哥商品交易所买入9月份到期的英镑期货合约,合约面值为62 500英镑,合约规定远期汇率为1.970 2美元/英镑,初始保证金为1 620美元,维持保证金为1 200美元。你只需要缴纳1 620美元的保证金,就可以交易62 500英镑的资产,因此保证金有巨大的杠杆作用。首先,买入一份英镑期货代表了你预期英镑会涨,英镑升值,这张合约可以产生盈利,英镑下跌,这笔期货交易会给你带来亏损。假设你购买这张期货合约后的第二天,英镑汇率由1.970 2美元/英镑上升到1.976 6美元/英镑,那么你的保证金账户就增加了400美元。高于初始保证金的部分可以自由提取。第三天,英镑汇率由1.976 6美元/英镑下跌到1.968 8美元/英镑,此时亏损487.5美元,保证金账户现在变为1 532.5美元,虽然低于初始保证金,但是此时仍然高于维持保证金,因此可以不做任何操作。第四天,英镑汇率继续下跌,下跌至1.961 2美元/英镑,这时你一共亏损475美元,保证金账户只剩下1 057.5美元,低于维持保证金,此时必须补足到初始保证金之后才能继续交易。直到最后平仓之后,你就可以提出全部的保证金了。

外汇期货价格一般以现货价格为基础，不能无限偏离现货价格。此外，有相关研究表明，远期汇率对外汇期货价格具有显著影响，二者有较强的正向联动关系。期货价格和现货价格之间的差别叫作基差，一般来说，越接近期货合约交割日，基差就越小。因此，利用外汇期货和现货价格的这种关系，我们可以利用外汇期货进行套期保值交易、外汇期货投机和套利交易。

但是，由于存在基差以及期货合约的标准化特征，利用外汇期货进行套期保值交易时，交易者需要承受不能完全套期保值以及基差的风险。举个例子，假设有个美国进口商6月7日从德国出口商处购买一批货物，价格为125 000欧元，现汇汇率为1.199 4美元/欧元，双方约定1个月之后支付货款。如果在支付货款的时候欧元升值，该进口商就会遭受损失。那么该进口商可以在期货市场上购买欧元期货，这样期货市场上因为欧元升值带来的收益就可以用来抵消现货市场因为欧元升值带来的损失。假设进口商当日在期货市场购入1张9月到期的欧元期货合约，面值为125 000欧元，价格为1.202 2美元/欧元。一个月后，现汇汇率变为1.212 6美元/欧元，期货合约卖出价格为1.214 2美元/欧元。在此过程中，该美国进口商的最终盈亏是多少呢？如果该进口商不购买欧元期货合约，那么在7月7日，该美国进口商在现货市场上亏损1 650美元（125 000×1.212 6－125 000×1.199 4）。而在购买欧元期货合约后，在期货市场上，该进口商盈利1 500美元（125 000×1.214 2－125 000×1.202 2），从而净亏损减少到150美元（1 650－1 500）。这个例子表明，利用期货市场进行套期保值，进口商减少了损失。相反，如果欧元贬值，那么期货市场上的亏损可由现货市场的盈利来弥补。

外汇期货投机交易的目的就是为了获利，是指通过买卖外汇期货合约，从外汇期货价格的变动中获取利益，是一种单向操作。如果预期未来期货价格高于今天的期货价格，则买入；反之，则卖出。使用外汇期货来投机的好处就是，可以利用杠杆提高投机者的收益。套利指的是同时买进和卖出两张不同类型的期货合约，是一种双向操作。外汇套利交易又可以分成跨期套利、跨市场套利、跨币种套利。跨期套利是指交易者在买进某交割月份的期货合约的同时，卖出币种相同而交割月份不同的期货合约；跨市场套利是指交易者在某一交易所买入一种外汇期货合约的同时，在另外一个交易所卖出同种外汇期货合约；跨币种套利是指交易者在买进某一币种的期货合约的同时，卖出交割月份相同而交割币种不同的期货合约。

通过以上内容，我们学习了外汇期货交易的特征以及应用。与外汇远期相比，外汇期货交易有如下几个特点：第一，期货合约是一个标准化的合约，而远期合约的条款都是交易双方协商决定的；第二，外汇期货有固定的交易场所，即外汇交易所，而远期合约是客户与银行一对一的场外交易，通常通过电话来进行协商；第三，期货合约还有保证金,而远期合约没有,需要承担一定的信用风险;第四,期货合约由清算机构统一结算,因此进一步降低了违约风险;第五,外汇期货合约到期时,只有约5%的期货合约会进行实际交割,一般合约持有者会通过反方向头寸进行对冲,又称买卖平仓,而远期合约通常需要交割;第六,期货合约的客户需要给经纪商支付佣金,而远期合约不需要。

我国目前没有外汇期货交易市场,只有虚拟仿真的外汇期货交易试点,并且主要面向机构投资者。发展外汇期货市场有利于合理规避风险。尽管中国实行有管理的浮动汇率制度,但人民币仍面临较大的升值压力。利用外汇期货的套期保值功能,进出口企业可以规避汇率变动带来的风险,从而促进我国对外贸易的健康发展。同时,发展外汇期货市场有助于发现价格,对于汇率也有一定的预测导向作用。此外,由于外汇期货还兼有投机、投资功能,发展外汇期货市场可以拓宽投资渠道,同时吸引外资投资,这些都有助于中国经济的发展。不可否认,由于保证金制度,外汇期货也将吸引大量的投机者,因此对期货投资者的资格必须做好前期的教育以及严格的审查。

二、外汇期权交易

1982年,美国费城股票交易所成交了第一笔外汇期权交易:英镑和德国马克的外汇期权。随着金融衍生品交易的不断成长,期权交易也进入爆炸性的增长阶段。现在已经出现了以虚拟货币为基础资产的虚拟货币期权产品。目前世界主要外汇期权市场由两大部分组成:以伦敦和纽约为中心的银行同业外汇期权市场;以费城、芝加哥和伦敦为所在地的交易所外汇期权市场。最初的期权交易是在场外进行的,后来在场外交易的基础上产生了场内交易。场内交易合约的买卖均是在交易所交易大厅进行的,并通过公开竞价的方式决定合约的价格;而场外交易主要通过电话、电传等通信设备进行,由交易双方通过协商决定合约的价格。

期权的买方在向卖方支付特定的期权费后,便可以在合约规定的期限内以特定的价格向期权卖方买进或卖出一定资产,期权卖方须按合约规定卖出或买进一定的资产。简而言之,期权买卖的是一种权利,因为权利不是义务,权利可以放弃,所以期权的持有者不需要一定按照合约卖出或买入资产,从这方面来看,期权比期货更灵活。外汇期权是指支付一定期权费后,获得在未来约定日期或一定时期内,按照约定汇率买入或卖出一定数量外汇资产的选择权。

根据买入者的权利,期权可以分为看涨期权(call option)和看跌期权(put option)。看涨期权是指期权购买者可以在预先规定的时间以特定的价格向期权出售者买入一定数量基础资产的金融工具。因此,譬如投资者担心外汇升值时可购买看涨期权以规避相关风险。看跌期权是指期权购买者可以在预先规定的时间内以特定价格向期权出售者卖出一定数量基础资产的金融工具。所以,当投资者担心外汇贬值时,可购买看跌期权以规避风险。外汇期权的特殊属性是在买入(卖出)某种货币的同时,卖出(买入)另外一种货币,因此某种货币的买入期权相当于另外一种货币的卖出期权。

根据行权时间的区别,期权还可以分为美式期权和欧式期权。美式期权是指买方从合约签订日到合约到期日之间的任何一个工作日都可以行使权利的期权。欧式期权是指买方只能在合约到期日行使权利的期权。按照交易环境和方式来分,期权还可以分为场内期权和场外期权。场内期权是标准化的期权,期权的到期日、执行汇率、合约金额、交割地点等都由交易所规定,买卖双方能够决定的只有期权费。场外期权是指通过电子通信网络或者交易双方协商在柜台上进行交易的期权。场外期权的卖方一般是银行,买方是银行的客户,可以根据客户需要设计到期期限、行权价、数量等要素,因此比较灵活。

对于一个看涨外汇期权的买方,只有当外汇即期汇率大于执行汇率加上期权费的时候,买方才会获得利润,利润等于即期汇率减去执行汇率与期权费之和。在这种情况下,买方的最大亏损就是期权费,但盈利可能是无限的。而作为一个看跌期权的买方来说,只有当即期汇率加上期权费小于外汇的执行汇率时,买方才能得到利润。利润的数量等于执行汇率减去即期汇率与期权费之和。举个例子,某机构预期欧元兑美元会升值,但又不想利用期货合约来锁定价格。于是以每欧元0.05美元的期权费买入一份执行价格为1欧元=1.19美元的欧元看涨期权。那么当欧元现汇的汇率小于1.19美元/欧元的时候,买方出现损失,损失为期权费0.05美元。当汇率上升到1.19美元/欧元到1.24美元/欧元之间的时候,该机构的损失随着欧元汇率升高而减少,当汇率等于1.24美元/欧元的时候,盈亏平衡。当汇率高于1.24美元/欧元的时候,该机构的收益就会随着欧元汇率上升而增加,且没有上限。

知道了期权的盈亏如何计算之后,我们将通过一个例子来学习如何使用期权规避外汇风险。假设美国的A公司3个月后需要2 000万欧元,今天的汇率为1.340 5美元/欧元,该公司担心3个月后欧元会升值,希望可以规避欧元升值的风险。已知看涨期权的执行价格为1.342 0美元/欧元,期权费为0.01美元/欧元,这个公司应该如何规避风险? 对于该公司来说,欧元升值会带来损失,那么该公司就可以做一笔欧元升值带来收益的交易来降低风险,因此应该选择购买2 000万欧元看涨期权,那么期权费就是20万美元(0.01×2 000)。假设3个月后欧元贬值了,到1.325 0美元/欧元,因为欧元贬值低于执行价格,因此公司不需要执行该看涨期权,它只损失了期权费20万美元。如果3个月后,欧元升值了,汇率为1.362 0美元/欧元。高于行权价格加上期权费用,公司会执行看涨期权。因此,3个月后公司购买2 000万欧元的总成本=

1.342 0 美元/欧元×2 000 万欧元＋20 万美元＝2 704 万美元。如果公司没有购买看涨期权,那么 3 个月后的总成本＝1.362 0 美元/欧元×2 000 万欧元＝2 724 万美元。所以使用期权使得公司盈利了 20 万美元。使用期权不仅可以规避外汇风险,还可以进行投机。

我国商业银行针对有需求的客户,较早开展了外汇期权业务。中国银行于 2002 年 12 月率先推出我国个人外汇期权交易品种"两得宝",它属于结构化存款产品,客户在银行存一定数额的某种外币,选择另外一种货币作为挂钩货币,等合约到期时,银行根据外汇市场实际情况有权将客户的存款货币按照协定汇率转换为挂钩货币。但是,这些银行提供的并不是人民币－外币远期汇率期权产品,而是以两种外币汇率为标的物的外汇看涨期权或者看跌期权,并不能满足进出口贸易公司的实际需求。自 2011 年 4 月 1 日起,取得外汇局备案核准的银行均可以申请开办对客户期权交易,目前的外汇期权主要是普通欧式期权,交易币种覆盖了人民币对主要外汇的类型。银行对企业客户只能办理买入期权业务,期权类型都为欧式期权。虽然不利于对发生日期不确定的头寸保值,但是欧式期权容易定价,而且买入期权控制了客户会面临的汇率风险范围。目前,越来越多的国内商业银行大力开拓外汇业务,竞争已经白热化。

我国银行间的外汇交易市场逐渐改革,交易品种增多,交易时间延长,市场组织为外汇交易中心,引入做市商制度和经纪商制度,交易及清算方式发展成为竞价交易加上询价交易的方式。与外汇交易市场相比,外汇衍生品市场发展相对较缓慢。目前我国没有标准化的场内外汇期权交易,现有的外汇期权交易主要在中国外汇交易中心和银行间市场进行。中国外汇交易中心于 2011 年 4 月 1 日开始办理人民币对外汇期权业务,2011 年,银行间期权市场全年累计成交名义本金合计 10.1 亿美元。在 2019 年 8 月 22 日,中国外汇交易中心通知,为进一步发展银行间外币对市场、满足市场外汇风险管理需求,中国外汇交易中心将于 8 月 26 日在新一代外汇交易平台 CFETS FX2017 推出外币对期权交易。初期推出欧元对美元、美元对日元、英镑对美元、澳元对美元和美元对港币五个货币对的普通欧式期权交易,支持看涨期权价差组合、看跌期权价差组合和自定义期权组合等期权组合。随着人民币国际化进程以及利率市场化进程,我国开展规范的场内外汇期权交易的条件也逐渐成熟,未来个人、企业投资者以及商业银行将会有更多规避人民币汇率风险的选择。

三、外汇互换

外汇市场上还有一种很普遍的交易叫作外汇互换交易。外汇互换交易属于金融互换。金融互换的意思就是双方通过签订协议,同意在未来某一定期限内交换一定现金流或资产。外汇互换就是指交易双方交换不同币种但期限相同、金额相等的货币及利息的业务。这样的外汇互换交易包括三步：本金的初始互换；双方定期支付利息；本金的再次互换。互换合约也是一种管理风险的工具，但是交易自身也可能存在风险，比如市场风险和信用风险。

外汇互换交易在我国存在一定的限制，因为目前人民币还没实现完全可自由兑换，因此开展外币对人民币的互换交易存在一些具体的限制。各大商业银行的国际业务部都曾经积极尝试外币对外币的互换交易，但是发展得并不是特别理想。原因可能是：第一，国内的银行和企业大多数缺少境外融资和融券的经验，这样就难以发现自己在融资方面的比较优势。因为外汇互换交易的基础就是利用各自的比较优势进行互换，所以国内商业银行和企业的现状使得交易难以促成。第二，我国的金融市场发展还不够成熟完善。我国的金融市场以现货为主，结构比较单一，缺乏为货币互换定价的基础。第三，银行在互换业务中扮演重要的中介角色，因此需要我国的商业银行掌握各大企业的财务状况、筹资能力及需求信息，而且长期与这些企业有密切联系，目前我国的商业银行还有所欠缺。第四，缺乏资质信用比较高的客户。以上种种原因成为我国金融互换业务的阻力。

第四节　购买力平价论

在1970年末，1美元相当于358日元；10年后，也就是1980年末，1美元相当于203日元；到2019年的夏天，1美元就只能兑换109日元。许多投资者会觉得，货币价格的这种长期变化实在难以预测，外汇市场上几家欢喜几家愁。我们不禁要问，在长期内，这种剧烈的汇率变化背后究竟隐藏着什么样的经济动因？在本节内容中，我们将学习价格和汇率之间关系的理论解释；在学习完成后，我们将会理解什么是一价定律，并理解汇率的购买力平价理论以及这种理论与国际商品市场一体化之间的关系。运用所学的知识，我们将可以描述在长期内，像目前价格水平的通货膨胀率这样的货币因素是如何影响汇率的。

一、一价定律

一价定律是指在自由交易条件下，任何一种商品在不同的地方都只能是同样的价格（换算成同币种后）。自由交易的条件就是指没有运输费用和官方贸易壁垒（如关税）。简而言之，当贸易是开放的且交易费用为零时，同样的货物无论在何地销售，其价格都必然相同。因为如果价格不相等，就存在套利机会。比如你在美国买一部华为手机需要800美元，在中国买一部华为手机需要5 000元人民币，此时汇率假设为6.5

元人民币/美元,那么在美国买一部手机的价格换算成人民币为 5 200 元人民币。此时,你可以在中国买一部手机拿到美国去卖,随着美国市场上供给增多,手机的价格会下降,直到换算后的价格相等。用数学式来表示就是,在直接标价法下,汇率 S 就等于该商品在本国的价格 P 除以该商品在外国的价格 P^*。我们知道,麦当劳是全球连锁的餐厅,它的巨无霸汉堡在世界各地的规格都是一样的。而且巨无霸汉堡的原料比较常见简单,基本在各地都可以自己生产,不需要进口,因此不涉及关税。那么按照一价定律,它的价格在换算成同币种之后,在不同的国家或地区只能是同样的价格。因此,《经济学人》在 1980 年后根据一价定律的原理制定了巨无霸指数来对比各国的物价。根据巨无霸指数计算出来的汇率可以用来衡量该国货币汇率是被低估还是被高估。举个例子,如果一个巨无霸汉堡在美国的标价是 5 美元,在中国的标价是 20 元人民币。那么按照一价定律,汇率为 1 美元=4 元人民币。如果此时的现货市场汇率为 1 美元兑换 6.4 元人民币,那么人民币被低估。

《经济学人》利用巨无霸指数来计算各国汇率被低估以及高估的情况。被低估的主要是欧洲国家,如瑞士、挪威和瑞典。大部分国家的货币或多或少被低估了,其中汇率低估最严重的是乌克兰,中国处于中度低估的位置。根据巨无霸指数,是不是可以认为人民币被低估了?

我们一起来思考巨无霸指数的缺陷。首先,人们的偏好不一样,造成了需求供给在不同国家的不一致,而不仅仅是购买力;其次,巨无霸汉堡的价格不仅包含原料,还包括工资、房租、电费、运输、广告,国家间这些费用的成本并不相同;第三,定价因素还与销售策略有关,既有走量多、价格低的市场,也有走量少、价格高的市场。针对人力成本不同的这一缺陷,也就是比较穷的国家人力资本便宜、比较富裕的国家人力资本高这一点,改良的巨无霸指数根据人均 GDP 做了调整。经济学家发现,巨无霸的价格和人均 GDP 有明显的正相关关系。我们不要忘记,一价定律以及购买力平价解释的是长期汇率的水平,而调整后的巨无霸指数更能反映当下或者短期内的汇率水平。调整后的汇率水平发生了巨大的变化,巴西的汇率现在处于被高估的第一名,欧元被轻微高估了 2.6%,人民币此时被轻微低估了 3.9%。

二、购买力平价理论

那么,如果对所有的商品一价定律都成立的话,一国的价格水平,或者说一个基准商品和服务篮子的价格,与另一个国家的价格水平之比是否可以反映两国货币之间的汇率?这就涉及本节介绍的第二个经济学上非常经典的理论——购买力平价论,也叫绝对购买力平价(purchasing power parity)。在 20 世纪初,瑞典的经济学家古斯塔夫·卡塞尔推广了购买力平价理论,现在是汇率理论的核心部分。购买力平价论认为,持有外国货币的动机是因为外汇在国外具有商品的购买力。因此,两种货币的汇率,主要是由这两国货币各自在本国的购买力之比,即购买力平价决定的。购买力就是价格水平的倒数,或者可以看作一单位本币能够买到一定价格水平商品或者一篮子商品的数量。如果价格有差异,那么就会存在我们刚才提到的套利行为来使折算后的价格相等。因此,购买力平价是一价定律的宏观表现,将两国的相对价格联系起来。如果一价定律成立,购买力平价也会成立。举个例子,如果在 A 国的一篮子商品的价格为 0.1A 元,B 国同样的一篮子商品的价格为 0.2B 元,那么就代表 1 单位的 A 国货币可以购买 10 个商品篮子,1 单位的 B 国货币可以购买 5 个商品篮子;也就是说,1 单位的 A 国货币等值于 2 单位的 B 国货币,A 国货币和 B 国货币的汇率为 1∶2。

由此可见,购买力平价是指两国货币的购买力的比值,用等式来表示就是:

$$\text{购买力平价} = \frac{\text{A 国货币购买力}}{\text{B 国货币购买力}} = \frac{\frac{1}{\text{A 国的价格水平}}}{\frac{1}{\text{B 国的价格水平}}} = \frac{\text{B 国的价格水平}}{\text{A 国的价格水平}} \quad (13.1)$$

因此根据购买力平价,直接标价法下的汇率水平 S 为本国(B 国)的价格水平 P 除以外国(A 国)的价格水平 P^*。

$$S = \frac{\frac{1}{P^*}}{\frac{1}{P}} = \frac{P}{P^*} \quad (13.2)$$

把价格移到左边,得到另外一个表述方式:

$$SP^* = P \quad (13.3)$$

上式等号左边是购买一个商品篮子在 A 国用 B 国货币表示的价格,右边就是一个商品篮子在 B 国的价格。所以,购买力平价理论实际上是,如果用同一种货币来表示,所有国家的价格水平将是相等的。这里一个需要思考的问题是,一价定律如果不成立,购买力平价是否成立? 经济学家认为,这个理论的正确性,并不要求一价定律一定成立。因为当一国商品或服务价格暂时高时,对其货币和商品的需求就会下降,逐渐汇率就会回到购买力平价所预测的水平上来。

既然有绝对购买力平价,那么就会有相对购买力平价。相对购买力平价论认为,在任何一段时间内,两种货币汇率变化的百分比将等于同一时期两国国内价格水平变化的百分比之差。绝对购买力平价是指两国价格水平和汇率水平之间的关系,相对购买力平价是指价格水平变动与汇率水平变动之间的关系。相对购买力平价是根据绝对购买力平价推导而来。这里价格水平的变动就是一国的通货膨胀率。举个例子,美国的物价一年上涨 10%,而中国只上涨 5%,那么相对购买力平价理论预测美元对人民币将会贬值5%,从而使得两种货币各自相对的国内购买力和国外购买力保持不变。为什么有了绝对购买力平价,还需要相对购买力平价?因为在现实社会中,政府通常不会花精力去采用国际标准的商品篮子来计算本国的价格水平,通常政府只会公布CPI,也就是物价指数。那么此时相对购买力平价的概念就会十分有用,可以拿来应用。

具体而言,假设 z 为一国的价格指数,那么价格指数乘以基年的价格水平就为当前的价格指数。由于两国之间基年的价格水平不太可能相等,那么使用价格指数 z 来计算的绝对购买力平价是不准确的。但是,对于相对购买力平价来说,由于汇率的变化等于两国价格变化的差,那么无论基年的价格水平如何,价格的变化总是不受基年选择的影响,因此相对购买力平价不受制于价格指数。也就是说,当绝对购买力平价不成立的时候,相对购买力平价也可能成立。但是相对购买力平价成立的话,绝对购买力平价不一定成立。

现在你可能会问,购买力平价理论在多大程度上能够解释有关汇率和价格水平的实际数据?答案就是,所有版本的购买力平价理论都不能解释。因为一价定律是购买力平价论的基础。经济学家发现,自20世纪70年代初以来,一些十分相似的制成品在不同市场上的售价相差很大。那么既然一价定律都不成立,购买力平价理论在经验数据面前站不住脚也就不足为奇了。既然一篮子商品的价格难以得到,那我们换一种思维,通过考察实际汇率的变化情况,来检验购买力平价是否成立。根据实际汇率的计算公式,我们可以推论出,如果购买力平价成立,那么实际汇率应该为1;或者,如果相对购买力平价成立,那么实际汇率的变化应当为0。通过检验实际汇率时间序列的特征,各种研究都没有找到支持购买力平价的证据。

先不要觉得白费力气,因为购买力平价在经验分析方面的失败给我们提供了许多重要的启示。例如,揭示了影响汇率的一个重要因素:价格。但是失败的教训会让我们更深入地思考:价格的调整过程到底是如何?短期和长期的价格调整是否有差异?应当如何解释对购买力平价不利的经验证据?

一价定律或购买力平价存在几个直接的问题:第一,假设条件非常严格,现实生活中,非贸易品,如理发无法进行贸易,人力也无法自由流动,运输费用和贸易壁垒会使得商品或服务无法在两国之间自由贸易;第二,价格指数的选择也没有严格的标准;第三,汇率和价格之间的关系不是单向的因果关系,而是互为因果关系;第四,国际收支不仅包括经常项目,还包括资本项目,不能完全忽略资本项目差额对汇率的影响。

对购买力平价理论进行总结。首先,一价定律是购买力平价理论的基础,一价定律认为,在自由竞争且没有贸易障碍的情况下,一种商品在世界各地的售价是一样的,但是该理论的有效性并不要求一价定律对所有商品都适用;其次,购买力平价论基于货币数量论,也就是不认为价格有刚性,购买力平价属于一种中长期的理论,只强调了价格的作用，忽略了偏好、生产率以及市场结构等因素；最后，购买力平价和一价定律缺乏实证支持，这个理论之所以出现缺陷，是因为贸易壁垒的存在和非自由竞争，出口商可以对不同市场进行区别定价，而且贸易品以及非贸易品是有区别的，不是所有的商品都可以进行运输。

第五节　利率平价论

利率平价论是从金融市场角度分析汇率与利率所存在的关系，也就是把货币看作一种金融资产这样的一个理论。与购买力平价理论相比，利率平价论是一种短期的分析。在中长期，货币供应数量决定了货币的购买力，货币的购买力决定了汇率水平。在短期，货币的供求数量决定了利率水平，利率水平决定了汇率水平。

利率和汇率是存在联系的。举个简单的例子，如果你今年年初在法国购买了一瓶红酒，预计今年年底欧元实际收益率为15%；如果在今年年初投资一只债券，预计今年年底人民币实际收益率为10%。假设其他条件（风险和流动性）相等，你会选择哪种资产？答案是无法比较，因为只有当收益用共同的计量单位表示出来，比如都用人民币或者欧元表示，才能使我们比较出哪种资产可以提供最高的预期实际收益率。因此，除了收益率，你还必须知道汇率将如何变化，以便将以不同货币计量的收益率进行转换和比较。

假设你购买债券和红酒时的汇率为8元人民币/欧元，年底预计汇率变成7.5元人民币/欧元。是否可以比较红酒和债券哪种收益更高呢？首先，我们把这两种资产的价格都换算成人民币的价格。对于法国红酒来说，首先在年初时，用8元人民币去购买价格1欧元的红酒，收益率为15%，一年后价值为1.15欧元，再换算成人民币为8.625元人民币，那么在法国投资一瓶红酒换算成人民币的收益率为7.8%，低于在中国购买人民币债券收益率10%的收益，因此，投资者会选择在中国投资债券。这里，有一个便于计算的简便法则：欧元资产的人民币收益率约等于欧元的利率加上人民币相对欧元的贬值率或减去升值率。

利率平价论是一种基于资产视角的汇率决定理论，关注由货币供给和需求引起的短期变化，结合一个考虑更广的市场范围（不仅仅是货币），强调国际投资者短期的资产组合调整对汇率的影响。假设投资者可以选择在欧洲存款或者购买欧洲债券赚取利息，也可以在国内存款或者购买中国的债券。根据上面例子中的计算方法，用经济学原理解释就是，在直接标价法下，用人民币表示的欧元存款的预期收益率为欧洲存款的收益率加上人民币相对于欧元的预期贬值率。因此，决定投资者的以外国货币计价的债券收益率来自两个方面：一个是债券本身的固定收益，另一个是与预期货币升值或贬值相关的货币汇率预期的收益或损失。假设人民币和欧元存款风险差异不影响外汇资产的需求，忽略流动性，那么在某一汇率水平上，市场参与者将愿意持有现有的各种货币存款，我们称外汇市场处于均衡状态。也就是说，当所有货币提供相同的预期收益率时，市场达到均衡。用公式来表示利率平价条件，即等式左边的人民币债券收益率等于外国债券收益率加上人民币相对于外汇的预期贬值率，具体如下：

$$R_{rmb} = R_{\epsilon} + (E^e_{rmb/\epsilon} - E_{rmb/\epsilon})/E_{rmb/\epsilon} \qquad (13.4)$$

只有当利率平价条件满足时，外汇市场才能处于均衡状态。如图13-1所示，横轴是以人民币表示的收益率，纵轴是直接标价法下的人民币汇率。

汇率总是在不断调整以维持利率平价。本国收益率不受到汇率变化的影响，因此是一条竖线。以人民币表示的欧元存款利率，如果人民币贬值，以人民币计算的欧元债券收益率将会下降。如果人民币升值，也就是 $E_{rmb/\epsilon}$ 下降，总收益率会上升。在图13-1中表示，就是一条反比的曲线。两条收益率曲线相交的点就是均衡汇率。如果此时汇率水平处于点2，对应的欧元债券收益率比较低，因此对人民币的需求会增加，汇率的值会逐渐下降，也就是人民币会相对欧元升值，直到达到点1的水平。如果此时汇率水平处于点3，对应的欧元债券收益率高于人民币债券收益率，因此对欧元的需求会上升，汇率值会上升一直到点1才会停止移动。

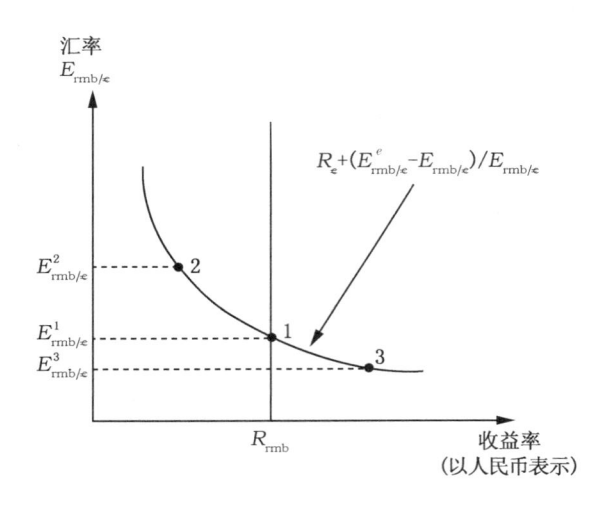

图13-1　均衡汇率

本国利率变动会影响汇率。如图13-2所示，当本国利率水平上升之后，代表本国收益率的一条直线向右移动，新的均衡汇率水平从点1变化到了点2。与原来的汇率水平相比，汇率值减小，代表欧元贬值、本币升值。因此，假设其他条件不变，本国利率上升,本国货币的相对汇率升值。通过运用利率平价论对外汇市场的分析,我们可以解释本国利率的上升会使本币升值的背后原理。

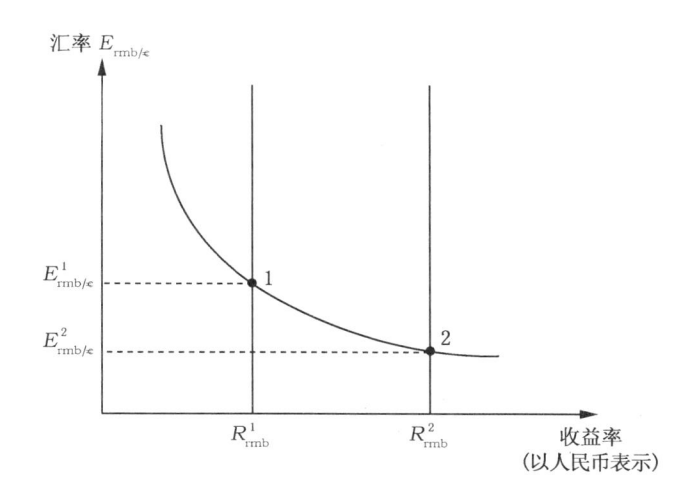

图 13—2　本国利率变动情况下的均衡汇率

外国利率发生变动也会影响汇率。如图 13—3 所示,如果欧元债券利率上升了,代表欧元债券利率的曲线就会向右上方移动,新的均衡汇率在点 2,与点 1 相比,新的均衡汇率水平更高,代表欧元的升值、本币的贬值。因此,假设预期汇率不变,欧元利率上升,本国货币的相对汇率贬值。注意预期汇率不变这一假设,现实生活中往往不成立。利率的变动会伴随着预期汇率的变动,反过来预期汇率的变动又导致利率的变动。因此在现实生活中,除非我们知道利率为什么会变动,否则我们将不能预测利率变动对汇率产生的影响。

假设预期汇率不变,两国利率同时变动,这种情况下就需要看利率变动的净效应,主要是看利率变化之后,人民币债券收益率和欧元债券收益率相比,谁的水平更高。如果预期汇率变动,根据利率平价条件,预期汇率和即期汇率呈正比。因此,预期汇率上升,即期汇率也会上升,两者呈同方向运动。

至于造成预期汇率变动的原因,可能是由于人们见风使舵,这时会容易造成外汇的投机泡沫。也可能是因为投资者相信购买力平价理论,因此会产生汇率水平最终会变动到购买力平价预测的水平上。也可能是因为新闻引起了预期汇率的变动,比如政府策略的改变以及国际新闻事件或政治新闻等,这些都会形成人们对未来的预期。

运用利率平价理论,我们还可以解释远期汇率是如何决定的。抵补的利率平价理论不涉及预期的未来汇率,投资者如果希望能够确定年末这笔欧元存款等值的人民币数额,投资者就可以在买入欧元存款的同时卖出欧元远期合约来避免汇率风险。如果

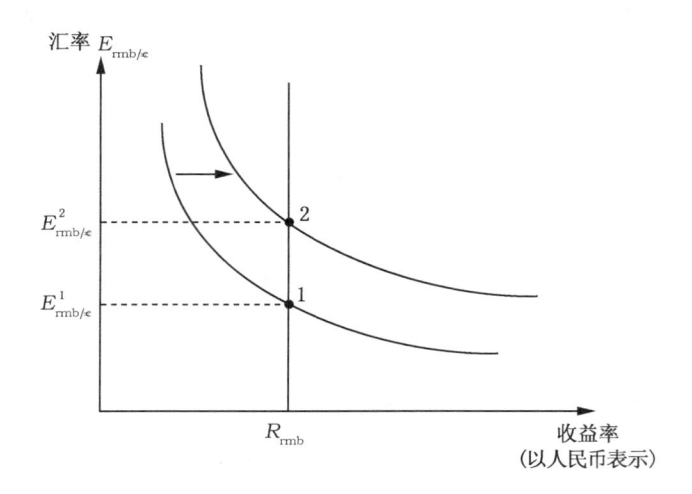

图 13-3 外国利率变动情况下的均衡汇率

通过抵补交易,即使用远期合约锁定的欧元债券收益率低于人民币债券收益率,投资者就不会愿意持有欧元,还是增加对人民币的需求,直到汇率水平调整到两种资产的收益率相等为止。因此,抵补的利率平价条件就是人民币存款的利率等于欧元存款的利率加上欧元相对于人民币的远期升水。在实践中,货币交易者往往会根据当前的利率和即期汇率,运用抵补的利率平价理论来给远期汇率报价。但是,如果一个国家出现了政治风险,比如政府通过管制禁止资金跨国自由流动时,抵补的利率平价条件就会出现偏差。

因此,对于抵补的利率平价来说,隐含的假设就是没有资本控制,不会出现政治风险。而对于非抵补的利率平价理论来说,假设为风险是中性的,投资者没有风险偏好。当两个理论都成立时,远期汇率与远期交易生效日的即期预期汇率相等。

总结一下本节的内容,理论基础是,汇率是一种资产价格,一种资产的现值取决于对这种资产的未来购买力的预期。在外汇市场上交易的各种货币存款的收益,取决于利率和预期汇率的变化。因此,外汇市场的均衡需要满足非抵补利率平价条件。当利率和预期汇率一定时,用利率平价条件可以确定当前的均衡汇率。当其他条件相同时,本国利率的上升会使本国货币相对外国货币升值,外国利率的上升会使本国货币相对于外国货币贬值。即期汇率也受预期汇率水平同方向影响。

第六节 汇率制度

汇率制度是指一国政府或者国际组织对货币汇率水平的确定、维持和调整的所有有关事务所做出的系统规定。根据汇率是由官方制定还是市场决定,汇率制度主要分成三种类型:第一种是固定汇率制度,包括货币局制度、美元化;第二种是浮动汇率制度,包括自由浮动和管理浮动,以及单独浮动、钉住浮动和联合浮动;介于两者之间的属于第三种叫作中间汇率制度,包括汇率目标区、爬行钉住、爬行带内浮动、BBC规则。

一、固定汇率制度

固定汇率制度是指维持货币之间相对稳定的兑换比率这样一种制度。在固定汇率制度下,国家有义务干预并维持汇率稳定。各国在1973年以前基本实行固定汇率制度。早期的固定汇率制度包括金本位制度以及可调整钉住汇率制度的布雷顿森林体系,当前的固定汇率制度主要是货币局制度以及美元化。

(一)货币局制度

货币局制度开始于1949年的毛里求斯,在20世纪中后期被中央银行制度所代替。在20世纪90年代,货币局制度又在部分国家和地区复兴。货币局制度是一种货币汇率制度,这种制度通过法律的形式规定,货币当局发行的货币必须以等额的外汇储备作为支持,本币和外币可以按照事先确定的汇率进行兑换。对于汇率制度的原则,货币局制度下的本国货币汇率钉住一种作为基准的外国货币,例如美元或欧元,以保证该国钞票和硬币能以某一固定的汇率完全兑换成被钉住的货币。货币局制度还是一种货币发行制度,原则是所发行的货币完全以外汇储备作为后盾。货币局制度不能发行超过与其外汇储备等值的钞票和硬币,这样做可防止政府通过印钞票来为其活动融资,以避免由此产生的通货膨胀。

中国香港的联系汇率制就是一种典型的货币局制度。香港没有中央银行,也没有货币局,货币发行的职能是由三家商业银行汇丰、渣打和中国银行承担的。香港先后经历了银本位制度、与英镑挂钩的早期货币发行局制度以及浮动汇率制度。在1983年10月15日,港英政府公布新汇率政策,即按7.8港元兑1美元的固定汇率与美元挂钩的联系汇率制度。联系汇率制度的运作机制是发钞银行按照1美元:7.8港元的价格出售美元给外汇基金,外汇基金通过金管局向发钞银行出售负债证明书,发钞银行依据负债证明书按照1:7.8的比率发行港币。发钞银行通过向外汇基金出售负债证明书和港币,金管局向外汇基金购买港元、收回负债证明书,向发钞银行出售美元,发钞银行同样可以在流通过程中回收港币。通过这种发钞机制,如果港币兑美元的汇率上升到7.9港元/美元,发钞银行就会以7.8港元/美元的汇率水平向外汇银行出售港币,赎回美元;并以1:7.9的汇率在市场上用美元购买港币,港币的市场汇率就会因为发钞行的套汇行为而逐渐降低,港币现钞兑美元的汇率就能保持在1美元=

7.8港元。

货币局制度最大的特征是100%的货币发行保证。因此,有利于抑制通胀,政府无法通过随意发行本币来弥补财政赤字。但是,银行体系的稳健性受到削弱,难以对商业银行提供有效的救助及保持银行体系的稳健。所以,救助银行体系的危机只能通过官方储备以及国内紧急贷款。在货币局制度下,国际收支可以自动调节,而且由于100%的货币发行保证及完全可兑性的承诺有助于维持人们对本币的信心,因此投机行为可以使市场汇率向固定汇率靠拢,而不是偏离。

货币局制度的优点就是固定汇率制度的优点,汇率稳定以及没有外汇风险,有利于国际贸易和投资。但是也存在弊端。第一,货币局制度下,政府无法通过印钞为其活动融资,不能作为银行系统的最后贷款人;第二,货币局制度下,政府不能采用汇率调节手段隔离外来冲击,经济容易受到外来冲击的影响;第三,丧失货币政策独立性,货币制度须与锚货币发行国一致,这样容易受到投机攻击。例如,1997年,泰国采用固定汇率制度,在遭到国际游资攻击之后,不得不宣布实行浮动汇率制度。中国香港在1997年时,被国际游资以同样的方式攻击,香港通过提高利率以及动用外储大量买入港币的手段,稳住了港币的汇率。但是,过高的利率损害了香港的三大支柱产业地产、金融和旅游业,使得1997年危机之后,经济发展受到了阻碍,而且货币局制度限制了香港的货币政策独立性,利率水平取决于美国。面对通货紧缩、失业率上升以及国际收支逆差的现状,香港需要重新思考更适合的汇率制度。就像经济学家弗兰克尔(Frankel)说的,没有一种汇率制度在任何时期适应所有的国家或地区。

(二)美元化

另外一种非常典型的固定汇率制度,叫作美元化。美元化是指一国居民在其资产中持有相当大一部分外币资产。在美元化制度下,"美元"大量进入流通领域,逐步取代本国货币,并具备货币的部分或全部职能,成为该国经济活动主要媒介。这里的"美元"不仅指美元,而是泛指一切被选择为替代货币的强势货币,如欧元、新西兰元和澳大利亚元等。美元化通常以国内银行体系的外币存款占广义货币的比例来衡量,国际货币基金组织认为,截止到2019年,世界上13个国家或经济体实现了完全的美元化。

在美元化的制度下,放弃本币并用"美元"代替本币执行货币的各项职能,没有独立的利率和汇率政策。美元化制度一般是因为公民对中央银行完全失去信心,也不期望中央银行将来会变好的情况下才实行的制度。美元化国家开始都是加勒比海发展中国家,取代本国货币是为了解决眼前危机,譬如控制高通胀等。近期的美元化的例子,便是在津巴布韦。自2007年10月以来,津巴布韦出现现金短缺现象。2008年1月,津巴布韦的通货膨胀率达到百分之十万。新发行的面值为5 000万津元的货币,在黑市上仅仅价值1美元。2009年1月16日,津巴布韦发行了人类历史上最大面值的钞票，100万亿津元。2009年2月，新成立的政府废除了当地货币，采用多种外币同时流通的措施，津巴布韦的通货膨胀率才得到了有效控制。

从广义的角度看，美元化的本质其实是货币替代。货币替代指的是在开放经济条件下，外币在充当价值尺度、支付手段、交易媒介和价值贮藏等方面，部分或全部取代本币的现象。现代的纸币是法定货币，实际上没有任何价值。因此，当公众因为政府无力控制通货膨胀等而对政府失去信心时，货币替代会尤其严重；而货币可完全自由兑换的国家，货币替代更加有条件发生。

美元化有助于避免国际投机攻击，消除外汇风险。美元化可以有效约束政府行为，提高货币可信度，避免通货膨胀，更加利于政府长期融资。此外，美元化在降低交易成本以及促进贸易和投资方面也具有优势。但是，采用美元化的政府会得不到铸币税，因而损失货币发行的收益；并且丧失货币政策的自主性之后，本国经济受制于美国的货币政策。而央行只能通过与美国签订双边美元化条款、允许国内银行进入美联储的贴现窗口、向国际货币基金组织借入美元等方式，维持最后贷款人的功能。对于美国来说，可能不得不干预美元化国家的经济失衡等。此外，对于完全美元化的国家的人民来说，使用别国的货币容易损害本国人民的民族自豪感。

二、浮动汇率制度

汇率制度中，另一种常见且重要的汇率制度是浮动汇率制度。浮动汇率制度是指汇率的变动主要是由外汇市场上的外汇供求关系决定的。浮动汇率制度不规定货币平价，也不规定汇率波动幅度。在实行金本位制度前，美国、俄罗斯等国家就采用了浮动汇率制度，但是浮动汇率制度真正流行是在1972年美元危机后。按照货币当局是否干预外汇市场，浮动汇率制度可以分为自由浮动和管理浮动。按照是否与他国货币建立联系，浮动汇率制度又可以分为单独浮动、钉住浮动和联合浮动。

自由浮动是指货币当局对汇率的浮动不做任何干预，外汇市场供求决定汇率变化。管理浮动是指货币当局采取措施干预外汇市场（公开或不公开），使汇率水平与货币当局的目标保持一致。目前各国普遍采用的是管理浮动制度。

单独浮动是指一国货币的汇率由外汇市场决定，不与任何其他国家的货币发生固定联系。美元、日元、加拿大元、澳大利亚元和少数发展中国家的货币采取单独浮动。钉住浮动是指一国货币与外币保持固定比价关系，随外币的浮动而浮动。根据钉住目标的不同，钉住浮动还可以分为钉住单一货币和钉住一篮子货币。一些国家由于历史上的原因，对外经济往来主要集中于某一发达国家或主要使用某种外币。为稳定这种贸易及金融关系，使用该发达国家的货币作为"货币锚"，使本币钉住该国货币变动叫作钉住单一货币。而一些国家为了摆脱本币受某一种货币支配的状况，将本币与一篮子货币挂钩,通过一篮子货币加权平均算出汇率(篮子货币由与该国经济联系最为密切的国家的货币组成)叫作钉住一篮子货币。据国际货币基金组织统计,单一钉住美元的比例从 2008 年占成员国的 33%,下降到 2019 年的 19.8%。越来越多的国家采用不明说货币锚的方式,在实施货币政策时会监视多个不同的指标,这样的国家由 2008 年占整个国际货币基金组织成员国的 6.4%,上升到 2019 年的 23.4%。第三种浮动汇率制度为联合浮动。联合浮动的意思是,国家集团在成员国之间实行固定汇率,同时对非成员国货币采取联合浮动的方法。例如,欧元推出之前,欧洲货币体系成员国实行联合浮动。

三、中间汇率制度

位于完全固定汇率制度和完全浮动汇率制度之间的汇率制度叫作中间汇率制度。中间汇率制度除包含上述的管理浮动以外,还包括汇率目标区、爬行钉住以及 BBC 安排等。汇率目标区是指政府设定本国货币对其他货币的中心汇率(central rate),并对汇率上下浮动规定范围,同时,政府对中心汇率按一定标准作定期调整。汇率目标区不同于自由浮动汇率制度或者管理浮动汇率制度,央行会对外汇市场进行干预,使汇率在期望的范围内波动,而不是确定某一具体目标。汇率目标区不同于严格的固定汇率制度,央行没有义务干预市场,且目标区本身可以随时调整。

爬行钉住是指货币当局对汇率作较小调整,使汇率逐步趋向于目标水平。如果钉住的目标是基于本国与外币国的通货膨胀差异(过去的通胀差异,或是预期的通胀差异)对汇率进行调整,就叫作购买力爬行钉住,背后的经济学原理就是购买力平价理论。如果不设参照物,就叫作任意爬行钉住,预见性与购买力爬行钉住相比会比较差。根据国际货币基金组织 2019 年的报告,以通货膨胀率作为钉住目标的国家由 2009 年占成员国的 15.4%,上升到 2017 年的 21.4%。

爬行带内浮动是比爬行钉住更灵活的规则。爬行带内浮动规定了汇率波动幅度,一般是中心固定汇率的±1%。优点是,汇率具有灵活性,有助于吸收对经济基本面造成冲击的干扰因素;缺点是,当汇率达到爬行带界限时,可能引起投机性货币攻击。

约翰·威廉森(John Williamson)提出了 BBC 规则,BBC 分别代表货币篮子(basket)、浮动幅度(band)、爬行(crawling)。约翰·威廉森认为,中国单一钉住美元是不合理的,他认为中国不是小国,主要贸易伙伴不是美国,没有必要放弃货币政策的独立性。约翰·威廉森认为,中国的汇率应该遵循钉住一篮子货币来确定中心汇率,规定较大的波动范围,以适应经济基本面的变化,同时为货币政策独立性提供空间。一些机构和市场人士认为,中国最终将实行新加坡式的 BBC 制度,但该制度所需的一系列条件在中国不一定具备。与新加坡不同的是,我国为了保持独立的货币政策,还存在资本项目管制。我国从 2005 年 7 月 21 日开始实行以市场供求为基础、参考一篮子货币、有管理的浮动汇率制度,从此人民币不再单一钉住美元。而自 2010 年 6 月 19 日起,人民币汇率波动范围逐步扩大,事实上结束了人民币钉住美元的制度。

四、汇率制度的优缺点

由于官方汇率制度往往与实际汇率安排存在很大差异,即名实不符,所以自 1999 年 4 月起,国际货币基金组织根据汇率弹性程度以及正式和非正式对汇率变化路径的承诺,对成员国的事实汇率制度进行了分类。首先,我们看到占比最大的还是软钉住,也就是介于完全固定和完全浮动制度中间的汇率制度。其中,传统的钉住制度占所有成员国汇率制度的最大比重。国际货币基金组织对我国汇率制度的划分在 2003—2006 年之间属于传统钉住加其他有管理的制度,2007 年和 2008 年属于爬行钉住,2008—2010 年属于稳定化制度,2010—2014 年属于类似爬行钉住。我国的汇率制度其实在逐渐放开管制,但是 2009—2017 年,国际货币基金组织的其他会员国浮动汇率制度的占比在逐年减少,而硬钉住或者固定汇率制度,以及中间汇率制度或者软钉住其实在逐年增加。世界上大部分国家出现了害怕浮动的趋势。至于为什么会害怕浮动、为什么要向固定汇率制度转变,这就涉及浮动汇率制度的优缺点了。

首先,浮动汇率制度的第一个优点是,可以发挥汇率对国际收支的自动调节功能,确保国际收支的持续均衡。如果出现国际收支逆差,也就是外汇的供给小于需求时,外汇的汇率相对本币就会上升,这样在促进出口的同时减少了进口,此时国际收支达到平衡。除了可以自动调节国际收支,对一个国家的内外均衡也更易于调节。在固定汇率制度下,国际收支逆差的时候,政府只能通过紧缩的政策改善国际收支来维持外部均衡,而紧缩的政策又会导致国内的经济衰退。而在浮动汇率制度下,当国际收支逆差时,汇率可以自动调节,国际收支可以达到均衡,国内经济也达到均衡。此外,浮动汇率制度还有利于防止国际游资冲击,隔离外来经济冲击的影响,减少对国际储备需求。在固定汇率制度下,容易出现单向的投机行为。国际游资会卖出软货币,也就是可能发生贬值的货币,买入硬货币,也就是可能出现升值的货币。通常会导致软货币国为了维持汇率稳定而造成国际储备的流失,而硬货币国为了维持汇率稳定只能投放本币,造成国内输入型通胀。但是在浮动汇率制度下,汇率就可以自由调节来抑制投机,而且货币当局没有进行外汇干预的义务,因此也不需要保留过多的国际储备。

虽然浮动汇率制度有这么多优点,但是维持汇率的稳定依然十分重要。汇率经常变动是不利于国际贸易和投资的,也就是会出现汇率风险。尽管我们在外汇市场交易中介绍了套期保值,但是套期保值提高了交易成本。此外,虽然单向投机不存在,但是汇率波动增加了金融市场的不稳定性,助长了国际金融市场上的投机活动。浮动汇率制度还容易引发竞相贬值，此外，还可能诱发通胀。例如，使用扩张性的政策刺激国内经济增长，而本币贬值外币升值，又会造成进口成本的增长，引发价格水平上升。因此，现实中的汇率制度本身并不存在绝对的优劣，只有适合与不适合的区别。

第七节　货币区和人民币国际化进程

我们接下来学习加入货币区有什么益处和损失、如何决定要不要加入货币区以及人民币的国际化进程。

一、货币区

货币区是一个地理区域的概念，区域内成员国间的货币建立紧密联系。货币区的初级阶段是固定汇率制度，如货币局、美元化等；最高阶段是成员国使用统一货币，如欧盟。欧盟曾经发生了如下两件大事：一是欧债危机。2001年，希腊为了加入欧元区，便求助于美国投资银行高盛做假账。高盛设计了一套金融衍生品，为希腊政府掩饰一笔数额很大的公共债务，让希腊达到加入欧元区的标准。也就是说，希腊像一个穷小子，打扮一番加入了类似德国这样的高富帅的队伍。加入以后，伴随着汇率波动的消除，希腊的主权债券的利率不断向欧盟国家信用最好的德国的主权债券利率水平靠拢，接近25个基点或者更低。这样使希腊借钱的成本变得非常低。因此，希腊依靠四处借钱来扩大政府开支，刺激国内的经济。高消费和高通胀又进一步扩大了希腊的国际收支逆差。直到2009年，伴随着新的希腊政府的诞生，这个新政府宣布希腊的财政赤字达到GDP的12.7%，而公共债务余额占GDP的110%，显然几年来，前政府一直在错误地报道它的经济数据。2010年，希腊国债的评级被降为垃圾级，有很高的违约风险。因为各国的商业银行都持有希腊的国债，一旦希腊政府违约，将会造成银行大量的坏账，以及引起私人资本的恐慌并逃离，这样希腊债券的危机将会蔓延至整个欧洲。因此，欧洲央行只能违背《马斯特里赫特条约》的精神，向希腊伸出援手，来保证希腊国债到期时有资金可以偿还。与此同时，希腊以及所有接受欧洲央行援助的国家都被要求采取紧缩的财政手段，减少支出以减少国家的公共债务。

第二件事就是英国脱欧。出于对欧盟的质疑，英国觉得不应该由勤勤恳恳工作的人来共同为好吃懒做的希腊买单；而欧盟也认为英国既不使用欧元，也不履行帮助成员的职责。因此，2013年1月23日，英国首相卡梅伦正式提出，如果赢得大选，将会就脱欧问题进行全民公投。3年后，英国在2016年6月23日举行脱离欧盟公投并获过半票数支持。2017年3月29日，首相特蕾莎·梅给欧盟写信，正式启动脱欧程序。

接着就开始了长达两年的脱欧拉锯战,脱欧草案难以达成一致。首相特雷莎·梅也于2019年下台。然后欧盟方面同意英国将"脱欧"延期至2020年1月31日。

一个是与欧盟牵手后的故事,另一个是与欧盟分手的故事,这两个复杂的事件可以简化为一个货币问题,那就是:要不要加入一个货币共同体?或者说,加入货币共同体有什么益处和损失?甚至可以再深入这个问题,加入货币共同体,等于选择了固定汇率制度,放弃浮动汇率制度。结合我们在汇率制度中讨论的不同汇率制度的优点和缺点,为了权衡一国加入固定汇率的集团后的得失,我们需要一个框架来系统地考虑它带来的一国在保持稳定权力方面做出的牺牲以及提高效率和信誉的收益。这就是所谓的最优货币区理论。

1999年1月1日,11个欧盟国家通过接纳由欧洲中央银行体系发行的共同货币——欧元,建立了经济与货币同盟。我们以希腊是否决定退出欧元区为例,构造一个简单的图形来说明希腊的选择。加入货币区首要的优点就是简化经济结算,而且未来的价格比较容易确定和预测。例如,如果中国每个省都有自己的货币,这不仅会给我们的日常生活,而且给贸易往来带来很大的不确定性和麻烦。

因此,如果两个国家的贸易额越大,加入货币区降低的风险和成本也就越大。此外,如果两个国家之间能够实现要素的完全自由流动,比如说做跨国投资的收益会减少汇率变动带来的风险,那么两个国家之间汇率固定带来的益处更多,在别国的工人的工资变化也就越少。因此,如图13-4所示,用一条简单的曲线来表示就是 GG 曲线,横轴是一体化程度,纵轴是加入国的货币效率收益。

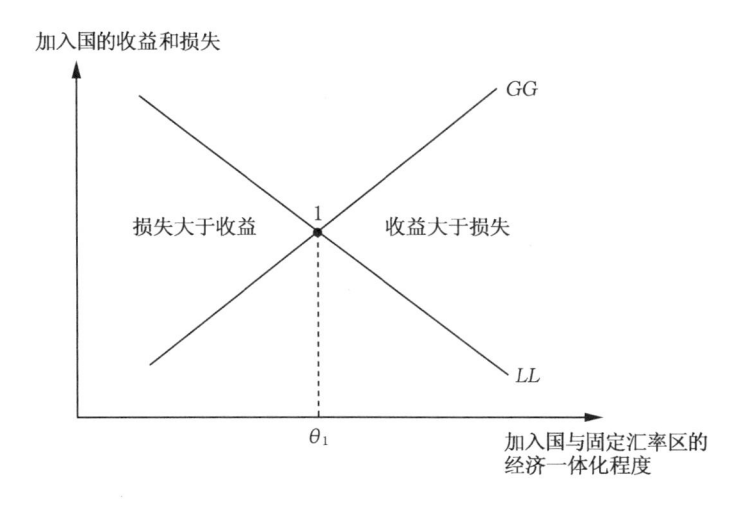

图 13-4　GG-LL 曲线

从贸易和要素流动两个方面来看,加入固定汇率区意味着放弃了运用汇率和货币政策使得就业与产出保持稳定的权力。以前国家可以用两种政策即货币政策和财政政策一起调控,现在等于砍掉了一只手。这种损失被称为经济稳定性损失。那么当一国的经济失去稳定的时候,如果要素流动越高,那么失业的人口可以迅速在邻国找到工作。如果贸易联系紧密,那么一国的需求减少,价格降低,会得到邻国迅速的反应,需求迅速上升,价格恢复稳定。因此,如果和货币区内国家的经济化一体程度越高,加入货币区之后的损失就越小,用曲线表示,就是 LL 曲线,横轴是经济一体化程度,纵轴代表了加入国的稳定性损失,如图 13-4 所示,曲线向下倾斜。把 GG 曲线和 LL 曲线结合起来看,交点就在 θ_1。如果希腊和欧元区经济一体化的程度大于等于 θ_1,那么希腊就应该加入或继续留在欧元区。对于英国来说,欧盟成员国之间的差异比之前想象的要大,这也是想要脱欧的原因之一。

最优货币区就是指通过商品和服务的贸易以及要素的流动,使得多国经济紧密相连的地区。最优货币区能在总体上提高宏观经济政策的效能,更好地实现宏观经济目标;有利于资源在区内的有效配置,消除汇率的不确定性和投机,增强应对外来金融冲击的能力。但区内各国要放弃一部分政策运用的自主权。我们发现,如果各国之间的贸易和要素流动性很大,那么实行固定汇率区对各个成员国都有益处。研究欧洲内部贸易的规模发现,从数量方面来说,欧元区仅将使用欧元国家的贸易水平提高了 9%,而且大多发生在 1999 年。此外,学术研究也没有找到 1999 年使用欧元之后欧元区内部价格一体化的证据。研究还发现,欧洲劳动力的流动情况也非常低,美国在 20 世纪 90 年代变换居住地区的人口占总人口的百分比为 3.1%,英国同样的指标为 1.7%,德国为 1.1%,意大利仅为 0.5%。因此,欧元区并不是最优货币区。

与欧美相比,亚洲货币合作的发展相对落后。1991 年东亚及太平洋地区中央银行行长会议组织(EMEAP)成立。2003 年 6 月,该组织发行第一期亚洲债券基金,成员国央行共同出资 10 亿美元,投资于其 8 个(日本、澳大利亚和新西兰除外)成员国的主权与准主权债权。亚洲债券基金旨在利用各成员国的外汇储备,为发展中国家拓展融资渠道,增强区域内流动性。2005 年,日本学者提出亚洲货币单位(ACU),同年 10 月,亚洲开发银行表态支持。然而,亚洲各地区和国家的经济发展水平过于悬殊,区域内生产要素的流动性较差,货币合作的政治基础比较薄弱。因此,截止到目前,亚洲区域的汇率合作没有太大进展。

专栏13-1
人民币加入SDR

二、人民币国际化进程

2009年,跨境贸易人民币结算试点,掀开了人民币国际化序幕。人民币国际化的最终目标是,使人民币在国际货币体系中拥有与中国经济相匹配的地位。人民币国际化的目标可以概括如下:第一,人民币应该可以在境内和境外自由兑换成外币;第二,在国际贸易和结算中,可以以人民币为计价单位和支付货币;第三,人民币可以作为国际投资和融资的货币;第四,人民币可以作为国际储备货币,具体来说,不仅可以作为各国政府或中央银行干预外汇市场的手段,并且在特别提款权中占有一定的比例。

中国在2013年提出了"一带一路"倡议,"一带一路"是"丝绸之路经济带"和"21世纪海上丝绸之路"的简称。"一带一路"倡议的主要内容是,依靠中国与有关国家既有的双多边机制,借助既有的、行之有效的区域合作平台,借用古代丝绸之路的历史符号,高举和平发展的旗帜,积极发展与沿线国家的经济合作伙伴关系,共同打造政治互信、经济融合、文化包容的利益共同体、命运共同体和责任共同体。"一带一路"的范围涵盖了历史上丝绸之路和海上丝绸之路行经的中国大陆、中亚、北亚和西亚、印度洋沿岸、地中海沿岸、南美洲、大西洋地区的国家。"一带一路"倡议促进了人民币的跨境流通。在跨境流通中使用人民币结算,可以降低双方的交易成本和汇率风险。此外,支付可以通过印发人民币来实现;也就是说,我国可以收取铸币税。"一带一路"倡议有助于提高人民币的信誉,扩大人民币的国际影响。然而,还是要注意境外人民币的突然大量回流可能给我国造成的风险。同时,根据最优货币区理论,在多国区域内形成最优货币区需要具备若干条件:生产要素流动、经济开放、金融市场一体化、产品多样化、贸易结构互补和政策协调等。"一带一路"推进了区域经济一体化,为"人民币区"的形成创造了良好条件。

央行发布的《2023年人民币国际化报告》中称,2022年以来,人民币国际使用延续稳步增长态势,人民币在全球货币体系中保持稳定地位,银行代客人民币跨境收付金额合计为42.1万亿元,同比增长15.1%,收付金额创历史新高。截至2022年12月末,境外主体持有境内人民币股票、债券、贷款及存款等金融资产金额合计9.6万亿元。2016年10月1日,人民币正式纳入国际货币基金组织特别提款权(SDR)货币篮子,这是人民币国际化的重要里程碑。据环球银行金融电信协会(SWIFT)统计,2023年9月,人民币成为全球第二大支付货币,市场占有率为5.8%,同比上升了1.6个百分点。据国际货币基金组织的数据,截至2022年末,人民币储备约合2 984亿美元,占标明币种构成外汇储备总额的2.69%。据不完全统计,截至2022年末,至少有80多个国家和地区将人民币纳入外汇储备。

专栏13-2
"一带一路"与人民币国际化

重要概念

外汇　汇率　外汇市场　套汇交易　无本金交割远期　外汇互换　一价定律　购买力平价理论　利率平价论　固定汇率制度　浮动汇率制度　中间汇率制度　人民币国际化

思考题

1. 什么是名义汇率和实际汇率？它们之间有何区别？
2. 外汇市场的主要功能是什么？它如何影响全球经济？
3. 影响汇率波动的主要因素有哪些？如何解释这些因素对汇率的影响？
4. 如何评价固定汇率与浮动汇率制度各自的优缺点？在何种情况下选择某种汇率制度更有利于经济发展？
5. 分析人民币国际化的背景和进程，人民币成为全球储备货币的潜在影响有哪些？
6. 即期汇率和远期汇率各自的应用场景是什么？如何在外汇交易中选择使用？
7. "一带一路"倡议对人民币国际化有何促进作用？面临的主要挑战和风险有哪些？

参考文献

Adizes I. *Corporate Life Cycles: How and Why Corporations Grow and Die and What to Do about It*[M]. Prentice Hall, 1990.

Aggarwal S., Klapper L. Designing Government Policies to Expand Financial Inclusion: Evidence from around the World[J]. *The Journal of Finance*, 2013, 56(3): 1029−1051.

Akey, P., & Appel, I. The Limits of Limited Liability: Evidence from Industrial Pollution[J]. *Journal of Finance*, 2021, 76(1), 5−55.

Badarinza C., Campbell J. Y., Ramadorai T. International Comparative Household Finance[J]. *Annual Review of Economics*, 2016, 8(1): 111−144.

Baillie R. T., Booth G. G., Tse Y., et al. Price Discovery and Common Factor Models[J]. *Journal of Financial Markets*, 2002, 5(3): 309−321.

Bartram, S. M., Hou, K., & Kim, S. Real Effects of Climate Policy: Financial Constraints and Spillovers[J]. *Journal of Financial Economics*, 2022, 143(2), 668−696.

Berg T., Burg V., Gombović A., et al. On the Rise of Fintechs: Credit Scoring Using Digital Footprints[J]. *The Review of Financial Studies*, 2020, 33(7): 2845−2897.

Bodie Z., Kane A., Marcus A. J. *Investments*[M]. McGraw-hill, 2011.

Bohl M. T., Salm C. A., Schuppli M. Price Discovery and Investor Structure in Stock Index Futures[J]. *Journal of Futures Markets*, 2011, 31(3), 282−306.

Browning M., Chiappori P. A., Weiss Y. *Economics of the Family*[M]. Cambridge University Press, 2014.

Browning M., Lusardi A. Household Saving: Micro Theories and Micro Facts[J]. *Journal of Economic literature*, 1996, 34(4): 1797−1855.

Bu D., Hanspal T., Liao Y., et al. Cultivating Self-control: Evidence from a Field Experiment on Online Consumer Borrowing[J]. *Journal of Financial and*

Quantitative Analysis, 2022, 57(6): 2208—2250.

Chapple, L., Clarkson, P. M., & Gold, D. L. The Cost of Carbon: Capital Market Effects of the Proposed Emission Trading Scheme(ETS)[J]. *Abacus*, 2013, 49(1), 1—33.

Chen T., Liu L., & Xiong W., et al. Real Estate Boom and Misallocation of Capital in China[R]. Working Paper, Princeton Univ., 2017.

Cochrane, John, H., and Monika Piazzesi. Bond Risk Premia[J]. *American Economic Review*, 2005, 95(1): 138—160.

Cootner, Paul H. *The Random Character of Stock Market Prices*[M]. MIT Press, 1964.

Dai Q., Singleton K. Term Structure Dynamics in Theory and Reality[J]. *The Review of financial Studies*, 2003, 16(3): 631—678.

Demirgüç-Kunt A., Klapper L. F., Singer D. Financial Inclusion and Legal Discrimination against Women: Evidence from Developing Countries[R]. World Bank Policy Research Working Paper, 2013(6416).

Demirgüç-Kunt A., Klapper L., Singer D., et al. *The Global Findex Database 2021: Financial Inclusion, Digital Payments, and Resilience in the Age of COVID-19*[M]. World Bank Publications, 2022.

DiPasquale D., Wheaton W. C. The Markets for Real Estate Assets and Space: A Conceptual Framework[J]. *Real Estate Economics*, 1992, 20(2): 181—198.

Duchin, R., Gao, J., & Xu, Q. Sustainability or Greenwashing: Evidence from the Asset Market for Industrial Pollution[R]. Working Paper, Boston College, 2023.

Elaine K., Claire W. *Kept out or Opted out? Understanding and Combating Financial Exclusion*[M]. Bristol: Policy Press, 1999.

Fama E. F., French K. R. A Five-factor Asset Pricing Mode[J]. *Journal of Financial Economics*. 2015, 116(1): 1—22.

Fama E. F., French K. R. Common Risk Factors in the Returns on Stocks and Bonds[J]. *Journal of Financial Economics*, 1993, 33(1): 3—56.

Fama E. F., French K. R. The Cross-section of Expected Stock Returns[J]. *Journal of Finance*, 1992, 47(2): 427—465.

Fama E. F., MacBeth J. D. Risk, Return, and Equilibrium: Empirical Tests[J]. *Journal of Political Economy*, 1973, 81(3): 607—636.

Fama E. F. The Behavior of Stock-market Prices[J]. *The Journal of Business*,

1965,38(1):34—105.

Flammer, C. Corporate Green Bonds[J]. *Journal of Financial Economics*, 2021,142(2):499—516.

Geltner D., Miller N. G., Clayton J., et al. *Commercial Real Estate: Analysis and Investments*(3rd)[M]. Cincinnati, OH: South-western, 2014.

Ghosh S., Vinod D. What Constrains Financial Inclusion for Women? Evidence from Indian Micro Data[J]. *World Development*, 2017, 92:60—81.

Gillan, E., & O'Sullivan, M. The Impact of Climate Change on the Cost of Bank Loans[J]. *Journal of Banking & Finance*, 2021, 124.

Ginglinger, E., & Moreau, Q. Climate Risk and Capital Structure[J]. *Management Science*, 2023, 69(12), 7492—7516.

Gonzalo J., Granger C. W. Estimation of Common Long-memory Components in Cointegrated Systems[J]. *Journal of Business & Economic Statistics*, 1995, 13(1): 27—35.

Guiso L., Sodini P. Household Finance: An Emerging Field[J]. *Handbook of the Economics of Finance*, 2013, 2:1397—1532.

Hishigsuren G. Evaluating Mission Drift in Microfinance: Lessons for Programs with Social Mission[J]. *Evaluation Review*, 2007, 31(3):203—260.

Hou K., Xue C., Zhang l. Digesting Anomalies: An Investment Approach[J]. *The Review of Financial Studies*, 2015, 28(3):650—705.

Jiang, P., Khishgee, S., Alimujiang, A., and Dong, H. Cost-effective Approaches for Reducing Carbon and Air Pollution Emissions in the Power Industry in China[J]. *Journal of Environmental Management*, 2020, 264.

Jitendra Aswani, Aneesh Raghunandan, Shivaram Rajgopal. Are Carbon Emissions Associated with Stock Returns?[J]. *Review of Finance*, 2024, 28(1):75—106.

Johannes Stroebel & Jeffrey Wurgler. What Do You Think About Climate Finance?[J]. *Journal of Financial Economics*, 2021, 142:487—498.

Kendall M. G., Hill A. B. The Analysis of Economic Time Series-part: Prices [J]. *Journal of the Royal Statistical Society*, Series A(General), 1953, 116(1):11—34.

Kim D. W., Yu J. S., Hassan M. K. Financial Inclusion and Economic Growth in OIC Countries[J]. *Research in International Business and Finance*, 2018, 43:1—14.

Kim M., Szakmary A. C., Schwarz T. V. Trading Costs and Price Discovery across Stock Index Futures and Cash Markets[J]. *Journal of Futures Markets*, 1999,19(4):475—498.

Kurov A., Lasser D. J. Price Dynamics in the Regular and E-mini Futures Markets[J]. *Journal of Financial & Quantitative Analysis*,2004,39(2):365—384.

Liberti J. M., Petersen M. A. Information: Hard and soft[J]. *Review of Corporate Finance Studies*,2019,8(1):1—41.

Liu J., Stambaugh R. F., Yuan Y. Size and Value in China[J]. *Journal of Financial Economics*,2019,134(1):48—69.

Mandelbrot B. B., Van Ness J. W. Fractional Brownian Motions, Fractional Noises and Applications[J]. *SIAM Review*,1968,10(4):422—437.

Mao,X. Q., Zeng, A., Hu, T., Xing, Y. K., Zhou, J., and Liu, Z. Y. Co-control of Local Air Pollutants and CO_2 from the Chinese Coal-Fired Power Industry[J]. *Journal of Cleaner Production*,2014,67:220—227.

Markowitz H. M. Portfolio Selection[J]. *Journal of Finance*,1952,7(1):77—91.

Markowitz H. M. The Utility of Wealth[J]. *Journal of Political Economy*, 1952,LX(2):151—158.

Marquis,C., Toffel,M., & Zhou, Y. Scrutiny, Norms, and Selective Disclosure: A global Study of Greenwashing[J]. *Organization Science*,2016,27(2),483—504.

Marshall J. N. Financial Institutions in Disadvantaged Areas: A Comparative Analysis of Policies Encouraging Financial Inclusion in Britain and the United States [J]. *Environment and Planning A*,2004,36(2):241—261.

Matsumura,E. M., Prakash, R., & Vera-Muñoz, S. C. Firm-Value Effects of Carbon Emissions and Carbon Disclosures[J]. *The Accounting Review*,2014,89(2):695—724.

Mehrotra A. N., Yetman J. Financial Inclusion-issues for Central Banks[J]. *BIS Quarterly Review*, March, 2015.

Modigliani F., Miller M. H. The Cost of Capital, Corporation Finance and the Theory of Investment[J]. *The American Economic Review*,1958,48(3):261—297.

Nordhau. Climate Change: The Ultimate Challenge for Economics[J]. *American Economic Review*,2019,109(6):1991—2014.

Oberndorfer,U. Energy Prices, Volatility, and the Stock Market: Evidence from the Eurozone[J]. *Energy Policy*,2009,37(12),5787—5795.

Nora M. C. Pankratz, and Christoph M. Schiller. Climate Change and Adaptation in Global Supply-Chain Networks[J]. *The Review of Financial Studies*, 2023.

Patrick Bolton & Marcin Kacperczyk. Global Pricing of Carbon-Transition Risk[J]. *NBER*, 2021.

Sharpe W. F. Capital Asset Prices: A Theory of Market Equilibrium Under Conditions of Risk[J]. *Journal of Finance*, 1964, 19(3): 425—442.

Stiglitz J. E., Weiss A. Credit Rationing in Markets with Imperfect Information[J]. *The American Economic Review*, 1981, 71(3): 393—410.

Thomas McCafferty. *Options Demystified: A Self-Teaching Guide*[M]. Washington: George Washington University, 2002.

Yang J., Yang Z., Zhou Y. Intraday Price Discovery and Volatility Transmission in Stock Index and Stock Index Futures Markets: Evidence from China[J]. *Journal of Futures Markets*, 2012, 32(2): 99—121.

阿瑟·J.基翁.个人理财(第六版)[M].郭宁,汪涛,译.北京:中国人民大学出版社,2016.

巴曙松,丛钰佳,朱伟豪.绿色债券理论与中国市场发展分析[J].杭州师范大学学报(社会科学版),2019,41(01):91—106.

北京大学中国经济研究中心宏观组.规范发展票据市场至关重要[J].金融研究,2003(3):26—35.

贝多广,李焰.数字普惠金融新时代[M].北京:中信出版社,2017.

贝多广.攻坚"最后一公里":中国普惠金融发展报告(2018)[M].北京:中国金融出版社,2018.

贝多广.好金融 好社会:中国普惠金融发展报告(2015)[M].北京:经济管理出版社,2016.

贝多广.微弱经济与普惠金融:中国普惠金融发展报告(2020)[M].北京:中国金融出版社,2020.

部慧,李艺,陈锐刚,等.商品期货指数的编制研究及功能检验[J].中国管理科学,2007,15(4):1—8.

蔡贵龙,张亚楠.基金ESG投资承诺效应——来自公募基金签署PRI的准自然实验[J].经济研究,2023,58(12):22—40.

蔡海静,汪祥耀,谭超.绿色信贷政策、企业新增银行借款与环保效应[J].会计研究,2019,(03):88—95.

曹颢,尤建新,卢锐,等.我国科技金融发展指数实证研究[J].中国管理科学,

2011,19(03):134—140.

陈国进,丁赛杰,赵向琴,等.中国绿色金融政策、融资成本与企业绿色转型——基于央行担保品政策视角[J].金融研究,2021,(12):75—95.

陈佳贵,黄速建,等.企业经济学[M].经济科学出版社,1998:405.

陈诗一.节能减排与中国工业的双赢发展:2009—2049[J].经济研究,2010,45(03):129—143.

崔惠玉,王宝珠,徐颖.绿色金融创新、金融资源配置与企业污染减排[J].中国工业经济,2023,(10):118—136.

戴维·莫德.私人银行与财富管理:领先的创新逻辑与实务方法[M].刘立达,严晗,付饶,译.北京:企业管理出版社,2015.

杜朝运,李滨.基于省际数据的我国普惠金融发展测度[J].区域金融研究,2015,(03):4—8.

范德成,张修凡.绿色金融改革创新对低碳企业可持续发展能力的影响研究[J].科学管理研究,2021,39(03):85—90.

方建国.房地产投资与融资简明教程[M].北京:清华大学出版社,2014.

方先明,胡丁.企业ESG表现与创新——来自A股上市公司的证据[J].经济研究,2023,58(02):91—106.

方毅,张屹山.国内外金属期货市场"风险传染"的实证研究[J].金融研究,2007,(05):25—40.

房汉廷.关于科技金融理论、实践与政策的思考[J].中国科技论坛,2010,(11):5—23.

甘犁,等.2023年中国家庭财富变动趋势(中国家庭财富指数调研系列报告)[R].成都:西南财经大学出版社,2024.

高顿财经研究院.CFA一级中文教材[M].上海:立信会计出版社,2019.

高瑜,李响,李俊青.金融科技与技术创新路径——基于绿色转型的视角[J].中国工业经济,2024,(02):80—98.

郭峰,王靖一,王芳,等.测度中国数字普惠金融发展:指数编制与空间特征[J].经济学(季刊),2020,19(04):1401—1418.

郭俊杰,方颖.绿色信贷政策、信贷歧视与企业债务融资[J].经济学(季刊),2023,23(06):2231—2246.

国务院.国发〔2015〕74号.国务院关于印发推进普惠金融发展规划(2016—2020年)的通知[EB/OL].(2015-12-31)[2024-08-01].www.gov.cn/zhengce/zhengceku/2016-01/15/content_10602.htm.

国务院.国发〔2023〕15号.国务院关于推进普惠金融高质量发展的实施意见[EB/OL].(2023-09-25)[2024-08-01].www.gov.cn/zhengce/content/202310/content_6908495.htm.

韩国高,刘田广,庞明川.绿色信贷政策与中国企业出口产品绿色重构[J].数量经济技术经济研究,2024,41(04):89-110.

韩庆潇,亓鹏.财政风险补偿与知识产权质押融资——政策、机制与评估[J].世界经济文汇,2024,(01):105-120.

何德旭,程贵.绿色金融[J].经济研究,2022,57(10):10-17.

洪祥骏,林娴,陈丽芳.地方绿色信贷贴息政策效果研究——基于财政与金融政策协调视角[J].中国工业经济,2023,(09):80-97.

胡珺,方祺,龙文滨.碳排放规制、企业减排激励与全要素生产率——基于中国碳排放权交易机制的自然实验[J].经济研究,2023,58(04):77-94.

胡珺,黄楠,沈洪涛.市场激励型环境规制可以推动企业技术创新吗?——基于中国碳排放权交易机制的自然实验[J].金融研究,2020,(01):171-189.

贾俊雪,罗理恒,顾嘉.地方政府环境规制与经济高质量发展[J].中国工业经济,2023,(05):99-117.

蒋莉莉.欧盟金融排斥状况及启示[J].银行家,2010,(08):114-117.

焦瑾璞,黄亭亭,汪天都,等.中国普惠金融发展进程及实证研究[J].上海金融,2015,(04):12-22.

焦瑾璞.普惠金融导论[M].北京:中国金融出版社,2019.

杰夫·马杜拉.个人理财(原书第6版)[M].夏霁,译.北京:机械工业出版社,2018.

金环,于立宏,徐扬.绿色金融创新政策与企业生产率差异——来自中国上市公司的证据[J].经济评论,2022,(05):83-99.

金佳宇,韩立岩.国际绿色债券的发展趋势与风险特征[J].国际金融研究,2016,(11):36-44.

李建军,彭俞超,马思超.普惠金融与中国经济发展:多维度内涵与实证分析[J].经济研究,2020,55(04):37-52.

李景睿,刘婧.数字普惠金融发展的跨经济体比较:指数编制与演变特征[J].金融理论探索,2023,(02):23-34.

李玲,陶锋.中国制造业最优环境规制强度的选择——基于绿色全要素生产率的视角[J].中国工业经济,2012,(05):70-82.

李明贤,叶慧敏.普惠金融与小额信贷的比较研究[J].农业经济问题,2012,33

(09):44—49+111.

李青原,肖泽华.异质性环境规制工具与企业绿色创新激励——来自上市企业绿色专利的证据[J].经济研究,2020,55(09):192—208.

李业.企业生命周期的修正模型及思考[J].南方经济,2000,(02):47—50.

林伯强.碳中和进程中的中国经济高质量增长[J].经济研究,2022,57(01):56—71.

凌润泽,李彬,潘爱玲,等.供应链金融与企业债务期限选择[J].经济研究,2023,58(10):93—113.

刘柏,卢家锐,琚涛.形式主义还是实质主义:ESG评级软监管下的绿色创新研究[J].南开管理评论,2023,26(05):16—28.

刘秉镰,孙鹏博.开发区"以升促建"如何影响城市碳生产率[J].世界经济,2023,46(02):134—158.

刘金科,肖翊阳.中国环境保护税与绿色创新:杠杆效应还是挤出效应?[J].经济研究,2022,57(01):72—88.

陆菁,鄢云,王韬璇.绿色信贷政策的微观效应研究——基于技术创新与资源再配置的视角[J].中国工业经济,2021,(01):174—192.

马广程,曹建华,丁徐轶.非位似偏好、碳市场与异质性政策协调的减排效应[J].中国工业经济,2024,(02):42—60.

潘炫明,刘艾雯.风险投资如何助力中国科技创新[J].中国科学院院刊,2023,38(11):1655—1664.

齐绍洲,林屾,崔静波.环境权益交易市场能否诱发绿色创新?——基于我国上市公司绿色专利数据的证据[J].经济研究,2018,53(12):129—143.

邱牧远,殷红.生态文明建设背景下企业ESG表现与融资成本[J].数量经济技术经济研究,2019,36(03):108—123.

塞巴斯蒂安·马拉比.风险投资史[M].杭州:浙江教育出版社,2022:14.

色诺芬.经济论雅典的收入[M].张伯健等,译.北京:商务印书馆,2014.

沈洪涛,黄楠.碳排放权交易机制能提高企业价值吗[J].财贸经济,2019,40(01):144—161.

沈洪涛,马正彪.地区经济发展压力、企业环境表现与债务融资[J].金融研究,2014,(02):153—166.

石敏俊,袁永娜,周晟吕,等.碳减排政策:碳税、碳交易还是两者兼之?[J].管理科学学报,2013,16(09):9—19.

世界银行,中国人民银行.全球视野下的中国普惠金融:实践、经验与挑战[M].北京:中国金融出版社,2019.

苏冬蔚,连莉莉.绿色信贷是否影响重污染企业的投融资行为?[J].金融研究,2018,(12):123—137.

苏冬蔚,刘子茗.绿色金融改革是否影响企业绿色绩效与漂绿风险?[J].国际金融研究,2023,(04):74—85.

孙博文,郑世林.环境规制的减污降碳协同效应——来自清洁生产标准实施的准自然实验[J].经济学(季刊),2024,24(02):624—642.

汤维祺,吴力波,钱浩祺.从"污染天堂"到绿色增长——区域间高耗能产业转移的调控机制研究[J].经济研究,2016,51(06):58—70.

田丰.当代中国家庭生命周期[M].北京:中国社会科学文献出版社,2011.

汪洋,中国货币政策工具研究[M].北京:中国金融出版社,2009.

王班班,齐绍洲.市场型和命令型政策工具的节能减排技术创新效应——基于中国工业行业专利数据的实证[J].中国工业经济,2016,(06):91—108.

王擎,陈康.中国科技金融发展现状、问题及对策建议——以四川为例[J].西南金融,2024,(07):3—14.

王文举,陈真玲.中国省级区域初始碳配额分配方案研究——基于责任与目标、公平与效率的视角[J].管理世界,2019,35(03):81—98.

王馨,王营.绿色信贷政策增进绿色创新研究[J].管理世界,2021,37(06):173—188.

王修华,刘锦华,赵亚雄.绿色金融改革创新试验区的成效测度[J].数量经济技术经济研究,2021,38(10):107—127.

王遥,潘冬阳,彭俞超,等.基于DSGE模型的绿色信贷激励政策研究[J].金融研究,2019,(11):1—18.

王营,冯佳浩.绿色债券促进企业绿色创新研究[J].金融研究,2022,(06):171—188.

王永贵,李霞.促进还是抑制:政府研发补助对企业绿色创新绩效的影响[J].中国工业经济,2023,(02):131—149.

韦铁,马赐铃,谢品,等.引入自愿减排交易机制下供应链减排策略研究[J].中国管理科学,2023:1—15.

吴超鹏,吴世农,程静雅,等.风险投资对上市公司投融资行为影响的实证研究[J].经济研究,2012,47(01):105—119+160.

吴超鹏,严泽浩.政府基金引导与企业核心技术突破:机制与效应[J].经济研究,2023,58(06):137—154.

吴力波,钱浩祺,汤维祺.基于动态边际减排成本模拟的碳排放权交易与碳税选择机制[J].经济研究,2014,49(09):48−61+148.

吴卫星,汪勇祥,成刚.信息不对称与股权结构:中国上市公司的实证分析[J].系统工程理论与实践,2004,24(11):28−32.

吴茵茵,齐杰,鲜琴,等.中国碳市场的碳减排效应研究——基于市场机制与行政干预的协同作用视角[J].中国工业经济,2021,(08):114−132.

吴育辉,田亚男,陈韫妍,等.绿色债券发行的溢出效应、作用机理及绩效研究[J].管理世界,2022,38(06):176−193.

奚君羊,国际金融学[M].上海:上海财经大学出版社,2013.

谢里,郑新业.理性预期与能源投资——基于中国碳减排承诺的自然实验[J].金融研究,2020,(05):151−169.

星焱.普惠金融:一个基本理论框架[J].国际金融研究,2016,(09):21−37.

徐国祥.统计指数理论、方法与应用研究[M].上海:上海人民出版社,2011.

徐晓明.科创企业融资创新机理及路径探析——基于全生命周期理论和硅谷银行事件视角[J].现代经济探讨,2023,(12):9−17.

徐晓萍.普惠金融[M].上海:上海财经大学出版社,2022

亚当·斯密.国富论[M].胡长明,译.北京:人民日报出版社,2009.

杨涛.科创金融改革需要系统考量[J].清华金融评论,2023,(11):44−45.

伊查克·爱迪思.企业生命周期[M].北京:中国社会科学出版社,1997:237.

易行健,等.中国居民消费储蓄行为研究:宏观证据与国际比较[M].北京:人民出版社,2018.

易行健,等.中国居民消费储蓄行为研究:基于异质性视角的微观证据[M].北京:人民出版社,2019.

易行健.财富管理:理论与实践[M].北京:机械工业出版社,2021.

应小陆,赵军红.税务筹划(第4版)[M].上海:复旦大学出版社,2020.

苑泽明,贾玉辉,王培林.论政府风险投资及其政策作用机理:一个国际视角[J].中国科技论坛,2018,(12):127−141.

张金清,刘庆富.中国金属期货市场与现货市场之间的波动性关系研究[J].金融研究,2006,(07):102−112.

张明喜,魏世杰,朱欣乐.科技金融:从概念到理论体系构建[J].中国软科学,2018,(4):31−42.

张宁,郑平.普惠金融对家庭金融资产配置有效性的影响研究——基于传统与数字普惠金融的对比[J].宏观经济研究,2023,(01):26−41.

张希良,张达,余润心.中国特色全国碳市场设计理论与实践[J].管理世界,2021,37(08):80—95.

张晓燕,张子健.科创板制度改革的效果——基于股票定价效率、流动性和上市公司质量的研究[J].经济学报,2022,9(03):1—31.

招商银行,贝恩公司.2023年中国私人财富报告[R].2023.

郑惠文.理财规划与方案设计[M].北京:机械工业出版社,2014.

中关村金融科技产业发展联盟.中国金融科技与数字金融发展报告(2024)[R].中关村金融科技产业发展联盟,2023:5—6.

中国人民银行.中国普惠金融指标分析报告(2021年)[R].2022.

中国人民银行.中国普惠金融指标分析报告(2022年)[R].2023.

中国人民银行数字人民币研发工作组.中国数字人民币的研发进展白皮书[R].2021.

中国银行业协会.商业承兑汇票业务创新发展与风险管理[M].北京:中国财政经济出版社,2020.

周艳华.基于层次分析法的县域普惠金融评估指标体系构建研究[J].区域金融研究,2017,(03):65—69.

周勇,周寄中.项目的期权性特征分析与期权性价值的估算[J].管理科学学报,2002,(01).

周泽将,汪顺,张悦.税制绿色化的微观政策效应——基于企业环保新闻文本情绪数据的检验[J].中国工业经济,2023,(07):103—121.